George Sand et

Albert Le Roy

Alpha Editions

This edition published in 2024

ISBN : 9789357962148

Design and Setting By
Alpha Editions
www.alphaedis.com
Email - info@alphaedis.com

Contents

CHAPITRE PREMIER

LES ORIGINES

George Sand a voulu résumer sa personne littéraire et morale dans l'épigraphe qu'elle inscrivit en tête de l'*Histoire de ma Vie*: «Charité envers les autres, dignité envers soi-même, sincérité devant Dieu.» Fut-elle toujours fidèle, et dans ses livres et dans ses actes, à cette noble devise? C'est l'étude qu'il sera loisible d'entreprendre, en retraçant les vicissitudes de sa destinée, en analysant son oeuvre, en instituant une enquête sur les hommes de son temps et les événements auxquels elle fut mêlée.

A l'image de Jean-Jacques Rousseau, son maître, elle nous a légué un ouvrage autobiographique, composé non pas au déclin, mais au milieu même d'une existence diverse et contradictoire. La première partie de l'*Histoire de ma Vie* a été rédigée en 1847, alors que George Sand était dans tout l'éclat de sa renommée. Elle explique nettement l'objet qu'elle se propose et le plan qu'elle a conçu: «Je ne pense pas qu'il y ait de l'orgueil et de l'impertinence à écrire l'histoire de sa propre vie, encore moins à choisir, dans les souvenirs que cette vie a laissés en nous, ceux qui nous paraissent valoir la peine d'être conservés. Pour ma part, je crois accomplir un devoir, assez pénible même, car je ne connais rien de plus malaisé que de se définir... Une insurmontable paresse (c'est la maladie des esprits trop occupés et celle de la jeunesse par conséquent) m'a fait différer jusqu'à ce jour d'accomplir cette tâche; et, coupable peut-être envers moi-même, j'ai laissé publier sur mon compte un assez grand nombre de biographies pleines d'erreurs, dans la louange comme dans le blâme.» Ce sont, à dire vrai, ces erreurs de détail que George Sand s'est surtout complu à redresser en racontant les années de sa jeunesse, voire même les origines de sa maison, avec une singulière prolixité. Sur les quatre gros volumes de l'*Histoire de ma Vie*, le premier est consacré presque entièrement à nous décrire «l'Histoire d'une famille de Fontenoy à Marengo.» Elle remonte à Fontenoy pour rappeler que Maurice de Saxe fut son bisaïeul. Quelque démocrate qu'elle soit devenue, elle tire vanité d'être par le sang arrière-petite-fille de l'illustre maréchal, de même qu'elle est par l'esprit de la lignée de Jean-Jacques; puis elle formule ainsi son état civil: «Je suis née l'année du couronnement de Napoléon, l'an XII de la République française (1804). Mon nom n'est pas Marie-Aurore de Saxe, marquise de Dudevant, comme plusieurs de mes biographes l'ont découvert, mais Amantine-Lucile-Aurore Dupin.»

Aussi bien, en se défendant de la manie aristocratique, n'est-elle pas indifférente et veut-elle nous intéresser à tous les souvenirs généalogiques de sa famille. Elle s'étend longuement sur le maréchal de Saxe et sur cette noblesse de race qu'elle ramènera théoriquement à sa juste valeur dans le

Piccinino. Sa grand'mère, Aurore Dupin de Francueil, avait vu Jean-Jacques une seule fois, mais en des conditions qu'elle n'eut garde d'oublier. Voici comment elle relatait l'anecdote dans les papiers dont George Sand hérita: «Il vivait déjà sauvage et retiré, atteint de cette misanthropie qui fut trop cruellement raillée par ses amis paresseux ou frivoles. Depuis mon mariage, je ne cessais de tourmenter M. de Francueil pour qu'il me le fît voir; et ce n'était pas bien aisé. Il y alla plusieurs fois sans pouvoir être reçu. Enfin, un jour, il le trouva jetant du pain sur sa fenêtre à des moineaux. Sa tristesse était si grande qu'il lui dit en les voyant s'envoler: «Les voilà repus. Savez-vous ce qu'ils vont faire? Ils s'en vont au plus haut des toits pour dire du mal de moi et que mon pain ne vaut rien.» En digne aïeule de George Sand, madame Dupin de Francueil avait le culte de Jean-Jacques. Lorsqu'il accepta de dîner chez elle, sans doute pour faire honneur à son hôte elle lut tout d'une haleine la *Nouvelle Héloïse*. Aux dernières pages elle sanglotait, et ce jour-là, du matin jusqu'au soir, elle ne fit que pleurer. «J'en étais malade, dit-elle, j'en étais laide.» Rousseau arrive sur ces entrefaites, et M. de Francueil se garde de la prévenir. «Je ne finissais pas de m'accommoder, ne me doutant point qu'il était là, l'ours sublime, dans mon salon. Il y était entré d'un air demi-niais, demi-bourru, et s'était assis dans un coin, sans marquer d'autre impatience que celle de dîner, afin de s'en aller bien vite. Enfin, ma toilette finie, et mes yeux toujours rouges et gonflés, je vais au salon; j'aperçois un petit homme assez mal vêtu et comme renfrogné, qui se levait lourdement, qui mâchonnait des mots confus. Je le regarde et je devine; je crie, je veux parler, je fonds en larmes. Jean-Jacques, étourdi de cet accueil, veut me remercier et fond en larmes. Francueil veut nous remettre l'esprit par une plaisanterie et fond en larmes. Nous ne pûmes nous rien dire. Rousseau me serra la main et ne m'adressa pas une parole. On essaya de dîner pour couper court à tous ces sanglots. Mais je ne pus rien manger, M. de Francueil ne put avoir de l'esprit, et Rousseau s'esquiva en sortant de table, sans avoir dit un mot.» Quant à George Sand, quatre-vingts ans plus tard, elle est radieuse d'avoir eu une grand'mère qui a pleuré avec Jean-Jacques.

La Révolution jeta en prison, pour quelques semaines, madame Dupin, très attachée aux hommes et aux choses de l'ancien régime. Son fils, Maurice, le père de George Sand, avait l'humeur plus libérale, et les lettres qu'il écrivit durant la Terreur, reproduites dans l'*Histoire de ma Vie*, sont d'un style assez alerte. Il gardait, d'ailleurs, certains préjugés du monde où il avait grandi, celui par exemple d'imputer à Robespierre la responsabilité de toutes les violences auxquelles la République fut condamnée, pour se défendre contre ses adversaires du dehors et du dedans. Plus équitable et mieux informée, George Sand s'applique à détruire cette légende. «Voilà, dit-elle, l'effet des calomnies de la réaction. De tous les terroristes, Robespierre fut le plus humain, le plus ennemi par nature et par conviction des apparentes nécessités de la Terreur et du fatal système de la peine de mort. Cela est assez prouvé aujourd'hui, et l'on ne peut pas récuser à cet égard le témoignage de M. de Lamartine. La réaction thermidorienne est une des plus lâches que l'histoire ait produites. Cela est encore suffisamment prouvé. A quelques exceptions près, les thermidoriens n'obéirent à aucune conviction, à aucun cri de la conscience en immolant Robespierre. La plupart d'entre eux le trouvaient trop faible et trop miséricordieux la veille de sa mort, et le lendemain ils lui attribuèrent leurs propres forfaits pour se rendre populaires. Soyons justes enfin, et ne craignons plus de le dire: Robespierre est le plus grand homme de la Révolution et un des plus grands hommes de l'histoire.»

L'esprit révolutionnaire animera George Sand, dirigera sa pensée et inspirera son oeuvre, encore qu'elle ait reçu des traditions de famille et une éducation qui devaient lui inculquer des sentiments contraires. Sa grand'mère, madame Dupin, au sortir des prisons de la Terreur, eut des procès qui entamèrent sa fortune: c'était double raison pour détester le régime nouveau. On vivait, au fond du Berry, dans cette terre de Nohant que George Sand a tant aimée. Elle y passa presque toute sa vie et elle souhaitait de pouvoir y mourir: son voeu s'est réalisé. Voici la peinture qu'elle a tracée de ce modeste domaine qu'il nous importe de connaître. C'est le cadre même de son existence:

«L'habitation est simple et commode. Le pays est sans beauté, bien que situé au centre de la Vallée Noire, qui est un vaste et admirable site… Nous avons pourtant de grands horizons bleus et quelque mouvement de terrain autour de nous, et, en comparaison de la Beauce ou de la Brie, c'est une vue magnifique; mais, en comparaison des ravissants détails que nous trouvons en descendant jusqu'au lit caché de la rivière, à un quart de lieue de notre porte, et des riantes perspectives que nous embrassons en montant sur les coteaux qui nous dominent, c'est un paysage nu et borné… Ces sillons de terres brunes et grasses, ces gros noyers tout ronds, ces petits chemins ombragés, ces buissons en désordre, ce cimetière plein d'herbe, ce petit clocher couvert en tuiles, ce porche de bois brut, ces grands ormeaux délabrés, ces maisonnettes de paysan entourées de leurs jolis enclos, de leurs berceaux de vigne et de leurs vertes chenevières, tout cela devient doux à la vue et cher à la pensée, quand on a vécu si longtemps dans ce milieu calme, humble et silencieux.»

C'est là que madame Dupin traversera des années de gêne extrême, au lendemain de la Terreur. Les revenus de Nohant ne s'élevaient pas à 4.000 francs, payables en assignats, et il fallait rembourser des emprunts onéreux contractés en 1793. Durant plus d'un an, on vécut, paraît-il, des médiocres revenus du jardin, de la vente des légumes et des fruits qui produisait au marché de 12 à 15 francs par semaine. Puis l'horizon s'éclaircit, sans que jamais la fortune patrimoniale, après la Révolution, ait dépassé 15.000 livres de rente.

Le père de George Sand, Maurice Dupin nous laisse l'impression d'un assez mauvais sujet. Est-ce la faute de l'éducation qu'il reçut ou des commotions politiques et sociales? Du moins il manquait d'équilibre, peut-être même de bon sens, et l'*Histoire de ma Vie* essaie en vain de colorer avantageusement ses défauts: «Ce père que j'ai à peine connu, et qui est resté dans ma mémoire comme une brillante apparition, ce jeune homme artiste et guerrier est resté tout entier vivant dans les élans de mon âme, dans les fatalités de mon organisation, dans les traits de mon visage.» Il y a là quelque hyperbole et un excès d'adoration filiale. La destinée de Maurice Dupin fut surtout hasardeuse, comme l'était sa pensée. A dix-neuf ans, il voulait être musicien et jouait la comédie dans les salons de La Châtre. L'année suivante, la loi du 2 vendémiaire an VII ayant institué le service militaire obligatoire, il lui fallut servir sous les drapeaux de la République. Sa mère, toute royaliste qu'elle fût, avait aliéné ses diamants pour l'équiper. Il est protégé par le citoyen La Tour d'Auvergne Corret, capitaine d'infanterie, et rejoint son régiment à Cologne; ensuite il passe en Italie. Entre temps, un incident était survenu à Nohant, que George Sand relate sans s'émouvoir, mais qui dut troubler la quiétude de madame Dupin: «Une jeune femme, attachée au service de la maison, venait de donner le jour à un beau garçon, qui a été plus tard le compagnon de mon enfance et l'ami de ma jeunesse. Cette jolie personne n'avait pas été victime de la séduction. Elle avait cédé, comme mon père, à l'entraînement de son âge. Ma grand'mère l'éloigna sans reproche, pourvut à son existence, garda l'enfant et l'éleva.» George Sand ajoute: «Elle avait lu et chéri Jean-Jacques; elle avait profité de ses vérités et de ses erreurs.» Maurice Dupin, lui aussi, avait-il lu Rousseau? En tous cas, il avait trouvé une Thérèse dans le personnel domestique de Nohant.

La guerre lui réserve d'autres aventures. Il traverse le Saint-Bernard en prairial an VIII et nous raconte comment il fut accueilli à Aoste par le Premier Consul, qui venait de l'attacher à son état-major: «Je fus à lui pour le remercier de ma nomination. Il interrompit brusquement mon compliment pour me demander qui j'étais.—Le petit-fils du maréchal de Saxe.—Ah oui! ah bon! Dans quel régiment êtes-vous?—1er de chasseurs.—Ah bien! mais il n'est pas ici. Vous êtes donc adjoint à l'état-major?—Oui, général.—C'est bien, tant mieux, je suis bien aise de vous voir.—Et il tourna le dos.»

Après avoir pris part à la bataille de Marengo, voici en quels termes Maurice Dupin relate ses impressions, dans une lettre à son oncle de Beaumont, ou, comme dit la suscription, au citoyen Beaumont, à l'hôtel de Bouillon, quai Malaquais, Paris:

«Pim, pan, pouf, patatra! en avant! sonne la charge! en retraite, en batterie! nous sommes perdus! victoire! sauve qui peut! Courez à droite, à gauche, au milieu! revenez, restez, partez, dépêchons-nous! Gare l'obus! au galop! Baisse la tête, voilà un boulet qui ricoche!... Des morts, des blessés, des jambes de moins, des bras emportés, des prisonniers, des bagages, des chevaux, des mulets; des cris de rage, des cris de victoire, des cris de douleur, une poussière du diable, une chaleur d'enfer; un charivari, une confusion, une bagarre magnifique; voilà, mon bon et aimable oncle, en deux mots, l'aperçu clair et net de la bataille de Marengo, dont votre neveu est revenu très bien portant, après avoir été culbuté, lui et son cheval, par le passage d'un boulet, et avoir été régalé pendant quinze heures par les Autrichiens du feu de trente pièces de canon, de vingt obusiers et de trente mille fusils.»

Ce qui vaut mieux que tout ce verbiage, c'est qu'il fut nommé par Bonaparte lieutenant sur le champ de bataille. Mais il appréhende la fin de la guerre et il s'écrie avec une pointe de gasconnade: «Encore trois ou quatre culbutes sur la poussière, et j'étais général.» Le séjour enchanteur de Milan va tourner d'autre côté ses préoccupations. Il est amoureux, non pas à la légère comme il lui est advenu sur les bords du Rhin ou à Nohant, mais avec tout l'emportement d'une passion qui veut être durable. Et il s'en ouvre à sa mère, dans une lettre écrite d'Asola, le 29 frimaire an IX: «Qu'il est doux d'être aimé, d'avoir une bonne mère, de bons amis, une belle maîtresse, un peu de gloire, de beaux chevaux et des ennemis à combattre!» La femme qui soulève tout cet enthousiasme—et qui sera la mère de George Sand—s'appelait Sophie-Victoire-Antoinette Delaborde. Elle avait été en prison au couvent des Anglaises en même temps que madame Dupin, et pour lors elle usait de moyens d'existence assez fâcheux. L'*Histoire de ma Vie* recourt à des circonlocutions, à des euphémismes, et finit par convenir que «sa jeunesse avait été livrée par la force des choses à des hasards effrayants.» Ces explications très embarrassées ont pour objet de ne pas confesser crûment que Victoire Delaborde accompagnait un général de l'armée d'Italie et avait trouvé des ressources dans les dépouilles du pays conquis. George Sand ne s'arrête pas à ces misères. Elle veut excuser, sinon innocenter sa mère: «Un fait subsiste devant Dieu, c'est qu'elle fut aimée de mon père, et qu'elle le mérita apparemment, puisque son deuil, à elle, ne finit qu'avec sa vie.» Haussant encore le ton, elle s'écrie sur le mode déclamatoire: «Le grand révolutionnaire Jésus nous a dit un jour une parole sublime: c'est qu'il y avait plus de joie au ciel pour la recouvrance d'un pécheur que pour la persévérance de cent justes.» Redescendons des sommets de la morale évangélique dans la réalité: Maurice Dupin recevait de madame Delaborde des prêts d'argent, sans s'inquiéter d'abord d'où elle tirait ces subsides. Ce n'est qu'à la réflexion qu'il doute de la délicatesse du procédé et discute avec ses scrupules: «Qu'as-tu fait? qu'ai-je fait moi-même en acceptant ce secours?... Si j'avais su que tu n'étais pas mariée, que tout ce luxe ne t'appartenait pas!... Je me trompe, je ne sais ce que je dis, il t'appartient, puisque l'amour te l'a donné: mais quand je songe aux idées qui pourraient lui venir, à *lui*... Il ne les aurait pas longtemps, je le tuerais! Enfin je suis fou, je t'aime et je suis au désespoir. Tu es libre, tu peux le quitter quand tu voudras, tu n'es pas heureuse avec lui, c'est moi que tu aimes, et tu veux me suivre, tu veux perdre une position assurée et fortunée pour partager les hasards de ma mince fortune.»

Maurice Dupin réussit à détacher madame Delaborde de son général, mais il rencontra mille obstacles avant d'aboutir au mariage. Quatre années s'écoulèrent entre la rencontre d'Asola et la naissance de George Sand. Elles furent singulièrement agitées: maintes fois le jeune homme essaya de sacrifier son amour à sa mère, qui avait l'humeur ombrageuse et jalouse. Fait prisonnier par les Autrichiens en nivôse an IX, il ne recouvra la liberté, au bout de deux mois, que pour accourir à Nohant en floréal de la même année. Victoire Delaborde vint le rejoindre à La Châtre, «ayant tout quitté, tout sacrifié à un amour libre et désintéressé.» On sut sa présence dans la petite ville, et Maurice en parla à madame Dupin. Son précepteur, un certain Deschartres, ci-devant abbé, voulut intervenir et le fit très maladroitement. Un beau matin, il se rend à La Châtre, à l'auberge de la *Tête-Noire*, réveille la voyageuse, lui adresse des reproches et des menaces, la somme de repartir le jour même pour Paris. Elle riposte, lui ferme la porte au nez. Il va quérir le maire et les gendarmes, qui pénètrent dans la chambre de Victoire et trouvent «une toute petite femme, jolie comme un ange, qui pleurait, assise sur le bord de son lit, les bras nus et les cheveux épars.»

Les *autorités constituées* s'adoucissent. Elle leur raconte «qu'elle avait rencontré Maurice en Italie, qu'elle l'avait aimé, qu'elle avait quitté pour lui une riche protection et qu'elle ne connaissait aucune loi qui pût lui faire un crime de sacrifier un général à un lieutenant et sa fortune à son amour.» A ce récit, les magistrats municipaux sont émus. Ils prennent parti contre le pédagogue. Mais le coup était porté, le scandale produit, et madame Dupin, avertie par Deschartres, ne devait jamais oublier cet esclandre. Maurice s'efforça de consoler sa mère par de mensongères promesses. Il lui écrivit: «Enfin que crains-tu et qu'imagines-tu? Que je vais épouser une femme qui me ferait *rougir un jour?...* Ta crainte n'a pas le moindre fondement, Jamais l'idée du mariage ne s'est encore présentée à moi; je suis beaucoup trop jeune pour y songer, et la vie que je mène ne me permet guère d'avoir femme et enfants. Victoire n'y pense pas plus que moi» Puis il entre dans des détails pour rassurer madame Dupin, et il va sans nul doute à l'encontre de ses visées. Victoire est veuve, elle a une petite fille. Elle travaillera pour vivre. Elle a déjà été modiste; elle tiendra de nouveau un magasin de modes. Et il conclut: «Est-ce que je peux, est-ce que je pourrai jamais prendre un parti qui serait contraire à ta volonté et à tes désirs? Songe que c'est impossible, et dors donc tranquille.»

L'orgueil de la châtelaine de Nohant devait être exaspéré, à la seule pensée que cette modiste pourrait devenir sa bru et porter le nom presque seigneurial des Dupin. Mais il y avait plus. Victoire, éloignée de La Châtre, continuait d'écrire à Maurice, et quelles lettres! En ce point, elle était la digne émule de

Thérèse Levasseur. Et George Sand, qui nous donne sur sa mère des renseignements qu'elle aurait pu et dû taire, souligne son manque d'instruction: «C'est tout au plus si à cette époque elle savait écrire assez pour se faire comprendre. Pour toute éducation, elle avait reçu en 1788 les leçons élémentaires d'un vieux capucin qui apprenait *gratis* à lire et à réciter le catéchisme à de pauvres enfants... Il fallait les yeux d'un amant pour déchiffrer ce petit grimoire et comprendre ces élans d'un sentiment passionné qui ne pouvait trouver de forme pour s'exprimer.» Cependant Maurice était conquis et subissait l'ascendant de cette nature inférieure. Il y a une histoire assez louche et assez répugnante au sujet de l'argent qu'elle lui avait prêté et qui venait du général. La restitution fut effectuée, mais péniblement, et Maurice est obligé de s'en expliquer avec sa mère: «Tous les dons, dit-il, qu'elle lui avait *emportés pour en manger le profit avec moi* se réduisaient à *un* diamant de peu de valeur qu'elle avait conservé par mégarde, et qui lui avait été renvoyé avant même qu'elle connût ses plaintes et ses calomnies.» N'importe, il devait être infiniment douloureux pour madame Dupin que son fils fût réduit à lui écrire: «Je ne sais pas si je suis un des Grieux, mais il n'y a point ici de Manon Lescaut.» Devant la perspective d'une telle union, on ne peut que comprendre et approuver les résistances de la mère. Il faudra pourtant qu'elle finisse par céder, par consentir à un mariage que George Sand tâche de justifier en recourant à de véritables paradoxes: «Il va épouser une fille du peuple, c'est-à-dire qu'il va continuer et appliquer les idées égalitaires de la Révolution dans le secret de sa propre vie. Il va être en lutte dans le sein de sa propre famille contre les principes d'aristocratie, contre le monde du passé. Il brisera son propre cœur, mais il aura accompli son rêve.» En vérité, c'est employer de trop grands mots pour expliquer des misères. Et, dans ce conflit d'ordre sentimental, nos sympathies iront plutôt vers madame Dupin que vers Victoire Delaborde.

Durant bien des mois les tiraillements se prolongèrent. Maurice écrivait à sa mère, le 3 pluviôse an X (février 1802): «Je te jure *par tout ce qu'il y a de plus sacré* que V*** travaille et ne me coûte rien... Ne parlons pas d'elle, je t'en prie, ma bonne mère, nous ne nous entendrions pas; sois sûre seulement que j'aimerais mieux me brûler la cervelle que de mériter de toi un reproche.» Aussi bien toutes les mercuriales de madame Dupin demeuraient impuissantes, et le pauvre Deschartres, chargé du rôle de Mentor, était berné sans vergogne, alors qu'il s'appliquait à tenir son ancien écolier sous sa férule. «Un matin, raconte George Sand, mon père s'esquive de leur commun logement, et va rejoindre Victoire dans le jardin du Palais-Royal, où ils s'étaient donné rendez-vous pour déjeuner ensemble chez un restaurateur. A peine se sont-ils retrouvés, à peine Victoire a-t-elle pris le bras de mon père, que Deschartres, jouant le rôle de Méduse, se présente au devant d'eux. Maurice paye d'audace, fait bonne mine à son argus et lui propose de venir déjeuner en tiers. Deschartres accepte. Il n'était pas épicurien, pourtant il aimait les vins fins, et on ne les lui épargna pas. Victoire prit le parti de le railler avec esprit et douceur, et il parut s'humaniser un peu au dessert; mais quand il s'agit de se séparer, mon père voulant reconduire son amie chez elle, Deschartres retomba dans ses idées noires et reprit tristement le chemin de son hôtel.»

Au printemps de 1802, Maurice va rejoindre son régiment à Charleville, et Victoire l'accompagne. Auprès des camarades de la garnison et des gens de la petite ville, ils passaient pour être secrètement mariés. Il n'en était rien. Mais la naissance de plusieurs enfants vint resserrer étroitement leurs liens. Ils ne poussèrent pas l'imitation de Jean-Jacques jusqu'à les livrer à la charité publique. Un seul survécut: ce devait être George Sand, qui ignore ou néglige de nous indiquer le nombre et le sexe des autres enfants issus de cette union et emportés en bas âge.

On était alors dans une période d'accalmie politique et militaire. Le gouvernement personnel s'établissait sur les ruines de la République. L'oeuvre de réaction débutait par une entente avec la Cour de Rome, aux fins de briser l'Eglise constitutionnelle et nationale de 1789. L'armée, en sa grande majorité, accueillait assez mal cette première étape sur la route de Canossa. «Le Concordat, écrit Maurice Dupin à sa mère, ne fait pas ici le moindre effet. Le peuple y est indifférent. Les gens riches, même ceux qui se piquent de religion, ont grand'peur qu'on n'augmente les impôts pour payer les évêques. Les militaires, qui ne peuvent pas obtenir un sou dans les bureaux de la guerre, jurent de voir le palais épiscopal meublé aux frais du gouvernement.» Et le jeune homme, fervent voltairien, raille la bulle du Pape, «écrite dans le style de l'Apocalypse, et qui menace les contrevenants de la colère de saint Pierre et de saint Paul.» Bref, conclut-il, «nous nous couvrons de ridicule.» A la cérémonie de Notre-Dame en l'honneur du Concordat, les généraux se rendirent à peu près comme des chiens qu'on fouette. Le légat était en voiture, et sa croix devant lui, dans une autre voiture. Ce fut là l'occasion de négociations Pour lui, soldat de la Révolution, ayant grandi auprès d'une mère royaliste mais philosophe, il voyait avec inquiétude «des changements dans les affaires publiques qui ne promettent rien de bon», et même «un retour complet à l'ancien régime». Démocrate, il devait s'affilier à la franc-maçonnerie qui était déjà le foyer des idées libérales. Il nous a malicieusement conté son initiation: «On m'a enfermé dans tous les trous possibles, nez à nez avec des squelettes; on m'a fait monter dans un clocher au bas duquel on a fait mine de me précipiter… On m'a fait descendre dans des puits, et, après douze heures passées à subir toutes ces gentillesses, on m'a cherché une mauvaise querelle sur ma bonne humeur et mon ton goguenard, et on a décidé que je devais subir le dernier supplice. En conséquence, on m'a cloué dans une bière, porté au milieu des chants funèbres dans une église, pendant la nuit, et, à la clarté des flambeaux, descendu dans un caveau, mis dans une fosse et recouvert de terre, au son des cloches et du *De profundis*. Après quoi chacun s'est retiré. Au bout de quelques instants, j'ai senti une main qui venait me tirer mes souliers, et, tout en l'invitant à respecter les morts, je lui ai détaché le plus beau coup de pied qui se puisse donner. Le voleur de souliers a été rendre compte de mon état et constater que j'étais encore en vie. Alors on est venu me chercher pour m'admettre aux grands secrets. Comme avant l'enterrement on m'avait permis de faire mon testament, j'avais légué le caveau dans lequel j'avais été enfermé au colonel de la 14e, afin qu'il en fît une salle de police; la corde avec laquelle on m'y avait descendu, au colonel du 4e de cavalerie, pour qu'il s'en servît pour se pendre, et les os dont j'étais entouré, à ronger à un certain frère terrible, qui m'avait trimbalé toute la journée dans les caves et greniers.»

C'étaient là les menues distractions de la vie de garnison à Charleville. Toutes les journées ne devaient pas y être aussi plaisantes pour Maurice, partagé entre sa maîtresse et sa mère. Celle-ci, exempte de préjugés religieux, et qui n'acceptait guère que les doctrines du Vicaire savoyard ou cette foi à l'Etre suprême que George Sand appelle le culte épuré de Robespierre et de Saint-Just, admettait fort bien que jeunesse se passe, mais ne pouvait tolérer une mésalliance. C'est donc à son insu que le mariage fut conclu, le 16 prairial an XII (1804), par devant le maire du deuxième arrondissement de Paris, entre Maurice Dupin et Victoire Delaborde, qui désormais prendra le prénom de Sophie. Un mois plus tard, le 12 messidor (1er juillet), George Sand vit le jour, dans la maison portant le numéro 15 de la rue Meslay. Ces deux événements furent cachés à madame Dupin, qui, ultérieurement informée, courra à Paris et essayera vainement de faire casser le mariage. Celui-ci avait été célébré presque clandestinement. Sophie était allée à la mairie en modeste robe de basin, n'ayant au doigt qu'un mince filet d'or; car la gêne du ménage ne permit d'acheter que quelques jours plus tard une véritable alliance de six francs. En dépit de ces circonstances mystérieuses, George Sand, enfant de l'amour, naquit au milieu de la joie. La soeur de Sophie Delaborde allait épouser un officier, ami intime de Maurice, et l'on avait organisé une petite sauterie. «Ma mère, lisons-nous dans l'*Histoire de ma Vie*, avait une jolie robe couleur de rose, et mon père jouait sur son fidèle violon de Crémone une contredanse de sa façon». Tout à coup souffrante, Sophie passa dans la chambre voisine. Au milieu d'un *chassez-huit*, la tante Lucie accourut en s'écriant: «Venez, venez, Maurice, vous avez une fille.» Et elle ajouta: «Elle est née en musique et dans le rose, elle aura du bonheur.» On l'appela Aurore, en souvenir de la grand'mère absente et que l'on se garda bien d'informer. George Sand entrait dans le monde, l'an dernier de la République, l'an premier de l'Empire. Sa vie devait être agitée, comme la Révolution politique, philosophique, religieuse et sociale dont elle est issue et que reflètera son oeuvre.

CHAPITRE II

LES ANNÉES D'ENFANCE

Pour fil conducteur à travers l'enfance et la jeunesse de George Sand, nons avons encore l'*Histoire de ma Vie*, mais rédigée sous une inspiration sensiblement différente. Tous les premiers chapitres, relatifs aux origines, avaient été composés et publiés sous la monarchie de Juillet. L'écrivain reprend la plume et continue son autobiographie, le 1er juin 1848, après avoir participé aux événements de la Révolution qui renversa Louis-Philippe et avoir collaboré, auprès de Ledru-Rollin, fondateur du suffrage universel, aux circulaires du gouvernement provisoire. Il en résulte une évolution de sa pensée, une volte-face analogue à celle qu'on remarque, au regard de M. Thiers, dans les volumes de l'*Histoire du Consulat et de l'Empire* postérieurs au Deux Décembre. «J'ai beaucoup appris, déclare George Sand, beaucoup vécu, beaucoup vieilli durant ce court intervalle... Si j'eusse fini mon livre avant cette Révolution, c'eût été un autre livre, celui d'un solitaire, d'un enfant généreux, j'ose le dire, car je n'avais étudié l'humanité que sur des individus souvent exceptionnels et toujours examinés par moi à loisir. Depuis j'ai fait, de l'oeil, une campagne dans le monde des faits, et je n'en suis point revenue telle que j'y étais entrée. J'y ai perdu les illusions de la jeunesse, que par un privilège dû à ma vie de retraite et de contemplation, j'avais conservées plus tard que de raison.»

Ces illusions, nous les connaîtrons mieux et pourrons en apprécier la persistance, en repassant avec George Sand les péripéties de ses premières années et les hasards d'une éducation où se heurtèrent les influences rivales de sa mère et de son aïeule.

Madame Dupin, en dépit des fréquents voyages que son fils faisait à Nohant, n'avait appris de lui ni le mariage avec madame Delaborde ni la naissance de l'enfant survenue le 12 messidor. C'est seulement vers la fin de brumaire an XIII (novembre 1804) qu'elle conçut des soupçons et voulut les éclaircir. L'*Histoire de ma Vie* rapporte les deux lettres qu'elle adressa au maire du cinquième arrondissement: «J'ai de fortes raisons, écrivait-elle, pour craindre que mon fils unique ne se soit récemment marié à Paris sans mon consentement. Je suis veuve; il a vingt-six ans; il sert, il s'appelle Maurice-François-Elisabeth Dupin. La personne avec laquelle il a pu contracter mariage a porté différents noms; celui que je crois le sien est Victoire Delaborde. Elle doit être un peu plus âgée que mon fils—(elle avait effectivement trente ans),—tous deux demeurent ensemble rue Meslay, n° 15... Cette fille ou cette femme, car je ne sais de quel nom l'appeler, avant de s'établir dans la rue Meslay, demeurait en nivôse dernier rue de la Monnaie, où elle tenait une boutique de modes.»

Les lettres ni les démarches de madame Dupin ne purent aboutir à l'annulation du mariage. Elle recueillit seulement, comme pour attiser sa colère, des renseignements fort peu édifiants sur les origines de cette bru qui entrait subrepticement dans sa famille, sur le père, Claude Delaborde, oiselier au quai de la Mégisserie, sur le grand-père maternel, un certain Cloquart, qui portait encore, par delà la Révolution, un grand habit rouge et un chapeau à cornes, son costume de noces sous le règne de Louis XV.

Cependant l'officier de l'état civil, un maire à l'âme patriarcale, tentait de calmer les inquiétudes de madame Dupin. Il chargeait, selon ses propres expressions, une personne intelligente et sûre de pénétrer, sous un prétexte quelconque, dans l'intérieur des jeunes époux, et voici le tableau qu'il en trace, d'après ce témoin fidèle: «On a trouvé un local extrêmement modeste, mais bien tenu, les deux jeunes gens ayant un extérieur de décence et même de distinction, la jeune mère au milieu de ses enfants, allaitant elle-même le dernier, et paraissant absorbée par ces soins maternels; le jeune homme plein de politesse, de bienveillance et de sérénité… Enfin, quels qu'aient pu être les antécédents de la personne, antécédents que j'ignore entièrement, sa vie est actuellement des plus régulières et dénote même une habitude d'ordre et de décence qui n'aurait rien d'affecté. En outre, les deux époux avaient entre eux le ton d'intimité douce qui suppose la bonne harmonie, et, depuis des renseignements ultérieurs, je me suis convaincu que *rien n'annonce* que votre fils ait à se repentir de l'union contractée.»

Le maire termine par quelques paroles de condoléance, en prévoyant qu'un jour ou l'autre le jeune homme se repentira d'avoir brisé le coeur de sa mère. Mais c'est sa première, sa seule faute. Elle est réparable, elle comporte le pardon, et, au demeurant, le *ton qu'on a vu chez lui* ne justifie nullement les douloureux présages que madame Dupin avait conçus. Comme beaucoup de belles-mères, elle espérait que son fils serait malheureux et lui reviendrait. Il n'en était rien. Maurice n'avait d'autre souci immédiat que de chercher les voies d'une réconciliation malaisée. Il finit par les découvrir, sous une forme assez romanesque qui fut couronnée de succès. Madame Dupin était venue secrètement à Paris, afin de consulter M. de Sèze et deux autres avocats célèbres sur la validité du mariage. Ils déclarèrent l'affaire *neuve*, comme toutes celles du même genre qui découlaient de la législation civile récemment mise en vigueur; mais ils estimèrent que le mariage avait toutes chances d'être reconnu valable par les tribunaux, partant la naissance d'être proclamée légitime.

Sur ces entrefaites, Maurice, informé du voyage de sa mère, prit la petite Aurore dans ses bras et chargea la portière de monter avec l'enfant chez madame Dupin, en lui disant: «Voyez donc, madame, la jolie petite fille dont je suis grand'mère! Sa nourrice me l'a apportée aujourd'hui, et j'en suis si heureuse que je ne peux pas m'en séparer un instant.» Tout en bavardant, elle déposa le bébé sur les genoux de la vieille dame qui cherchait sa bonbonnière. Soudain un soupçon traversa l'esprit de madame Dupin. Elle s'écria: «Vous me trompez, cette enfant n'est pas à vous; ce n'est pas à vous qu'elle ressemble… Je sais, je sais ce que c'est.» Et elle repoussait la petite Aurore qui, effrayée, se mit à verser des larmes. La portière s'apprêtait à reprendre et à emporter l'enfant. La grand'mère fut vaincue. Lorsqu'elle sut que son fils était en bas, elle le fit appeler. C'était le pardon. Quand ils se retirèrent, Aurore avait dans la main une bague de rubis que madame Dupin envoyait à sa belle-fille: George Sand a toujours porté cette bague. Quelques semaines plus tard, la réconciliation fut complète. La châtelaine de Nohant consentit à recevoir l'humble modiste qui s'était introduite dans la famille; elle assista au mariage religieux, ainsi qu'au repas qui suivit. Aussitôt après, elle regagna son manoir berrichon.

Le jeune ménage s'était installé dans un étroit appartement de la rue Grange Batelière. Bientôt Maurice fut obligé de rejoindre son régiment pour la campagne d'Ulm, et sa femme demeura à Paris avec ses deux enfants, la petite Aurore et son aînée Caroline, qui n'était pas la fille de Maurice Dupin. Le train de vie était des plus modestes, l'existence des plus régulières. Celle qui jadis avait suivi un général sur les grandes routes de l'Italie, n'aspirait désormais qu'à la quiétude. Elle n'avait aucun goût pour le monde. «Les grands dîners, écrit George Sand, les longues soirées, les visites banales, le bal même, lui étaient odieux. C'était la femme du coin du feu ou de la promenade rapide et folâtre.» En ce point, ses sentiments étaient tout à fait conformes à ceux de son mari. «Ils ne se trouvaient heureux, ajoute l'*Histoire de ma Vie*, que dans leur petit ménage. Partout ailleurs ils étouffaient de mélancoliques bâillements, et ils m'ont légué cette secrète sauvagerie qui m'a rendu toujours le monde insupportable et le *home* nécessaire.»

Nous n'avons que de rares lettres de Maurice Dupin à sa femme et nous n'en possédons point qui aient été adressées à sa mère, durant la campagne de 1805. On sait toutefois qu'il participa à la série d'opérations militaires qui devaient se terminer par l'occupation de Vienne. Mais il n'est pas certain qu'il ait assisté à la bataille d'Austerlitz. Son avancement s'effectuait avec lenteur. Depuis Marengo, il marquait le pas au grade de lieutenant. Il s'en plaint dans sa correspondance. De là cette phrase de l'*Histoire de ma Vie*, sans qu'on voie bien exactement s'il faut l'attribuer à George Sand ou à son père: «Chacun sous l'Empire songe à soi; sous la République, c'était à qui s'oublierait.»

Nommé enfin capitaine du 1er hussards le 30 frimaire an XIV (20 décembre 1805) et chevalier de la Légion d'honneur à la même époque, Maurice Dupin revint passer quelques semaines à Paris. Entre temps, la petite Aurore avait été mise en sevrage à Chaillot, chez la tante Lucie, soeur de sa mère, qui avait épousé M. Maréchal, officier retraité. Elle jouait avec sa cousine Clotilde, leur fille, qui était du même âge et qui fut la meilleure amie de ses jeunes années.

On louait, pour promener les enfants, l'âne d'un jardinier voisin, et on les plaçait sur du foin dans les paniers qui servaient à porter les fruits, les légumes ou le lait au marché, Caroline dans l'un, Clotilde et Aurore dans l'autre.

Voilà le plus lointain souvenir qu'ait gardé George Sand, ainsi que celui d'un accident qui vers deux ans lui arriva. La bonne qui la tenait dans ses bras la laissa tomber sur l'angle d'une cheminée. Ce fut pour l'enfant comme un éveil de la sensibilité. La venue du médecin, les sangsues, le départ de la bonne, sont restés gravés dans sa mémoire. A quatre ans, elle savait lire et elle récitait sans broncher ses prières, n'y comprenant rien, sauf ces quelques mots qui la touchaient: «*Mon Dieu, je vous donne mon coeur.*» C'était, assure-t-elle à distance, le seul endroit où elle eût une idée de Dieu et d'elle-même. Le *Pater*, le *Credo* et l'*Ave Maria*, qu'elle disait en français, lui étaient aussi inintelligibles que si elle les eût appris en latin. Quant aux fables de La Fontaine, elles lui étaient pareillement lettre close. A la réflexion, elle les juge trop fortes et trop profondes pour le premier âge.

Sa douceur n'était pas exempte d'un certain entêtement ingénu. Un jour, par exemple, au cours de la leçon d'alphabet, elle répondit à sa mère: «Je sais bien dire A, mais je ne sais pas dire B.» Et, comme elle épelait toutes les lettres excepté la seconde, elle donna pour unique raison de cette résistance opiniâtre: «C'est que je ne connais pas le B.» Le véritable fond de son caractère était une propension à la rêverie. «L'imagination, a-t-elle dit, c'est toute la vie de l'enfant.» Elle proteste contre la doctrine de Jean-Jacques qui, dans l'*Emile*, veut supprimer le merveilleux, sous prétexte de mensonge. Pour elle, l'impression fut très douloureuse, la première année où s'insinua dans son esprit un doute sur la réalité du père Noël. «J'avais, écrit-elle, cinq ou six ans, et il me sembla que ce devait être ma mère qui mettait le gâteau dans mon soulier. Aussi me parut-il moins beau et moins bon que les autres fois, et j'éprouvais une sorte de regret de ne pouvoir plus croire au petit homme à barbe blanche.»

Elle eut une affection très vive, très persistante pour ses poupées, et de l'horreur pour un certain polichinelle, somptueusement costumé, mais qui lui apparaissait comme un redoutable et malfaisant personnage. Plus tard un goût analogue s'emparera d'elle, celui des marionnettes. Elle leur élèvera un théâtre à Nohant et composera pour elles, en collaboration avec son fils, de véritables comédies. Dès son plus jeune âge, elle aimait se raconter à elle-même de longues et fantastiques histoires. Sa soeur Caroline avait été mise en pension, sa mère était très occupée par les soins du ménage. Aussi, pour qu'elle prît un peu l'air, la plaçait-on volontiers dans la cour, entre quatre chaises, au milieu desquelles il y avait une chaufferette sans feu, en guise de tabouret. Aurore, ainsi emprisonnée, employait ses loisirs à dégarnir avec ses ongles la paille des chaises, et grimpée sur la chaufferette, tandis que ses mains étaient occupées, elle laissait errer son imagination. A haute voix elle débitait les contes improvisés que sa mère appelait des romans.

A de longs intervalles, son père revenait entre deux campagnes. La maison s'emplissait de bruit et de gaîté. L'enfant entendait prononcer le nom et raconter les victoires de l'Empereur. Un jour, à la promenade, elle l'aperçut. Il passait la revue des troupes sur le boulevard. Sa mère s'écria, toute joyeuse: «Il t'a regardée, souviens-toi de ça; ça te portera bonheur!» Et George Sand ajoute dans l'*Histoire de ma Vie*: «Je crois que l'Empereur entendit ces paroles naïves, car il me regarda tout à fait, et je crois voir encore une sorte de sourire flotter sur son visage pâle, dont la sévérité froide m'avait effrayée d'abord. Je n'oublierai donc jamais sa figure et surtout cette expression de son regard qu'aucun portrait n'a pu rendre. Il était à cette époque assez gras et blême. Il avait une redingote sur son uniforme, mais je ne saurais dire si elle était grise; il avait son chapeau à la main au moment où je le vis, et je fus comme magnétisée un instant par ce regard clair, si dur au premier moment, et tout à coup si bienveillant et si doux.» Elle vit également le Roi de Rome dans les bras de sa nourrice, à une fenêtre des Tuileries d'où il riait aux passants. En apercevant Aurore, dont la physionomie lui plut sans doute, il se mit à rire davantage et jeta de son côté un gros bonbon. Malgré les signes de la gouvernante du Roi, le factionnaire qui était au pied de la fenêtre ne voulut pas que le bonbon fût ramassé.

De ces temps éloignés George Sand avait conservé des souvenirs très précis. Elle revoyait les jeux de son père qui, à table, pour la désappointer, feignait de vouloir manger tout le plat de vermicelle cuit dans du lait sucré, ou qui avec sa serviette faisait des figures de moine, de lapin ou de pantin,— distraction familière aux mess de sous-officiers. Cependant le bien-être et l'aisance ne régnaient pas à la maison. Maurice Dupin, aide de camp de Murat, en dépit de ses appointements et des dons de sa mère, se laissait endetter. On a accusé sa femme d'avoir été désordonnée et dépensière. L'*Histoire de ma Vie* proteste contre ce reproche: «Ma mère faisait elle-même son lit, balayait l'appartement, raccommodait ses nippes et faisait la cuisine. C'était une femme d'une activité et d'un courage extraordinaires. Toute sa vie, elle s'est levée avec le jour et couchée à une heure du matin.»

Le grand ami d'Aurore, en ces premières années d'enfance, fut un certain Pierret, d'origine champenoise, dont George Sand s'est complu à évoquer la physionomie. Il occupait au Trésor un emploi des plus modestes, et il était la seule personne que madame Maurice Dupin reçût dans l'intimité, en l'absence de son mari. Ce Pierret avait pour la fillette «da tendresse d'un père et les soins d'une mère». Le surplus de ses loisirs s'écoulait dans un estaminet du faubourg Poissonnière, à l'enseigne du *Cheval blanc*; car il aimait le vin, la bière, la pipe, le billard et le domino. Il aimait surtout Aurore. C'était un disgracié, à l'âme tendre, aux effusions sentimentales. «Le plus laid des hommes, dit

George Sand, mais cette laideur était si bonne qu'elle appelait la confiance et l'amitié. Il avait un gros nez épaté, une bouche épaisse et de très petits yeux; ses cheveux blonds frisaient obstinément, et sa peau était si blanche et si rose qu'il parut toujours jeune. A quarante ans, il se mit fort en colère, parce qu'un commis de la mairie, où il servait de témoin au mariage de ma soeur, lui demanda de très bonne foi s'il avait atteint l'âge de majorité.» Grand et gros, la figure contractée par des tics nerveux, Pierret était le meilleur des hommes. Une année où Aurore ne cessait de troubler le sommeil de sa mère, il prit l'enfant, l'emporta chez lui, passa une vingtaine de nuits auprès du berceau, administrant le lait et préparant l'eau, sucrée avec la vigilance d'une nourrice. Le matin, il ramenait Aurore en allant à son bureau, et le soir il la reprenait en sortant du *Cheval blanc*.

Il fallut pourtant quitter l'ami Pierret. Madame Maurice Dupin, depuis longtemps éloignée de son mari et un peu jalouse, voulut le rejoindre à Madrid. Elle était enceinte, et ce voyage semblait assez imprudent. Elle résolut néanmoins de l'entreprendre, laissa Caroline en pension et partit avec Aurore. Comme Victor Hugo, George Sand était vouée, tout enfant, à visiter l'Espagne: Elle en a rapporté des impressions qui méritent d'être recueillies. D'abord son imagination fut émue par les hautes montagnes des Asturies, puis elle admira la végétation avec cet instinctif enthousiasme qui devait faire d'elle l'élève et l'imitatrice de Jean-Jacques: «Je vis, dit-elle, pour la première fois, sur les marges du chemin, du liseron en fleur. Ces clochettes roses, délicatement rayées de blanc, me frappèrent beaucoup.» Sa mère attira son attention: «Respire-les, cela sent le bon miel, et ne les oublie pas!» George Sand conserva, en effet, cette première sensation de l'odorat, et depuis lors elle ne put respirer des fleurs de liseron-vrille sans se rappeler le bord du chemin espagnol. Le liseron était pour elle comme pour Rousseau la pervenche des *Confessions*.

Une autre rencontre marqua le voyage avant l'arrivée à Madrid. C'était par une nuit assez claire. Tout à coup le postillon modéra l'allure de son attelage et cria au jockey: «Dites à ces dames de ne pas avoir peur, j'ai de bons chevaux.» Trois énormes silhouettes, d'aspect ramassé, se projetaient sur les bords de la route. Madame Dupin les prit pour des voleurs. C'étaient de grands ours de montagne.

Certaine nuit, il fallut coucher dans une chambre d'auberge où le plancher avait une large tache de sang. La mère d'Aurore, tremblante de peur, voulut aller à la découverte. Elle était persuadée qu'un pauvre soldat français avait été assassiné par les Espagnols. En ouvrant une porte, elle finit par découvrir les cadavres de trois porcs. Et cette anecdote rappelle celle de Paul-Louis Courier, au fin fond des Calabres.

Nous voici à Madrid. Maurice Dupin était logé au troisième étage du palais du prince de la Paix, «le plus riche, dit George Sand, et le plus confortable de Madrid, car il avait protégé les amours de la reine et de son favori (Godoy), et il y régnait plus de luxe que dans la maison du roi légitime.» Elle nous dépeint un appartement immense, tout tendu en damas de soie cramoisi. «Les corniches, les lits, les fauteuils, les divans, tout était doré et me parut en or massif, comme dans les contes de fées. Il y avait d'énormes tableaux qui me faisaient peur.» Si le palais était somptueux, il était également malpropre. Les animaux domestiques y pullulaient, notamment des lapins qui circulaient en liberté à travers les corridors, les chambres et les salons. La petite Aurore se prit d'une particulière affection pour l'un d'eux, tout blanc, avec des yeux de rubis. Il égratignait les inconnus, mais avec elle il était très familier, dormant sur ses genoux ou sur sa robe, tandis qu'elle racontait des histoires.

Le palais du prince de la Paix avait pour hôte principal Joachim Murat, à l'état-major duquel Maurice Dupin était attaché. Murat a laissé dans l'imagination de George Sand un souvenir éblouissant. Il avait pris en grande amitié cette enfant qu'on lui présenta revêtue d'un uniforme militaire, semblable à quelque déguisement de carnaval, mais que l'*Histoire de ma Vie* nous retrace avec complaisance: «Cet uniforme était une merveille. Il consistait en un dolman de Casimir blanc tout galonné et boutonné d'or fin, une pelisse pareille garnie de fourrure noire et jetée sur l'épaule, et un pantalon de casimir amarante avec des ornements et broderies d'or à la hongroise. J'avais aussi les bottes de maroquin rouge à éperons dorés, le sabre, le ceinturon de ganses de soie cramoisi à canons et aiguillettes d'or émaillés, la sabretache avec un aigle brodé en perles fines, rien n'y manquait. En me voyant équipée absolument comme mon père, soit qu'il me prît pour un garçon, soit qu'il voulût bien faire semblant de s'y tromper, Murat, sensible à cette petite flatterie de ma mère, me présenta en riant aux personnes qui venaient chez lui, comme son aide de camp, et nous admit dans son intimité.»

Aurore était gênée par ce bel uniforme très lourd et très serré. Aussi se lassa-t-elle bien vite de traîner son sabre et d'arborer sa pelisse. Volontiers elle quittait la fourrure et les galons pour le joli costume espagnol de l'époque, robe de soie noire très courte avec une frange qui tombait sur la cheville, mantille de crêpe noir à large bande de velours. Murat, si redoutable à la guerre, si héroïque sur le champ de bataille, était le plus douillet des hommes devant la maladie. George Sand se souvient de l'avoir entendu rugir comme si on l'assassinait, au milieu de la nuit, pour une simple inflammation qui ne mettait pas sa vie en danger. Elle se rappelle l'émoi qu'elle ressentit et ce cri qu'elle poussait au milieu des sanglots: *On tue mon prince Fanfarinet.* C'est le nom que dans ses contes elle donnait au beau Murat. Il était, d'ailleurs, plein de sollicitude et même de tendresse pour elle. Un jour, en s'éveillant, elle trouva à ses côtés, la tête sur le même oreiller, un jeune faon, couché en rond, les pattes repliées. Elle le tenait enlacé entre ses bras. C'était un cadeau que Murat lui avait apporté nuitamment, au retour de la chasse, et il venait, de bon matin, contempler le tableau. Certains foudres de guerre ont de ces recoins idylliques dans l'âme.

Madame Dupin avait mis au monde à Madrid un enfant chétif et aveugle; puis il fallut abandonner le palais du prince de la Paix. L'armée française était obligée de battre en retraite. Nos troupes, déguenillées et rongées par la gale, se repliaient sur les Pyrénées, tandis que Murat allait occuper le trône de Naples. On traversait des villages incendiés, on suivait des routes encombrées de cadavres. On avait soif, et dans l'eau des fossés on trouvait des caillots de sang. On avait faim, et l'on manquait de vivres. Un soir, dans un campement français, Aurore partagea la gamelle du soldat, un bouillon très gras où le pain se mêlait à quelques mèches noircies: c'était une soupe faite avec des bouts de chandelles.

Après maintes souffrances, la famille arriva à Nohant, chez la grand'mère, et George Sand la revoit, telle qu'elle lui apparut, sur le seuil de la demeure: «Une figure blanche et rosée, un air imposant, un invariable costume composé d'une robe de soie brune à taille longue et à manches plates, une perruque blonde et crêpée en touffe sur le front, un petit bonnet rond avec une cocarde de dentelle au milieu.» C'était la première fois que Maurice amenait sa femme et ses enfants, et sur-le-champ il fut nécessaire de les soigner tous pour l'affreuse maladie éruptive qu'ils avaient rapportée d'Espagne. Aurore, au bout de quelques jours de traitement, fut guérie. Elle eut vite lié connaissance avec Hippolyte, un gros garçon de neuf ans que Maurice avait eu avant son mariage, et aussi avec Deschartres, qui, pour recevoir les nouveaux hôtes, avait revêtu son plus beau costume: culottes courtes, bas blancs, guêtres de nankin, habit noisette, casquette à soufflet. Il semblait qu'après toutes les péripéties du voyage en Espagne ce dût être le repos et le bonheur. Bien au contraire, le petit aveugle mourut, consumé par la fièvre, et ce fut pour madame Maurice Dupin une telle douleur qu'elle éprouva une véritable hallucination. Elle s'imagina qu'on l'avait inhumé vivant, et elle persuada à son mari d'aller rouvrir la tombe. George Sand a relaté l'événement dans une des pages les plus tragiques de l'*Histoire de ma Vie*. Il y passe un frisson d'épouvante:

«Mon père se lève, s'habille, ouvre doucement les portes, va prendre une bêche et court au cimetière, qui touche à notre maison et qu'un mur sépare du jardin; il approche de la terre fraîchement remuée et commence à creuser... Il ne put voir assez clair pour distinguer la bière qu'il découvrait, et ce ne fut que quand il l'eut débarrassée en entier, étonné de la longueur de son travail, qu'il la reconnut trop grande pour être celle de l'enfant. C'était celle d'un homme de notre village qui était mort peu de jours auparavant. Il fallut creuser à côté, et là, en effet, il retrouva le petit cercueil. Mais, en travaillant à le retirer, il appuya fortement le pied sur la bière du pauvre paysan, et cette bière, entraînée par le vide plus profond qu'il avait fait à côté, se dressa devant lui, le frappa à l'épaule et le fit tomber dans le fossé.»

Surmontant l'émotion qui l'agitait et lui mettait la sueur aux tempes, il rapporta le cercueil de son enfant. La mère dut se rendre compte que l'oeuvre de la mort était accomplie. Elle voulut pourtant garder le petit cadavre un jour et une nuit encore; puis ils allèrent le confier à la terre dans un coin du jardin, au pied d'un vieux poirier. Une semaine plus tard, Maurice, en rentrant de La Châtre où il avait dîné chez des amis, était désarçonné par un cheval ombrageux qu'il avait ramené d'Espagne. Il tomba sur un tas de pierres et se brisa les vertèbres du cou. La mort dut être instantanée.

Ce fut un deuil cruel; qui laissait face à face une mère affolée de douleur, une veuve désespérée. Les larmes auraient pu, semble-t-il, les réconcilier, effacer les souvenirs amers. Tout au rebours, leur tendresse jalouse et égoïste va se disputer la direction et l'affection de l'enfant. Sur tous les points essentiels de l'éducation elles seront en désaccord. La mère d'Aurore lisait et lui conseillait de lire des contes, des récits fantastiques, les romans de madame de Genlis, alors que la vieille madame Dupin, férue de principes voltairiens, eût souhaité un autre commerce intellectuel. Quoi qu'il en soit, George Sand contracta dès le premier âge ce goût passionné de la lecture qu'elle a délicieusement analysé dans la septième des *Lettres d'un Voyageur*, adressée à Franz Liszt:

«Un livre a toujours été pour moi un ami, un conseil, un consolateur éloquent et calme, dont je ne voulais pas épuiser vite les ressources, et que je gardais pour les grandes occasions. Oh! quel est celui de nous qui ne se rappelle avec amour les premiers ouvrages qu'il a dévorés ou savourés! La couverture d'un bouquin poudreux, que vous retrouvez sur les rayons d'une armoire oubliée, ne vous a-t-elle jamais retracé les gracieux tableaux de vos jeunes années? N'avez-vous pas cru voir surgir devant vous la grande prairie baignée des rouges clartés du soir, lorsque vous le lûtes pour la première fois, le vieil ormeau et la haie qui vous abritèrent, et le fossé dont le revers vous servit de lit de repos et de table de travail, tandis que la grive chantait la retraite à ses compagnes et que le pipeau du vacher se perdait dans l'éloignement? Oh! que la nuit tombait vite sur ces pages divines! que le crépuscule faisait cruellement flotter les caractères sur la feuille pâlissante! C'en est fait, les agneaux bêlent, les brebis sont arrivées à l'étable, le grillon prend possession des chaumes de la plaine. Les formes des arbres s'effacent dans le vague de l'air, comme tout à l'heure les caractères sur le livre. Il faut partir; le chemin est pierreux, l'écluse est étroite et glissante, la côte est rude; vous êtes couvert de sueur, mais vous aurez beau faire, vous arriverez trop tard, le souper sera commencé. C'est en vain que le vieux domestique qui vous aime aura retardé le coup de cloche autant que possible; vous aurez l'humiliation d'entrer le dernier, et la grand'mère, inexorable sur l'étiquette, même au fond de ses terres, vous fera, d'une voix douce et triste, un reproche bien léger, bien tendre, qui vous sera plus sensible qu'un châtiment sévère. Mais quand elle vous demandera, le soir, la confession de votre journée, et que vous aurez avoué, en rougissant, que vous vous êtes oublié à lire dans un pré, et que vous aurez été sommé de montrer le livre, après quelque hésitation et une grande crainte de le voir confisqué sans l'avoir fini, vous tirerez en tremblant de votre poche, quoi? *Estelle et Némorin* ou *Robinson Crusoé!* Oh! alors la grand'mère sourit. Rassurez-vous, votre trésor vous sera rendu: mais il ne faudra pas désormais oublier l'heure du souper. Heureux temps! ô ma Vallée Noire! ô Corinne! ô Bernardin de Saint-Pierre! ô l'Iliade! ô Millevoye! ô Atala! ô les saules de la rivière! ô ma jeunesse écoulée! ô mon vieux chien, qui n'oubliait pas l'heure du souper, et qui répondait au son lointain de la cloche par un douloureux hurlement de regret et de gourmandise!».

Tels sont les souvenirs que George Sand avait gardés de l'âge d'or, où elle eut comme compagne de jeu Ursule, nièce de la femme de chambre de madame Dupin, et qui restera pour elle, à travers la vie, une amie fidèle, malgré la différence des conditions. Quand il était question pour Aurore de choisir entre sa grand'mère et sa mère, de sacrifier celle-ci au profit de celle-là, Ursulette disait, en toute petite paysanne déjà attachée à l'argent: «C'est pourtant gentil d'avoir une grande maison et un grand jardin comme ça pour se promener, et des voitures, et des robes, et des bonnes choses à manger tous les jours. Qu'est-ce qui donne tout ça? C'est le *richement*. Il ne faut donc pas que tu pleures, car tu auras, avec ta bonne maman, toujours de l'*âge d'or* et toujours du *richement*.» L'enfant développait le mot qu'elle avait entendu sa tante Julie dire un jour à Aurore: «Vous voulez donc retourner dans votre petit grenier manger des haricots?»

George Sand convient que sa mère avait un caractère assez difficile à manier. Elle était brusque, emportée, vaniteuse en même temps, au point de se faire adresser son courrier au nom de madame de Nohant-Dupin. L'*Histoire de ma Vie* lui prête des opinions démocratiques qu'elle n'eut jamais. Elle était grisette dans l'âme et cherchait à inculquer à sa fille des habitudes de frivolité et de coquetterie. Ne passait-elle pas des heures à la coiffer à la chinoise? «C'était bien, dit George Sand, la plus affreuse coiffure que l'on pût imaginer, et elle a été certainement inventée par les figures qui n'ont pas de front. On vous rebroussait les cheveux en les peignant à contre-sens jusqu'à ce qu'ils eussent pris une attitude perpendiculaire, et alors on en tortillait le fouet juste au sommet du crâne, de manière à faire de la tête une boule allongée surmontée d'une petite houle de cheveux. On ressemblait ainsi à une brioche ou à une gourde de pèlerin. Ajoutez à cette laideur le supplice d'avoir les cheveux plantés à contre-poil; il fallait huit jours d'atroces douleurs et d'insomnie avant qu'ils eussent pris ce pli forcé, et on les serrait si bien avec un cordon pour les y contraindre qu'on avait la peau du front tirée et le coin des yeux, relevé comme les figures d'éventail chinois.» La grand'mère, qui trouvait ridicules toutes ces futilités et qui n'avait pour les goûts vulgaires et plébéiens de sa bru aucune indulgence, s'évertua et réussit à prendre en mains l'éducation d'Aurore. Les deux femmes, vers la fin de 1810, rompirent la vie commune. L'enfant passa presque toute l'année à Nohant, sauf un court séjour à Paris en hiver. Sophie, au contraire, domiciliée à Paris avec sa fille Caroline et jouissant d'une pension que lui servait sa belle-mère, allait seulement à Nohant pour la saison des vacances. Ce train d'existence dura jusqu'à la fin de 1814.

Outre Ursule, Aurore avait un grand ami à la campagne: c'était un âne, très vieux et très bon, qui ne connaissait ni la corde ni le râtelier. On le laissait errer en liberté. «Il lui prenait souvent fantaisie d'entrer dans la maison, dans la salle à manger et même dans l'appartement de ma grand'mère, qui le trouva un jour installé dans son cabinet de toilette, le nez sur une boîte de poudre d'iris qu'il respirait d'un air sérieux et recueilli. Il avait même appris à ouvrir les portes qui ne fermaient qu'au loquet... Il lui était indifférent de faire rire; supérieur aux sarcasmes, il avait des airs de philosophe qui n'appartenaient qu'à lui. Sa seule faiblesse était le désoeuvrement et l'ennui de la solitude qui en est la conséquence. Une nuit, ayant trouvé la porte du lavoir ouverte, il monta un escalier de sept ou huit marches, traversa la cuisine, le vestibule, souleva le loquet de deux ou trois pièces et arriva à la porte de la chambre à coucher de ma grand'mère; mais trouvant là un verrou, il se mit à gratter du pied pour avertir de sa présence. Ne comprenant rien à ce bruit, et croyant qu'un voleur essayait de crocheter sa porte, ma grand'mère sonna sa femme de chambre, qui accourut sans lumière, vint à la porte, et tomba sur l'âne en jetant les hauts cris.»

Chez madame Dupin, dans la solitude de Nohant, il y avait, à côté des heures de distraction, bien des journées moroses pour une enfant aussi exubérante que l'était instinctivement Aurore. Depuis l'arrangement—ou même l'engagement—signé par Sophie, et qui laissait à la grand'mère toute liberté et pleins pouvoirs pour l'éducation de la fillette, celle-ci était livrée sans contrepoids à une direction solennelle, cérémonieuse et guindée. La vieille madame Dupin, fuyant la familiarité, exigeait le respect, et semblait éviter de caresser sa petite-fille; elle lui donnait des baisers à titre de récompense. Aussi Aurore regrettait-elle l'humeur mobile, parfois brutale, mais affectueuse de sa mère, et souffrait-elle de l'excès de tenue qu'on lui imposait. Il était interdit de se rouler par terre, de rire bruyamment, de parler berrichon. Sa grand'mère lui disait *vous*, l'obligeait à porter des gants, à parler bas et à faire la révérence aux personnes qui venaient en visite. Défense d'aller à la cuisine et de tutoyer les domestiques. Avec madame Dupin Aurore devait même employer la troisième personne: *Ma bonne maman veut-elle me permettre d'aller au jardin?*

Les voyages à Paris étaient comme une oasis pour cette enfant qui avait soif de tendresse. On mettait trois ou quatre jours, car madame Dupin, quoique circulant en poste, refusait de passer la nuit en voiture. De Châteauroux à Orléans, le paysage était monotone: on traversait la Sologne. En revanche, la forêt d'Orléans, avec ses grands arbres, avait une réputation tragique; les diligences y étaient assez souvent arrêtées. Avant la Révolution, on s'armait jusqu'aux dents, lorsqu'il s'agissait de s'aventurer dans ce coupe-gorge. La maréchaussée avait d'ailleurs une singulière façon de rassurer les voyageurs: «Quand les brigands étaient pris, jugés et condamnés, on les pendait aux arbres de la route, à l'endroit même où ils avaient commis le crime; si bien qu'on voyait de chaque côté du chemin, et à des distances très rapprochées, des cadavres accrochés aux branches et que le vent balançait sur votre tête.» D'année en année, on comptait les nouveaux pendus, autour desquels volaient des corbeaux rapaces, et c'était tout ensemble un spectacle lugubre et une odeur répugnante.

Le séjour de Paris raviva chaque fois la tendresse d'Aurore pour sa mère dont on chercha vainement à la détacher. Madame Dupin, imbue de rancunes et de préjugés aristocratiques, ne voulait pas que sa petite-fille, qui descendait du maréchal de Saxe et d'un roi de Pologne, frayât avec cette soeur aînée, Caroline Delaborde, née de père inconnu. Ce fut la source de querelles où la grand'mère finit par céder. Il y avait, en effet, nous dit George Sand, deux camps dans la maison: «*le parti de ma mère*, représenté par Rose, Ursule et moi; *le parti de ma grand'mère*, représenté par Deschartres et par Julie.»

Quand Aurore eut la rougeole, comme sa mère ne venait pas la voir ou s'arrêtait au seuil de sa chambre, cette conduite fut, dans la domesticité, l'objet d'appréciations contradictoires. Pour les uns, madame Sophie Dupin craignait de contracter la maladie et s'abstenait d'approcher son enfant. Pour les autres—et cette version est plus vraisemblable—elle appréhendait d'apporter la rougeole à Caroline.

Chez sa bonne maman, Aurore avait coutume de voir en visite un certain nombre de personnes de qualité: son grand-oncle M. de Beaumont, madame de la Marlière, madame Junot, plus tard duchesse d'Abrantès, madame de Pardaillan, «petite bonne vieille qui avait été fort jolie, qui était encore proprette, mignonne et fraîche sous les rides,» et donnait à la jeune Aurore ce conseil en forme d'horoscope: «Soyez toujours bonne, ma pauvre enfant, car ce sera votre seul bonheur en ce monde.» Il y avait encore deux *vieilles comtesses*, comme disait dédaigneusement Sophie Dupin: madame de Ferrières qui, ayant de *beaux restes* à montrer, avait toujours les bras nus dans son manchon dès le matin; «mais ces beaux bras de soixante ans, relate George Sand, étaient si flasques qu'ils devenaient tout plats quand ils se posaient sur une table, et cela me causait une sorte de dégoût.»

L'autre était madame de Béranger, dont le mari prétendait descendre de Béranger, roi d'Italie au temps des Goths. La Révolution les avait ruinés. N'importe, ils demeuraient haut perchés sur leur orgueil,

Et comme du fumier regardaient tout le monde.

Madame de Béranger avait des prétentions à la sveltesse de la taille. Il fallait deux femmes de chambre pour serrer son corset en appuyant les genoux sur la cambrure du dos. A soixante ans, elle avait le ridicule de porter une perruque blonde frisée à l'enfant, qui contrastait avec la rudesse de ses traits et la teinte bilieuse de sa peau. Après dîner, en jouant aux cartes, elle ôtait fréquemment cette perruque qui la gênait, et, en petit serre-tête noir, elle ressemblait à un vieux curé. S'il survenait une visite, elle cherchait précipitamment sa perruque, qui était à terre ou dans sa poche, ou sur laquelle elle était assise, et elle la remettait de côté ou à l'envers, ce qui lui donnait l'aspect le plus comique.

Aurore était parfois enfant terrible. A une madame de Maleteste qui fréquentait chez sa grand'mère, elle demanda un jour comment elle s'appelait pour de bon, en ajoutant: «Mal de tête, mal à la tête, mal tête, ce n'est pas un nom. Vous devriez vous fâcher quand on vous appelle comme ça.» Et à l'abbé d'Andrezel qui portait des *spencers* sur ses habits, qui allait au spectacle et mangeait de la poularde le vendredi saint, Aurore posa une fois cette question embarrassante: «Si tu n'es pas curé, où donc est ta femme? Et, si tu es curé, où donc est ta messe?»

Il y avait également la famille de Villeneuve, alliée aux Dupin de Francueil, qui vivait de façon patriarcale dans une maison de la rue de Grammont où les quatre générations étaient réunies. A telles enseignes que la bisaïeule, madame de Courcelles, pouvait dire à madame de Guibert: «Ma fille, va-t'en dire à ta fille que la fille de sa fille crie.» C'étaient là, pour Aurore, les relations mondaines et élégantes qu'elle devait à sa grand'mère: elle en parle avec complaisance. Celles de sa mère étaient plus humbles: elle n'y fait même pas allusion. Mais, comme elle a contracté depuis 1835 des sentiments démocratiques, George Sand leur donne dans l'*Histoire de ma Vie* un caractère rétrospectif. A l'en croire, fillette de dix ans, elle dédaignait les gens de qualité et elle avait coutume de dire: «Je voudrais être un boeuf ou un âne; on me laisserait marcher à ma guise et brouter comme je l'entendrais, au lieu qu'on veut faire de moi un chien savant, m'apprendre à marcher sur les pieds de derrière et à donner la patte.» Elle atteste qu'il lui semblerait plus enviable d'être une laveuse de vaisselle qu'une vieille marquise fleurant le musc ou le benjoin. Il y a peut-être là quelque exagération systématique. A l'époque où George Sand faisait ces déclarations, elle était férue de socialisme, voire même de communisme; car le mot de collectivisme n'était pas encore à la mode. Et elle écrivait: «L'idée communiste a beaucoup de grandeur, parce qu'elle a beaucoup de vérité.»

A Nohant et à Paris, vers 1814, Aurore entendait, tantôt sa mère faire l'éloge de l'Empereur—et madame Sand a toujours conservé des sympathies napoléoniennes,—tantôt sa grand'mère, les *vieilles comtesses* et Deschartres raconter sur lui les anecdotes les plus invraisemblables. Il avait battu l'impératrice, arraché la barbe du Saint-Père, craché à la figure de M. Cambacérès. Le fils de Marie-Louise était mort en venant au monde, et on lui avait substitué l'enfant d'un boulanger. Voilà de quelles billevesées se repaissaient les habitués des salons royalistes.

La première communion de son frère Hippolyte frappa l'imagination d'Aurore. La cérémonie eut lieu à la paroisse voisine de Saint-Chartier, celle de Nohant étant supprimée. Le curé de Saint-Chartier était bien le prêtre le plus étrange et le plus paysan qui se pût concevoir. Bonhomme et terre à terre, il se souciait beaucoup moins de l'Evangile que des intérêts temporels de ses ouailles et des profits de son ministère. Entre beaucoup, George Sand nous a transmis l'un de ses sermons: «Mes chers amis, voilà que je reçois un mandement de l'archevêque qui nous prescrit encore une procession. Monseigneur en parle bien à son aise! Il a un beau carrosse pour porter sa Grandeur, et un tas de personnages pour se donner du mal à sa place; mais moi, me voilà vieux, et ce n'est pas une petite besogne que de vous ranger en ordre de procession. La plupart de vous n'entendent ni à *hue* ni à *dia*. Vous vous poussez, vous vous marchez sur les pieds, vous vous bousculez pour entrer ou pour sortir de l'église, et j'ai beau me mettre en colère, jurer après vous, vous ne m'écoutez point, et vous vous comportez comme des veaux dans une étable. Il faut que je sois à tout dans ma paroisse et dans mon église. C'est moi qui suis obligé de faire toute la police, de gronder les enfants et de chasser les chiens. Or je suis las de toutes ces processions qui ne servent à rien du tout pour votre salut et pour le mien. Le temps est mauvais, les chemins sont gâtés, et si Monseigneur était obligé de patauger comme nous deux heures dans la boue avec la pluie sur le dos, il ne serait pas si friand de cérémonies. Ma foi, je n'ai pas envie de me déranger pour celle-là, et, si vous m'en croyez, vous resterez chacun chez vous... Oui-da, j'entends le père *un tel* qui me blâme, et voilà ma servante qui ne m'approuve point. Ecoutez, que ceux qui ne sont pas contents aillent... *se promener.* Vous en ferez ce que vous voudrez; mais, quant à moi, je ne compte pas sortir dans les champs. Je vous ferai votre procession autour de l'église. C'est bien suffisant. Allons, allons, c'est entendu. Finissons cette messe, qui n'a duré que trop longtemps.»

Avec de tels prônes, les offices à Saint-Chartier ne devaient pas manquer d'imprévu, d'autant que le banc des marguilliers était occupé par la femme du maire, ci-devant religieuse qui avait escaladé les murailles de son couvent pour rejoindre un garde-française. Pendant le sermon, elle bâillait avec ostentation ou bien elle interpellait le curé: «Quelle diable de messe! ce gredin n'en finira pas!—Allez au diable, répliquait le curé à mi-voix en bénissant les fidèles. *Dominus vobiscum!*»

On juge que les cérémonies du culte ainsi pratiquées n'étaient pas fort édifiantes pour Aurore, qui respirait l'atmosphère voltairienne. Aussi, au retour de la première messe à laquelle elle assista, interrogée par sa grand'mère sur ses impressions, elle répondit: «J'ai vu le curé qui déjeunait tout debout devant une grande table et qui de temps en temps se retournait pour nous dire des sottises.»

George Sand raconte très plaisamment les circonstances qui accompagnèrent la première communion de son frère Hippolyte. Pour ce grand jour, le brave curé avait invité à déjeuner le jeune communiant qui lui apportait, à titre de cadeau, douze bouteilles de vin muscat de la part de madame Dupin. On en déboucha une. «Ma foi, dit l'abbé, voilà un petit vin blanc qui se laisse boire et qui ne doit pas porter à la tête comme le vin du cru; c'est doux, c'est gentil, ça ne peut pas faire de mal. Buvez, mon garçon, mettez-vous là. Manette, appelez le sacristain, et nous goûterons la seconde bouteille quand la première sera finie.»

La servante et le sacristain, Hippolyte et le curé déclarèrent, d'un commun accord, que ce vin ne portait pas l'eau. On passa, comme disait l'abbé, au troisième et au quatrième feuillet du bréviaire—figuré par les bouteilles du panier. Enfin les convives se séparèrent péniblement. Hippolyte voyait danser les buissons et se réveilla sous un arbre. Alors, conclut George Sand, «il put revenir à la maison, où il nous édifia tous par sa gravité et sa sobriété le reste de la journée.»

Le presbytère de Saint-Chartier était une maison joyeuse. Manette était sourde, le curé de même. Il disait d'elle: «Elle n'entend pas la grosse cloche.» Et il ne l'entendait pas davantage. Elle avait sauvé la vie de son maître pendant la Révolution et elle le faisait marcher comme un petit garçon, depuis cinquante-sept ans. C'était un prêtre, d'un modèle rare, jurant comme un dragon, buvant comme un templier. «Je ne suis point un cagot, moi, disait-il sous la Restauration. Je ne suis pas un de ces hypocrites qui ont changé de manières depuis que le gouvernement nous protège; je suis le même qu'auparavant et n'exige pas que mes paroissiens me saluent plus bas ni qu'ils se privent du cabaret et de la danse, comme si ce qui était permis hier ne devait plus l'être aujourd'hui.» Il se targuait d'être un vieux de la vieille roche, n'aimait pas la loi du sacrilège, non plus que de mettre de l'eau dans son vin. «Si l'archevêque n'est pas content, qu'il le dise, je lui répondrai, moi! Et je me moquerai bien de tous les archevêques du monde.» Le prélat en fit l'expérience.

Etant venu pour la confirmation à Saint-Chartier et déjeunant au presbytère, il dit au curé, par manière de badinage épiscopal: «Vous avez quatre-vingt-deux ans, monsieur le curé, c'est un bel âge.—Oui-da, Monseigneur, répliqua l'abbé en son libre langage, vous avez beau z'être archevêque, vous n'y viendrez peut-être point!» Et, au dessert, impatienté de la longueur du repas, il grommela entre haut et bas: «Ah! ça, emmenez-le donc et débarrassez-moi de tous ces grands messieurs-là, qui me font une dépense de tous les diables et qui mettent ma maison sens dessus dessous. J'en ai *prou*, et grandement plus qu'il ne faut pour savoir qu'ils mangent mes perdrix et mes poulets tout en se gaussant de moi.» Et l'archevêque et son vicaire général de rire aux éclats.

Ayant une fois été volé, le curé de Saint-Chartier se conduisit, au vrai, à peu près comme M. Myriel dans les *Misérables*: il refusa de dénoncer le coupable. Voilà le brave homme de prêtre qui forma la conscience religieuse de George Sand. «L'Aurore, avait-il coutume de dire, est une enfant que j'ai toujours aimée.» Il écrira à M. Dudevant: «Ma foi, monsieur, prenez-le comme vous voudrez, mais j'aime tendrement votre femme.» Il fréquentait chez les Dupin, ramenait parfois madame Dudevant en croupe; car il montait à cheval, s'endormait, et l'animal s'arrêtait pour brouter. Après dîner, le curé ronflait dans le salon du château, puis demandait un petit air d'épinette. Sa religion était tolérante, placide et bourgeoise. Il ne fut pour rien dans la crise de mysticisme qui guettait George Sand, vers la seizième année.

CHAPITRE III

AU COUVENT

L'éducation d'Aurore par les soins de sa grand'mère avait donné de médiocres résultats: l'enfant souffrait d'être séparée de sa mère. Deschartres, ci-devant précepteur de Maurice Dupin, n'était pas beaucoup plus heureux dans son enseignement. Il avait des bourrasques, des rages de vieux pédagogue, et la main leste. Un jour, comme la fillette était distraite au cours de la leçon, il lui jeta à la tête un gros dictionnaire latin. «Je crois, écrit-elle, qu'il m'aurait tuée si je n'eusse lestement évité le boulet en me baissant à propos. Je ne dis rien du tout, je rassemblai mes cahiers et mes livres, je les mis dans l'armoire, et j'allai me promener. Le lendemain, il me demanda si j'avais fini ma version: «Non, lui dis-je, je sais assez de latin comme cela, je n'en veux plus.» Deschartres ne revint jamais sur ce sujet, et le latin fut abandonné. On ne s'avisa que plus tard qu'il fallait compléter cette instruction faite à bâtons rompus. En attendant, Aurore tout enfant avait déjà ce culte de la nature qui hantera l'imagination de George Sand et inspirera exquisement la meilleure part de ses oeuvres. Elle nous vante, dans l'*Histoire de ma Vie*, l'automne et l'hiver, qui étaient ses saisons les plus gaies, et proteste contre l'habitude mondaine qui «fait de Paris le séjour des fêtes dans la saison de l'année la plus ennemie des bals, des toilettes et de la dissipation.» Elle loue les riches Anglais de passer l'hiver dans leurs châteaux, en goûtant les délices du coin du feu et de la vie de famille. Cette passion pour la campagne s'épanche en une jolie page de poésie descriptive:

«On s'imagine à Paris que la nature est morte pendant six mois, et pourtant les blés poussent dès l'automne, et le *pâle soleil* des hivers, on est convenu de l'appeler comme cela, est le plus vif et le plus brillant de l'année. Quand il dissipe les brumes, quand il se couche dans la pourpre étincelante des soirs de grande gelée, on a peine à soutenir l'éclat de ses rayons. Même dans nos contrées froides, et fort mal nommées *tempérées*, la création ne se dépouille jamais d'un air de vie et de parure. Les grandes plaines fromentales se couvrent de ces tapis courts et frais, sur lesquels le soleil, bas à l'horizon, jette de grandes flammes d'émeraude. Les prés se revêtent de mousses magnifiques, luxe tout gratuit de l'hiver. Le lierre, ce pampre inutile mais somptueux, se marbre de tons d'écarlate et d'or. Les jardins mêmes ne sont pas sans richesse. La primevère, la violette et la rose de Bengale rient sous la neige. Certaines autres fleurs, grâce à un accident de terrain, à une disposition fortuite, survivent à la gelée et vous causent à chaque instant une agréable surprise. Si le rossignol est absent, combien d'oiseaux de passage, hôtes bruyants et superbes, viennent s'abattre ou se reposer sur le faîte des grands arbres ou sur le bord des eaux! Et qu'y a-t-il de plus beau que la neige, lorsque le soleil en fait une nappe de diamants, ou lorsque la gelée se suspend aux arbres en fantastiques arcades, en indescriptibles festons de givre et de cristal? Et quel plaisir n'est-ce pas de se sentir en famille, auprès d'un bon feu, dans ces longues soirées de campagne où l'on s'appartient si bien les uns aux autres, où le temps même semble nous appartenir, où la vie devient toute morale et toute intellectuelle en se retirant en nous-mêmes?»

Voilà bien l'aimable tour de style qui fera le charme et le succès de George Sand, en donnant à la peinture d'un paysage certain reflet de psychologie! Elle écrira, par malheur, des pages moins soignées, sous le coup de l'improvisation hasardeuse; ainsi cette phrase d'*Isidora*: «Lorsqu'une main plus hardie cherche à soulever un coin du voile, elle aperçoit, non pas seulement l'ignorance, la corruption de la société, mais encore l'impuissance et l'imperfection de la nature humaine.» Cette main qui, en soulevant un voile, aperçoit…, évoque le souvenir d'une métaphore fameuse de roman-feuilleton: «Sa main était froide comme celle d'un serpent.»

A douze ans, Aurore fait sa première communion, non à la paroisse de Saint-Chartier comme son demi-frère Hippolyte, mais à La Châtre, sous la direction d'un vieux curé qui avait du tact et lui épargna les questions inutiles et messéantes de la confession. Cette cérémonie accomplie—et la voltairienne madame Dupin disait volontiers: cette affaire bâclée—l'enfant était en règle avec l'Eglise. Sa grand'mère, qui n'entrait jamais dans un lieu de culte, tremblait qu'elle ne devînt dévote. «Il n'en fut rien, raconte George Sand. On me fit faire une seconde communion huit jours après, et puis on ne me reparla plus de religion.»

Pourtant la crise mystique allait atteindre cette jeune imagination, éclose et développée dans une atmosphère d'incrédulité philosophique. Elevée un peu à l'aventure, entre sa grand'mère, Deschartres et des domestiques, Aurore devenait fantasque et presque révoltée. Elle refusait de travailler et demandait obstinément à rejoindre sa mère. Madame Dupin essaya des moyens de rigueur; l'enfant dut prendre ses repas seule, sans que personne lui adressât la parole. Enfin la grand'mère, pour briser cette résistance, usa d'un moyen détestable. Comme Aurore venait s'agenouiller et implorer son pardon, elle lui dit avec sécheresse: «Restez à genoux et m'écoutez avec attention; car ce que je vais vous dire, vous ne l'avez jamais entendu et jamais plus vous ne l'entendrez de ma bouche. Ce sont des choses qui ne se disent qu'une fois dans la vie, parce qu'elles ne s'oublient pas; mais, faute de les connaître, quand par malheur elles existent, on perd sa vie, on se perd soi-même.» Et la cruelle, l'impitoyable aïeule étala sous les yeux de cette fillette de treize ans les secrets de la famille; elle lui raconta le passé de son père, de sa mère, leur mariage tardif, sa naissance hâtive. Elle laissa même planer des doutes sur la conduite actuelle de sa bru. Et George Sand, qui a gardé de cette épouvantable confession un odieux souvenir, résume ainsi, quarante ans après, ses impressions ineffaçables:

«Ma pauvre bonne maman, épuisée par ce long récit, hors d'elle-même, la voix étouffée, les yeux humides et irrités, lâcha le grand mot, l'affreux mot: ma mère était une femme perdue, et moi un enfant aveugle qui voulait s'élancer dans un abîme.»

Une telle révélation produisit sur Aurore une secousse dont elle nous a transmis la description précise: «Ce fut pour moi comme un cauchemar; j'avais la gorge serrée; chaque parole me faisait mourir, je sentais la sueur me couler du front, je voulais interrompre, je voulais me lever, m'en aller, repousser avec horreur cette effroyable confidence; je ne pouvais pas, j'étais clouée sur mes genoux, la tête brisée et courbée par cette voix qui planait sur moi et me desséchait comme un vent d'orage. Mes mains glacées ne tenaient plus les mains brûlantes de ma grand'mère, je crois que machinalement je les avais repoussées de mes lèvres avec terreur.»

Dès lors, le séjour de Nohant devint odieux à Aurore. Il y avait un lien d'affection, ou brisé ou détendu, entre elle et sa grand'mère. Elle se comporta en enfant terrible, rebelle au travail, s'évadant de la maison pour courir les chemins, les buissons, les pacages, et ne revenir qu'à nuit close avec des vêtements déchirés. Madame Dupin décida de la mettre au couvent à Paris. Aurore accueillit avec joie cette nouvelle; du moins elle verrait sa mère.

Au début de l'hiver 1817-1818, madame Dupin conduisit sa petite-fille, alors dans sa quatorzième année, au couvent des Anglaises, institué par la veuve de Charles Ier pour les religieuses catholiques émigrées sous le protectorat de Cromwell. George Sand devait y passer trois ans, jusqu'au printemps de 1820. Elle a raconté avec d'amples détails son séjour dans cette communauté, où les élèves, assez indisciplinées, semble-t-il, se divisaient en trois catégories: les *diables*, les *sages* et les *bêtes*. Ces dernières, il va sans dire, étaient les plus nombreuses, et l'*Histoire de ma Vie* relate avec une complaisante prolixité maintes anecdotes de couvent qui ne sauraient nous inspirer le même intérêt qu'à madame Sand, lorsqu'elle se retournait vers les années de pension où son esprit reçut la profonde commotion du mysticisme.

La communauté des Anglaises consistait en «un assemblage de constructions, de cours et de jardins qui en faisait une sorte de village plutôt qu'une maison particulière.» C'était un dédale de couloirs, d'escaliers, de galeries, d'ouvertures, de paliers; des chambres qui ouvraient à la file sur des corridors interminables, et puis, ajoute George Sand, «de ces recoins sans nom où les vieilles filles, et les nonnes surtout, entassent mystérieusement une foule d'objets fort étonnés de se trouver ensemble, des débris d'ornements d'église avec des oignons, des chaises brisées avec des bouteilles vides, des cloches fêlées avec des guenilles, etc., etc.» Des salles d'étude, et particulièrement de la petite classe où étaient entassées une trentaine de fillettes, George Sand a gardé un déplaisant souvenir. Elle revoit et nous montre «des murs revêtus d'un vilain papier jaune d'oeuf, le plafond sale et dégradé, des bancs, des tables et des tabourets malpropres, un vilain poêle qui fumait, une odeur de poulailler mêlée à celle du charbon, un vilain crucifix de plâtre, un plancher tout brisé; c'était là que nous devions passer les deux tiers de la journée, les trois quarts en hiver.» Et de cette laideur des locaux scolaires de son temps, elle tire argument pour expliquer la médiocrité ou l'absence des aspirations esthétiques, alors qu'un simple paysan vit dans une atmosphère et a sous les yeux des spectacles de beauté. A très bon droit, elle demande qu'on élargisse et qu'on embellisse l'horizon intellectuel des prolétaires français. Elle veut qu'on leur révèle les trésors et les splendeurs de l'art.

Des religieuses et des maîtresses de la communauté George Sand a esquissé des portraits qui nous offrent, sous les aspects les plus divers, le personnel d'une congrégation enseignante. C'était, d'abord, la maîtresse de la petite classe, mademoiselle D…, «grasse, sale, voûtée, bigote, bornée, irascible, dure jusqu'à la cruauté, sournoise, vindicative; elle avait de la joie à punir, de la volupté à gronder, et, dans sa bouche, gronder c'était insulter et outrager.» Il paraît qu'elle écoutait aux portes, qu'elle obligeait les élèves, en manière de punition, à baiser la terre. Et si, d'aventure, elles faisaient le simulacre et baisaient leur main en se baissant vers le carreau, la farouche mademoiselle D… leur poussait la figure dans la poussière. C'est qu'elle appartenait à l'espèce des maîtresses séculières, des *pions* femelles—selon l'expression de George Sand—qui sont la plaie des couvents.

Tout au rebours, il y avait la mère Alippe, «une petite nonne ronde et rosée comme une pomme d'api trop mûre qui commence à se rider.» Chargée de l'instruction religieuse, elle demanda à Aurore, le jour de son arrivée, où languissaient les âmes des enfants morts sans baptême. La petite-fille de madame Dupin était peu ferrée sur le catéchisme. Une de ses compagnes, qui avait un fort accent anglais, lui souffla: *«Dans les limbes.»* Aurore entendit et répéta: *«Dans l'Olympe»* Toute la classe éclata de rire, d'autant que la nouvelle venue ne savait pas faire le signe de la croix. Rose, la femme de chambre, lui avait appris à porter la main à l'épaule droite avant l'épaule gauche. C'était une hérésie, et le brave curé jovial de Saint-Chartier ne s'en était pas aperçu. On crut qu'une païenne était entrée dans la communauté. Elle mettait l'Olympe dans le catéchisme, se signait de travers, et disait «mon Dieu»—presque un juron—hors de ses prières, dans la conversation courante.

Ses camarades essayèrent de la tourner en dérision. Mary G…, qui était le grand chef des *diables* et la terreur des *bêtes*, l'aborda en ces termes: «Mademoiselle s'appelle *Du pain? some bread?* elle s'appelle Aurore? *rising-sun?* lever du soleil? les jolis noms! et la belle figure! Elle a la tête d'un cheval sur le dos d'une poule. Lever du soleil, je me prosterne devant vous; je veux être le tournesol qui saluera vos premiers rayons. Il paraît que nous prenons les limbes pour l'Olympe; jolie éducation, ma foi, et qui nous promet de l'amusement.»

Aurore eut vite désarmé la malveillance et conquis les sympathies de ses compagnes. Elle s'associa aux excursions de la *diablerie* qui, imitant le miaulement des chats, courait par les corridors et grimpait sur les toits, au risque de briser des vitres avec un fracas épouvantable. La punition, quand on était surprise, consistait à revêtir le *bonnet de nuit*; au début, ce fut pour Aurore la coiffure habituelle. On composait aussi, pour se distraire, et l'on se passait de main en main des modèles de confession ou d'examen de conscience, destinés aux petites et adressés à l'abbé de Villèle, confesseur d'une partie de la communauté. Voici l'un de ces scénarios assez irrespectueux:

«Hélas! mon petit père Villèle, il m'est arrivé bien souvent de me barbouiller d'encre, de moucher la chandelle avec mes doigts, de me donner des indigestions d'*haricots*, comme on dit dans le grand monde où j'ai été z'élevée; j'ai scandalisé les jeunes *ladies* de la classe par ma malpropreté; j'ai eu l'air bête, et j'ai oublié de penser à quoi que ce soit, plus de deux cents fois par jour. J'ai dormi au catéchisme et j'ai ronflé à la messe; j'ai dit que vous n'étiez pas beau; j'ai fait égoutter *mon rat* sur le voile de la mère Alippe, et je l'ai fait exprès. J'ai fait cette semaine au moins quinze pataquès en français et trente en anglais, j'ai brûlé mes souliers au poêle et j'ai infecté la classe. C'est ma faute, c'est ma faute, c'est ma très grande faute, etc.»

Le samedi soir particulièrement, ou la veille des fêtes, on s'évertuait à mettre en colère la D..., qui donnait des gifles à tour de bras et tout à coup s'écriait lamentablement: «J'ai perdu mon absolution.» Ou bien on racontait gravement aux nouvelles arrivées que l'une des doyennes de la communauté, madame Anne-Augustine, ne digérait qu'au moyen d'un ventre d'argent et que, lorsqu'elle marchait, on entendait le cliquetis de ce ventre de métal. Les pires escapades de ces fillettes étaient de rassembler des victuailles, des fruits, des gâteaux, des pâtés, et de se concerter pour aller les dévorer de nuit, dans un coin de la maison. «Mettre en commun nos friandises et les manger en cachette aux heures où l'on ne devait pas manger, c'était une fête, une partie fine et des rires inextinguibles, et des saletés de l'autre monde, comme de lancer au plafond la croûte d'une tarte aux confitures et de la voir s'y coller avec grâce, de cacher des os de poulet au fond d'un piano, de semer des pelures de fruits dans les escaliers sombres pour faire tomber les personnes graves. Tout cela paraissait énormément spirituel, et l'on se grisait à force de rire; car en fait de boisson nous n'avions que de l'eau ou de la limonade.»

Soudain la plus invraisemblable des révolutions se produisit chez cette espiègle d'Aurore, adonnée à la *diablerie*. Elle devint dévote. Elle avait quinze ans. L'éveil de son coeur fut une crise de mysticisme. Elle avait besoin d'aimer hors d'elle-même. Elle aima Dieu. Voici comment la métamorphose s'opéra. L'ordinaire religieux des pensionnaires était la messe tous les matins, à sept heures, puis dans l'après-midi une méditation d'une demi-heure à la chapelle. Celles qui méditaient péniblement avaient le droit de faire une lecture pieuse. Plusieurs bâillaient, chuchotaient ou sommeillaient: Aurore était du nombre. Un jour, par ennui, elle ouvrit un abrégé de la *Vie des Saints*, lut la légende de Siméon le Stylite, y prit intérêt, rouvrit le volume le lendemain et les jours suivants. Un tableau du Titien, placé au fond du choeur, et qui représentait Jésus au Jardin des Olives, lui sembla s'illuminer et révéler le sens profond de l'agonie du Christ. Elle eut la vague curiosité de poursuivre ses lectures, d'aborder la vie de saint Augustin, celle de saint Paul, d'évoquer le peu de latin qu'elle avait su pour comprendre et admirer les psaumes. Elle ouvrit l'Evangile, s'en pénétra, s'y complut, et elle retourna au pied de l'autel, non seulement aux heures obligatoires, mais pendant les récréations. A la pâle clarté de la lampe du sanctuaire, elle priait, suivait son rêve mystique. Et le spectacle de cette chapelle, où son âme se renouvelle et s'épure, est demeuré gravé en sa mémoire: «La flamme blanche se répétait dans les marbres polis du pavé, comme une étoile dans une eau immobile. Son reflet détachait quelques pâles étincelles sur les angles des cadres dorés, sur les flambeaux ciselés et sur les lames d'or du tabernacle. La porte placée au fond de l'arrière-choeur était ouverte à cause de la chaleur, ainsi qu'une des grandes croisées qui donnaient sur le cimetière. Les parfums du chèvrefeuille et du jasmin couraient sur les ailes d'une fraîche brise. Une étoile perdue dans l'immensité était comme encadrée par le vitrage et semblait me regarder attentivement. Les oiseaux chantaient; c'était un calme, un charme, un recueillement, un mystère, dont je n'avais jamais eu l'idée.»

Peu à peu la chapelle se vida, la dernière religieuse, après avoir, selon la coutume de la communauté, non seulement plié le genou, mais baisé le sol devant l'autel, alluma sa bougie à la lampe symbolique. Aurore resta seule, et le grand ébranlement nerveux des conversions et des extases se produisit en elle. La grâce opérait avec la soudaineté de son efficace.

«L'heure s'avançait, la prière était sonnée, on allait fermer l'église. J'avais tout oublié. Je ne sais ce qui se passait en moi. Je respirais une atmosphère d'une suavité indicible, et je la respirais par l'âme plus encore que par les sens. Tout à coup un vertige passe devant mes yeux, comme une lueur blanche dont je me sens enveloppée. Je crois entendre une voix murmurer à mon oreille: *Tolle, lege.*»

C'en était fait. Elle aimait Dieu. Tout son être lui appartenait. Un voile venait de se déchirer devant ses regards. Elle entrevoyait une Terre promise et voulait y pénétrer. Ses appels, ses prières allaient à la divinité inconnue qu'elle adorait. Et les sanglots qui secouaient sa gorge, les larmes qui inondaient ses joues, attestaient la ferveur de son exaltation. De sens rassis, longtemps après, elle nous en donne une preuve décisive: «J'étais tombée derrière mon banc. J'arrosais littéralement le pavé de mes pleurs.»

Dès lors sa dévotion prit une forme passionnée et fougueuse. Les résistances de sa raison, les fantaisies de son humeur, les singularités de son caractère eurent tôt fait de capituler devant l'explosion victorieuse et triomphante de la foi. Ce zèle fut contenu par le tact d'un confesseur habile homme, l'abbé de Prémord, jésuite, ou, comme on disait alors, *Père de la foi*. Il écouta avec bienveillance la confession générale d'Aurore, c'est-à-dire le récit de sa vie passée qui dura trois heures. Quand elle eut terminé, il refusa d'entendre sa confession—elle s'était confessée en se racontant—et il lui donna sur-le-champ l'absolution: «Allez en paix, vous pouvez communier demain. Soyez calme et joyeuse, ne vous embarrassez pas l'esprit de vains remords, remerciez Dieu d'avoir touché votre coeur; soyez toute à l'ivresse d'une sainte union de votre âme avec le Sauveur.» Elle communia le lendemain, fête de l'Assomption. Elle avait quinze ans. Ce fut, à l'en croire, le véritable jour de sa première communion. Dans l'intervalle, elle ne s'était pas approchée du sacrement. Pour réparer cette négligence, durant plusieurs mois, elle communia tous les dimanches, et même deux jours de suite. «J'en suis revenue, dit-elle dans l'*Histoire de ma Vie*, à trouver fabuleuse et inouïe l'idée matérialisée de manger la chair et de boire le sang d'un Dieu; mais que m'importait alors?... Je brûlais littéralement comme sainte Thérèse; je ne dormais plus, je ne mangeais plus, je marchais sans m'apercevoir du mouvement de mon corps; je me condamnais à des austérités qui étaient sans mérite, puisque je n'avais plus rien à immoler, à changer ou à détruire en moi. Je ne sentais pas la langueur du jeûne. Je portais autour du cou un chapelet de filigrane qui m'écorchait, en guise de cilice. Je sentais la fraîcheur des gouttes de mon sang, et au lieu d'une douleur c'était une sensation agréable. Enfin je vivais dans l'extase, mon corps était insensible, il n'existait plus.» Bref, le mysticisme s'était emparé d'elle, annihilait son corps et emportait sa pensée vers des songes paradisiaques.

Par esprit sans doute de mortification, elle se plaisait au commerce des soeurs converses chargées des basses besognes de la communauté, et spécialement de la soeur Hélène, une pauvre écossaise vouée à la phtisie, qui s'arrêtait au milieu d'un couloir ou au bas d'un escalier, incapable de porter les seaux d'eau sale qu'elle devait descendre du dortoir. Cette malheureuse créature était laide, vulgaire, marquée de taches de rousseur; mais elle avait des dents merveilleuses et sur le visage une expression de souffrance d'une infinie mélancolie. Aurore voulut la seconder dans son gros travail, l'aida à enlever ses seaux, à balayer, à frotter le parquet de la chapelle, à épousseter et brosser les stalles des nonnes, voire même à faire les lits au dortoir. Qu'eût pensé madame Dupin si elle avait su que sa petite-fille se livrait à d'aussi viles occupations? En retour, Aurore apprenait à soeur Hélène les éléments de la langue française, et c'était là un touchant échange de services. A l'image de son élève, la future châtelaine de Nohant voulait entrer en religion, et non pas comme dame du choeur, mais comme simple converse, servante volontaire, par pur amour de Dieu, dans quelque communauté.

La supérieure des Anglaises et l'abbé de Prémord se garderont d'encourager une vocation qui leur semblait factice et sans avenir. Ce fut, de leur part, très avisé. Ils exigèrent même qu'Aurore renonçât aux exagérations de son mysticisme, qu'elle jouât et courût avec ses compagnes, au lieu de passer à la chapelle les heures de récréation. L'ordre était formel: «Vous sauterez à la corde, vous jouerez aux barres.» Elle dut se soumettre à la proscription, tout en continuant à communier le dimanche, et vite elle recouvra son équilibre physique et moral. De la sorte elle eut plusieurs mois de béatitude. «Ils sont, dit-elle, restés dans ma mémoire comme un rêve, et je ne demande qu'à les retrouver dans l'éternité pour ma part de paradis. Mon esprit était tranquille. Toutes mes idées étaient riantes. Il ne poussait que des fleurs dans mon cerveau, naguère hérissé de rochers et d'épines. Je voyais à toute heure le ciel ouvert devant moi, la Vierge et les anges me souriaient en m'appelant; vivre ou mourir m'était indifférent. L'empyrée m'attendait avec toutes ses splendeurs, et je ne sentais plus en moi un grain de poussière qui pût ralentir le vol de mes ailes. La terre était un lieu d'attente où tout m'aidait et m'invitait à faire mon salut. Les anges me portaient sur leurs mains, comme le prophète, pour empêcher que, dans la nuit, mon pied ne heurtât la pierre du chemin.»

Ce retour à la gaieté—une gaieté pieuse et pratiquante—fut marqué par un goût très vif pour les charades d'abord, puis pour de petites comédies qu'Aurore organisait avec cinq ou six de la grande classe. On élaborait des *scénarios* sur lesquels on dialoguait d'abondance, à l'improvisade. Les travestissements étaient un peu bien primitifs, ceux surtout des rôles masculins. C'était une manière de costume Louis XIII, où les hauts-de-chausses consistaient en un retroussis des jupes froncées jusqu'à mi-jambe. Avec des tabliers cousus on faisait des manteaux; avec du papier frisé on simulait des plumes. Il y eut même des bottes, des épées et des feutres fournis par les parents. Madame la supérieure daigna assister à l'une des représentations avec toute la communauté, et l'on eut ce soir-là permission de minuit. Aurore, qui était l'impresario de la troupe, retrouva dans sa mémoire quelques scènes du *Malade imaginaire* qu'elle ajusta, et les religieuses, sans s'en douter, applaudirent une vague paraphrase de Molière proscrit au couvent. Elles prirent plaisir aux pratiques de monsieur Purgon, avec des intermèdes renouvelés de *Monsieur de Pourceaugnac*. On avait découvert, dans le matériel de l'infirmerie, les instruments classiques. Le latin de Molière fut apprécié par les Anglaises qui avaient l'habitude de lire ou de psalmodier les offices en latin.

Cette représentation marqua l'apothéose d'Aurore. Peu de temps après, au lendemain de l'assassinat du duc de Berry qui interrompit les réjouissances théâtrales préparées au couvent pour le carnaval, avec un programme de violons, de bal et de souper, madame Dupin s'avisa de ramener sa petite-fille à Nohant. Elle avait appris ses projets d'entrer en religion, qui d'ailleurs subsistaient à travers les distractions dramatiques, et elle ne se souciait pas qu'Aurore devînt nonne ou béguine. Il fallut quitter le couvent. O désespoir! C'était le paradis sur la terre. L'idée de revoir le monde, la perspective d'être mariée, épouvantaient cette imagination de seize ans. Par bonheur la mère et la grand'mère ne devaient pas s'entendre pour choisir un prétendant. On accorda quelque répit à Aurore. Elle espérait du moins qu'un rapprochement pourrait survenir entre les deux influences qui s'étaient disputé son affection. Mais, lorsqu'elle aborda ce sujet, sa mère lui répliqua violemment: «Non certes! Je ne retournerai à Nohant que quand ma belle-mère sera morte.» Et elle ajoutait avec son humeur emportée et aigrie: «Va-t'en sans te désoler, nous nous retrouverons, et peut-être plus tôt que l'on ne croit!» Au début du printemps de 1820, Aurore rentra à Nohant avec sa grand'mère dans la grosse calèche bleue, et le lendemain matin, quand elle s'éveilla, ce fut une sensation neuve et troublante: «Les arbres étaient en fleur, les rossignols chantaient, et j'entendais au loin la classique et solennelle cantilène des laboureurs.» Le couvent allait bientôt s'effacer et disparaître dans les brumes du passé.

CHAPITRE IV

LE MARIAGE

Le retour à Nohant fut pour Aurore un changement douloureux. Elle se sentit d'abord dépaysée et pleura. Sans doute elle était libre, elle pouvait dormir la grasse matinée et n'avait pas à craindre d'être réveillée par la cloche du couvent et la voix criarde de soeur Marie-Josèphe. Elle sortait de tutelle et disposait de son temps, de ses pensées en toute indépendance: mais elle n'y trouvait aucun agrément. La règle habituelle manquait à son accoutumance. Les gens de la maison, ceux des alentours ne l'avaient pas reconnue, tant elle était grandie, et la traitaient avec un respect cérémonieux. Deschartres l'appelait «mademoiselle». Seuls les grands chiens, ses vieux amis, après quelques instants de surprise, l'accablèrent de caresses. Il y avait des domestiques nouveaux, notamment un certain Cadet promu aux fonctions d'aide-valet de chambre, qui, lorsqu'on lui reprochait de briser les carafes, répondait avec un grand sérieux: «Je n'en ai cassé que sept la semaine dernière.» Il semblait à Aurore qu'elle fût dans un monde inconnu. Elle regrettait la placidité routinière de la communauté. Elle s'ennuyait, elle avait «de mal du couvent».

Madame Dupin n'était pas faite pour égayer cette solitude et dissiper la mélancolie de sa petite-fille. Elle luttait contre la surdité, la somnolence, la lassitude intellectuelle. «Aux repas, dit George Sand, elle se montrait avec un peu de rouge sur les joues, des diamants aux oreilles, la taille toujours droite et gracieuse dans sa douillette pensée;» puis, cet effort accompli, elle se retirait dans son boudoir, persiennes closes. Pour la distraire, on jouait la comédie comme au couvent: c'était le passe-temps favori d'Aurore. Les représentations ne devaient pas se prolonger trop avant dans la soirée; vers dix heures, on procédait au coucher de madame Dupin, et cette importante opération durait souvent jusqu'à minuit. L'*Histoire de ma Vie* nous en décrit le cérémonial: «Des camisoles de satin piqué, des bonnets à dentelles, des cocardes de rubans, des parfums, des bagues particulières pour la nuit, une certaine tabatière, enfin tout un édifice d'oreillers splendides, car elle dormait assise, et il fallait l'arranger de manière qu'elle se reveillât sans avoir fait un mouvement.»

Après dîner, elle aimait qu'Aurore lui fît la lecture. On commença, en février 1821, le *Génie du Christianisme*, qui ne s'harmonisait guère avec les goûts littéraires non plus qu'avec les doctrines philosophiques de l'invétérée voltairienne, et elle formulait sur le fond et la forme de l'oeuvre les appréciations les plus judicieuses. Soudain, un soir, elle interrompit la lectrice au milieu d'une riante description des savanes et dit d'un air égaré: «Arrête-toi, ma fille. Ce que tu me lis est si étrange que j'ai peur d'être malade et d'entendre autre chose que ce que j'écoute. Pourquoi me parles-tu de morts, de linceul, de cloches, de tombeaux? Si tu composes tout cela, tu as tort de me mettre ainsi des idées noires dans l'esprit.» Cet accès de délire fut vite dissipé. Madame Dupin réclama des cartes pour jouer au grabuge; puis, abordant un sujet qu'elle n'avait jamais effleuré, elle fit part à Aurore d'une demande en mariage formée par «un homme immensément riche, mais cinquante ans et un grand coup de sabre à travers la figure.» C'était un général de l'Empire qui ne tenait pas à la dot. Il est vrai qu'il mettait pour première condition qu'aussitôt mariée elle cesserait de voir sa mère. Malgré toute l'antipathie qu'elle éprouvait pour sa bru, la vieille madame Dupin avait eu le bon sens de refuser et d'éconduire le prétendant plus que quinquagénaire. Elle prononça même dans cet entretien quelques paroles conciliantes envers celle qui avait été l'épouse de son fils.

Le lendemain matin, pour Aurore le réveil fut lugubre. Deschartres vint lui annoncer que sa grand'mère avait eu une attaque d'apoplexie. Elle s'était levée durant la nuit, était tombée et n'avait pu se relever. Elle resta paralysée, avec un côté mort depuis l'épaule jusqu'au talon. C'étaient des divagations presque continuelles, un lamentable état d'enfance. Elle voulait qu'on lui lût le journal et ne pouvait fixer son attention. Elle demandait des cartes, n'avait pas la force de les tenir et se plaignait qu'on ne voulût pas la soulager en lui faisant une application de la dame de pique sur le bras. Et cette dégénérescence des facultés dura tout le printemps, tout l'été, tout l'automne, avec quelques rares heures de lucidité.

Autour du fauteuil, auprès du lit où s'éteignait cette belle intelligence comme une lampe privée d'huile, Aurore passa neuf grands mois hantés par de mélancoliques méditations. Elle dut prendre la direction de la maison. Deschartres, fort avisé, exigea qu'elle fît chaque jour une sortie à cheval, qu'elle respirât l'air du matin, après être demeurée des après-midi ou des soirées entières dans la chambre de la malade, absorbant du tabac à priser, du café noir sans sucre et même de l'eau-de-vie pour ne pas succomber au sommeil. Il advenait souvent que la pauvre paralysée prenait la nuit pour le jour, exigeait qu'on ouvrît les volets et se croyait aveugle, puisqu'elle ne voyait pas le soleil.

Par une singulière volte-face de la pensée, Aurore, au chevet de sa grand'mère, allait insensiblement se détacher des croyances et des habitudes religieuses qu'elle avait contractées au couvent. La lecture du *Génie du Christianisme* et de l'*Imitation*, loin de la confirmer dans la certitude de sa foi, lui apporta des scrupules et des doutes. Elle trouvait une contradiction irréductible entre la doctrine de Gerson et celle de Chateaubriand, et elle était incapable d'opter. «Il me fallait, dit-elle, faire un choix entre le ciel et la terre; ou la manne d'ascétisme dont je m'étais à moitié nourrie était un aliment pernicieux dont il fallait à tout jamais me débarrasser, ou bien le livre (de l'*Imitation*) avait raison, je devais repousser l'art et la science, et la poésie, et le raisonnement, et l'amitié et la famille; passer les jours et les nuits en extase et en prières auprès de ma moribonde, et, de là, divorcer avec toutes choses et m'envoler vers les lieux saints pour ne jamais redescendre dans le commerce de l'humanité.» Il en résultait pour Aurore d'insurmontables perplexités et des points de vue différents, selon qu'elle était en pleine campagne, à cheval, ou dans sa chambre, agenouillée sur son prie-Dieu. «Au galop de Folette, j'étais tout Chateaubriand. A la clarté de ma lampe, j'étais tout Gerson et me reprochais le soir mes pensées du matin.» Entre temps, elle se tourmentait de l'idée que sa grand'mère pouvait mourir sans sacrements, et elle n'osait aborder avec la malade cette redoutable question. Elle en référa à son confesseur, l'abbé de Prémord, qui, dans une lettre d'ailleurs fort sage, l'approuva d'avoir gardé le silence. «Cet homme, dit George Sand, était un saint, un vrai chrétien, dirai-je *quoique* jésuite, ou *parce que* jésuite?» Et elle saisit cette occasion, dans l'*Histoire de ma Vie*, pour nous donner son opinion—celle d'après 1850—sur la Compagnie de Jésus. «Soyons équitables, écrit-elle. Au point de vue politique, en tant que républicains, nous haïssons ou redoutons cette secte éprise de pouvoir et jalouse de domination. Je dis *secte* en parlant des disciples de Loyola, car c'est une secte, je le soutiens. C'est une importante modification à l'orthodoxie romaine. C'est une hérésie bien conditionnée. Elle ne s'est jamais déclarée telle, voilà tout. Elle a sapé et conquis la papauté sans lui faire une guerre apparente; mais elle s'est ri de son infaillibilité, tout en la déclarant souveraine. Bien plus habile en cela que toutes les autres hérésies, et, partant, plus puissante et plus durable. Oui, l'abbé de Prémord était plus chrétien que l'Eglise intolérante, et il était hérétique parce, qu'il était jésuite. La doctrine de Loyola est la boîte de Pandore.»

Sa déclaration de principe une fois formulée, George Sand va plaider les circonstances atténuantes pour la Compagnie de Jésus. Il sera impossible de souscrire à cette conclusion, pour peu que l'on ait devant les yeux et dans la mémoire les enseignements de l'histoire, l'oeuvre exécrable de l'Inquisition, les censures de l'Assemblée du Clergé de France, les protestations de Bossuet et de Port-Royal, les arrêts des Parlements et la condamnation même prononcée par le pape Clément XIV qui, en 1773, dissolvait l'ordre des Jésuites, sans parler des débats engagés en Sorbonne autour du grand Arnauld à propos de l'*Augustinus*, non plus que de l'écho, qui ne saurait s'affaiblir, des immortelles et vengeresses *Provinciales*. En dépit de son indulgence, George Sand est obligée de répudier la morale, ou plutôt l'immoralité jésuitique. «Dirai-je, écrit-elle, pourquoi Pascal eut raison de flétrir Escobar et sa séquelle? C'est bien inutile; tout le monde le sait et le sent de reste: comment une doctrine qui eût pu être si généreuse et si bienfaisante est devenue, entre les mains de certains hommes, l'athéisme et la perfidie.» Voilà les deux mots auxquels il faut se tenir, et qui résument l'intégrale vérité sur la doctrine du *perinde ac cadaver*.

Se tournant derechef vers l'abbé de Prémord, Aurore lui demanda de départager son esprit entre les sollicitations contraires de l'*Imitation* et du *Génie du Christianisme*. Il répondit par le simple conseil—ce qui est assez surprenant de la part d'un confesseur—de multiplier ses lectures et de profiter de la latitude que lui avait laissée sa grand'mère en la chargeant des clefs de la bibliothèque. Madame Dupin lui avait montré le rayon des ouvrages qu'elle ne devait pas ouvrir. Pour le surplus, c'était la liberté absolue, et le jésuite se range à cet avis: «Lisez les poètes. Tous sont religieux. Ne craignez pas les philosophes. Tous sont impuissants contre la foi. Et si quelque doute, quelque peur s'élève dans votre esprit, fermez ces pauvres livres, relisez un ou deux versets de l'Evangile, et vous vous sentirez docteur à tous ces docteurs.»

Elle suivit le conseil et lut tour à tour Mably, Locke, Condillac, Montesquieu, Bacon, Bossuet, Aristote, Leibnitz, Pascal, Montaigne—«dont ma grand'mère, dit-elle, m'avait marqué les chapitres et les feuillets à passer,»— puis La Bruyère, Pope, Milton, Dante, Virgile, Shakespeare, bref une véritable encyclopédie, et elle absorba le tout pêle-mêle. Enfin Rousseau arriva, celui qui devait la conquérir et la posséder sans conteste, «Rousseau, écrit-elle, l'homme de passion et de sentiment par excellence, et je fus entamée.» La sensibilité de Jean-Jacques allait triompher de ses inclinations religieuses et des pratiques formalistes de son catholicisme. Elle marque cette étape: «L'esprit de l'Eglise n'était plus en moi; il n'y avait peut-être jamais été.»

C'était l'époque où l'Italie et la Grèce se soulevaient pour leur affranchissement. Or la monarchie et l'Eglise n'hésitaient pas à se prononcer en faveur du Grand-Turc contre les chrétiens justement révoltés. Aurore, avec lord Byron comme guide, avait embrassé la cause hellénique. Deschartres soutenait le sultan, représentant de l'autorité. Et c'étaient d'interminables discussions au cours de leurs promenades. Un jour, le pédagogue distrait tomba sur le gazon, tout en ayant soin d'achever sa phrase. «Après quoi, relate George Sand, il dit fort gravement en s'essuyant les genoux: «Je crois vraiment que je suis tombé?—Ainsi tombera l'empire ottoman,» répliqua Aurore, que son précepteur traitait de jacobine, de régicide, de philhellène et de bonapartiste.

Cependant les inquiétudes d'Aurore pour le salut de l'âme de sa grand'mère subsistaient et survivaient même à l'ébranlement de sa foi religieuse. Dégoûtée du culte tel qu'on le pratiquait à Saint-Chartier ou à La Châtre, elle s'abstenait d'aller à la messe pour entendre les beuglements des chantres, leurs calembours involontaires en latin, le ronflement des bonnes femmes qui s'endormaient sur leur chapelet, les bavardages de la bonne société, les disputes des sacristains et des enfants de choeur, et le bruit des gros sous qu'on récolte et qu'on compte. Elle préférait lire sa messe dans sa chambre; mais elle aurait voulu—et en cela son catholicisme persistait—réconcilier sa grand'mère avec l'Eglise. Cet événement si souhaité se produisit par les soins de l'archevêque d'Arles, Loménie de Brienne, qui était pour la malade une manière de beau-fils, car il était issu des fameuses amours de son mari Francueil et de madame d'Epinay. Ce prélat, que madame Dupin avait entouré naguère de sollicitude presque maternelle, était d'une balourdise et d'une stupidité d'autant plus déconcertantes que son père et sa mère auraient dû lui léguer quelque trait de leur remarquable intelligence. Physiquement, il ressemblait à madame d'Epinay qui, de l'aveu unanime des contemporains et d'après son propre témoignage, fut laide. Au surplus, George Sand nous a tracé le portrait de l'archevêque: «Il n'avait pas plus d'expression qu'une grenouille qui digère. Il était, avec cela, ridiculement gras, gourmand ou plutôt goinfre, car la gourmandise exige un certain discernement qu'il n'avait pas; très vif, très rond de manières, insupportablement gai, quelque chagrin qu'on eût autour de lui; intolérant en paroles, débonnaire en actions; grand diseur de calembours et de calembredaines monacales; vaniteux comme une femme de ses toilettes d'apparat, de son rang et de ses privilèges; cynique dans son besoin de bien-être; bruyant, colère, évaporé, bonasse, ayant toujours faim ou soif, ou envie de sommeiller, ou envie de rire pour se désennuyer, enfin le chrétien le plus sincère à coup sûr, mais le plus impropre au prosélytisme que l'on puisse imaginer.»

C'est ce prélat qui, en arrivant à Nohant, devait surmonter la résistance voltairienne de madame Dupin. Il lui fit une grotesque homélie débutant par cet exorde: «Chère maman, je ne vous ai pas prise en traître et n'irai pas par quatre chemins. Je veux sauver votre âme.» Il continuait en la priant d'être bien gentille et bien complaisante pour son gros enfant, refusait de discuter avec elle et ses beaux esprits reliés en veau, et terminait ainsi sa fantaisiste allocution: «Il ne s'agit pas de ça; il s'agit de me donner une grande marque d'amitié, et me voilà tout prêt à vous la demander à genoux. Seulement, comme mon ventre me gênerait fort, voilà votre petite qui va s'y mettre à ma place.» Avec de tels arguments, renforcés par les regards suppliants d'Aurore, il eut cause gagnée. «Allons, s'écria-t-il en se frottant les mains et en se frappant sur la bedaine, voilà qui est enlevé! Il faut battre le fer pendant qu'il est chaud. Demain matin, votre vieux curé viendra vous confesser et vous administrer. Ce sera une affaire faite, et demain soir vous n'y penserez plus.» Il passa le reste de la journée à rire, à jouer avec les chiens en leur disant qu'ils pouvaient bien regarder un évêque. Et il taquinait Aurore, lui reprochait d'avoir failli tout faire manquer et les mettre dans de beaux draps. Elle était stupéfaite de ce langage, de cette familiarité, de cette façon, écrit-elle, de *fourrer* les sacrements. Par bonheur le curé eut un peu plus de tact que le prélat. Devant Aurore qui assistait à la cérémonie, il résuma ainsi la doctrine de l'Eglise: «Ma chère soeur, je serons tous pardonnés, parce que le bon Dieu nous aime et sait bien que quand je nous repentons, c'est que je l'aimons.» En aparté madame Dupin dit à Aurore: «Je ne crois pas que ce brave homme ait eu le pouvoir de me pardonner quoi que ce soit, mais je reconnais que Dieu a ce pouvoir, et j'espère qu'il a exaucé nos bonnes intentions à tous trois.» Au regard du monde elle était en règle avec la divinité.

L'archevêque, piqué de prosélytisme, essaya de chapitrer la petite-fille après la grand'mère, en se promenant ou, nous dit George Sand, en roulant comme une toupie à travers le jardin. Il eut moins de succès. «Fais ton examen de conscience pour demain. Je parie que j'aurai à te laver la tête.» Elle refusa. Et lui de reprendre: «Qu'est-ce à dire, oison bridé? Mais voilà l'heure du dîner. J'ai une faim de chien. Dépêchons-nous de rentrer.» Enfin, comme la sottise n'excluait pas chez lui le fanatisme, il se rendit à la bibliothèque la veille de son départ, brûla et lacéra des livres hétérodoxes. Deschartres l'arrêta dans cette besogne.

Le spectacle de la confession de sa grand'mère avait attristé Aurore. Elle-même ne devait plus solliciter l'absolution, à la suite d'une question indiscrète du curé de La Châtre qui, sur des bavardages de petite ville, lui demanda si elle avait un commencement d'amour pour un jeune homme. Elle quitta le confessionnal, et ne voulut pas davantage s'adresser au vieux curé de Saint-Chartier qui, lorsqu'on s'attardait à énumérer des péchés, avait coutume de grommeler: «Très bien, très bien. Allons, est-ce bientôt fini?»

Pour occuper ses loisirs et détendre son imagination, elle s'adonna à l'ostéologie, à l'anatomie, avec Deschartres et un camarade qu'elle appelle Claudius et qui leur apportait des têtes, des bras, des jambes, voire un squelette entier de petite fille qu'elle garda longtemps sur sa commode et qui lui causait des cauchemars. Alors elle mettait le squelette à la porte de sa chambre, et s'endormait paisiblement. Il va sans dire qu'à La Châtre on jasait de cette jeune fille qui étudiait des os de mort, tirait au pistolet, chassait, et s'habillait en garçon. On prétendit qu'elle profanait les hosties et qu'elle entrait à cheval dans l'église, caracolant autour du maître-autel, ou encore que la nuit elle déterrait les cadavres.

Le 22 décembre 1821, madame Dupin succomba. Depuis le mois de février ses facultés s'étaient obscurcies, mais elle eut, à l'instant suprême, un retour de lucidité et dit à sa petite-fille: «Tu perds ta meilleure amie.» Deschartres, que cette mort avait affolé, réveilla Aurore vers une heure du matin et par le verglas la conduisit au cimetière. Il avait ouvert le cercueil de Maurice Dupin, souleva la tête qui se détacha d'elle-même, et dit à Aurore: «Demain cette fosse sera fermée. Il faut y descendre, il faut baiser cette relique. Ce sera un souvenir pour toute votre vie.» Et la jeune fille, s'associant à l'exaltation du précepteur, accomplit, après lui, cet acte, faut-il dire de dévotion ou de profanation? Il referma ensuite le cercueil, et ajouta en sortant du cimetière: «Ne parlons de cela à personne. On croirait que nous sommes fous, et pourtant nous ne le sommes pas.»

Aurore passait sous la direction de sa mère qui n'avait pas assisté aux funérailles, mais qui arriva pour l'ouverture du testament. Les dispositions prises par l'aïeule confiaient sa petite-fille à son cousin paternel René de Villeneuve, mais elles ne furent pas respectées. Il y eut des scènes violentes: madame Maurice Dupin s'abandonna à des récriminations injurieuses contre la défunte. Aurore fut révoltée. Elle aurait voulu rentrer au couvent. Il ne s'y trouvait pas de chambre vacante. Elle dut suivre sa mère à Paris. Cette période de sa vie lui laissa une impression d'amertume et de rancoeur. Entre la mère et la fille, il se produisit une série de froissements inoubliables qui attestaient une véritable incompatibilité d'humeur. Madame Maurice Dupin alla jusqu'à exhiber à Aurore des lettres de La Châtre ou de Nohant, des délations de domestiques, qui incriminaient la conduite de la jeune fille et cherchaient à la salir. Ce fut le comble, un débordement de désespoir et de nausée.

De vrai, madame Maurice Dupin était folle, ou peu s'en faut. Ses nerfs malades la dominaient et lui faisaient commettre des insanités. Si elle voyait Aurore lire, elle lui arrachait le volume des mains, incapable qu'elle était elle-même de se livrer à une lecture sérieuse. Elle ne songeait qu'à s'attifer, à changer de toilette, à remuer; elle avait des perruques, tour à tour blond, châtain clair, cendré et noir roux. Parfois, elle entamait avec sa fille le chapitre de son passé et lui faisait des confidences à tout le moins superflues.

Aussi, lorsque l'occasion s'offrit pour Aurore d'aller passer quelques jours à la campagne, près de Melun, chez des amis de l'oncle de Beaumont, M. et madame Roettiers du Plessis, elle ne demanda qu'à y demeurer plusieurs semaines, et sa mère consentit avec empressement. La famille était charmante et la maison très agréable. Aurore s'y plut et s'y attarda, entourée d'affection et de tendresse par madame Roettiers du Plessis. Parmi les jeunes gens qui venaient en visite dans ce milieu très bonapartiste et dont le chef James, ancien ami de Maurice Dupin, a inspiré certains passages du roman de *Jacques*, figurait le fils naturel du baron Dudevant, colonel en retraite. Casimir Dudevant avait vingt-sept ans; il faisait son droit, après avoir servi comme sous-lieutenant dans l'armée. Il était—dit George Sand à trente ans d'intervalle—«mince, assez élégant, d'une figure gaie et d'une allure militaire» Au Plessis, il s'associait à tous les jeux des enfants, colin-maillard, cache-cache, parties de barres et d'escarpolette. Avec madame Angèle Roettiers il était affectueusement familier, et, comme elle appelait Aurore «sa fille», il observa malicieusement un jour: «Alors c'est ma femme? Vous savez que vous m'avez promis la main de votre fille aînée.» Ce badinage devait devenir une réalité.

La plaisanterie fut reprise par les uns, par les autres. Casimir disait à madame Angèle: «Votre fille est un bon garçon.» Et Aurore de répliquer: «Votre gendre est un bon enfant.» Après plusieurs séjours au Plessis qui se rapprochaient et se prolongeaient, le jeune Dudevant déclara ses sentiments à mademoiselle Dupin, en s'excusant de ne pas agir selon les usages, mais il voulait avoir son acquiescement et être assuré de sa sympathie avant qu'une démarche fût tentée auprès de sa mère. Aurore désira réfléchir. Casimir était très estimé par M. et madame Roettiers du Plessis; il n'affectait pas une grande passion, restait silencieux sur le chapitre de l'amour, parlait d'amitié, de bonheur domestique. Elle appréciait cette réserve. Et, de vrai, il tenait un langage singulièrement calme, que d'autres jeunes filles, celles qui ont l'instinct et l'enthousiasme de leur âge, auraient jugé réfrigérant: «Je veux vous avouer, disait-il, que j'ai été frappé, à la première vue, de votre air bon et raisonnable. Je ne vous ai trouvée ni belle ni jolie… Mais, quand je me suis mis à rire et à jouer avec vous, il m'a semblé que je vous connaissais depuis longtemps et que nous étions deux vieux amis.» On ne saurait alléguer qu'il ait cherché à exciter l'imagination d'Aurore. C'était un prétendant respectueux, comme les mères en souhaitent à leurs filles, qui les rêvent plus effervescents.

Une entrevue fut ménagée, au Plessis, entre madame Dupin et le colonel. Celui-ci, avec sa chevelure d'argent, sa décoration et son air respectable, plut à la veuve qui, on le sait, avait toujours eu beaucoup de goût pour les militaires. Le fils lui était moins sympathique. «Il n'est pas beau, disait-elle. J'aurais aimé un beau gendre pour lui donner le bras.» Cette ci-devant modiste, à l'âme de grisette, avait les mêmes instincts que la Grande-Duchesse de Gerolstein fredonnant à Fritz ces couplets qui portent la signature de deux académiciens:

Voici le sabre de mon père!
Tu vas le mettre à ton côté!
Ton bras est fort, ton âme est fière,
Ce glaive sera bien porté!

Ou encore:

Dites-lui qu'on l'a remarqué,
Distingué;
Dites-lui qu'on le trouve aimable.

Madame Dupin accepta en principe l'idée du mariage, exprima le désir qu'on arrêtât les conditions pécuniaires, quitta le Plessis en y laissant sa fille, puis elle revint au bout de quelques jours, toute bouleversée. Elle avait découvert des choses monstrueuses: Casimir avait été garçon de café! On rit, elle se fâcha, elle emmena Aurore à l'écart, pour lui dire que dans cette maison on mariait les héritières avec des aventuriers, moyennant pot-de-vin.

C'était là une calomnie gratuite à l'adresse des Roettiers, mais l'écervelée avait vu clair dans le jeu de Casimir. Celui-ci, férocement cupide—nous le découvrirons plus tard—se souciait surtout et même uniquement de faire un riche mariage. Aurore était un beau parti; elle avait presque un demi-million, et il ne devait apporter, en fin de compte, après avoir jeté beaucoup de poudre aux yeux, qu'une soixantaine de mille francs. Comment madame Dupin se laissa-t-elle persuader? Elle reçut la visite de madame Dudevant, qui la séduisit par une rare distinction mondaine et sut la flatter. Avec des éloges on trouvait aisément le chemin de son coeur et les avenues de sa pensée. Aurore elle-même jugea charmante la belle-mère de Casimir. Le mariage fut décidé, abandonné, repris. Madame Dupin ne pouvait accepter la perspective d'avoir «ce garçon de café» pour gendre. Son nez lui déplaisait. Elle allait si loin dans ses diatribes qu'elle produisit sur sa fille un effet contraire à ses desseins. Enfin elle exigea le régime dotal et qu'une rente annuelle de 3.000 francs fût attribuée à Aurore pour ses besoins personnels. En cela fit-elle acte de malveillance ou preuve de perspicacité? Il semble qu'elle avait deviné la rapacité de Casimir, et elle rendit à sa fille un signalé service. Ces 3.000 francs seront un jour pour George Sand le moyen de conquérir l'indépendance. Mais, dans ses illusions de fiancée, elle n'y vit qu'une précaution injurieuse. Elle aimait peut-être Casimir Dudevant; à coup sûr, elle avait confiance en lui.

Le mariage fut célébré le 10 septembre 1822 à Paris, et quelques jours après les jeunes époux partirent pour Nohant où Deschartres les accueillit avec joie. La vie conjugale réserve à Aurore des désillusions rapides, vite accrues, et qui la pousseront aux résolutions extrêmes.

CHAPITRE V

LA CRISE CONJUGALE

Après s'être étendue avec complaisance et prolixité sur les origines de sa famille et les événements de sa prime jeunesse, George Sand ne consacre, dans l'*Histoire de ma Vie*, qu'un petit nombre de pages aux années qui suivirent son mariage. De lune de miel il n'est pas question. Si elle s'efforça d'aimer son mari, elle ne trouva en lui aucune ressource d'affection ni de sensibilité. Tout aussitôt elle se tourna vers les espérances, puis vers les joies de la maternité. Sa santé fut assez éprouvée par l'hiver très rude de 1822-1823, et Aurore connut les longues journées solitaires et silencieuses. Casimir Dudevant étant à la chasse de l'aube au crépuscule, elle occupait ses loisirs par le travail de la layette. «Je n'avais, dit-elle, jamais cousu de ma vie; mais, quand cela eut pour but d'habiller le petit être que je voyais dans tous mes songes, je m'y jetai avec une sorte de passion.» Vite elle apprit le *surjet* et le *rabattu*. Depuis lors elle déclare avoir toujours aimé le travail à l'aiguille, véritable récréation et détente pour l'esprit. Son opinion à cet égard mérite d'être retenue; c'est l'apologie de la couture formulée par une femme qui fut, entre toutes, adonnée au labeur intellectuel: «J'ai souvent entendu dire que les travaux du ménage, et ceux de l'aiguille particulièrement, étaient abrutissants, insipides, et faisaient partie de l'esclavage auquel on a condamné notre sexe. Je n'ai pas de goût pour la théorie de l'esclavage, mais je nie que ces travaux en soient une conséquence. Il m'a toujours semblé qu'ils avaient pour nous un attrait naturel, invincible, puisque je l'ai ressenti à toutes les époques de ma vie, et qu'ils ont calmé parfois en moi de grandes agitations d'esprit.» Elle acquit ainsi «la *maestria* du coup de ciseaux» dont elle sera, sur le tard, presque aussi fière que de son talent littéraire.

Deschartres, qui faisait office de médecin consultant, entoura de mille précautions la grossesse d'Aurore. Il exigea qu'elle demeurât six semaines couchée. C'était à l'époque des grandes neiges. Pour la distraire, on apporta sur son lit de petits oiseaux qui, affamés et grelottants, se laissaient prendre à la main. Au baldaquin elle fit suspendre des branches de sapin et elle passa ces longues journées d'inaction dans une véritable volière, parmi les pinsons, les rouges-gorges, les verdiers, les moineaux apprivoisés, à qui elle donnait la becquée et qui venaient se réchauffer sur ses couvertures. Dès que la température fut plus clémente et qu'on ouvrit les fenêtres, tous ces oiseaux— est-ce ingratitude ou amour de la liberté?—s'envolèrent à tire-d'aile. «Un seul rouge-gorge, dit George Sand, s'obstina à demeurer avec moi. La fenêtre fut ouverte vingt fois, vingt fois il alla jusqu'au bord, regarda la neige, essaya ses ailes à l'air libre, fit comme une pirouette de grâces et rentra, avec la figure expressive d'un personnage raisonnable qui reste où il se trouve bien. Il resta ainsi jusqu'à la moitié du printemps, même avec les fenêtres ouvertes pendant des journées entières. C'était l'hôte le plus spirituel et le plus aimable que ce petit oiseau. Il était d'une pétulance, d'une audace et d'une gaieté inouïes. Penché sur la tête d'un chenet, dans les jours froids, ou sur le bout de mon pied étendu devant le feu, il lui prenait, à la vue de la flamme brillante, de véritables accès de folie. Il s'élançait au beau milieu, la traversait d'un vol rapide et revenait prendre sa place sans avoir une seule plume grillée... Il avait des goûts aussi bizarres que ses exercices, et, curieux d'essayer de tout, il s'indigérait de bougie et de pâte d'amandes. En un mot, la domesticité volontaire l'avait transformé au point qu'il eut beaucoup de peine à s'habituer à la vie rustique, quand, après avoir cédé au magnétisme du soleil, vers le quinze avril, il se trouva dans le jardin. Nous le vîmes longtemps courir de branche en branche autour de nous, et je ne me promenais jamais sans qu'il vînt crier et voltiger près de moi.»

Avec le printemps, la santé d'Aurore s'améliora. Il fut décidé qu'elle ferait ses couches à Paris, et le 30 juin 1823, dans un petit appartement garni de l'hôtel de Florence, rue Neuve des Mathurins, elle mit au monde un fils qui fut nommé Maurice. On sait quelle affection elle lui voua et quelle intimité d'existence, de pensée, quelle communion de tendresse il y eut entre eux durant plus d'un demi-siècle. La *Correspondance* de George Sand en est l'éclatant témoignage. Dès le premier vagissement, elle éprouva l'émoi d'un coeur que Casimir Dudevant n'avait pas su toucher. «Ce fut, dit-elle, le plus beau moment de ma vie que celui où, après une heure de profond sommeil qui succéda aux douleurs terribles de cette crise, je vis en m'éveillant ce petit être endormi sur mon oreiller.» Est-il besoin de noter qu'en fidèle disciple de Jean-Jacques elle allaita Maurice? Elle se plaint seulement d'avoir gardé le lit beaucoup plus longtemps qu'il n'était nécessaire. Après la naissance de sa fille, elle se vante de s'être levée le second jour et de s'en être trouvée bien. C'était une précipitation un peu chanceuse.

Il fallut retourner à Nohant. Deschartres, qui était venu à Paris pour le baptême de Maurice et qui l'avait consciencieusement démailloté afin de s'assurer s'il était bien conformé, ne voulait pas continuer l'administration du domaine. Casimir Dudevant dut s'en charger, et l'installation du ménage à la campagne parut, sinon définitive, du moins à long terme. Elle fut préjudiciable à l'un et à l'autre des époux. Aurore, au printemps de 1824, ressentit les atteintes d'un spleen profond. Son mari, qui avait l'esprit terre à terre et de la vulgarité dans les goûts, contracta les habitudes oisives et peu relevées du gentilhomme campagnard. Chacun d'eux s'ennuyait de son côté, et ils s'ennuyaient d'être ensemble. Un séjour d'été au Plessis vint rompre la monotonie de cette existence; puis ils passèrent l'hiver dans la banlieue de Paris, à Ormesson. «Nous aimions la campagne, dit George Sand, mais nous avions peur de Nohant; peur probablement de nous retrouver vis-à-vis l'un de l'autre, avec des instincts différents et des caractères qui ne se pénétraient pas mutuellement.» Aussi bien Casimir, avec la fatuité du sot, traitait-il sa femme du haut de son dédain. Il la jugeait idiote, l'accablait de la supériorité de sa toute-puissance masculine. Elle courbait la tête, «écrasée et comme hébétée devant le monde.» La première scène de violence publique s'était produite durant leur séjour au Plessis: George Sand n'en fait pas mention dans l'*Histoire de ma Vie*, mais l'incident fut relaté au cours du procès en séparation et figure dans deux lettres adressées par elle, l'une à son amie Félicie Saint-Agnan, l'autre à son avoué. Vers la fin de juillet, tandis qu'on prenait le café après dîner, les jeunes gens et quelques nouvelles mariées, parmi lesquelles Aurore, se mirent à se poursuivre sur la terrasse. Ils se jetèrent du sable, dont quelques grains tombèrent dans la tasse de M. James Roettiers. On les invita à cesser ce jeu ridicule. Comme Aurore continuait, Casimir s'élança sur elle, l'insulta grossièrement et lui administra un soufflet. Il faut croire que, de sa part, c'était un acte d'après boire, mais particulièrement fâcheux dans ce milieu où ils s'étaient connus et fiancés. En vérité, Casimir était trop flegmatique comme prétendant et trop pétulant comme mari. D'abord il avait le coeur sec, et ensuite la main leste. Aurore, à très bon droit, ne pardonna jamais ce procédé brutal, qui devait se renouveler.

Henri Heine, ayant plus tard rencontré M. Dudevant chez sa femme alors qu'ils étaient déjà séparés de fait, nous a laissé un pittoresque portrait du personnage: «Il avait une de ces physionomies de philistin qui ne disent rien, et il ne semblait être ni méchant, ni grossier, mais je compris facilement que cette *quotidienneté* humidement froide, ces yeux de porcelaine, ces mouvements monotones de pagode chinoise auraient pu amuser une commère banale, mais devaient, à la longue, donner le frisson à une femme d'âme plus profonde et lui inspirer, avec l'horreur, l'envie de s'enfuir.» L'heure n'était pas encore venue où la coupe d'amertume, trop pleine, déborderait; mais ni à Nohant, ni à Ormesson, ni à Paris dans un logement meublé du faubourg Saint-Honoré, Aurore ne trouva la quiétude. Elle alla consulter son vieux confesseur l'abbé de Prémord, elle fit une retraite à son couvent; car Casimir, qui était libre-penseur, voulait une religion pour les femmes. C'était, à son estime, un paratonnerre à l'usage des maris contre certains accidents conjugaux qui n'épargnent même pas les têtes couronnées. Il y a là une égalité, de tous les temps et de tous les pays, antérieure à la Révolution française et à la Déclaration des droits de l'homme. George Dandin a des confrères dans toutes les conditions sociales; la *Petite Paroisse* d'Alphonse Daudet est une grande confrérie.

> Et la garde qui veille aux barrières du Louvre
> N'en défend pas les rois.

Pour Aurore le couvent même fut inefficace. On y avait cependant admis Maurice, à condition qu'il passât par le tour; il y passa. Entre temps, survint un gros chagrin, la mort subite et vraisemblablement le suicide de Deschartres, qui s'était ruiné dans des spéculations malheureuses sur l'huile de navette et de colza. Le séjour de Paris ne convenait guère ni à Aurore ni à Casimir. Ils y voyaient assez fréquemment le baron Dudevant qui sympathisait avec sa bru; mais sa femme était plus rèche. Elle ne consentait à recevoir le petit Maurice que sous serment qu'on aurait pris toutes les précautions désirables et que ses parquets seraient indemnes. «C'était fort difficile, dit George Sand, Maurice n'ayant pas encore bien compris la religion du serment. Il avait dix-huit mois.»

Au printemps de 1825, M. et madame Dudevant regagnèrent Nohant, où Casimir vivait en grande intimité de table et de cabaret avec le demi-frère d'Aurore, Hippolyte Chatiron, marié à une demoiselle Emilie de Villeneuve, et qui était le plus incorrigible des buveurs et le meilleur des garçons à jeun. M. Dudevant, en prenant sur lui modèle, fut non moins ivrogne, mais il eut le vin hargneux et méchant. A eux deux, ils symbolisaient l'un et l'autre aspect du genre: le bon et le mauvais pochard. Et Aurore était obligée de supporter leurs interminables et bruyantes «beuveries» qui se prolongeaient parfois jusqu'à l'aube.

La santé de la jeune femme étant assez précaire, les médecins conseillèrent une cure à Cauterets. «J'avais, dit-elle, une toux opiniâtre, des battements de coeur fréquents et quelques symptômes de phtisie.» Elle murmurait en partant: «Allons, adieu, Nohant, je ne te reverrai peut-être plus.» Ce voyage aux Pyrénées est longuement relaté dans l'*Histoire de ma Vie*, sous forme de journal, et inspira quelques lettres descriptives adressées à madame Dupin: ce sont les premiers essais littéraires de George Sand. M. et madame Dudevant avaient quitté Nohant le 5 juillet 1825; ils s'arrêtèrent à Bordeaux, et Aurore entra en relations avec l'avocat général Aurélien de Sèze, fils du défenseur de Louis XVI, qui lui-même devait siéger à la Constituante et à la Législative, sur les bancs de l'extrême droite légitimiste. Ce fut pour Aurore l'objet d'un premier amour, essentiellement platonique. De vrai, l'homme était charmant et le paraissait encore davantage, par contraste avec Casimir Dudevant. C'est à celui-ci que fait allusion un passage du journal: «Monsieur*** chasse avec passion. Il tue des chamois et des aigles. Il se lève à deux heures du matin et rentre à la nuit. Sa femme s'en plaint. Il n'a pas l'air de prévoir qu'un temps peut venir où elle s'en réjouira.» Suivent des observations de psychologie ou de physiologie conjugale, qui renferment la substance des premiers romans où s'épanchera la rancoeur de George Sand contre la tyrannie du ménage. «Le mariage est beau pour les amants et utile pour les saints. En dehors des saints et des amants, il y a une foule d'esprits ordinaires et de coeurs paisibles qui ne connaissent pas l'amour et qui ne peuvent atteindre à la sainteté. La mariage est le but suprême de l'amour. Quand l'amour n'y est plus ou n'y est pas, reste le sacrifice.» Aurore commençait à se trouver sacrifiée et s'en ouvrait à Aurélien de Sèze, leur compagnon de voyage.

On faisait des excursions aux environs de Cauterets. La promenade traditionnelle à Luz, Saint-Sauveur et Gavarnie amène sous la plume de madame Dudevant des descriptions solennelles et des croquis humoristiques. Celles-là sont sans intérêt, ceux-ci ont un tour assez piquant. Voici la caravane devant le Marboré: «Mon mari est des plus intrépides. Il va partout et je le suis. Il se retourne et il me gronde. Il dit que je me *singularise*. Je veux être pendue si j'y songe. Je me retourne, et je vois Zoé qui me suit. Je lui dis qu'elle se singularise. Mon mari se fâche parce que Zoé rit. Mais la pluie des cataractes est un grand calmant, et on s'y défâche vite. Les uns ont peur, les autres ont froid. Un monsieur qui est dans le commerce compare la vallée coupée par petits enclos cultivés à une *carte d'échantillons*. Une très jolie Bordelaise, très élégante, s'écrie tout à coup avec une voix flûtée et un accent renforcé: *Oh! la tripe me jappe!* Ça signifie qu'elle a faim.» Passons sur les propos du mari qui sont encore plus prosaïques.

Le retour de M. et madame Dudevant s'effectua par Bagnères de Bigorre, Lourdes et Nérac. Il fallut se séparer d'Aurélien de Sèze, et Aurore avoue n'avoir gardé aucun souvenir de la suite du voyage: «Il en est ainsi, dit-elle, de beaucoup de pays que j'ai traversés sous l'empire de quelque préoccupation intérieure: je ne les ai pas vus. Les Pyrénées—(était-ce bien les Pyrénées?)— m'avaient exaltée et enivrée comme un rêve qui devait me suivre et me charmer pendant des années.» Bref, elle emportait un viatique sentimental.

Un séjour chez son beau-père, à Guillery, semble avoir laissé à Aurore une impression favorable. Elle aimait ce vieillard, qui la traitait avec une pointe de galanterie respectueuse, et dont elle résume ainsi le caractère, «enjoué et bienveillant, colère, mais tendre, sensible et juste.» Elle loue les Gascons, qu'elle ne trouve pas plus menteurs ni plus vantards que les autres provinciaux, qui le sont tous un peu», mais elle n'aime pas leur cuisine à la graisse, en dépit de la plantureuse chère que l'on faisait à Guillery. Elle énumère les pièces de résistance qui composaient des menus pantagruéliques: jambons, poulardes farcies, oies grasses, canards obèses, truffes, gibier, gâteaux de millet et de maïs. Nul ne séjournait en cette abbaye de Thélème, sans s'apercevoir, dit Aurore, d'une notable augmentation de poids dans sa personne. Seule elle dérogeait à la règle et maigrissait à vue d'oeil. Comment expliquer ce dépérissement? Etait-ce le fait de la cuisine à la graisse ou de l'éloignement d'Aurélien? Un voyage à Bordeaux les remit en présence. Dans une longue conversation à la Brède, ils prirent la résolution définitive— malgré lui, malgré elle, comme Titus et Bérénice—de n'être jamais qu'amis. «J'eus là, écrit-elle, un très violent chagrin, un moment de désespérance absolue.» Mais le calme revint dans son esprit et elle trouva un équilibre provisoire.

Le baron Dudevant mourut pendant l'hiver 1825-1826. Aurore était absente de Guillery. Son mari lui annonça brusquement la nouvelle: «Il est mort.» Immédiatement elle songea à son fils Maurice et tomba sur les genoux, anéantie. Quand elle sut qu'il s'agissait de son beau-père, elle eut un éclair de joie—«des entrailles maternelles sont féroces»—puis elle se mit à pleurer, car elle aimait le vieux Dudevant. La veuve lui inspira bientôt des sentiments tout autres. Sous des formes affables, c'était une nature de glace, profondément égoïste. George Sand nous a tracé d'elle une amusante silhouette: «Elle avait une jolie figure douce sur un corps plat, osseux, carré et large d'épaules. Cette figure donnait confiance, mais en regardant ses mains sèches et dures, ses doigts noueux et ses grands pieds, on sentait une nature sans charme, sans nuances, sans élans ni retours de tendresse. Elle était maladive et entretenait la maladie par un régime de petits soins dont le résultat était l'étiolement. Elle était vêtue en hiver de quatorze jupons qui ne réussissaient pas à arrondir sa personne. Elle prenait mille petites drogues.»

Au cours de l'été, M. et madame Dudevant retournèrent à Nohant, et durant les cinq années suivantes Aurore ne devait guère s'en absenter. Sa santé, chaque hiver, était très éprouvée par les rhumatismes qui l'obligeaient à se couvrir de flanelle. «Je suis, mandait-elle à sa mère le 9 octobre 1826, comme un capucin (à la saleté près) sous un cilice. Je commence à m'en trouver bien et à ne plus sentir ce froid qui me glaçait les os et me rendait toute triste.» En réalité, elle souffre de la même maladie morale que Saint-Preux et Julie, René, Werther, Obermann. Elle a des crises de mélancolie causées par l'incompatibilité d'humeur—comme disent les gens de basoche—et aggravées par l'inquiétude d'un tempérament littéraire. Son unique consolation, c'est son fils Maurice, doué d'une santé robuste. «Il est grand, écrit-elle, gros et frais comme une pomme. Il est très bon, très pétulant, assez volontaire quoique peu gâté, mais sans rancune, sans mémoire pour le chagrin et le ressentiment. Je crois que son caractère sera sensible et aimant, mais que ses goûts seront inconstants; un fonds d'heureuse insouciance lui fera, je pense, prendre son parti sur tout assez promptement.»

En dépit de la tristesse et de la mauvaise santé, plusieurs des lettres d'Aurore, datées de cette époque, sont d'un tour assez leste, notamment celle qui est adressée à sa mère le 17 juillet 1827. Elle la plaint d'être malheureuse dans le choix de ses servantes, mais lui demande si elle ne les prend pas trop jeunes, à l'âge de la coquetterie et de la légèreté. Elle lui conseille une femme d'un âge mûr, «quoiqu'il y ait souvent l'inconvénient de l'humeur revêche et rabâcheuse.» Tout aussitôt elle lui offre le spécimen de Marie Guillard, une des domestiques de Nohant, veuve après vingt ans de mariage avec un vieillard borgne: «C'est la plus drôle de vieille qui soit au monde. Active, laborieuse, propre et fidèle, mais grognon au delà de ce qu'on peut imaginer. Elle grogne le jour, et je crois aussi la nuit en dormant. Elle grogne en faisant du beurre, elle grogne en faisant manger ses poules, elle grogne en mangeant même. Elle grogne les autres, et, quand elle est seule, elle se grogne. Je ne la rencontre jamais sans lui demander comment va la grognerie, et elle ne grogne que de plus belle.» Voilà bien, sous la plume d'Aurore, un des modèles du parfait domestique, attaché à la maison et dévoué à ses maîtres!

L'été de 1827 fut en partie occupé par une saison thermale au Mont-Dore, avec des excursions à Clermont-Ferrand, à Pontgibaud, à Aubusson. Madame Dudevant en a fait le récit dans un *Voyage en Auvergne* destiné à son amie Zoé Leroy, le premier ouvrage limé et ciselé qui soit sorti de sa plume. Il s'y trouve des lenteurs, de la redondance et de la déclamation; c'est composé comme devant une glace. En rentrant à Nohant, on eut affaire à d'autres préoccupations. Les élections législatives, par haine du ministère Villèle, avaient amené un accord entre les républicains et les bonapartistes. Casimir Dudevant, qui était de ce dernier parti, contribua à faire nommer, dans le collège de La Châtre, M. Doris-Dufresne, beau-frère du général Bertrand et républicain de vieille roche. Aurore lui consacre un chaleureux éloge: «C'était un homme d'une droiture antique, d'une grande simplicité de coeur, d'un esprit aimable et bienveillant. J'aimais ce type d'un autre temps, encore empreint de l'élégance du Directoire, avec des idées et des moeurs plus laconiennes. Sa petite perruque rase et ses boucles d'oreilles donnaient de l'originalité à sa physionomie vive et fine. Ses manières avaient une distinction extrême. C'était un *jacobin* fort sociable.»

Une campagne électorale, où la sobriété n'est pas de rigueur et où le candidat et son escorte sont voués à boire chez tous les personnages influents, devait agréer à Casimir Dudevant. Les élections passèrent; l'habitude persista, invétérée et accrue. Le seigneur de Nohant était sans cesse en parties et en fêtes. «Vous savez, écrivait Aurore le 1er avril 1828 à un vieil ami de Paris M. Caron, comme il est paresseux de l'esprit et enragé des jambes. Le froid, la boue ne l'empêchent pas d'être toujours dehors, et, quand il rentre, c'est pour manger ou ronfler.» Il est vrai que, dans une autre lettre du 4 août de la même année, elle écrit à sa mère, qu'elle voulut tenir le plus longtemps possible dans l'ignorance de ses tristesses conjugales: «Le cher père est très occupé de sa moisson. Il a adopté une manière de faire battre le blé qui termine en trois semaines les travaux de cinq à six mois. Ainsi il sue sang et eau. Il est en blouse, le râteau à la main, dès le point du jour.» Par malheur, si Casimir avait du goût pour les occupations champêtres, il en avait également pour les filles de ferme et pour les femmes de chambre. Aurore sera contrainte de s'en apercevoir.

En septembre 1828, elle mit au monde son second enfant, Solange. Le médecin arriva quand la mère s'était déjà endormie et que le nouveau-né était tout pomponné: Solange avait devancé l'époque à laquelle on l'attendait. Aurélien de Sèze, qui venait quelques jours auparavant rendre une visite sentimentale à Aurore, fut surpris de la trouver, sans avoir été prévenu, ornée d'un respectable embonpoint et travaillant à une layette. «Que faites-vous donc là? dit-il.—Ma foi, vous le voyez, je me dépêche pour quelqu'un qui arrive plus tôt que je ne pensais.» Devant cette layette et cette rotondité, l'affection platonique de «l'ami de Bordeaux»—comme l'appelle l'*Histoire de ma Vie*—dut choir du septième ciel dans une prosaïque réalité.

Aurore ne se réveilla quelques heures après l'événement que pour assister à un assez pitoyable spectacle. Son frère Hippolyte, qui était allé chercher le médecin et qui, ravi sans doute d'avoir une nièce, avait fait le repas le plus plantureux et le plus arrosé, entra dans la chambre de l'accouchée en un tel état d'ivresse que, croyant s'asseoir au pied du lit, il tomba comme une masse sur le plancher. Incapable de se relever, il grommelait, avec l'idée fixe du pochard: «Eh bien! je suis gris, voilà tout. Que veux-tu? j'ai été très ému, très inquiet, ce matin; ensuite j'ai été très content, très heureux, c'est la joie qui m'a grisé; ce n'est pas le vin, je te le jure, c'est l'amitié que j'ai pour toi qui m'empêche de me tenir sur mes jambes.» Aurore, pour cette fois, rit du raisonnement de l'ivrogne; mais de telles scènes, où son mari tenait un rôle, devenaient hélas! presque quotidiennes. C'étaient de misérables orgies: les hobereaux des environs avaient des moeurs et un langage de valetaille. «Tant que l'*on*—c'est-à-dire Casimir—se bornait à être radoteur, fatigant, bruyant, malade même et fort dégoûtant, je tâchais de rire, et je m'étais même habituée à supporter un ton de plaisanterie qui, dans le principe, m'avait révoltée.» Mais quand les nerfs se mettaient de la partie, quand on devenait obscène et grossier, il fallait bien qu'Aurore se réfugiât dans sa chambre. Or le tapage et les libations continuaient jusqu'à six ou sept heures du matin. Ajoutez que de son lit madame Dudevant, le lendemain de la naissance de Solange, entendit son mari lutinant et poursuivant une chambrière. C'était tantôt l'espagnole Pépita, «sale et paresseuse comme une véritable castillane,» tantôt la berrichonne Claire, sans préjudice de la plus ignoble liaison à Bordeaux et du scandale public causé par une de ces créatures qui réclamait une pension alimentaire pour son enfant. Et Aurore, afin de rester fidèle à ses devoirs, avait écarté la tendresse si loyale et si profonde d'Aurélien de Sèze!

Dès lors, toute intimité conjugale fut supprimée. Une irréductible mélancolie s'empare d'Aurore, qui par esprit d'abnégation envers ses enfants essaie de demeurer à Nohant, comme la chèvre attachée à son piquet. De ci, de là, on trouve quelques fugitives éclaircies de belle humeur dans sa correspondance, quand elle est à Bordeaux. Elle écrit à son ami Duteil, avocat à La Châtre: «Loin de la patrie, le ciel est d'airain, les pommes de terre sont mal cuites, le café est trop brûlé. Les rues, c'est de la séparation de pierres; cette rivière, c'est de la séparation d'eau; ces hommes, de la séparation en chair et en os! Voyez Victor Hugo.» Ou à son vieux Caron, le 4 juin 1829: «Comment traitez-vous ou plutôt comment vous traite la goutte, le catarrhe, la crachomanie, la prisomanie, la mouchomanie, en un mot le cortège innombrable des maux qui vous assiègent depuis tantôt *quarante-cinq ans* que j'ai le bonheur de vous connaître? Fasse le ciel, ô digne vieillard, que vous conserviez le peu de cheveux et les deux ou trois dents qui vous restent, comme vous conserverez, jusqu'à la mort, le sentiment et le dévouement de tous ceux qui vous entourent!»

Pour remédier aux déboires de son existence, Aurore avait la consolation de beaucoup lire—elle faisait venir de Paris les nouveautés—et de soigner les malades de Nohant et des alentours. Elle était médiocre ménagère, dépensant 14.000 francs en une année, quand son mari lui avait assigné le maximum de 10.000. Dans les lettres à Jules Boucoiran, précepteur de Maurice, ou à sa mère, elle n'a qu'une pensée dominante: la sollicitude pour ses enfants. Le reste lui importe peu. Le spectacle de la vie lui a donné un dégoût prématuré. Elle parle de sa sciatique, de ses douleurs, à la façon d'une sexagénaire, et elle ajoute sous couleur de badinage: «Je suis un peu dans les pommes cuites.» Nohant, c'était pour elle la «stagnation permanente.» Elle avait comme compagnon de ses rêveries un cricri, qui venait manger ses pains à cacheter, que d'ailleurs elle choisissait blancs, de peur qu'il ne s'empoisonnât. Il se promenait sur son papier, voulait goûter à l'encre, et périt écrasé par une servante qui fermait une fenêtre. «Je ne trouvai, dit Aurore, de mon ami que les deux pattes de derrière, entre la croisée et la boiserie. Il ne m'avait pas dit qu'il avait l'habitude de sortir... J'ensevelis ses tristes restes dans une feuille de datura que je gardai longtemps comme une relique.»

La mort de ce grillon, ainsi qu'elle l'observe avec délicatesse, va marquer de façon symbolique la fin de son séjour à Nohant. Elle écrivait beaucoup, à l'aventure, d'abord par pure distraction, puis avec l'arrière-pensée de trouver un gagne-pain et l'indépendance. Elle les aurait demandés, très volontiers, à la peinture ou à la broderie, mais ni l'une ni l'autre n'était rémunératrice. Or elle voulait être libre. M. Dudevant la traitait en enfant, lui apportant par exemple une procuration à signer sans lui permettre de la lire. Une vocation littéraire s'éveilla en elle, ou plutôt le désir de vivre de sa prose. Vers douze ans, elle avait commencé un vague roman, *Corambé*; en 1827, elle composait le *Voyage en Auvergne*; en 1829, la *Marraine*, qui ne fut pas publiée. «Je reconnus, dit-elle, que j'écrivais vite, facilement, longtemps, sans fatigue; que mes idées, engourdies dans mon cerveau, s'éveillaient et s'enchaînaient par la déduction, au courant de la plume.» Elle avait secoué l'attachement platonique qui, durant de longues années, avait lié son âme à celle d'Aurélien de Sèze. Ses enfants même ne parvenaient pas à la retenir à Nohant: la répulsion pour cette vie vulgaire et plate auprès de M. Dudevant était trop forte. «Ma petite chambre, s'écrie-t-elle, ne voulait plus de moi.»

La Révolution de 1830, qu'elle accueillit avec enthousiasme, vint encore accroître son désir d'être à Paris, parmi la fermentation des idées nouvelles, d'y retrouver ses compatriotes, Duvernet, Fleury et Jules Sandeau. Puis ce fut, au mois de septembre, un accès de fièvre cérébrale qui mit ses jours en danger. «Pendant quarante-huit heures, écrit-elle à sa mère, j'ai été je ne sais où. Mon corps était bien au lit sous l'apparence du sommeil, mais mon âme galopait dans je ne sais quelle planète.» Enfin un incident favorisa son évasion, lui inspira la résolution définitive. Le 3 décembre 1830, elle écrit à Jules Boucoiran: «Sachez qu'en dépit de mon inertie et de mon insouciance, de ma légèreté à m'étourdir, de ma facilité à pardonner, à oublier les chagrins et les injures, sachez que je viens de prendre un parti violent. Vous connaissez mon intérieur, vous savez s'il est tolérable. Vous avez été étonné vingt fois de me voir relever la tête le lendemain, quand la veille on me l'avait brisée. Il y a un terme à tout.» Et elle donne dans cette lettre une explication que l'*Histoire de ma Vie* passe sous silence. Elle a trouvé—était-ce par hasard?—dans le secrétaire de son mari un paquet à son adresse, avec cette suscription: «Ne l'ouvrez qu'après ma mort.» Naturellement elle l'a ouvert, n'ayant pas, dit-elle, la patience d'attendre d'être veuve. C'était un testament, rempli pour elle de malédictions et d'injures. Sur-le-champ son parti fut pris. Elle se rappela la pension de 3.000 francs stipulée dans le contrat de mariage et dont elle n'avait jamais usé. Le jour même de la découverte, elle dit à son mari: «Je veux cette pension, j'irai à Paris, mes enfants resteront à Nohant.» Ne s'éloignait-elle pas d'eux un peu bien aisément? Elle assure que c'était une menace, qu'elle comptait les emmener. Toujours est-il qu'elle eut gain de cause. Après huit ans d'humiliation, éclatait la révolte. Il fut convenu qu'elle passerait six mois à Nohant, six mois à Paris. Dès qu'elle eut la certitude que Jules Boucoiran reviendrait occuper sa place de précepteur auprès de Maurice, elle se prépara au départ. Malgré son frère, malgré ses amis de La Châtre, elle prenait le 4 janvier 1831 le chemin de Paris. C'était la route de la littérature.

CHAPITRE VI

LES DÉBUTS LITTÉRAIRES

L'arrivée d'Aurore Dudevant à Paris, au commencement de janvier 1831, a été l'objet des récits les plus contradictoires et les plus bizarres. Arsène Houssaye, dans ses *Confessions* et ses *Souvenirs de Jeunesse*, donne carrière à une imagination exubérante et conteuse. Félix Pyat a publié, dans la *Grande Revue de Paris et de Pétersbourg*, un article intitulé: *Comment j'ai connu George Sand*, qui est purement fantaisiste. Il prétend être allé, en compagnie de Jules Sandeau, son compatriote berrichon, recevoir au bureau des diligences une dame qui n'était autre que la baronne Dudevant. Elle descendit de l'impériale sous le costume d'un jeune bachelier, en vêtement de velours, avec un béret. Cette anecdote est de tous points controuvée. La voyageuse n'avait pas pris la diligence, comme en témoigne la lettre que sur-le-champ elle écrivit à son fils: «La chaise de poste ne fermait pas, j'étais glacée. Je ne suis arrivée à Paris qu'à minuit. J'étais bien embarrassée de ma voiture, parce qu'il n'y a pas de cour dans la maison que j'habite et que je ne pouvais pas la laisser passer la nuit dans la rue. Enfin je l'ai fourrée à l'hôtel de Narbonne.» Elle promet à Maurice d'être de retour à Nohant dans huit jours au plus. Il n'en sera rien, et elle le sait elle-même, en faisant ce mensonge maternel. Elle a l'intention de passer au moins trois mois hors de sa famille.

Où descendit-elle dès l'abord à Paris? Ce point est obscur. En tous cas, ce ne fut pas chez son frère Hippolyte, car elle écrit à Maurice dans sa première lettre: «Je n'ai pas encore eu le temps de voir ton oncle. Je pense que je le verrai aujourd'hui.» Elle n'alla donc pas directement 31 rue de Seine, où était l'appartement de M. Chatiron; mais on ignore si elle se rendit rue Racine, chez Jules Sandeau, comme l'affirme M. Henri Amic, ou 4 rue des Cordiers, proche la Sorbonne, en cet hôtel Jean-Jacques Rousseau, ainsi dénommé parce que le philosophe genevois y avait rencontré et aimé Thérèse.

George Sand ne se soucie pas de nous fournir à cet égard des renseignements précis. Elle imprime même à l'*Histoire de ma Vie* une tout autre allure, à dater du départ de Nohant, et elle s'en explique, non sans quelque embarras, au début du treizième chapitre de la quatrième partie: «Comme je ne prétends pas donner le change sur quoi que ce soit en racontant ce qui me concerne, je dois commencer par dire nettement que je veux *taire* et non *arranger* ni *déguiser* plusieurs circonstances de ma vie. Mais, vis-à-vis du public, je ne m'attribue pas le droit de disposer du passé de toutes les personnes dont l'existence a côtoyé la mienne. Mon silence sera indulgence ou respect, oubli ou déférence, je n'ai pas à m'expliquer sur ces causes. Elles seront de diverses natures probablement, et je déclare qu'on ne doit rien préjuger pour ou contre les personnes dont je parlerai peu ou point. Toutes mes affections ont été sérieuses, et pourtant j'en ai brisé plusieurs sciemment et volontairement. Aux yeux de mon entourage, j'ai agi trop tôt ou trop tard, j'ai eu tort ou raison, selon qu'on a plus ou moins bien connu les causes de mes résolutions... Tout le monde sait de reste que dans toute querelle, qu'elle soit soit de famille ou d'opinion, d'intérêt ou de coeur, de sentiments ou de principes, d'amour ou d'amitié, il y a des torts réciproques et qu'on ne peut expliquer et motiver les uns que par les autres. Il est des personnes que j'ai vues à travers un prisme d'enthousiasme et vis-à-vis desquelles j'ai eu le grand tort de recouvrer la lucidité de mon jugement. Tout ce qu'elles avaient à demander, c'étaient de bons procédés, et je défie qui que ce soit de dire que j'aie manqué à ce fait. Pourtant leur irritation a été vive, et je le comprends très bien. On est disposé, dans le premier moment d'une rupture, à prendre le désenchantement pour un outrage. Le calme se fait, on devient plus juste. Quoi qu'il en soit de ces personnes, je ne veux pas avoir à les peindre; je n'ai pas le droit de livrer leurs traits à la curiosité ou à l'indifférence des passants.»

Observera-t-elle toujours la règle qu'elle édicte? Non pas, puisqu'elle publiera ce roman si transparent, *Elle et Lui*, bien peu de mois après la mort d'Alfred de Musset. La théorie exposée dans l'*Histoire de ma Vie* n'est qu'un prétexte commode pour éviter des explications difficiles ou des justifications incomplètes. N'oublions pas qu'elle a cinquante ans et qu'elle est entrée dans la période de calme relatif, quand elle rédige son autobiographie. Il ne lui est donc pas malaisé de prendre une attitude de suprême bienveillance et d'excuser tout à la fois les torts qu'on a eus envers elle et ceux qu'elle a eus envers autrui.

«Moi, je pardonne, s'écrie-t-elle, et si des âmes très coupables devant moi se réhabilitent sous d'autres influences, je suis prête à bénir. Le public n'agit pas ainsi; il condamne et lapide. Je ne veux donc pas livrer mes ennemis (si je peux me servir d'un mot qui n'a pas beaucoup de sens pour moi) à des juges sans entrailles ou sans lumières, et aux arrêts d'une opinion que ne dirige pas la moindre pensée religieuse, que n'éclaire pas le moindre principe de charité. Je ne suis pas une sainte: j'ai dû avoir, je le répète, et j'ai eu certainement ma part de torts, sérieux aussi, dans la lutte qui s'est engagée entre moi et plusieurs individualités. J'ai dû être injuste, violente de résolutions, comme le sont les organisations lentes à se décider, et subir des préventions cruelles, comme l'imagination en crée aux sensibilités surexcitées.»

Ainsi formulées, les excuses de George Sand peuvent à la rigueur être accueillies. Il lui sera beaucoup pardonné, comme à la Madeleine, parce qu'elle a beaucoup aimé, avec une successivité un peu rapide, parfois même avec une simultanéité qui semble avoir été sincère en partie double. Peut-être, se rendant à Paris, obéissait-elle plus aux suggestions de son esprit et à la passion de l'indépendance qu'aux curiosités de son imagination et au vagabondage de son coeur. Le 13 janvier 1831, elle écrit à Jules Boucoirau:

«Je m'embarque sur la mer orageuse de la littérature. Il faut vivre.» Cinq jours plus tard, elle est moins explicite ou moins franche dans une lettre à sa mère: «Vous me demandez ce que je viens faire à Paris. Ce que tout le monde y vient faire, je pense: me distraire, m'occuper des arts que l'on ne trouve que là dans tout leur éclat. Je cours les musées, je prends des leçons de dessin; cela m'occupe tellement que je ne vois presque personne.» Elle ne parle pas de ses ambitions littéraires, elle ne fait aucunement allusion aux compatriotes qu'elle fréquente assidûment, les trois hugolâtres, Alphonse Fleury, Félix Pyat, Jules Sandeau. Ce dernier, né à Aubusson le 19 février 1811, devait être son initiateur, à tout le moins dans le monde des lettres. Il avait connu M. et madame Dudevant, vers la fin de 1829, près de La Châtre, dans une maison amie, chez les Duvernet. C'est à Charles Duvernet précisément qu'Aurore adressait, le 1er décembre 1830, une épître romantique où elle manifeste tout son enthousiasme pour la libre existence parisienne et profile quelques malicieuses silhouettes. D'abord celle de son correspondant: «O blond Charles, jeune homme aux rêveries sentimentales, au caractère sombre comme un jour d'orage… L'hôte solitaire des forêts désertes, le promeneur mélancolique des sentiers écartés et ombreux n'étant plus là pour les chanter, ils sont devenus secs comme des fagots et tristes comme la nature, veuve de toi, ô jeune homme!» Puis c'est le gigantesque Alphonse Fleury: «Homme aux pattes immenses, à la barbe effrayante, au regard terrible; homme des premiers siècles, des siècles de fer, homme au coeur de pierre, homme fossile, homme primitif, homme normal, homme antérieur à la civilisation, antérieur au déluge.» Et, donnant cours à cette humeur de grosse bouffonnerie que le romantisme encourageait et qui s'épanouira en Victor Hugo, elle le plaisante sur sa poitrine volcanique, sur le refroidissement de la contrée depuis qu'il ne la réchauffe plus de son souffle, sur le déchaînement des *vents* que n'emprisonnent plus ses poumons athlétiques. «Depuis ton départ, écrit-elle, toutes les maisons de La Châtre ont été ébranlées dans leurs fondements, le moulin à vent a tourné pour la première fois, quoique n'ayant ni ailes, ni voiles, ni pivot. La perruque de M. de la Genetière a été emportée par une bourrasque au haut du clocher, et la jupe de madame Saint-O… a été relevée à une hauteur si prodigieuse, que le grand Chicot assure avoir vu sa jarretière.»

Ce sont là, semble-t-il, badinages de rapins, comme Henri Murger nous en offrira à profusion dans la *Vie de Bohême*. Mais, pour esquisser le troisième portrait, le crayon de madame Dudevant devient plus délicat. La caricature s'atténue. Sous les apparences de la blague, l'ironie se nuance d'émotion ou tout au moins de discrète sympathie: «Et toi, petit Sandeau! aimable et léger comme le colibri des savanes parfumées! gracieux et piquant comme l'ortie qui se balance au front battu des vents des tours de Châteaubrun! depuis que tu ne traverses plus avec la rapidité d'un chamois, les mains dans les poches, la petite place, les dames de la ville ne se lèvent plus que comme les chauves-souris et les chouettes, au coucher du soleil; elles ne quittent plus leur bonnet de nuit pour se mettre à la fenêtre, et les papillotes ont pris racine à leurs cheveux. La coiffure languit, le chevcu dépérit, le fer à friser dort inutile sur les tisons refroidis. L'usage des peignes commence à se perdre, la brosse tombe en désuétude et la garnison menace de s'emparer de la place. Ton départ nous a apporté une plaie d'Egypte bien connue.»

Tandis que ses amis goûtaient les délices de la vie parisienne, Aurore n'aspirait qu'à les rejoindre. Elle se plaignait d'avoir la fièvre et un *bon* rhumatisme, d'être «empaquetée de flanelles et fraîche comme une momie dans ses bandelettes.» A l'en croire, elle fait à grand'peine en un jour le voyage de son cabinet au salon, et l'une de ses jambes est auprès de la cheminée du dit appartement que l'autre est encore dans la salle à manger. Elle parle de s'acheter une de ces brouettes qui servent à voiturer les culs-de-jatte. Mais, le mois suivant,—est-ce l'effet du séjour de Paris ou du traitement de Jules Sandeau?—la guérison s'opère comme par miracle. Elle mène la vie de l'étudiant enthousiaste et exubérant, avide tout ensemble de travail et de plaisir.

A La Châtre, il va sans dire que cette existence, dont on exagérait les singularités, faisait scandale. Madame Dudevant s'était mise au ban de la société, et les cancans allaient leur train. «Ceux qui ne m'aiment guère, écrivait-elle à Jules Boucoiran, disent que j'*aime* Sandot (vous comprenez la portée du mot); ceux qui ne m'aiment pas du tout disent, que j'*aime* Sandot et Fleury à la fois; ceux qui me détestent, que Duvernet et vous, par dessus le marché, ne me font pas peur. Ainsi j'ai quatre amants à la fois. Ce n'est pas trop quand on a comme moi les passions vives.» A dire vrai, sur les quatre il fallait en éliminer trois et garder le seul Jules Sandeau. Elle affirme lui avoir résisté pendant trois mois à Paris; mais déjà l'intrigue avait pris naissance dans un petit bois, aux environs de Nohant. La littérature les rapprocha. Ils collaborèrent et cohabitèrent. «J'ai résolu, écrit-elle à Charles Duvernet le 19 janvier 1831, de l'associer à mes travaux ou de m'associer aux siens, comme vous voudrez. Tant y a qu'il me prête son nom, car je ne veux pas paraître, et je lui prêterai mon aide, quand il en aura besoin. Gardez-nous le secret sur cette association littéraire.» Ce fut bientôt le secret de Polichinelle, à La Châtre et à Paris; mais l'associée de Jules Sandeau n'en avait cure. Elle ne se souciait que de l'opinion de ses amis et des profits que pouvait rapporter ce labeur en commun. «Pour moi, dit-elle, âme épaisse et positive, il n'y a que cela qui me tente. Je mange de l'argent plus que je n'en ai; il faut que j'en gagne, ou que je me mette à avoir de l'ordre. Or, ce dernier point est si difficile qu'il ne faut même pas y songer.»

Jules Sandeau, qui prêtait ainsi à Aurore Dudevant la moitié de son nom et de son appartement, était plus jeune qu'elle de sept ans—elle n'a jamais aimé les hommes très mûrs—et ni l'un ni l'autre ne possédait de notoriété dans le monde des lettres. Elle dut donc chercher des appuis pour aborder une carrière, de tout temps, mais alors surtout, difficilement accessible aux femmes. Sa pension de 3.000 francs ne pouvait lui suffire. «Vous savez, mande-t-elle à Jules Boucoiran, que c'est peu pour moi qui aime à donner et qui n'aime pas à compter. Je songe donc uniquement à augmenter mon bien-être. Comme je n'ai nulle ambition d'être connue, je ne le serai point. Je n'attirerai l'envie et la haine de personne.» Le premier littérateur avec qui elle entra en relations fut Henri de Latouche, un compatriote, né en 1785 à La Châtre, qui s'exerça dans le journalisme, la poésie, le roman et le théâtre. Il édita André Chénier et fonda le Figaro. Elle s'adressa également à M. Doris-Dufresne, le député républicain; il la mit en rapport avec son collègue à la Chambre, M. de Kératry, romancier à ses heures, qui avait écrit le *Dernier des Beaumanoir.* L'*Histoire de ma Vie* raconte assez plaisamment la façon dont elle se présenta chez lui, à huit heures du matin:

«M. de Kératry me parut plus âgé qu'il ne l'était. Sa figure, encadrée de cheveux blancs, était fort respectable. Il me fit entrer dans une jolie chambre où je vis, couchée sous un couvre-pied de soie rose très galant, une charmante petite femme qui jeta un regard de pitié languissante sur ma robe de stoff et sur mes souliers crottés, et qui ne crut pas devoir m'inviter à m'asseoir. Je me passai de la permission et demandai à mon nouveau patron, en me fourrant dans la cheminée, si mademoiselle sa fille était malade. Je débutais par une insigne bêtise. Le vieillard me répondit, d'un air tout gonflé d'orgueil armoricain, que c'était là madame de Kératry, sa femme. «Très bien, lui dis-je, je vous en fais mon compliment; mais elle est malade, et je la dérange. Donc je me chauffe et je m'en vas.—Un instant, reprit le protecteur; M. Duris-Dufresne m'a dit que vous vouliez écrire, et j'ai promis de causer avec vous de ce projet; mais tenez, en deux mots, je serai franc, une femme ne doit pas écrire.—Si c'est votre opinion, nous n'avons point à causer, repris-je. Ce n'était pas la peine de nous éveiller si matin, madame de Kératry et moi, pour entendre ce précepte.»

Le plus joli mot de tout l'entretien fut celui de l'escalier ou plutôt de l'antichambre, alors que l'auteur du *Dernier des Beaumanoir* parachevait sa théorie sur l'infériorité intellectuelle de la femme. Il eut, au seuil de l'appartement, un trait superbe, à la Napoléon: «Croyez-moi, ne faites pas de livres, faites des enfants.» Il y a deux versions de la réponse de George Sand. Voici la sienne: «Ma foi, monsieur, gardez le précepte pour vous-même, si bon vous semble.» Henri de Latouche y apporta cette variante: «Faites-en vous-même, si vous pouvez.»

Les lettres de George Sand, publiées par le vicomte de Spoëlberch de Lovenjoul dans la *Véritable Histoire de Elle et Lui,* présentent d'autre sorte ses premières relations avec Kératry. «Il m'a reçue, écrit-elle, d'une manière paternelle, et j'ai bonne espérance maintenant.» De même elle mande, le 12 février, à Jules Boucoiran: «Je vais chez Kératry le matin et nous causons au coin du feu. Je lui ai raconté comme nous avions pleuré en lisant le *Dernier des Beaumanoir*. Il m'a dit qu'il était plus sensible à ce genre de triomphe qu'aux applaudissements des salons. C'est un digne homme. J'espère beaucoup de sa protection pour vendre mon petit roman. Je vais paraître dans la *Revue de Paris*.»

Entre temps, elle fait de la copie, à sept francs la colonne, pour le *Figaro*, dirigé par Henri de Latouche. «C'est, dit-elle, le dernier des métiers.» Et dans une lettre à l'avocat Duteil: «J'essaye de fourrer des articles dans les journaux. Je n'arrive qu'avec des peines infinies et une persévérance de chien. Si j'avais prévu la moitié des difficultés que je trouve, je n'aurais pas entrepris cette carrière. Eh bien, plus j'en rencontre, plus j'ai la résolution d'avancer.» Elle est, en effet, envahie par une passion violente, irrésistible, la passion d'écrire. A ce prix, elle supporte mainte privation et tout d'abord de peiner chaque jour au *Figaro*, de neuf heures du matin à cinq heures, en qualité de manoeuvre, «ouvrier-journaliste, garçon-rédacteur.» Puis elle ajoute: «Le *journalisme* est un postulat par lequel il faut passer.»

Le soir, elle va assez fréquemment au théâtre; mais par esprit d'économie— et en suivant, écrit-elle à Boucoiran, certain conseil que vous m'avez donné— elle s'habille en homme. Ainsi elle évite de renouveler sa garde-robe, et c'est en costume d'étudiant qu'elle occupe, avec Jules Sandeau et d'autres amis, les loges qu'Henri de Latouche lui donne presque tous les soirs. Le bruit en est arrivé jusqu'à sa mère, qui exprime son étonnement de cette singularité. George Sand lui répond, pendant un de ses séjours à Nohant, en feignant de prendre le change: «On vous a dit que je portais culotte, on vous a bien trompée. En revanche, je ne veux point qu'un mari porte mes jupes. Chacun son vêtement, chacun sa liberté.»

Parmi les relations littéraires que se créa George Sand à ses débuts, il faut au premier rang placer Balzac. C'était la rencontre des deux écrivains qui, dans le roman, allaient personnifier les tendances contraires de l'idéalisme et du réalisme. Balzac n'avait pas encore produit ses chefs-d'oeuvre, mais déjà il manifestait cette humeur inquiète et fastueuse qui devait sans cesse courir à la poursuite de la fortune, de découvertes merveilleuses et des fantaisies du luxe. L'*Histoire de ma Vie* raconte plaisamment qu'il avait aménagé son petit appartement de la rue de Cassini en boudoirs de marquise, tendus de soie et de dentelle. Bohême à sa façon, il éprouvait le besoin du superflu et se privait de soupe et de café plutôt que d'argenterie et de porcelaine de Chine. Au surplus, il avait des bizarreries et des caprices d'enfant, dont George Sand relate un spécimen très caractéristique:

«Un soir que nous avions dîné chez Balzac d'une manière étrange, je crois que cela se composait de boeuf bouilli, d'un melon et de champagne frappé, il alla endosser une belle robe de chambre toute neuve, pour nous la montrer avec une joie de petite fille, et voulut sortir ainsi costumé, un bougeoir à la main, pour nous reconduire jusqu'à la grille du Luxembourg. Il était tard, l'endroit désert, et je lui observais qu'il se ferait assassiner en rentrant chez lui. «Du tout, me dit-il; si je rencontre des voleurs, ils me prendront pour un fou, et ils auront peur de moi, ou pour uu prince, et ils me respecteront.» Il faisait une belle nuit calme. Il nous accompagna ainsi, portant sa bougie allumée dans un joli flambeau de vermeil ciselé, parlant des quatre chevaux arabes qu'il n'avait pas encore, qu'il aurait bientôt, qu'il n'a jamais eus, et qu'il a cru fermement avoir pendant quelque temps. Il nous eût reconduits jusqu'à l'autre bout de Paris, si nous l'avions laissé faire.»

Entre Balzac et George Sand il y avait antinomie de conception. Non qu'elle eût une théorie préconçue lorsqu'elle commença à écrire; mais son tour d'esprit devait la porter à idéaliser les sentiments de ses personnages, alors que Balzac suivait une impulsion toute contraire et qu'il a définie à merveille dans un entretien avec madame Sand: «Vous cherchez l'homme tel qu'il devrait être; moi, je le prends tel qu'il est. Croyez-moi, nous avons raison tous deux.» Et, après avoir indiqué son propre procédé qui consiste à grandir ses personnages dans leur laideur ou leur bêtise, à donner à leurs difformités des proportions effrayantes ou grotesques, il conclut en disant à sa rivale: «Idéalisez dans le joli et dans le beau, c'est un ouvrage de femme.»

Certes le premier roman de George Sand ne laisse rien prévoir du développement ultérieur de son génie. *Rose et Blanche, ou la Comédienne et la Religieuse*, qu'elle composa en collaboration avec Jules Sandeau et qui parut en février 1832 sous le pseudonyme commun de J. Sand, porte la marque de cette gaminerie blagueuse qui était à la mode parmi les néophytes du romantisme. C'est l'oeuvre d'un étudiant qui s'amuse et qui écrit à la hâte sur un coin de table, être énigmatique au sexe indécis, avec des cheveux tombant sur les épaules et une de ces longues redingotes à la propriétaire, descendant jusqu'aux talons, dont Hippolyte Chatiron a précisé la coupe: «Le tailleur prend mesure sur une guérite, et ça va à tout un régiment.»

George Sand aussi travaillait sur commande, pour satisfaire au goût du jour. Sans compter des articles et des fantaisies dans le *Figaro*, elle publiait dans la *Revue de Paris* une nouvelle, la *Prima Donna*, et, dans la *Mode* du 15 mars, la *Fille d'Albano*. Ce sont des bluettes.

Après deux séjours à Nohant au milieu et à la fin de 1831, elle revient à Paris en avril 1832, amène Solange et s'installe quai Saint-Michel, au cinquième étage d'une grande maison d'où elle a une vue superbe sur Notre-Dame, Saint-Jacques la Boucherie et la Sainte-Chapelle. «J'avais, écrit-elle, du ciel, de l'eau, de l'air, des hirondelles, de la verdure sur les toits.» Disons plus exactement: trois petites pièces avec balcon pour trois cents francs par an. Mais les étages étaient rudes à monter, d'autant qu'il fallait porter Solange déjà très lourde. La portière faisait le ménage pour quinze francs par mois; un gargotier du voisinage apportait la nourriture, moyennant deux francs par jour. George Sand savonnait, repassait son linge fin. Et elle était plus heureuse que dans le bien-être matériel de Nohant. Elle avait emprunté quelque argent à Henri de Latouche pour s'acheter des meubles, somme qui fut remboursée par M. Dudevant. Dans cette existence étroite et presque misérable, elle goûtait les joies de la liberté et celles de la tendresse. «Vivre, mandait-elle à Charles Duvernet, que c'est doux! que c'est bon! malgré les chagrins, les maris, l'ennui, les dettes, les parents, les cancans, malgré les poignantes douleurs et les fastidieuses tracasseries. Vivre, c'est enivrant! Aimer, être aimé, c'est le bonheur, c'est le ciel!» Ici George Sand laisse transparaître l'enthousiasme de son premier amour vraiment complet, autrement fougueux que les expansions d'antan avec Aurélien de Sèze. Elle confesse, en sa correspondance, l'ardeur qui circule dans ses veines, qui bouillonne dans son sein. Nous sommes sous le premier consulat, celui de Jules Sandeau.

Il en résulta ce roman longuet, *Rose et Blanche*, où il est malaisé de faire la part des deux collaborateurs. C'est un parallélisme assez factice entre les destinées de Blanche la novice et de Rose la comédienne. La lecture de ces cinq petits volumes laisse une impression monotone et maussade. On se contente, à l'ordinaire, de parcourir le premier chapitre, intitulé «la Diligence,» qui est un peu bien naturaliste. Jamais ce ton faubourien ne se retrouvera dans l'oeuvre de George Sand. Il n'est même pas possible de transcrire certains passages plus que lestes. Il faut se borner à reproduire le portrait de la soeur Olympie, qui grimpe sur l'impériale de la diligence et s'assied à côté d'un vieux dragon: «Le militaire, c'était son élément. En avait-elle vu, des militaires, en avait-elle vu! A Limoges, elle avait guéri de la gale le 35e d'infanterie de ligne; à Lyon, tout le 12e de chasseurs lui avait passé par les mains pour une colique contagieuse; aux frontières, pendant la campagne de Russie, elle avait reçu des envois de blessés, des cargaisons de gelés, des convois d'amputés. Elle avait exploré le hussard, cultivé le canonnier, analysé le tambour-maître et monopolisé le cuirassier. Le voltigeur l'avait bénie, le lancier l'avait adorée; et, dans une effusion de reconnaissance, plus d'un l'avait embrassée, en dépit de ses grosses verrues et de sa joue profondément sillonnée par la petite vérole; car elle était si laide qu'elle pouvait se passer de pudeur... Après cinquante ans d'une semblable existence, après une vie d'emplâtres, d'infections et d'ordures, la soeur Olympie, rude et grossière comme la charité active, n'avait plus de sexe: ce n'était ni un homme, ni une femme, ni un soldat, ni une vierge; c'était la force, le dévouement, le courage incarné, c'était le bienfait personnifié, la providence habillée d'une robe noire et d'une guimpe blanche.» Aussi, quand le dragon lui offre une prise, «Sensible! s'écrie-t-elle, en enfonçant ses longs doigts osseux dans la tabatière et en portant à son nez une prise de tabac dont la moitié tomba sur un rudiment de moustache grise qui couronnait sa lèvre supérieure.»

De même provenance gouailleuse est le récit des infortunes intimes d'un *soprano* masculin, ainsi que l'énumération des professions de M. Robolanti, «homme universel, industriel encyclopédiste, voyageur européen, physicien, organiste, chef d'orchestre, instructeur de chiens, de serins et de lièvres, fabricant de thé suisse, d'eau de Cologne, de pommade, d'onguent odontalgique, de faux râteliers et de semelles imperméables.»

Pour reconnaître la marque de George Sand, il faut s'arrêter à certains épisodes: par exemple, au tome II, l'arrivée de l'archevêque qui rappelle de tous points la visite du prélat à Nohant, au chevet de madame Dupin. Dans *Rose et Blanche* il a été croqué sur le vif: «Un homme court et gras, à figure ronde et bourgeoise, taillé pour faire un épicier, un voltigeur de la garde nationale ou un adjoint de village. Sa robe violette, costume si noble et si beau sur un homme pâle et élancé, ressemblait sur lui au premier fourreau d'un gros marmot; sa ceinture de moire était perdue sons l'empiétement du ventre sur la poitrine, et sa croix d'or, cherchant en vain sa place entre un cou qui n'existait pas et un estomac qui n'existait plus, occupait tout l'espace intermédiaire entre le menton et l'ombilic.»

Quelques autres pages attestent encore la forme littéraire qui sera celle de George Sand. Ainsi la description des Landes, au chapitre 5 du tome II, mais surtout la peinture du couvent des Augustines, dirigé par madame de Lancastre, et où d'innombrables détails proviennent du séjour d'Aurore à la communauté des Anglaises. De l'intrigue même de *Rose et Blanche* il n'y a rien à retenir. Horace et Laorens sont deux jeunes hommes sans grand relief. L'un aime la comédienne Rose, qui devient religieuse. L'autre, après avoir commis envers Blanche, alors idiote, le pire méfait qui se puisse imaginer, la retrouve le jour où elle va prononcer ses voeux, fait scandale dans la chapelle, la contraint au mariage et la voit mourir au sortir de la bénédiction nuptiale. Ce n'est ni du roman psychologique, ni du roman feuilleton qui tienne la curiosité en haleine. Aussi bien George Sand discernait-elle nettement les défauts de son oeuvre: «Je suis fort aise, écrit-elle à sa mère le 22 février 1832, que mon livre vous amuse. Je me rends de tout mon coeur à vos critiques. Si vous trouvez la soeur Olympie trop troupière, c'est sa faute plus que la mienne. Je l'ai beaucoup connue, et je vous assure que, malgré ses jurons, c'était la meilleure et la plus digne des femmes... En somme, je vous ai dit que je n'avais pas fait cet ouvrage seule. Il y a beaucoup de farces que je désapprouve: je ne les ai tolérées que pour satisfaire mon éditeur, qui voulait quelque chose d'un peu *égrillard*. Vous pouvez répondre cela pour me justifier aux yeux de Caroline, si la verdeur des mots la scandalise. Je n'aime pas non plus les polissonneries. Pas une seule ne se trouve dans le livre que j'écris maintenant et auquel je ne m'adjoindrai de mes collaborateurs que le nom, le mien n'étant pas destiné à entrer jamais dans le commerce du bel esprit.» En effet, lorsqu'elle rompt avec Jules Sandeau cette courte association intellectuelle, elle garde de lui une partie de son nom pour en faire George Sand. Désormais elle a trouvé sa voie, son style, sa doctrine sociale, sa conception romanesque. C'est *Indiana* qu'elle compose durant l'hiver de 1831-1832. *Valentine* va suivre, puis *Lélia*: toute une série d'oeuvres spontanées et hardies, révélatrices d'un art nouveau et d'une pensée qui se libère.

CHAPITRE VII

LE ROMAN FÉMINISTE: *INDIANA* ET *VALENTINE*

Si, dans un bagage aussi complexe que celui de George Sand, toute classification n'est pas fatalement artificielle et étroite, il semble qu'on puisse diviser ses romans en quatre périodes ou catégories: le roman féministe, le roman socialiste, le roman champêtre, et, durant les dernières années, le roman purement sentimental et romanesque. Sa première manière est une revendication éclatante des droits de la femme. Dans la douzième des *Lettres d'un Voyageur*, elle discute le reproche, qui lui est adressé par Désiré Nisard, d'avoir voulu réhabiliter l'égoïsme des sens, d'avoir fait la métaphysique de la matière et poursuivi un but antisocial. Elle oppose une dénégation formelle: «Vous dites, monsieur, que la haine du mariage est le but de tous mes livres. Permettez-moi d'en excepter quatre ou cinq, entre autres *Lélia*, que vous mettez au nombre de mes plaidoyers contre l'institution sociale, et où je ne sache pas qu'il en soit dit un mot... *Indiana* ne m'a pas semblé non plus, lorsque je l'écrivais, pouvoir être une apologie de l'adultère. Je crois que dans ce roman (où il n'y a pas d'adultère commis, s'il m'en souvient bien), *l'amant (ce roi de mes livres)*, comme vous l'appelez spirituellement a un pire rôle que le mari. *Le Secrétaire intime* a pour sujet (si je ne me trompe pas absolument sur mes intentions) les douceurs de la fidélité conjugale. *André* n'est ni *contre* le mariage, ni *pour* l'amour adultère, *Simon* se termine par l'hyménée, ni plus ni moins qu'un conte de Perrault ou de madame d'Aulnoy; et enfin dans *Valentine*, dont le dénoûment n'est ni neuf ni habile, j'en conviens, la vieille fatalité intervient pour empêcher la femme adultère de jouir, par un second mariage, d'un bonheur qu'elle n'a pas su attendre.» Mais la critique de Désiré Nisard va plus loin et revêt un caractère de grief personnel: «Il serait peut-être, écrivait-il, plus héroïque à qui n'a pas eu le bon lot, de ne pas scandaliser le monde avec son malheur en faisant d'un cas privé une question sociale.» Pour compléter cet argument *ad hominem*—ou plutôt *ad feminam*—Nisard ajoute: «La ruine des maris, ou tout au moins leur impopularité, tel a été le but des ouvrages de George Sand.» Voici sa réplique: «Oui, monsieur, la ruine des *maris*, tel eût été l'objet de mon ambition, si je me fusse senti la force d'être un *réformateur*.» A quoi se bornait donc son dessein? A attaquer les abus, les ridicules, les préjugés et les vices du temps. Si elle a incriminé les *lois sociales*, elle n'y a apporté aucune arrière-pensée subversive: «Qui pouvait me supposer l'intention de refaire les lois du pays?» Et, quand des saint-simoniens, philanthropes consciencieux, à la recherche de la vérité, lui ont demandé ce qu'elle mettrait à la place des maris, «je leur ai répondu naïvement, dit-elle, que c'était le *mariage*, de même qu'à la place des prêtres, qui ont tant compromis la religion, je crois que c'est la religion qu'il faut mettre.» Enfin, pour excuser ses défaillances et justifier ses aspirations, elle se place sous l'invocation de la *justice*, «éternel rêve des coeurs simples.»

Indiana parut le 19 mai 1832. Dans l'*Histoire de ma Vie*, George Sand affirme que ce roman, composé à Nohant, fut commencé sans projet et sans espoir, voire même sans aucun plan, mais surtout sans aucune des visées sociales que la critique affecta d'y découvrir. «On n'a pas manqué, poursuit-elle, de dire qu'*Indiana* était ma personne et mon histoire. Il n'en est rien.» Admettons la véracité de cette déclaration. C'est à l'insu de l'écrivain que sont venus sous sa plume, à la faveur de la fiction, les souvenirs de ses tristesses conjugales. Les malheurs d'Indiana ressemblent à ceux d'Aurore; il y a une parenté intellectuelle et morale, assez fâcheuse d'ailleurs, entre le colonel Delmare, «vieille bravoure en demi-solde,» et Casimir Dudevant, officier démissionnaire.

Aussi bien, pour découvrir l'idée maîtresse et directrice d'*Indiana*, il ne suffit pas de suivre les péripéties du roman, il convient encore de comparer les deux préfaces, celle de 1832 et celle de 1842. La première est modeste et plaide presque les circonstances atténuantes pour les audaces de l'ouvrage: «Si quelques pages de ce livre encouraient le grave reproche de tendance vers des croyances nouvelles, si des juges rigides trouvaient leur allure imprudente et dangereuse, il faudrait répondre à la critique qu'elle fait beaucoup trop d'honneur à une oeuvre sans importance... Le narrateur n'a point la prétention de cacher un enseignement grave sous la forme d'un conte; il ne vient pas donner *son coup de main* à l'édifice qu'un douteux avenir nous prépare, *son coup de pied* à celui du passé qui s'écroule. Il sait trop que nous vivons dans un temps de ruine morale, où la raison humaine a besoin de rideaux pour atténuer le trop grand jour qui l'éblouit. S'il s'était senti assez docte pour faire un livre vraiment utile, il aurait adouci la vérité, au lieu de la présenter avec ses teintes crues et ses effets tranchants. Ce livre-là eût fait l'office des lunettes bleues pour les yeux malades.»

De ce même style qui n'est pas exempt de mauvais goût, le romancier se défend de «prendre des conclusions sur le grand procès entre l'avenir et le passé» et de «s'affubler de la robe du philosophe.» Il n'aura garde de «porter la main sur les grandes plaies de la civilisation agonisante—il faut être si sûr de pouvoir les guérir, quand on se risque à les sonder!» Après nous avoir attesté qu'il n'emploiera pas son talent, «s'il en avait, à foudroyer les autels renversés,» il aboutit à cette conclusion ampoulée: «Vous verrez que, s'il n'a pas effeuillé des roses sur le sol où la loi parque nos volontés comme des appétits de mouton, il a jeté des orties sur les chemins qui nous en éloignent.» Nous apprenons qu'Indiana, c'est un type d'être faible qui représente les passions comprimées ou supprimées par les lois. Car George Sand, disciple de Jean-Jacques, estime que l'oeuvre de l'Etre suprême est pervertie par notre prétendue civilisation. De là les protestations qu'elle formule contre les iniquités sociales, tout en déclarant, dans une langue singulière, n'avoir pas pour son livre «de naïf amour paternel qui emmaillote les productions rachitiques de ces jours d'avortements littéraires.»

En 1842, la pensée et les métaphores de George Sand sont mieux équilibrées. Dans cette seconde préface, elle proclame qu'*Indiana* et la plupart de ses premiers romans sont basés sur une même donnée: le rapport mal établi entre les sexes, par le fait de la société. Dix années de réflexion ou plutôt de noviciat, le spectacle des misères humaines, le commerce, dit-elle, de «quelques vastes intelligences religieusement interrogées»—c'est-à-dire de Lamennais, de Pierre Leroux, de Michel (de Bourges)—ont élargi son horizon. Elle confirme et accentue la thèse d'*Indiana*, en paraphrasant le vers de Polyeucte:

Je le ferais encor si j'avais à le faire.

Elle a conscience de s'être acquittée d'une tâche utile et nécessaire. «J'ai cédé, dit-elle, à un instinct puissant de plainte et de reproche que Dieu avait mis en moi, Dieu qui ne fait rien d'inutile, pas même les plus chétifs êtres.» Aussi bien la cause qu'elle défendait était celle de la moitié du genre humain, et s'élevait bien au-dessus de la poursuite d'un profit particulier ou de l'apologie d'un intérêt personnel. C'est alors qu'elle formule une théorie qui recèle en substance les revendications actuelles du féminisme: «J'ai écrit *Indiana* avec le sentiment non raisonné, il est vrai, mais profond et légitime, de l'injustice et de la barbarie des lois qui régissent encore l'existence de la femme dans le mariage, la famille et la société… La guerre sera longue et rude; mais je ne suis ni le premier, ni le seul, ni le dernier champion d'une si belle cause, et je la défendrai tant qu'il me restera un souffle de vie.» Apôtre des droits de la femme dans cette préface, George Sand oublie sans nul doute qu'elle s'est infligé à elle-même un démenti, en écrivant à la page 235 d'*Indiana*: «La femme est imbécile par nature.»

Si les thèses proposées sont discutables et captieuses, le roman en soi est attachant. L'intrigue n'offre aucune complication. Indiana, âme sentimentale et romanesque, souffre auprès du colonel Delmare. Ce rude personnage a juré de tuer quiconque braconne sur ses terres. Il atteint ainsi, mais d'un coup de fusil chargé de gros sel, un jeune voisin, Raymon de Ramière, qui escaladait son mur pour rendre visite à Noun, une créole, soubrette d'Indiana. Assez vite, d'ailleurs, le Don Juan provincial est las de la femme de chambre en tablier blanc et en madras. Il ne demanderait qu'à passer de l'escalier de service au grand escalier. Noun s'en aperçoit et se jette dans la rivière prochaine. Indiana n'a-t-elle rien deviné ou ne s'alarme-t-elle pas de succéder à sa cámériste? Du moins elle s'éprend de Raymon de Ramière, malgré les adjurations de sir Ralph Brown qui tient auprès d'elle l'emploi de soupirant volontairement platonique. Elle suit son mari à l'île Bourbon, mais sans pouvoir oublier l'amour qui la possède. Dans un accès d'exaltation, elle s'embarque pour la France, afin de rejoindre Raymon. Elle le trouve marié. Crise de désespérance. Ralph la soigne, la guérit, et tous deux vont terminer leurs jours dans quelque chaumière indienne, renouvelée de Bernardin de Saint-Pierre. Ainsi se manifeste l'apophtegme de George Sand: «L'amour est un contrat aussi bien que le mariage.» La démonstration semble assez sinueuse.

Il est déplaisant que les rendez-vous de Raymon et de Noun aient lieu dans la chambre même d'Indiana absente, «où des orangers en fleurs répandaient leurs suaves émanations, des bougies diaphanes brûlaient dans les candélabres.» Noun a pris soin d'effeuiller sur le parquet des roses du Bengale et de semer le divan de violettes. Elle a préparé un souper fin, et pourtant les regards de Raymon ne se dirigent pas vers les fruits et les flacons du guéridon, mais vers ce qui lui rappelle Indiana: ses livres, son métier, sa harpe, les gravures de l'île Bourbon, et «surtout ce petit lit à demi caché sous les rideaux de mousseline, ce lit blanc et pudique comme celui d'une vierge, orné au chevet, en guise de rameau bénit, d'une palme enlevée peut-être, le jour du départ, à quelque arbre de la patrie.» Accueilli par la camériste, c'est à la maîtresse qu'il va songer. Noun cependant a fait des frais de toilette, avec la garde-robe de madame Delmare, mais toute cette élégance est visiblement empruntée. Elle a forcé le décolletage. Voici comment George Sand nous l'explique: «Indiana eût été plus cachée, son sein modeste ne se fût trahi que sous la triple gaze de son corsage; elle eût peut-être orné ses cheveux de camélias naturels, mais ce n'est pas dans ce désordre excitant qu'ils se fussent joués sur sa tête; elle eût pu emprisonner ses pieds dans des souliers de satin, mais sa chaste robe n'eût pas ainsi trahi les mystères de sa jambe mignonne.» Bref, Raymon est saturé des amours ancillaires. Il demande à monter en grade, c'est-à-dire à descendre de la mansarde à l'appartement.

Pour traduire ces fluctuations d'un amour qui va de l'office au boudoir, George Sand use assez volontiers du style hyperbolique et fleuri, à la mode de 1830. Ce sont des exclamations: «Pauvre enfant! si jeune et si belle, avoir déjà tant souffert!» Ou bien de singulières manifestations de tendresse: «Je vous aurais portée dans mes bras pour empêcher vos pieds de se blesser; je les aurais réchauffés de mon haleine.» Comment madame Delmare accueille-t-elle ces déclarations adressées à ses pieds? Avec quelque complaisance, ce semble. «Si l'on mourait de bonheur, Indiana serait morte en ce moment.» Il est vrai que Raymon hausse le ton et secoue furieusement les cordes de sa lyre: «Tu es la femme que j'avais rêvée, la pureté que j'adorais, la chimère qui m'avait toujours fui, l'étoile brillante qui luisait devant moi pour me dire: «Marche encore dans cette vie de misère, et le ciel t'enverra un de ses anges pour t'accompagner. De tout temps, tu m'étais destinée, ton âme était fiancée à la mienne!... Vois-tu, Indiana, tu m'appartiens, tu es la moitié de mon âme, qui cherchait depuis longtemps à rejoindre l'autre… Ne me reconnais-tu pas? ne te semble-t-il pas qu'il y a vingt ans que nous ne nous sommes vus? Ne t'ai-je pas reconnue, ange, lorsque tu étanchais mon sang avec ton voile, lorsque tu plaçais ta main sur mon coeur éteint pour y ramener la chaleur et la vie?» Et des pages entières se déroulent ainsi sur le mode déclamatoire. Raymon s'y abandonne avec une particulière volubilité. Au matin, quand il se retrouve dans cet appartement, où, suivant l'étrange expression de George Sand, Noun s'était endormie souveraine et réveillée femme de chambre, il se jette à genoux, «da face tournée contre ce lit foulé et meurtri qui le faisait rougir,» et il profère une invocation: «O Indiana! s'écrie-t-il en se tordant les mains, t'ai-je assez outragée!… Repousse-moi, foule-moi aux pieds, moi qui n'ai pas respecté l'asile de ta pudeur sacrée; moi qui me suis enivré de tes vins comme un laquais, côte à côte avec ta suivante; moi qui ai souillé ta robe de mon haleine maudite et ta ceinture pudique de mes infâmes baisers sur le sein d'une autre; moi qui n'ai pas craint d'empoisonner le repos de tes nuits solitaires, et de verser jusque sur ce lit que respectait ton époux lui-même les influences de la séduction et de l'adultère! Quelle sécurité trouveras-tu désormais derrière ces rideaux dont je n'ai pas craint de profaner le mystère? Quels songes impurs, quelles pensées acres et dévorantes ne viendront pas s'attacher à ton cerveau pour le dessécher? Quels fantômes de vice et d'insolence ne viendront pas ramper sur le lin virginal de ta couche? Et ton sommeil, pur comme celui d'un enfant, quelle divinité chaste voudra le protéger maintenant? N'ai-je pas mis en fuite l'ange qui gardait ton chevet? N'ai-je pas ouvert au démon de la luxure l'entrée de ton alcôve? Ne lui ai-je pas vendu ton âme? et l'ardeur insensée qui consume les flancs de cette créole lascive ne viendra-t-elle pas, comme la robe de Déjanire, s'attacher aux tiens pour les ronger? Oh! malheureux! coupable et malheureux que je suis! que ne puis-je laver de mon sang la honte que j'ai laissée sur cette couche!»

Raymon de Ramière pourrait continuer longtemps sur ce ton, si Noun n'arrivait avec son madras et son tablier, et ne s'étonnait de le voir agenouillé, baisant et arrosant de ses larmes le lit d'Indiana. Elle crut qu'il faisait sa prière. Et George Sand ajoute: «Elle ignorait que les gens du monde n'en font pas.» Noun était naïve, Indiana pareillement. Le romancier se charge de nous en faire part: «Femmes de France, vous ne savez pas ce que c'est qu'une créole.» Désormais c'est suffisamment expliqué.

Par bonheur, et pour effacer l'impression de ce pathos, il est des pages charmantes dans la partie descriptive. Voici, notamment, un paysage nocturne, qui encadre un rendez-vous d'amour: «Il fallait traverser la rivière pour entrer dans le parterre, et le seul passage en cet endroit était un petit pont de bois jeté d'une rive à l'autre; le brouillard devenait plus épais encore sur le lit de la rivière, et Raymon se cramponna à la rampe pour ne pas s'égarer dans les roseaux qui croissaient autour de ses marges. La lune se levait alors, et, cherchant à percer les vapeurs, jetait des reflets incertains sur ces plantes agitées par le vent et par le mouvement de l'eau. Il y avait, dans la brise qui glissait sur les feuilles et frissonnait parmi les remous légers, comme des plaintes, comme des paroles humaines entrecoupées. Un faible sanglot partit à côté de Raymon, et un mouvement soudain ébranla les roseaux; c'était un courlis qui s'envolait à son approche.» Ne trouvez-vous pas dans cette peinture des touches délicates qui rappellent le procédé de Jean-Jacques et évoquent la vision d'une toile de Corot?

Entre les divers jugements, presque tous élogieux, que provoqua *Indiana*, nous retiendrons seulement celui d'Alfred de Musset, sans ajouter créance à une anecdote de Paul de Musset: il prétend que son frère avait raturé sur les premières pages du roman tous les adjectifs inutiles et que l'exemplaire tomba sous les yeux de George Sand, cruellement atteinte dans son amour-propre littéraire. Ce récit ne concorde guère avec la lettre et les vers, si enthousiastes, qu'Alfred de Musset adressa, le 24 juin 1833, à l'auteur d'*Indiana*:

«Madame,

«Je prends la liberté de vous envoyer quelques vers que je viens d'écrire en relisant un chapitre d'*Indiana*, celui où Noun reçoit Raymon dans la chambre de sa maîtresse. Leur peu de valeur m'avait fait hésiter à les mettre sous vos yeux, s'ils n'étaient pour moi une occasion de vous exprimer le sentiment d'admiration sincère et profonde qui les a inspirés.

«Agréez, Madame, l'assurance de mon respect. Alfred de MUSSET.»

> Sand, quand tu l'écrivais, où donc l'avais-tu vue,
> Cette scène terrible où Noun, à demi-nue,
> Sur le lit d'Indiana s'enivre avec Raymon?
> Qui donc te la dictait, cette page brûlante
> Où l'amour cherche en vain, d'une main palpitante,
> Le fantôme adoré de son illusion?
> En as-tu dans le coeur la triste expérience?
> Ce qu'éprouve Raymond, te le rappelais-tu?
> Et tous ces sentiments d'une vague souffrance
> Ces plaisirs sans bonheur, si pleins d'un vide immense,
> As-tu rêvé cela, George, ou t'en souviens-tu?
> N'est-ce pas le réel dans toute sa tristesse,
> Que cette pauvre Noun, les yeux baignés de pleurs,
> Versant à son ami le vin de sa maîtresse,
> Croyant que le bonheur, c'est une nuit d'ivresse,
> Et que la volupté, c'est le parfum des fleurs?
> Et cet être divin, cette femme angélique,
> Que dans l'air embaumé Raymon voit voltiger,
> Cette frêle Indiana, dont la forme magique

Erre sur les miroirs comme un spectre léger,
O George! n'est-ce pas la pâle fiancée
Dont l'Ange du désir est l'immortel amant?
N'est-ce pas l'Idéal, cette amour insensée
Qui sur tous les amours plane éternellement?
Ah! malheur à celui qui lui livre son âme,
Qui couvre de baisers sur le corps d'une femme
Le fantôme d'une autre, et qui sur la beauté
Veut boire l'Idéal dans la réalité!
Malheur à l'imprudent qui, lorsque Noun l'embrasse,
Peut penser autre chose, en entrant dans son lit,
Sinon que Noun est belle et que le temps qui passe
A compté sur ses doigts les heures de la nuit!

Demain viendra le jour; demain, désabusée,
Noun, la fidèle Noun, par la douleur brisée,
Rejoindra sous les eaux l'ombre d'Ophélia;
Elle abandonnera celui qui la méprise,
Et le coeur orgueilleux qui ne l'a pas comprise
Aimera l'autre en vain,—n'est-ce pas, Lélia?

Valentine, qui parut trois mois après *Indiana*, avait été composée à Nohant et achevée pendant les journées caniculaires de l'été de 1832. Le 6 août de cette année, George Sand mandait à sa mère: «Je ne puis mieux faire que de m'enfermer dans mon cabinet et de travailler à *Valentine*.» Ce second roman est d'une contexture supérieure au premier. Les campagnes du Berry où il se déroule ont inspiré fort heureusement l'écrivain, à qui elles étaient familières. «Cette *Vallée Noire*, si inconnue, lisons-nous dans la préface, ce paysage sans grandeur, sans éclat, qu'il faut chercher pour le trouver, et chérir pour l'admirer, c'était le sanctuaire de mes premières, de mes longues, de mes continuelles rêveries. Il y avait vingt-deux ans que je vivais dans ces arbres mutilés, dans ces chemins raboteux, le long de ces buissons incultes, au bord de ces ruisseaux dont les rives ne sont praticables qu'aux enfants et aux troupeaux.» La thèse de *Valentine* est la même que celle d'*Indiana*. George Sand a voulu montrer les dangers et les douleurs des unions mal assorties. «Il paraît, ajoute-t-elle, que, croyant faire de la prose, j'avais fait du Saint-Simonisme sans le savoir.»

Elle prétend n'avoir ni vu si loin ni visé si haut. Elle demandait à la littérature le pain quotidien: «J'étais obligée d'écrire et j'écrivais.»

L'intrigue de ce nouveau roman est assez attachante. Valentine, mariée à un gentilhomme égoïste et cupide, M. de Lansac, aime un simple campagnard, Bénédict, qui, comme la plupart des héros de George Sand, n'a pas de profession. C'est le fils de la nature, en face de ce Lansac, produit d'une civilisation factice. Il sera aimé de reste, le séduisant Bénédict, par toutes celles qui l'approchent, par la riche Athénaïs, fille du gros fermier Lhéry, par Louise, soeur aînée de Valentine, qui a dû quitter le toit familial à la suite d'une faute de jeunesse. Entre les trois d'abord son coeur balance, puis s'arrête définitivement à Valentine. Sa tendresse sera payée de retour. Cette fille noble aimera ce virtuose de l'amour, à la fois poète et laboureur. «J'étais née, dit-elle, pour être fermière.» Et elle ressentira la première commotion en jouant à cache-cache et à colin-maillard, à la nuit tombante, dans les prés du père Lhéry, après un plantureux repas arrosé de champagne. Bénédict, guidé, ce semble, par l'instinct de l'amour—ou peut-être en regardant sous le bandeau—atteignait toujours Valentine, la saisissait et, feignant de ne pas la reconnaître, la gardait dans ses bras un peu plus longtemps qu'il n'était nécessaire. «Ces jeux-là, observe George Sand, sont la plus dangereuse chose du monde.»

En quoi consistait le charme de Bénédict, si irrésistible qu'il s'emparait de la chaste Valentine, qu'on nous dépeint comme la plus belle oeuvre de la création et qui s'amourache d'un paysan? Voici les passages où le romancier trace le portrait de son héros. Bénédict, doué d'une voix harmonieuse, chante non loin du château. Valentine s'approche de la fenêtre, l'écoute et le regarde, tandis qu'il descend le sentier: «Bénédict n'était pas beau; mais sa taille était remarquablement élégante. Son costume rustique, qu'il portait un peu théâtralement, sa marche légère et assurée sur les bords du ravin, son grand chien blanc tacheté qui bondissait devant lui, et surtout son chant, assez flatteur et assez puissant pour suppléer chez lui à la beauté du visage, toute cette apparition dans une scène champêtre qui, par les soins de l'art, spoliateur de la nature, ressemblait assez à un décor d'opéra, c'était de quoi émouvoir un jeune cerveau.» Et ailleurs: «Bénédict n'était pas absolument dépourvu de beauté. Son teint était d'une pâleur bilieuse, ses yeux longs n'avaient pas de couleur; mais son front était vaste et d'une extrême pureté.» Or, Valentine le trouve autrement attrayant que son correct et flegmatique fiancé, M. de Lansac, secrétaire d'ambassade. Il est vrai que celui-ci ne songeait pas à se pencher au-dessus d'un ruisseau pour y contempler, comme dans un miroir, l'image gracieuse de Valentine. Bénédict avait de ces attentions romanesques. D'où son charme victorieux. «Bénédict, pâle, fatigué, pensif, les cheveux eu désordre; Bénédict, vêtu d'habits grossiers et couvert de vase, le cou nu et hâlé; Bénédict, assis négligemment au milieu de cette belle verdure, au-dessus de ces belles eaux; Bénédict, qui regardait Valentine à l'insu de Valentine, et qui souriait de bonheur et d'admiration, Bénédict alors était un homme; un homme des champs et de la nature, un homme dont la mâle poitrine pouvait palpiter d'un amour violent, un homme s'oubliant lui-même dans la contemplation de ce que Dieu a créé de plus beau. Je ne sais quelles émanations magnétiques nageaient dans l'air embrasé autour de lui; je ne sais quelles émotions mystérieuses, indéfinies, involontaires, firent tout d'un coup battre le coeur ignorant et pur de la jeune comtesse.»

Toujours est-il que le magnétisme opère, et nous l'entrevoyons à travers des descriptions qui mériteraient d'être confrontées avec certaines pages de *Madame Bovary*. La mélancolie, «ce mal terrible qui avait envahi la destinée de Bénédict dans sa fleur», a une influence si communicative que Valentine cède au sortilège. La veille de son mariage, elle accorde, au fond du parc, une entrevue à Bénédict, qui se montre «le plus timide des amants et le plus heureux des hommes.» Même scène, à huis clos, la nuit des noces. Bénédict pleurait beaucoup; c'était un préservatif. Et M. de Lansac lui laissait le champ libre, ayant accepté une migraine opportune invoquée par Valentine. De là une scène assez pathétique d'hallucination ou de somnambulisme, à laquelle Bénédict assiste avec émotion et qui lui révèle un amour partagé. Puis, à deux heures du matin, au pied du lit de Valentine, il lui écrit une lettre d'adieu, avant de s'évader par la fenêtre. Cette lettre est un beau morceau de prose. En voici la péroraison: «Je viens de m'approcher de vous, vous dormez, vous êtes calme. Oh! si vous saviez comme vous êtes belle! oh! jamais, jamais une poitrine d'homme ne renfermera sans se briser tout l'amour que j'avais pour vous. Si l'âme n'est pas un vain souffle que le vent disperse, la mienne habitera toujours près de vous. Le soir, quand vous irez au bout de la prairie, pensez à moi si la brise soulève vos cheveux, et si, dans ses froides caresses, vous sentez courir tout à coup une haleine embrasée: la nuit, dans vos songes, si un baiser mystérieux vous effleure, souvenez-vous de Bénédict.»

Une situation aussi tendue ne saurait se dénouer que de façon tragique. M. de Lansac a été tué en duel. Valentine va donc pouvoir épouser Bénédict. Déjà il entonne l'épithalame: «Tu seras suzeraine dans la chaumière du ravin; tu courras parmi les taillis avec ta chèvre blanche. Tu cultiveras tes fleurs toi-même; tu dormiras sans crainte et sans souci sur le sein d'un paysan. Chère Valentine, que tu seras belle sous le chapeau de paille des faneuses!» Eh bien! non, Bénédict meurt sous la fourche d'un paysan jaloux qui le soupçonnait de courtiser sa femme, alors qu'elle favorisait les rendez-vous de Valentine. Et celle-ci succombe au désespoir. Le dénouement pessimiste de *Valentine* succède au dénouement florianesque et mystique d'*Indiana*.

CHAPITRE VIII

LÉLIA

Lélia parut au mois d'août 1833. George Sand, en l'écrivant, était dans la période désespérée, désemparée, qui va de la fin de Jules Sandeau au commencement d'Alfred de Musset, et où nous verrons passer un jour, un seul jour, et fuir à la hâte—plus prestement que Galatée vers les saules—la silhouette de Prosper Mérimée. Le succès littéraire était venu avec *Indiana*, avec *Valentine*, sans satisfaire l'âme inquiète de la femme à qui Jules Sandeau avait laissé un morceau de son nom et qui était en train d'illustrer celui de George Sand. Du moins ces deux ouvrages, avantageusement vendus à un éditeur, avaient procuré à la romancière un capital de trois mille francs qui lui permit de régler son arriéré, d'avoir une servante et de s'accorder un peu plus d'aisance. En même temps, elle reçut des propositions de collaboration régulière à la *Revue de Paris* et à la *Revue des Deux Mondes*. Elle donna la préférence à celle-ci, dont François Buloz avait pris la direction en groupant autour de lui les plus éminents littérateurs. A George Sand il assurait par contrat une rente annuelle de quatre mille francs, en échange de trente-deux pages d'écriture toutes les six semaines. Vers cette époque, à la faveur du bien-être qui arrivait, l'auteur d'*Indiana* quitta le petit logement au cinquième du quai Saint-Michel, pour aller s'installer 19 quai Malaquais. Le bonheur ne l'y suivit pas. Le 12 décembre 1832, elle écrit à Maurice: «Nous avons un appartement chaud comme une étuve; nous voyons de grands jardins et nous n'entendons pas le moindre bruit du dehors. Le soir, c'est silencieux et tranquille comme Nohant: c'est très commode pour travailler. Aussi je travaille beaucoup.» Dans l'*Histoire de ma Vie*, elle fournit quelques détails complémentaires: «Les grands arbres des jardins environnants faisaient un épais rideau de verdure où chantaient les merles et où babillaient les moineaux avec autant de laisser-aller qu'en pleine campagne. Je me croyais donc en possession d'une retraite et d'une vie conformes à mes goûts et à mes besoins. Hélas! bientôt je devais soupirer, là comme partout, après le repos, et bientôt courir en vain, comme Jean-Jacques, à la recherche d'une solitude.» C'est, en effet, au quai Malaquais que survint la rupture avec Jules Sandeau, qui avait été l'hôte fort apprécié de la mansarde du quai Saint-Michel. La crise fut soudaine. Au début de 1833, George Sand eut l'idée de faire une aimable surprise à Sandeau et de revenir de Nohant sans l'avertir. En arrivant au logis, elle le trouva dans l'intime compagnie d'une blanchisseuse, Indiana était suppléée par Noun! Il se conduisait comme un simple Dudevant. L'amour libre ne valait donc pas mieux que le mariage? Ce fut pour George Sand un effondrement. Vainement celui qu'elle avait congédié essaya de s'excuser et de rentrer en grâce. Elle fut, à bon droit, inexorable. Et voici comment elle éconduisit ses supplications, le 15 avril 1833:

«Je veux croire votre lettre sincère, et, dans ce cas, l'absence pourra seule vous guérir. Si, après cette réponse, vous persistiez dans des prétentions que je ne pourrais plus attribuer à la folie, j'aurais pour vous fermer ma porte des motifs plus impérieux et plus décisifs encore. Aussi, quelle que soit l'explication que vous préfériez pour la lettre inexplicable que vous m'avez envoyée, je vous prie absolument, littéralement et définitivement, de ne plus vous présenter chez moi.»

On sent en elle la brisure d'âme. Elle s'ouvre à celui qui fut l'ami sincère et désintéressé de toute sa vie, l'avocat François Rollinat, de Châteauroux: «Je ne t'ai pas donné signe de souvenir et de vie depuis bien des mois. C'est que j'ai vécu des siècles; c'est que j'ai subi un enfer depuis ce temps-là. Socialement, je suis libre et plus heureuse. Ma position est extérieurement calme, indépendante, avantageuse. Mais, pour arriver là, tu ne sais pas quels affreux orages j'ai traversés... Cette indépendance si chèrement achetée, il faudrait savoir en jouir, et je n'en suis plus capable. Mon coeur a vieilli de vingt ans, et rien dans la vie ne me sourit plus. Il n'est plus pour moi de passions profondes, plus de joies vives. Tout est dit. J'ai doublé le cap.»

Si, en se séparant de Sandeau, elle avait tranché dans le vif, avec la rudesse d'amputation chirurgicale qui lui était familière, elle souffrit néanmoins, et très cruellement, dans son amour et dans son amour-propre. Sa vie et celle de son compagnon étaient si étroitement enchevêtrées qu'il y eut une liquidation difficile. Chacun dut reprendre sa part de mobilier, mais le plus gros lot revenait à George Sand qui fournissait à peu près tout l'argent du ménage. Sandeau en convient implicitement dans son roman *Marianna*, où certain Henry accepte volontiers les subsides de sa maîtresse, puisqu'ils ont tout mis en commun. Sur cette pente, on risque de glisser jusqu'à Des Grieux.

George Sand, qui avait la bourse aussi libéralement ouverte que le coeur, paya tout ce qu'il fallait pour reconquérir sa pleine liberté. Témoin cette lettre, du mois de juin 1833, à un jeune médecin, Emile Régnault, qui l'avait soignée et qui était le grand ami de Jules Sandeau:

«Je viens d'écrire à M. Desgranges pour lui donner congé de l'appartement de Jules et lui demander quittance des deux termes échus que je veux payer; l'appartement sera donc à ma charge jusqu'au mois de janvier 1834... Je reprends chez moi le reste de mes meubles. Je ferai un paquet de quelques hardes de Jules, restées dans les armoires, et je les ferai porter chez vous, car je désire n'avoir aucune entrevue, aucune relation avec lui à son retour, qui, d'après les derniers mots de sa lettre, que vous m'avez montrée, me paraît devoir ou pouvoir être prochain. J'ai été trop profondément blessée des découvertes que j'ai faites sur sa conduite, pour lui conserver aucun autre sentiment qu'une compassion affectueuse. Faites-lui comprendre, tant qu'il en sera besoin, que rien dans l'avenir ne peut nous rapprocher. Si cette dure commission n'est pas nécessaire, c'est-à-dire si Jules comprend de lui-même qu'il doit en être ainsi, épargnez-lui le chagrin d'apprendre qu'il a tout perdu, même mon estime. Il a sans doute perdu la sienne propre. Il est assez puni.»

Elle avait fait d'ailleurs, pour le tenir à distance, tous les sacrifices utiles. C'est avec l'argent qu'elle lui transmit qu'il put effectuer un voyage en Italie, cette même année 1833. George Sand, en lui fermant sa porte, en lui retirant le souper, le gîte et le reste, lui laissait du moins un viatique. Elle le congédiait en l'indemnisant. C'est le principe de la loi sur les accidents du travail.

Un philosophe a dit: «Une femme peut n'avoir qu'un amant, mais elle ne peut pas n'en avoir que deux.» Quand la série est commencée, il faut poursuivre. George Sand continua. *Alea jacta est*. Instituons donc une chronologie. Le second fut encore un homme de lettres, mais qui ne fit que passer, comme l'ombre sur la muraille dont parle Platon. Prosper Mérimée et George Sand n'avaient rien de ce qui importait, ni pour se complaire ni même pour se comprendre. Ce fut une déplorable expérience, sans lendemain. Sainte-Beuve y joua-t-il le rôle fâcheux de truchement et d'intermédiaire? Lui écrivit-elle après coup: «Vous me l'avez prêté, je vous le rends?» En tous cas, il exerça en cette occurrence l'emploi de confident. Elle lui explique comment, «déjà très vieille et encore un peu jeune», elle commit cette grossière erreur, sans enthousiasme, par nonchalance et désoeuvrement. Elle avait des pensées de suicide. Prête à s'aller noyer, elle se raccrocha à une branche qui manquait de solidité:

«Un de ces jours d'ennui et de désespoir, je rencontrai un homme qui ne doutait de rien, un homme calme et fort, qui ne comprenait rien à ma nature et qui riait de mes chagrins. La puissance de son esprit me fascina entièrement; pendant huit jours je crus qu'il avait le secret du bonheur, qu'il me l'apprendrait, que sa dédaigneuse insouciance me guérirait de mes puériles susceptibilités. Je croyais qu'il avait souffert comme moi, et qu'il avait triomphé de sa sensibilité antérieure. Je ne sais pas encore si je me suis trompée, si cet homme est fort par sa grandeur ou par sa pauvreté.»

Après bien des digressions, elle poursuit sa confession en ces termes: «Enfin je me conduisis à trente ans, comme une fille de quinze ne l'eût pas fait... L'expérience manqua complètement. Je pleurai de souffrance, de dégoût, de découragement. Au lieu de trouver une affection capable de me plaindre et de me dédommager, je ne trouvai qu'une raillerie amère et frivole. Si Prosper Mérimée m'avait comprise, il m'eût peut-être aimée, et s'il m'eût aimée, il m'eût soumise, et si j'avais pu me soumettre à un homme, je serais sauvée, car la liberté me ronge et me tue. Mais il ne me connut pas assez, et au lieu de lui en donner le temps, je me décourageai tout de suite.»

Et voici la conclusion du mélancolique épisode: «Après cette *ânerie*, je fus plus consternée que jamais, et vous m'avez vue en humeur de suicide très réelle.»

De l'aventure et de la lettre où elle est résumée avec toute la sincérité d'un *mea culpa*, il sied de retenir cette phrase décisive: «Je ne me convainquis pas assez d'une chose, c'est que j'étais absolument et complètement Lélia.» Elle l'écrit un mois avant la publication du roman, mais déjà elle en avait lu les principaux passages à Sainte-Beuve qui, au lendemain de la lecture, le 10 mars 1833, lui adressait ses félicitations et ses remerciements enthousiastes. Ce morceau d'intime critique littéraire a été publié par M. de Spoëlberch de Lovenjoul, dans la *Véritable Histoire de «Elle et Lui*.» C'est la consécration du talent ou plutôt du génie de George Sand par le juge le plus avisé:

«Madame, je ne veux pas tarder à vous dire combien la soirée d'hier et ce que j'y ai entendu m'a déjà fait penser depuis, et combien *Lélia* m'a continué et poussé plus loin encore dans mon admiration sérieuse et mon amitié sentie pour vous... Ce sera votre livre de philosophie, votre vue générale sur le monde et la vie. Tous vos romans suivants en seront éclairés d'en haut et y gagneront une autorité grave qui ne leur serait venue que plus lentement... Je ne vous dirai jamais assez combien j'ai été saisi de tant de fermeté, de suite et d'abondance, à travers des régions si générales, si profondes, si habitées à chaque pas par l'effroi et le vertige. Etre femme, avoir moins de trente ans, et qu'il n'y paraisse en rien au dehors quand on a sondé ces abîmes; porter cette science, qui, à nous, nous dévasterait les tempes et nous blanchirait les cheveux, la porter avec légèreté, aisance, sobriété de discours,—voilà ce que j'admire avant tout. C'est *Lélia* en vous-même, dans la substance de votre âme, dans ce que vous avez longuement senti et raisonné, dans ce que vous en exprimez si puissamment quand vous voulez le peindre, et aussi dans ce que vous savez en dérober aux yeux sous le simple extérieur et l'habitude ordinaire. Allez, madame, vous êtes une nature bien rare et forte. Quelque corrosive qu'ait été la liqueur dans le calice, le métal du calice est vierge et n'a pas été altéré.»

Si hardie que fût la métaphore, et quoique ce *métal vierge* dût un peu déconcerter George Sand, elle prêtait aux flatteries et aux louanges de Sainte-Beuve une oreille attentive. C'est lui qui la détermina, si nous en croyons l'*Histoire de ma Vie*, à publier *Lélia*. Elle affirme avoir composé d'abord des fragments épars, puis les avoir reliés par le fil d'une donnée romanesque. Toutefois elle mandait à François Rollinat, le 26 mai 1833: «Je t'enverrai un livre que j'ai fait depuis que nous nous sommes quittés. C'est une éternelle causerie entre nous deux. Nous en sommes les plus graves personnages. Quant aux autres, tu les expliqueras à ta fantaisie. Tu iras, au moyen de ce livre, jusqu'au fond de mon âme et jusqu'au fond de la tienne.»

Lélia, c'est donc bien—comme elle se complaisait à le confesser à Sainte-Beuve—George Sand elle-même. L'ouvrage a été conçu et écrit dans l'abattement, dans la désespérance, alors qu'elle s'isolait en sa rêverie pour tracer la synthèse du doute, de la souffrance, et la maladive inquiétude d'une âme errante, incapable de se fixer au rivage d'aucune certitude. «C'est, dit-elle, un livre qui n'a pas le sens commun au point de vue de l'art, mais qui n'en a été que plus remarqué par les artistes, comme une chose d'inspiration spontanée.»

Dans *Lélia*, de même que dans la *Nouvelle Héloïse*—et il existe entre ces deux oeuvres des traits de ressemblance caractéristiques—ce n'est point à l'intrigue qu'il faut s'attacher, mais bien au développement prestigieux de la pensée, à l'art de la forme et à l'ampleur du style. Aimée par le jeune poète Sténio, Lélia ne peut l'aimer d'amour. Elle appartient toute à la mélancolie, à la désespérance, qui se sont emparées de son imagination et de son coeur, en tuant chez elle le don de la tendresse. A Sténio elle ne saurait accorder que la sollicitude affectueuse d'une mère ou d'une soeur. Il a d'autres visées. Ce qu'il demande n'est pas ce qu'elle offre. Tout le roman roulera sur ce mécompte, qui n'est pas d'ordre purement métaphysique. Sa confiance, Lélia l'a octroyée à Trenmor, un ancien libertin qui a tué sa maîtresse dans une orgie, est devenu forçat, et au bagne s'est métamorphosé en parangon de vertu, comme plus tard le Jean Valjean des *Misérables*. Cependant, pour fuir Sténio, elle s'est retirée dans les ruines d'une abbaye qui s'écroulent en une nuit de tempête. Elle est arrachée à la mort par le moine Magnus, une manière de disciple de saint Antoine, mais moins réfractaire à la tentation, et qui est harcelé par tous les aiguillons du désir. C'est un devancier, moins réaliste, de frère Archangias, dans la *Faute de l'abbé Mouret*. Lélia se désintéresse des troubles de Magnus, mais elle voudrait apaiser ceux du triste et beau Sténio. De ce soin elle charge sa soeur Pulchérie, qu'elle retrouve après bien des années de séparation et qui, au lieu de s'adonner à la métaphysique, prodigue aux hommes des consolations momentanées et mercenaires. Entre les deux soeurs George Sand a ménagé une antithèse qui se peut ainsi résumer: Pulchérie, c'est la courtisane du corps; Lélia, la courtisane de l'âme. Et l'on retrouve là l'écho des controverses de l'auteur avec son amie, l'actrice Marie Dorval.

A la faveur de la nuit, une substitution s'opère, dans une fête de la villa Bambucci. Sténio, qui a passé des heures délicieuses à philosopher avec Lélia, s'aventure dans des appartements sombres et ne reconnaît qu'à l'aube Pulchérie. Désespoir du poète, détresse de Lélia. Seule Pulchérie ne se plaint pas. Désormais Sténio est voué à la débauche, et Lélia au cloître. Elle s'enferme et devient abbesse au couvent des Camaldules, pour régénérer la règle d'observance et faire régner le christianisme intégral, avec la pureté des âges primitifs. Elle pense ramener dans les sentiers de la vertu un cardinal pervers, qui s'intéresse passionnément à la communauté et à la révérende mère abbesse: nous sommes dans une atmosphère moins ascétique que celle de Port-Royal. Sténio, dont l'amour s'est transformé en jalousie et en haine, se déguise en religieuse et vient participer à une conférence contradictoire d'édification, où l'orthodoxie de Lélia triomphe de son diabolique adversaire. Faute de mieux, il essaie d'enlever une des novices, la princesse Claudia. Mais Lélia, vengeresse de l'honneur du couvent, surgit comme un fantôme et entrave ses desseins. Que reste-t-il au poète, sans abbesse, sans novice, sinon de se noyer dans le lac prochain? Il met ce projet à exécution, et il est temps, car le roman est déjà très long, débordant de digressions fastueuses, de descriptions variées et de tirades éloquentes. Lélia, qui n'a pas voulu partager la vie de Sténio, tient à le rejoindre dans la mort. C'est une femme d'un caractère compliqué et contradictoire. Mais l'au delà, paraît-il, ne comporte pas de solutions définitives; car Trenmor, voyant sur le lac, non loin des tombes de Lélia et de Sténio, voltiger deux feux follets qui tantôt se rapprochent, tantôt s'éloignent, se demande si les infortunés ont réussi, dans un effort posthume, à accrocher leurs atomes. Et ce Trenmor, qui est en même temps un grand réformateur, le mystérieux carbonaro et franc-maçon Valmarina, reprend son bâton pour aller soulager d'autres douleurs humaines. La route sera longue.

George Sand, se commentant elle-même, a essayé d'expliquer, dans un morceau adressé à François Rollinat, que les divers personnages de *Lélia* sont comme les reflets et les modalités de son être, les formes successives de sa pensée et de sa vie: «Magnus, c'est mon enfance, Sténio ma jeunesse, Lélia est mon âge mûr. Trenmor sera ma vieillesse peut-être.» Plus véridique nous apparaît l'interprétation donnée dans la seconde préface du livre, celle de l'édition revue de 1836, d'après laquelle les personnages représentent les divers éléments de synthèse philosophique du dix-neuvième siècle: «Pulchérie, l'épicuréisme héritier des sophismes du siècle dernier; Sténio, l'enthousiasme et la faiblesse d'un temps où l'intelligence monte très haut, entraînée par l'imagination, et tombe très bas, écrasée par une réalité sans poésie et sans grandeur; Magnus, le débris d'un clergé corrompu et abruti.» Quant à Lélia, c'est, au dire de George Sand, «la personnification encore plus que l'avocat du spiritualisme de ces temps-ci; spiritualisme qui n'est plus chez l'homme à l'état de vertu, puisqu'il a cessé de croire au dogme qui le lui prescrivait, mais qui reste et restera à jamais, chez les nations éclairées, à l'état de besoin et d'aspiration sublime, puisqu'il est l'essence même des intelligences élevées.»

La substance des caractères ainsi déterminée, cherchons à préciser les linéaments de ces physionomies. Lélia d'abord. Sténio lui écrit du style le plus tendu et avec des sentiments presque surhumains, à tout le moins suraigus: «J'aurais voulu m'agenouiller devant vous et baiser la *trace embaumée* de vos pas.» Ceci donne le ton et comme le parfum du livre, où toutes les sensations analysées ont une acuité extrême. Le vrai portrait de Lélia nous est offert au cours d'un bal costumé chez le riche musicien Spuela. Elle a «de vêtement austère et pourtant recherché, la pâleur, la gravité, le regard profond d'un jeune poète d'autrefois.» Et Sténio, qui la contemple avec extase, s'écrie amoureusement: «Regardez Lélia, regardez cette grande taille grecque sous ces habits de l'Italie dévote et passionnée, cette beauté antique dont la statuaire a perdu le moule, avec l'expression de rêverie profonde des siècles philosophiques; ces formes et ces traits si riches; ce luxe d'organisation extérieure dont un soleil homérique a seul pu créer les types maintenant oubliés... Regardez! C'est le marbre sans tache de Galatée avec le regard céleste du Tasse, avec le sourire sombre d'Alighieri. C'est l'attitude aisée et chevaleresque des jeunes héros de Shakespeare; c'est Roméo, le poétique amoureux; c'est Hamlet, le pâle et ascétique visionnaire; c'est Juliette, Juliette demi-morte, cachant dans son sein le poison et le souvenir d'un amour brisé.» Puis l'énumération continue, avec Raphaël, avec Corinne au Capitole, avec le page silencieux de Lara. Et tous ces hommes, et toutes ces femmes, toutes ces idéalités, c'est Lélia!

Elle nous apparaît aussi dans le cadre prestigieux de la nature, et c'est sous le pinceau de George Sand un paysage d'une magie transcendante et d'une perspective infinie: «Hier, à l'heure où le soleil descendait derrière le glacier, noyé dans des vapeurs d'un rose bleuâtre, alors que l'air tiède d'un beau soir d'hiver glissait dans vos cheveux, et que la cloche de l'église jetait ses notes mélancoliques aux échos de la vallée; alors, Lélia, je vous le dis, vous étiez vraiment la fille du ciel. Les molles clartés du couchant venaient mourir sur vous et vous entouraient d'un reflet magique. Vos yeux levés vers la voûte bleue où se montraient à peine quelques étoiles timides, brillaient d'un feu sacré. Moi, poète des bois et des vallées, j'écoutais le murmure mystérieux des eaux, je regardais les molles ondulations des pins faiblement agités, je respirais le suave parfum des violettes sauvages qui, au premier jour tiède qui se présente, au premier rayon de soleil pâle qui les convie, ouvrent leurs calices d'azur sous la mousse desséchée. Mais vous, vous ne songiez point à tout cela; ni les fleurs, ni les forêts, ni le torrent, n'appelaient vos regards. Nul objet sur la terre n'éveillait vos sensations, vous étiez toute au ciel. Et quand je vous montrai le spectacle enchanté qui s'étendait sous nos pieds, vous me dîtes, en élevant la main vers la voûte éthérée: *Regardez cela!*» O Lélia! vous soupiriez après votre patrie, n'est-ce pas? vous demandiez à Dieu pourquoi il vous oubliait si longtemps parmi nous, pourquoi il ne vous rendait pas vos ailes blanches pour monter à lui?»

Trenmor, l'ex-forçat devenu presque prophète, est à l'unisson de la ténébreuse Lélia. Il inquiète, il effraie Sténio, qui interroge sa décevante amie: «Quel est donc cet homme pâle que je vois maintenant apparaître comme une vision sinistre dans tous les lieux où vous êtes?... Quand il m'approche, j'ai froid; si son vêtement effleure le mien, j'éprouve comme une commotion électrique.» Et il ajoute: «Avec lui, vous n'êtes jamais gaie. Voyez si j'ai sujet d'être jaloux!»

Quelle est l'origine de cet homme? Lélia l'apprend à Sténio. Il avait des trésors gagnés par l'abjection de ses parents; son père avait été le favori d'une reine galante, sa mère était la servante de sa rivale. Et il en rougissait. Jugez à quel point! «Ses larmes tombaient au fond de sa coupe dans un festin, comme une pluie d'orage dans un jour brûlant.» De son palais il est allé en un cachot, son génie dévoyé l'a conduit au bagne. «On le vit briser ses meubles, ses glaces et ses statues au milieu de ses orgies, et les jeter par les fenêtres au peuple ameuté. On le vit souiller ses lambris superbes et semer son or en pluie sans autre but que de s'en débarrasser, couvrir sa table et ses mets de fiel et de fange, et jeter loin de lui dans la boue des chemins ses femmes couronnées de fleurs.» Pourquoi n'avait-il pas d'amour? Lélia répond: «Parce qu'il n'avait pas de Dieu.» Au bagne, «il versait avec ses larmes une goutte de baume céleste dans des coupes à jamais abreuvées de fiel.» Et voilà l'homme avec qui, en compagnie de Lélia, Sténio n'hésite pas à monter en barque sur le lac endormi! Trenmor, enveloppé d'un manteau sombre, tient la barre du gouvernail, Sténio manie les rames. Un grand calme descend. «La brise tombe tout à coup, comme l'haleine épuisée d'un sein fatigué de souffrir.» Lélia rêve, en regardant le sillage de la barque où palpitent des étoiles. Et Trenmor soupire, en distinguant les arbres du rivage prochain: «Vous ramez trop vite, Sténio, vous êtes bien pressé de nous ramener parmi les hommes.»

Sténio, au gré de certains critiques, c'est Alfred de Musset; mais ils oublient que *Lélia*, fut composée entre l'été de 1832 et la fin du printemps de 1833, que l'oeuvre était terminée, déjà lue à Sainte-Beuve et livrée à l'imprimeur, lorsque le poète et la femme de lettres se rencontrèrent au mois de juin 1833. Tout au plus Alfred de Musset a-t-il pu fournir l'*Inno ebrioso*, l'hymne bachique qu'entonne Sténio au cours d'un souper, et dont voici les premières et les dernières strophes, empreintes d'un romantisme éperdu et délirant:

Que le chypre embrasé circule dans mes veines!
Effaçons de mon coeur les espérances vaines,
Et jusqu'au souvenir
Des jours évanouis dontl'importune image,
Comme au fond d'un lac pur un ténébreux nuage,
Troublerait l'avenir!

Oublions, oublions! La suprême sagesse
Est d'ignorer les jours épargnés par l'ivresse,
Et de ne pas savoir
Si la veille était sobre, ou si de nos années

Les plus belles déjà disparaissaient, fanées
Avant l'heure du soir.

Qu'on m'apporte un flacon, que ma coupe remplie
Déborde, et que ma lèvre, en plongeant dans la lie
De ce flot radieux,
S'altère, se dessèche et redemande encore
Une chaleur nouvelle à ce vin qui dévore
Et qui m'égale aux Dieux!

Sur mes yeux éblouis qu'un voile épais descende!
Que ce flambeau confus pâlisse et que j'entende,
Au milieu de la nuit,
Le choc retentissant de vos coupes heurtées,
Comme sur l'Océan les vagues agitées
Par le vent qui s'enfuit!

Et si Dieu me refuse une mort fortunée,
De gloire et de bonheur à la fois couronnée,
Si je sens mes désirs.
D'une rage impuissante immortelle agonie,
Comme un pâle reflet d'une lampe ternie,
Survivre à mes plaisirs,

De mon maître jaloux insultant le caprice,
Que ce vin généreux abrège le supplice
Du corps qui s'engourdit,
Dans un baiser d'adieu que nos lèvres s'étreignent,
Qu'en un sommeil glacé tous mes désirs s'éteignent,
Et que Dieu soit maudit!

En admettant que, dans l'édition remaniée et amplifiée de 1836, Alfred de Musset ait inspiré à George Sand certains traits complémentaires, il n'est pas le Sténio de 1833, l'enfant pur et suave, ainsi dépeint par Trenmor: «Je n'ai point vu de physionomie d'un calme plus angélique, ni de bleu dans le plus beau ciel qui fût plus limpide et plus céleste que le bleu de ses yeux. Je n'ai pas entendu de voix plus harmonieuse et plus douce que la sienne; les paroles qu'il dit sont comme les notes faibles et veloutées que le vent confie aux cordes de la harpe. Et puis sa démarche lente, ses attitudes nonchalantes et tristes, ses mains blanches et fines, son corps frêle et souple, ses cheveux d'un ton si doux et d'une mollesse si soyeuse, son teint changeant comme le ciel d'automne, ce carmin éclatant qu'un regard de vous, Lélia, répand sur ses joues, cette pâleur bleuâtre qu'un mot de vous imprime à ses lèvres, tout cela, c'est un poète, c'est un jeune homme vierge, c'est une âme que Dieu envoie souffrir ici-bas pour l'éprouver avant d'en faire un ange.»

Que deviendra Sténio au contact de Lélia, de Lélia qui définit en ces termes l'amour immatérialisé: «Ce n'est pas une violente aspiration de toutes les facultés vers un être créé, c'est l'aspiration sainte de la partie la plus éthérée de notre âme vers l'inconnu?» Il lui répond, avec des réminiscences d'Hamlet: «Doute de Dieu, doute des hommes, doute de moi-même, si tu veux, mais ne doute pas de l'amour, ne doute pas de ton coeur, Lélia!» Ou bien elle murmure mélancoliquement: «Pauvres hommes, que savons-nous?» Et il lui réplique, avec une précoce sagesse: «Nous savons seulement que nous ne pouvons pas savoir.» Du moins il rêvait de connaître le ciel, et Lélia lui révèle l'enfer. Bien sèche, en effet, pour cette candeur d'adolescent, est la doctrinaire du désenchantement qui, plus encore que Pulchérie, derrière l'amour voit le dégoût, la tristesse, la haine, et semble uniquement susceptible d'aimer, comme la Samaritaine, «celui qui, né parmi les hommes, vécut sans faiblesse et sans péché, celui qui dicta l'Evangile et transforma la morale humaine pour une longue suite de siècles, et dont on peut dire qu'il est vraiment le fils de Dieu.»

Ici-bas, Lélia—et sans doute George Sand—sait où se prendre, mais non pas où se fixer. «Je fus, dit-elle, infidèle en imagination, non seulement à l'homme que j'aimais, mais chaque lendemain me vit infidèle à celui que j'avais aimé la veille.» Encore que ce soit un peu précipité, Lélia avoue ses engouements successifs pour le musicien, le philosophe, le comédien, le poète, le peintre, le sculpteur. «J'embrassai, s'écrie-t-elle, plusieurs fantômes à la fois.» Entendez-vous, ô Alfred de Musset, ô Chopin, ô Michel de Bourges, et vous tous qui formez une longue théorie amoureuse derrière la Muse de *Lélia?*

A Sténio cependant elle ne peut offrir qu'une tendresse épurée, de platoniques embrassements, «d'amour qu'on connaît au séjour des anges, là où les âmes seules brûlent du feu des saints désirs.» Et le jeune homme, déçu dans ses espérances et ses convoitises, lui jette cet anathème: «Adieu, tu m'as bien instruit, bien éclairé, je te dois la science; maudite sois-tu, Lélia!»

Elle a bu, selon le mot de Trenmor, «des larmes brûlantes des enfants dans la coupe glacée de l'orgueil;» puis, en la solitude du couvent, elle vide son calice parmi le secret de ses nuits mélancoliques. L'homme qu'elle pourrait aimer n'est pas né, et ne naîtra peut-être, dit-elle, que plusieurs siècles après sa mort. Auparavant, il faut que de grandes révolutions s'accomplissent, et d'abord que le catholicisme disparaisse; car, tant qu'il subsistera, «il n'y aura ni foi, ni culte, ni progrès chez les hommes.» Elle a méconnu Sténio et ne commence à en avoir conscience que lorsqu'elle voit, «au bord de l'eau tranquille, sur un tapis de lotus d'un vert tendre et velouté, dormir pâle et paisible le jeune homme aux yeux bleus.» Alors elle assigne à celui qui n'est plus rendez-vous dans l'éternité. Lélia prenait des échéances plus lointaines que George Sand. Celle-là n'offrait à Sténio que des attendrissements après décès. Celle-ci accueillera moins fièrement Alfred de Musset et lui fera même escorte sur la route de Venise. La dame de Nohant n'était pas abbesse des Camaldules.

CHAPITRE IX

ALFRED DE MUSSET ET LE VOYAGE A VENISE

Le succès de *Lélia* fut prodigieux. Ce roman symbolique, où se retrouve la phraséologie du romantisme, obtint l'adhésion et emporta les éloges des critiques les plus sévères, notamment Sainte-Beuve et Gustave Planche. Celui-ci, qui épancha dans la *Revue des Deux Mondes* son admiration de classique impénitent, semble n'avoir été pour George Sand qu'un ami littéraire des plus dévoués. Elle s'en explique, sans ambages, au cours des lettres écrites à Sainte-Beuve, en juillet et août 1833: «On le regarde comme mon amant, on se trompe. Il ne l'est pas, ne l'a pas été et ne le sera pas.» Le pauvre Gustave Planche avait les charges de l'emploi, sans en recueillir les bénéfices. Il poussait l'obligeance jusqu'à faire sortir et promener, les jours de congé, le jeune Maurice Dudevant, élève au collège Henri IV. Non content de mettre sa plume au service de George Sand, il provoquait pour elle, en combat singulier—tel un chevalier du moyen âge arborant les couleurs de sa dame—certain Capo de Feuillide qui, dans l'*Europe littéraire* du 22 août 1833, avait parlé de *Lélia* irrévérencieusement. Le duel eut lieu, mais l'issue n'en fut pas tragique, aucun des adversaires n'ayant été atteint. Toutefois on assure que la balle de Gustave Planche alla, dans un pré voisin, tuer une vache que Buloz dut payer chèrement à son propriétaire. Seul, en effet, le directeur de la *Revue des Deux Mondes* était assez cossu pour assumer une si lourde indemnité.

A ce sujet fut composée une complainte, presque aussi longue que celle de Fualdès, et intitulée: «Complainte historique et véritable sur le fameux duel qui survint entre plusieurs hommes de plume, très inconnus dans Paris, à l'occasion d'un livre dont il a été beaucoup parlé de différentes manières, ainsi qu'il est relaté dans la présente complainte.» Il y a vingt-quatre couplets. Citons les trois premiers:

Monsieur Capot de Feuillide
Ayant insulté *Lélia*,
Monsieur Planche, ce jour-là,
S'éveilla fort intrépide,
Et fit preuve de valeur
Entre midi et une *heur!*

Il écrivit une lettre
Dans un français très correct,
Se plaignant que, sans respect,
On osât le méconnaître;

Et, plein d'indignation,
Il passa son pantalon.

Buloz, dedans sa chambrette,
Sommeillait innocemment.
Il s'éveille incontinent,
Et bâilla d'un air fort bête,
Lorsque Planche entra soudain,
Un vieux journal à la main.

Et voici la conclusion rimée de cette mémorable affaire, qui ne fit pas verser de sang, mais beaucoup d'encre:

Les combattants en présence
Firent feu des quatre pieds.
Planche tira le premier,
A cent toises de distance;
Feuillide, comme un éclair,
Riposta, cent pieds en l'air.

«Cessez cette boucherie,
Crièrent les assistants,
C'est assez répandre un sang
Précieux à la patrie;
Planche a lavé son affront
Par sa détonation.»

Dedans les bras de Feuillide
Planche s'élance à l'instant,
Et lui dit en sanglotant:
«Nous sommes deux intrépides,
Je suis satisfait vraiment,
Vous aussi probablement.»

Alors ils se séparèrent,
Et depuis ce jour fameux,
Ils vécurent très heureux.
Et c'est de cette manière
Qu'on a enfin reconnu
De George Sand la vertu.

Cette vertu, solennellement attestée, allait cependant subir une nouvelle secousse. Après la rupture avec Jules Sandeau et la courte et fâcheuse épreuve avec Prosper Mérimée, le coeur de George Sand était libre, et Lélia, au milieu de ses travaux, avait du vague à l'âme. Gustave Planche n'était pour elle qu'un officieux et un chargé d'affaires, Sainte-Beuve un confident et presque un confesseur laïque. Elle cherchait d'autres amitiés littéraires. Qui? Nous avons la trace de ses hésitations et de ses tâtonnements. Elle écrit, le 11 mars 1833, à son mentor, Sainte-Beuve: «A propos, réflexion faite, je ne veux pas que vous m'ameniez Alfred de Musset. Il est très dandy, nous ne nous conviendrions pas, et j'avais plus de curiosité que d'intérêt à le voir. Je pense qu'il est imprudent de satisfaire toutes ses curiosités, et meilleur d'obéir à ses sympathies. A la place de celui-là, je veux donc vous prier de m'amener Dumas en l'art de qui j'ai trouvé de l'âme, abstraction faite du talent. Il m'en a témoigné le désir, vous n'aurez donc qu'un mot à lui dire de ma part; mais venez avec lui la première fois, car les premières fois me sont toujours fatales.» Elle se souvenait de Mérimée.

Dumas vint et ne revint pas. Sa belle humeur copieuse ne pouvait s'accommoder de la sensibilité subtile de George Sand. Alors celle-ci se retourne vers Sainte-Beuve, et lui demande d'autres présentations. On essayait de tous les genres, on tâta même des philosophes. Elle écrit, en avril 1833, à son cicérone, qui tenait l'emploi de fourrier ou de pourvoyeur sentimental: «Mon ami, je recevrai M. Jouffroy de votre main.» La livraison ne fut pas faite. Lélia recula devant un personnage aussi grave. «Je crains un peu, dit-elle à Sainte-Beuve, ces hommes vertueux de naissance. Je les apprécie bien comme de belles fleurs et de beaux fruits, mais je ne sympathise pas avec eux; ils m'inspirent une sorte de jalousie mauvaise et chagrine; car, après tout, pourquoi ne suis-je pas comme eux? Je suis auprès d'eux dans la situation des bossus qui haïssent les hommes bien faits; les bossus sont généralement puérils et méchants, mais les hommes bien faits ne sont-ils pas insolents, fats et cruels envers les bossus?»

A l'image de Diogène allumant sa lanterne, George Sand cherchait un homme, moins léger que Sandeau, plus stable que Mérimée, moins affairé que Dumas, plus sociable que Jouffroy. Elle rencontra Alfred de Musset, au mois de juin 1833. Ce fut—si nous en croyons le frère du poète, son biographe et son panégyriste—à un grand dîner offert aux rédacteurs de la *Revue* chez les *Frères provençaux*. Paul de Musset ajoute: «Les convives étaient nombreux; une seule femme se trouvait parmi eux. Alfred fut placé près d'elle à table. Elle l'engagea simplement et avec bonhomie à venir chez elle. Il y alla deux ou trois fois, à huit jours d'intervalle, et puis il y prit habitude et n'en bougea plus.» C'est outre mesure précipiter les événements. George Sand ne fut pas tout à fait si expéditive; mais en la calomniant, soit dans la *Biographie*, soit dans *Lui et Elle*, Paul de Musset a toujours cru remplir un devoir de famille. Le vrai est que, le 24 juin, Alfred de Musset adressait à George Sand les fameux vers, *Après la lecture d'Indiana*, puis, quelques jours plus tard, un passage de *Rolla* qu'il était en train de composer et qu'accompagnait un billet cérémonieux, ainsi conçu:

«Voilà, Madame, le fragment que vous désirez lire, et que je suis assez heureux pour avoir retrouvé, en partie dans mes papiers, en partie dans ma mémoire.

Soyez assez bonne pour faire en sorte que votre petit caprice de curiosité ne soit partagé par personne.

«Votre bien dévoué serviteur,

«Alfred de MUSSET.»

Près de deux mois s'écoulent. *Lélia* paraît dans les premiers jours d'août 1833, puisqu'il en est fait mention au *Journal de la Librairie* du 10 août. George Sand offre un exemplaire du roman à Alfred de Musset, avec cette dédicace sur le tome premier: «A monsieur mon gamin d'Alfred, *George*», et cette autre sur le tome II: «A monsieur le vicomte Alfred de Musset, hommage respectueux de son dévoué serviteur, George Sand.» Elle le prenait, on le voit, sur un ton assez familier, et lui-même marquait dans sa correspondance une progression d'intimité qu'il n'est pas sans intérêt de noter. Voici un premier billet, encore réservé d'allure:

«Votre aimable lettre a fait bien plaisir, Madame, à une espèce d'idiot entortillé dans de la flanelle comme une épée de bourgmestre... Que vous ayez le plus tôt possible la fantaisie de perdre une soirée avec lui, c'est ce qu'il vous demande surtout. Votre bien dévoué,

«Alfred de MUSSET.»

Quelques jours plus tard, la camaraderie s'accentue:

«Je suis obligé, Madame, de vous faire le plus triste aveu: je monte la garde mardi prochain; tout autre jour de la semaine ou ce soir même, si vous étiez libre, je suis tout à vos ordres et reconnaissant des moments que vous voulez bien me sacrifier. Votre maladie n'a rien de plaisant, quoique vous ayez envie d'en rire. Il serait plus facile de vous couper une jambe que de vous guérir. Malheureusement on n'a pas encore trouvé de cataplasme à poser sur le coeur. Ne regardez pas trop la lune, je vous en prie, et ne mourez pas avant que nous ayons exécuté ce beau projet de voyage dont nous avons parlé. Voyez quel égoïste je suis; vous dites que vous avez manqué d'aller dans l'autre monde; je ne sais vraiment pas trop ce que je fais dans celui-ci.»

«Tout à vous de coeur.

«Alfred de MUSSET.»

Dans une lettre, c'est souvent le post-scriptum qu'il faut lire avec le plus d'attention, et c'est la formule finale qui laisse volontiers pressentir l'intensité des sentiments. Ici, «tout à vous de coeur» a remplacé «votre bien dévoué serviteur» du début. Puis voici le billet par lequel il accuse réception des deux nouveaux volumes qui lui sont communiqués en bonnes feuilles:

«J'ai reçu *Lélia*. Je vous en remercie, et, bien que j'eusse résolu de me conserver cette jouissance pour la nuit, il est probable que j'aurai tout lu avant de retourner au corps de garde.

«Si, après avoir raisonnablement trempé vos doigts dans l'encre, vous vous couchez prosaïquement, je souhaite que Dieu vous délivre de votre mal de tête. Si vous avez réellement l'idée d'aller vous percher sur les tours de Notre-Dame, vous serez la meilleure femme du monde, si vous me permettez d'y aller avec vous. Pourvu que je rentre à mon poste le matin, je puis disposer de ma veillée patriotique. Répondez-moi un mot, et croyez à mon amitié sincère.

«Alfred de MUSSET.»

Sur tous les premiers incidents de cette liaison littéraire et sentimentale, l'*Histoire de ma Vie* est silencieuse, la *Correspondance* de George Sand, éditée par les soins de son fils, ne contient aucune lettre, la *Biographie* d'Alfred de Musset par son frère est muette ou de mauvaise foi. Les seuls documents authentiques et dignes de créance sont les lettres de George Sand à Sainte-Beuve, publiées chez Calmann Lévy par M. Emile Aucante avec une introduction de M. Rocheblave, et les lettres inédites d'Alfred de Musset à George Sand que la famille du poète n'a pas voulu laisser imprimer, mais que l'on colporte sous le manteau. Il en a paru des passages dans la biographie d'Alfred de Musset par Arvède Barine, dans les études de M. Maurice Clouard insérées à la *Revue de Paris*, et dans le volume de M. Paul Mariéton, *Une Histoire d'Amour*.

Voici, *in extenso*, le texte de la lettre adressée à madame Sand, 19 quai Malaquais, vers le milieu de juillet, et où Alfred de Musset formule son appréciation sur *Lélia*. Il y a de l'amour, c'est-à-dire de l'hyperbole et de la flatterie, dans cet éloge aussi enthousiaste pour la femme que pour le livre:

«Eprouver de la joie à la lecture d'une belle chose faite par un autre, est le privilège d'une ancienne amitié. Je n'ai pas ces droits auprès de vous, Madame; il faut cependant que je vous dise que c'est là ce qui m'est arrivé en lisant *Lélia*.

»J'étais, dans ma petite cervelle, très inquiet de savoir ce que c'était; cela ne pouvait pas être médiocre, mais enfin ça pouvait être bien des choses, avant d'être ce que cela est. Avec votre caractère, vos idées, votre nature de talent, si vous eussiez échoué là, je vous aurais regardée comme valant le quart de ce que vous valez. Vous savez que malgré tout votre cher mépris pour vos livres, que vous regardez comme des espèces de contre-parties des mémoires de vos boulangers, etc., etc., vous savez, dis-je, que pour moi un livre c'est un homme ou rien. Je me soucie autant que de la fumée d'une pipe, de tous les arrangements, combinaisons, drames, qu'à tête reposée et en travaillant pour votre plaisir vous pourriez imaginer et combiner. Il y a dans *Lélia* des vingtaines de pages qui vont droit au coeur, franchement, vigoureusement, tout aussi belles que celles de *René* et *Lara*. Vous voilà George Sand; autrement vous eussiez été madame une telle, faisant des livres.

«Voilà un insolent compliment. Je ne saurais en faire d'autres. Le public vous les fera. Quant à la joie que j'ai éprouvée, en voici la raison.

«Vous me connaissez assez pour être sûre à présent que jamais le mot ridicule de «Voulez-vous ou ne voulez-vous pas?» ne sortira de mes lèvres avec vous. Il y a la mer Baltique entre vous et moi sous ce rapport. Vous ne pouvez donner que l'amour moral, et je ne puis le rendre à personne (en admettant que vous ne commenciez pas tout bonnement par m'envoyer paître, si je m'avisais de vous le demander); mais je puis être, si vous m'en jugez digne, non pas même votre ami—c'est encore trop moral pour moi—mais une espèce de camarade sans conséquence et sans droits, par conséquent sans jalousie et sans brouilles, capable de fumer votre tabac, de chiffonner vos peignoirs, et d'attraper des rhumes de cerveau en philosophant avec vous sous tous les marronniers de l'Europe moderne. Si, à ce titre, quand vous n'avez rien à faire, ou envie de faire une bêtise (comme je suis poli!) vous voulez bien de moi pour une heure ou une soirée, au lieu d'aller ces jours-là chez madame une telle, faisant des livres, j'aurai affaire à mon cher monsieur George Sand, qui est désormais pour moi un homme de génie. Pardonnez-moi de vous le dire en face, je n'ai aucune raison pour mentir.

«A vous de coeur.

«Alfred de MUSSET.»

Lélia avait servi d'entrée en matière ou de prétexte. Sous le couvert de la littérature, la déclaration était faite, par un artifice analogue à cette figure de rhétorique qui s'appelle la prétérition. L'aveu ne semble pas avoir été mal accueilli. Très peu de jours après, Alfred de Musset, qui avait un joli talent de dessinateur et surtout de caricaturiste, adresse à sa correspondante un petit portrait crayonné avec ces mots: «Mon cher George, vos beaux yeux noirs que j'ai outragés hier, m'ont trotté dans la tête ce matin. Je vous envoie cette ébauche, toute laide qu'elle est, par curiosité, pour voir si vos amis la reconnaîtront et si vous la reconnaîtrez vous-même.

Good night. I am gloomy to-day.»

Nous approchons de l'instant décisif. Les lettres d'Alfred de Musset se font de plus en plus familières. En voici une dont la date est sûre—28 juillet—comme on peut le constater par l'article qu'elle vise dans le *Journal des Débats* et qui traitait avec dédain le *Spectacle dans un fauteuil* et les *Contes d'Espagne et d'Italie:*

«Je crois, mon cher George, que tout le monde est fou ce matin. Vous qui vous couchez à quatre heures, vous m'écrivez à huit. Moi qui me couche à sept, j'étais tout grand éveillé au beau milieu de mon lit, quand votre lettre est venue. Mes gens auront pris votre commissionnaire pour un usurier, car on l'a renvoyé sans réponse. Comme j'étais en train de vous lire et d'admirer la sagesse de votre style, arrive un de mes amis (toujours à huit heures) lequel ami se lève ordinairement à deux heures de l'après-midi. Il était cramoisi de fureur contre un article des *Débats* où l'on s'efforce, ce matin même, de me faire un tort commercial de quelques douzaines d'exemplaires. En vertu de quoi j'ai essayé mon rasoir dessus.

«J'irai certainement vous voir à minuit. Si vous étiez venue hier soir, je vous aurais remerciée sept fois comme ange consolateur et demi, ce qui fait bien proche de Dieu. J'ai pleuré comme un veau pour faire ma digestion, après quoi je suis accouché par le forceps de cinq vers et *une*(?) hémistiche, et j'ai mangé un fromage à la crème qui était tout aigre.

«Que Dieu vous conserve en joie, vous et votre progéniture, jusqu'à la vingt-et-unième génération.

Yours truly

Alfred de MUSSET.

George Sand, qui avait en si peu de temps éprouvé de tels déboires d'amour, affectait-elle de ne pas entendre les sollicitations du poète? Ou voulait-elle—ce qui est bien féminin—l'amener et l'obliger à des supplications encore plus pressantes? Toujours est-il que l'auteur de la *Ballade à la Lune* dut mettre les points sur les i et formuler sa requête sentimentale. Il le fit dans une lettre naïve et touchante, exempte de cet insupportable dandysme qui recherchait les mots et le genre anglais:

«Mon cher George, j'ai quelque chose de bête et de ridicule à vous dire: Je vous l'écris sottement, au lieu de vous l'avoir dit, je ne sais pourquoi, en rentrant de cette promenade. J'en serai désolé ce soir. Vous allez me rire au nez, me prendre pour un faiseur de phrases dans tous mes rapports avec vous jusqu'ici. Vous me mettrez à la porte et vous croirez que je mens. Je suis amoureux de vous, je le suis depuis le premier jour où j'ai été chez vous. J'ai cru que je m'en guérirais tout simplement, en vous voyant à titre d'ami. Il y a beaucoup de choses dans votre caractère qui pourraient m'en guérir. J'ai tâché de me le persuader tant que j'ai pu; mais je paye trop cher les moments que je passe avec vous. J'aime mieux vous le dire, et j'ai bien fait, parce que je souffrirai bien moins pour m'en guérir à présent, si vous me fermez votre porte.

«Cette nuit, pendant que (*ces deux derniers mots ont été biffés par George Sand à la plume, et la ligne suivante est coupée aux ciseaux dans la lettre originale d'Alfred de Musset.*)

«J'avais résolu de vous faire dire que j'étais à la campagne, mais je ne veux pas vous faire de mystères, ni avoir l'air de me brouiller sans sujet. Maintenant, George, vous allez dire: «Encore un qui va m'ennuyer!» comme vous dites. Si je ne suis pas tout à fait le premier venu pour vous, dites-moi, comme vous me l'auriez dit hier en me parlant d'un autre, ce qu'il faut que je fasse. Mais, je vous en prie, si vous voulez me dire que vous doutez de ce que je vous écris, ne me répondez plutôt pas du tout. Je sais comme vous pensez de moi, et je n'espère rien en vous disant cela. Je ne puis qu'y perdre une amie et les seules heures agréables que j'ai passées depuis un mois. Mais je sais que vous êtes bonne, que vous avez aimé, et je me confie à vous, non pas comme à une maîtresse, mais comme à un camarade franc et loyal. George, je suis un fou de me priver du plaisir de vous voir pendant le peu de temps que vous avez encore à passer à Paris, avant votre voyage à la campagne et votre départ pour l'Italie, où nous aurions passé de belles nuits, si j'avais de la force. Mais la vérité est que je souffre et que la force me manque.

«Alfred de MUSSET.»

On n'a pas, par grand malheur, la réponse de George Sand à cette épître qui fleure un parfum de sincérité juvénile. Ce ne dut être ni un acquiescement ni un refus, mais une parole de vague espérance qui maintenait et surexcitait l'exaltation du poète. Il est au seuil de la Terre promise et il se désespère, dans une autre lettre qu'on n'a jamais entièrement citée. La voici en sa teneur intégrale:

«Je voudrais que vous me connaissiez mieux, que vous voyiez qu'il n'y a dans ma conduite envers vous ni rouerie ni orgueil affecté, et que vous ne me fassiez pas plus grand ni plus petit que je ne suis. Je me suis livré sans réflexion au plaisir de vous voir et de vous aimer. Je vous ai aimée, non pas chez vous, près de vous, mais ici, dans cette chambre où me voilà seul à présent. C'est là que je vous ai dit ce que je n'ai dit à personne.

«Vous souvenez-vous que vous m'avez dit un jour que quelqu'un vous avait demandé si j'étais Octave ou Célio, et que vous aviez répondu: «Tous les deux, je crois?» Ma folie a été de ne vous en montrer qu'un, George, et quand l'autre a parlé, vous lui avez répondu comme à…

(*Les deux lignes suivantes ont été coupées.*)

«A qui la faute? A moi. Plaignez ma triste nature qui s'est habituée à vivre dans un cercueil scellé, et haïssez les hommes qui m'y ont forcé. «Voilà un mur de prison, disiez-vous hier, tout viendrait s'y briser.»—Oui, George, voilà un mur; vous n'avez oublié qu'une chose, c'est qu'il y a derrière un prisonnier.

«Voilà mon histoire tout entière, ma vie passée, ma vie future. Je serai bien avancé, bien heureux, quand j'aurai barbouillé de mauvaises rimes les murs de mon cachot. Voilà un beau calcul, une belle organisation, de rester muet en face de l'être qui peut vous comprendre, et de faire de ses souffrances un trésor sacré pour le jeter dans toutes les voiries, dans tous les égouts, à six francs l'exemplaire. Pouah!

«Plaignez-moi, ne me méprisez pas. Puisque je n'ai pu parler devant vous, je mourrai muet. Si mon nom est écrit dans un coin de votre coeur, quelque faible, quelque décolorée qu'en soit l'empreinte, ne l'effacez pas. Je puis embrasser une fille galeuse et ivre-morte, mais je ne puis embrasser ma mère.

«Aimez ceux qui savent aimer, je ne sais que souffrir. Il y a des jours où je me tuerais; mais je pleure ou j'éclate de rire; non pas aujourd'hui, par exemple.

«Adieu, George, je vous aime comme un enfant.»

L'appel de Musset fut entendu, sa prière exaucée, dans les tout premiers jours d'août. On le peut pressentir, d'après une lettre que George Sand adressait à Sainte-Beuve le 3 août et où elle semble secouer le pessimisme de *Lélia*. Son aversion, récemment déclarée, pour l'amour n'est plus irréductible. «Quoique j'en médise souvent, écrit-elle, comme je fais de mes plus saintes convictions aux heures où le démon m'assiège, je sais bien qu'il n'y a que cela au monde de beau et de sacré.» Vite, elle éprouve le besoin de crier sa passion, de la rendre publique et de l'arborer comme une cocarde. Elle s'en ouvre à Sainte-Beuve, le 25 août, dans les termes les plus explicites; car elle veut qu'il voie clair dans sa conduite, qu'il connaisse ses actions et ses intentions:

«Je me suis énamourée, et cette fois très sérieusement, d'Alfred de Musset. Ceci n'est plus un caprice, c'est un attachement senti… Il ne m'appartient pas de promettre à cette affection une durée qui vous la fasse paraître aussi sacrée que les affections dont vous êtes susceptible. J'ai aimé une fois pendant six ans[1], une autre fois pendant trois[2], et, maintenant, je ne sais pas de quoi je suis capable. Beaucoup de fantaisies ont traversé mon cerveau, mais mon coeur n'a pas été aussi usé que je m'en effrayais; je le dis maintenant parce que je le sens.

[Note 1: Aurélien de Sèze.]

[Note 2: Jules Sandeau.]

«Loin d'être affligée et méconnue[3], je trouve cette fois une candeur, une loyauté, une tendresse qui m'enivrent. C'est un amour de jeune homme et une amitié de camarade. C'est quelque chose dont je n'avais pas l'idée, que je ne croyais rencontrer nulle part, et surtout là.

[Note 3: Ceci est un retour vers Prosper Mérimée.]

«Je l'ai niée, cette affection, je l'ai repoussée, je l'ai refusée d'abord, et puis je me suis rendue, et je suis heureuse de l'avoir fait. Je m'y suis rendue par amitié plus que par amour, et l'amour que je ne connaissais pas s'est révélé à moi sans aucune des douleurs que je croyais accepter.»

Après cette affirmation qui n'est flatteuse ni pour Casimir Dudevant, ni pour Aurélien de Sèze, ni pour Jules Sandeau, ni pour Prosper Mérimée, George Sand ajoute, comme si elle réclamait la bénédiction d'un confesseur:

«Je suis heureuse, remerciez Dieu pour moi… Si vous êtes étonné et effrayé peut-être de ce choix, de cette réunion de deux êtres qui, chacun de leur côté, niaient ce qu'ils ont cherché et trouvé l'un dans l'autre, attendez, pour en augurer les suites, que je vous aie mieux raconté ce nouveau roman… Je ne sais pas si ma conduite hardie vous plaira. Peut-être trouverez-vous qu'une femme doit cacher ses affections. Mais je vous prie de voir que je suis dans une situation tout à fait exceptionnelle, et que je suis forcée de mettre désormais ma vie privée au grand jour.»

Pour avancer dans cette voie sans encombre, elle demande l'assistance de deux ou trois nobles âmes, entre lesquelles est Sainte-Beuve, et elle conclut sur le mode mystique: «Ce sont des frères et des soeurs que je retrouverai dans le sein de Dieu au bout du pèlerinage.» Un mois plus tard, elle reprend son hosannah, dans une lettre du 19 septembre au même Sainte-Beuve: «Je suis heureuse, très heureuse, mon ami. Chaque jour je m'attache davantage à *lui*; chaque jour je vois s'effacer de lui les petites choses qui me faisaient souffrir; chaque jour je vois luire et briller les belles choses que j'admirais. Et puis encore, par dessus tout, ce qu'il est, il est *bon enfant*, et son intimité m'est aussi douce que sa préférence m'a été précieuse. Vous êtes heureux aussi, mon ami. Vous aimez, vous êtes aimé. Tant mieux. Après tout, voyez-vous, il n'y a que cela de bon sur la terre. Le reste ne vaut pas la peine qu'on se donne pour manger et dormir tous les jours.»

Pendant que George Sand épanchait ainsi ses confessions et son bonheur, Alfred de Musset s'était installé chez elle. De cette vie nouvelle, où la délicatesse du poète supportait malaisément certains bohêmes, hôtes familiers du logis, Paul de Musset nous a tracé, dans *Lui et Elle*, une peinture un peu chargée. George Sand eut tôt fait, d'ailleurs, d'écarter ceux de ses amis, de vieille ou fraîche date, qui déplaisaient à son aristocratique compagnon. Il semble, toutefois, qu'Alfred de Musset, au début, ne témoigna pas des répugnances aussi vives, non plus que des exigences aussi acariâtres; car c'est la belle humeur qui domine dans les versiculets par lui consacrés à peindre les réunions du quai Malaquais:

George est dans sa chambrette
Entre deux pots de fleurs,
Fumant sa cigarette,
Les yeux baignés de pleurs.

Buloz, assis par terre,
Lui fait de doux serments;
Solange par derrière
Gribouille ses romans.

Planté comme une borne,
Boucoiran tout mouillé
Contemple d'un oeil morne
Musset tout débraillé.

Dans le plus grand silence,
Paul, se versant du thé,
Ecoute l'éloquence.
De Ménard tout crotté.

Planche saoûl de la veille
Est assis dans un coin
Et se cure l'oreille
Avec le plus grand soin.

La mère Lacouture
Accroupie au foyer
Renverse la friture
Et casse un saladier.

De colère pieuse
Guéroult tout palpitant
Se plaint d'une dent creuse
Et des vices du temps.

Pâle et mélancolique,
D'un air mystérieux,
Papet, pris de colique,
Demande où sont les lieux.

Aussi bien les plaisanteries et les mystifications étaient à la mode dans ce milieu jeune et joyeux, d'où l'on élimina Gustave Planche, sous prétexte qu'il manquait de tenue, en réalité parce qu'il avait été épris de George Sand et la traitait sur un ton familier de camaraderie. Le critique atrabilaire s'éloigna en maugréant et en gardant rancune à Musset de l'avoir évincé. Il y avait, quai Malaquais, des inventions drôlatiques que n'eussent pas désavouées les héros folâtres d'Henri Murger. Témoin ce dîner où figuraient plusieurs rédacteurs de la *Revue*, notamment le sévère Lerminier. On lui donna pour voisin de table le mime Debureau qui, ce soir-là, avait revêtu, au lieu du blanc costume de Pierrot, l'habit noir et la mine grave d'un diplomate anglais. Tout le long du repas, il garda le silence professionnel. C'est seulement au dessert, après une dissertation copieuse de Lerminier sur la politique étrangère, qu'il voulut expliquer à sa manière l'équilibre européen. Il lança son assiette en l'air, la reçut et la fit tournoyer sur la pointe du couteau. Lerminier n'avait jamais entendu interpréter de la sorte les traités de 1815.

Cependant la place d'Alfred de Musset était demeurée vide. On regrettait vivement son absence. Le dîner fut servi assez mal par une jeune servante très novice, en costume de Cauchoise, «avec le jupon court, les bas à côtes, la croix d'or au cou et les bras nus.» Elle commettait maladresse sur maladresse, mais plusieurs des convives la regardaient avec intérêt. Troublée sans doute, elle laissait tomber les plats, posait les assiettes à l'envers, et, pendant la conférence sur l'équilibre européen, elle versa le contenu d'une carafe sur le crâne et dans le cou de Lerminier. La Normande appétissante n'était autre qu'Alfred de Musset que personne n'avait reconnu sous son déguisement. Seule George Sand était dans la confidence. La Cauchoise prit place à table à côté du diplomate, et l'on imagine si la soirée s'acheva gaiement.

Au mois de septembre, les deux amants, lassés du tumulte de Paris et peut-être aussi de la surveillance indiscrète qu'exerçait Paul de Musset, se rendirent à Fontainebleau. Ils y passèrent plusieurs semaines. De ce séjour on retrouve la trace dans l'oeuvre de l'un et l'autre écrivain, dans le *Souvenir* et la *Confession d'un enfant du siècle*, de même que dans divers romans, préfaces ou pages détachées de George Sand. C'est là qu'ils conçurent le projet d'un voyage en Italie qui, deux mois après, se réalisait. On a peine à croire, avec Arvède Barine, que déjà à Fontainebleau Alfred de Musset ait manifesté ces écarts de caractère, ces violences d'humeur dont s'accuse Octave dans la *Confession d'un enfant du siècle*. Nous n'avons pas le droit d'accueillir à la lettre et d'imputer au poète toutes les défaillances d'un personnage d'imagination qui n'est pas exactement son double. Certes il y a un trait d'éternelle vérité dans les vers fameux:

Ah! malheur à celui qui laisse la débauche
Planter le premier clou sous sa mamelle gauche!
Le coeur d'un homme vierge est un vase profond;
Lorsque la première eau qu'on y verse est impure,
La mer y passerait sans laver la souillure,
Car l'abîme est immense et la tache est au fond.

Alfred de Musset était libertin, buveur et fantasque; mais à Fontainebleau il aimait George Sand avec toute l'ardeur du premier enthousiasme, et ne pouvait manquer de se contraindre. Plus tard il donnera à ses vices, à ses soupçons et à ses violences, libre carrière avec frénésie.

Le voyage en Italie décidé, il s'agissait d'obtenir, d'une part l'assentiment de madame de Musset mère, de l'autre celui de M. Dudevant. Il ne tenait pas beaucoup de place dans l'existence de George Sand, mais il restait, somme toute, un mari et allait être obligé de s'occuper de la petite Solange, rentrée à Nohant, et de veiller sur Maurice, élève au collège Henri IV, sortant le dimanche chez sa grand'mère Dupin.

Alfred de Musset, dans l'intervalle de ses débauches et des hallucinations qui déjà le hantaient durant l'excursion à Franchard près de Fontainebleau, était d'une humeur joyeuse et même gamine, qui contrastait avec la rêverie sentimentale et lyrique de George Sand. Il atteste cette gaieté naturelle dans la série de dessins, de croquis et de caricatures que possède M. de Spoëlberch de Lovenjoul. On y voit de nombreuses esquisses représentant George Sand, «de nez légèrement busqué, la bouche sensuelle, l'oeil impérieux»; un Mérimée dédaigneux, avec cette légende: *Carvajal renfonçant une expansion*; un Sainte-Beuve sournoisement paterne, orné de cette devise: *le bedeau du temple de Gnide canonisant une demoiselle infortunée*; un jeune homme à la chevelure ondée, à la redingote serrée comme autour d'un corset, qui figure Musset dessiné par lui-même, et au-dessous: *Don Juan allant emprunter dix sous pour payer son idéale et enfoncer Byron*; enfin un oeil, une bouche, une mèche de cheveux, une verrue où se hérisse un poil, un bonnet grec, le tout symbolisant François Buloz, avec ce commentaire: *Fragments de la Revue trouvés dans une caisse vide*. Suivent des types humoristiques, comme ceux qui illustreront les *Comédies et Proverbes*, et qui sont ici dénommés: «Le chevalier *Colombat du Roseau vert*, l'abbé *Potiron de Vent du soir*, le baron *Prétextat de Clair de lune*, le marquis *Gérondif de Pimprenelle*.»

Tous ces croquis et nombre d'autres sont réunis dans un album qui a appartenu à George Sand. Sur le premier feuillet figure une inscription, sinueuse et désordonnée, ainsi conçue:

> «*Le public est prié de ne pas se méprendre.*
> *Ceci est l'album de George Sand,*
> *Le réceptacle informe de ses aberrations mentales*
> *Et autres.*
> *Je soussigné, Mussaillon Ier,*
> *Déclare que mon album n'est pas si cochonné que ça.*
> *Celui qui a inscrit son nom*
> *Sur ce stupide album n'est qu'un vil facétieux.*
> *Il est vexant d'être accusé des turpitudes de George Sand*

MUSSAILLON Ier.»

Ce tempérament d'enfant gâté, à la fantaisie débridée et maladive, aux soubresauts nerveux et convulsifs, presque hystériques, s'accordait, au début, avec les instincts maternels de George Sand. Il avait de soudains caprices qu'il fallait immédiatement satisfaire. Autour de lui, dans sa famille, on avait pris l'habitude de lui céder. Pourtant, le projet ou plutôt l'idée fixe du voyage en Italie rencontra une résistance inusitée. Sur ce point, Paul de Musset semble avoir dit vrai dans la *Biographie*, quand il relate qu'aux premières ouvertures d'Alfred leur mère répondit: «Jamais je ne donnerai mon consentement à un voyage que je regarde comme une chose dangereuse et fatale. Je sais que mon opposition sera inutile et que tu partiras, mais ce sera contre mon gré et sans ma permission.» Devant les larmes de sa mère, il parut céder et alla donner contre-ordre aux préparatifs d'un départ tout prochain. George Sand ne se résigna pas si aisément. Voici comment elle intervint le jour même, si nous en croyons Paul de Musset: «Ce soir-là, vers neuf heures, notre mère était seule avec sa fille au coin de feu, lorsqu'on vint lui dire qu'une dame l'attendait à la porte dans une voiture de place, et demandait instamment à lui parler. Elle descendit accompagnée d'un domestique. La dame inconnue se nomma; elle supplia cette mère désolée de lui confier son fils, disant qu'elle aurait pour lui une affection et des soins maternels. Les promesses ne suffisant pas, elle alla jusqu'aux serments. Elle y employa toute son éloquence, et il fallait qu'elle en eût beaucoup, puisqu'elle vint à bout d'une telle entreprise. Dans un moment d'émotion, le consentement fut arraché.»

Selon ce récit, George Sand aurait réussi, par des paroles dorées, à consommer sans violence l'enlèvement ou plutôt le détournement d'un jeune homme à peine sorti de minorité. C'est à peu près la même version que nous donne madame de Musset dans une lettre écrite le 10 avril 1859, après l'apparition de *Lui et Elle*, et qui a été rendue publique grâce à M. Maurice Clouard,[4] vigilant gardien de la mémoire d'Alfred de Musset. Elle rapporte, en des termes analogues à ceux de la *Biographie*, la venue de George Sand dans un fiacre, 59 rue de Grenelle: «Je montai dans cette voiture, dit madame de Musset, voyant une femme seule. C'était *Elle*. Alors elle employa toute l'éloquence dont elle était maîtresse à me décider à lui confier mon fils, me répétant qu'elle l'aimerait comme une mère, qu'elle le soignerait mieux que moi. Que sais-je? La sirène m'arracha mon consentement. Je lui cédai, tout en larmes et à contre-coeur, car *il avait une mère prudente*, bien qu'elle ait osé dire le contraire dans *Elle et Lui*.»

[Note 4: *Alfred de Musset et George Sand*, par M. Maurice Clouard, dans la *Revue de Paris* du 15 août 1896.]

Quand elle rédigeait cette lettre aigrie et portait cette accusation, madame de Musset était enfiévrée par le conflit de récriminations rétrospectives qui avait suivi la mort de son fils et où, de part et d'autre, on eut le tort de batailler sur une tombe. Elle oubliait que, vingt-cinq ans plus tôt, le 17 mars 1834, elle écrivait de Paris à Alfred, malade à Venise: «J'ai une bien grande reconnaissance pour madame Sand et pour tous les soins qu'elle t'a donnés. Que serais-tu devenu sans elle? C'est affreux à penser.» A distance, la gratitude s'est transformée en invectives et en calomnies.

N'est-il donc pas possible d'analyser de sang-froid les torts respectifs de deux êtres de génie, doués de caractères foncièrement incompatibles, au cours de ce voyage qui leur semblait une échappée vers quelque Terre promise? Paul de Musset, âme cancanière et rancunière, note qu'il les conduisit, «par une soirée brumeuse et triste, jusqu'à la malle-poste où ils montèrent au milieu de circonstances de mauvais augure.» Est-ce parce qu'ils partaient le jeudi 13 décembre? Dans *Lui et Elle*, Pierre—lisez Paul—qui accompagne les voyageurs, observe que leur voiture était la treizième, qu'elle heurta la borne sous la porte cochère des messageries et renversa, au coin de la rue Jean-Jacques Rousseau, un tonneau de porteur d'eau et l'homme qui le traînait. Voilà, dans la fiction, et sans doute aussi dans la réalité, ce que Paul de Musset appelait «des circonstances de mauvais augure!»

L'*Histoire de ma Vie*, où George Sand glisse sur ce voyage comme chat sur braise et mentionne à peine le nom de son compagnon, en indiquant assez étrangement qu'elle regrettait de ne pas avoir ses enfants avec elle, fournit cependant quelques détails pour le trajet en bateau à vapeur de Lyon à Avignon. Ils lièrent connaissance avec Beyle, qui, sous le pseudonyme de Stendhal, a publié des oeuvres vantées outre mesure par toute une école légèrement fétichiste, éprise de cette manière sèche, satirique et coupante. Il regagnait Civita-Vecchia, où il occupait vaguement un poste de consul. George Sand signale le brillant de sa conversation et l'amertume de son esprit, immuablement dédaigneux et moqueur. «Je ne crois pas, dit-elle, qu'il fût méchant; il se donnait trop de peine pour le paraître.» C'était une affectation, une pose. En deux jours elle eut fait le tour de cette intelligence que plusieurs déclarent si profonde et si complexe. Au Pont-Saint-Esprit, «il fut d'une gaieté folle, se grisa raisonnablement, et, dansant autour de la table avec ses grosses bottes fourrées, devint quelque peu grotesque et pas du tout joli.» A Avignon, il manifesta ses sentiments esthétiques et son horreur de l'idolâtrie, en apostrophant dans une église un vieux christ en bois peint, énorme et fort laid, auquel il montrait le poing furieusement.

On se sépara à Marseille sans regret. Beyle apparaissait ennuyeux, fatigant et même obscène en ses propos. Il se rendait à Gênes par la voie de terre. «Je confesse, dit George Sand, que j'avais assez de lui, et que, s'il eût pris la mer, j'aurais peut-être pris la montagne. C'était, du reste, un homme éminent—ajoute-t-elle avec bienveillance—d'une sagacité plus ingénieuse que juste en toutes choses appréciées par lui, d'un talent original et véritable, écrivant mal, et disant pourtant de manière à frapper et à intéresser vivement ses lecteurs.»

De Marseille George Sand adressait, le 18 décembre, à son fils Maurice une lettre qu'elle ne montra sans doute pas à Alfred de Musset. Elle ne pouvait tenir à l'un et à l'autre le même langage. Il lui fallait être maternelle en partie double. «Mon cher petit, écrivait-elle au collégien, je vais m'embarquer sur la mer pour aller en Italie. Je n'y resterai pas longtemps; ne te chagrine pas. Ma santé me force à passer quelque temps dans un pays chaud. Je retournerai près de toi, le plus tôt possible. Tu sais bien que je n'aime pas à vivre loin de mes petits miochons, bien gentils tous deux, et que j'aime plus que tout au monde. Je voudrais bien vous avoir avec moi et vous mener partout où je vais.» En vérité, Maurice et Solange eussent été plutôt gênants durant ce voyage sentimental, et les raisons de santé qu'invoque George Sand ne nous semblent pas péremptoires. La fièvre la prit à Gênes dont le climat lui était défavorable, et c'est là aussi que surgirent ses premiers dissentiments avec Alfred de Musset. Sur ce point *Lui et Elle*, par miracle, ne contredit pas *Elle et Lui*. Dans l'un et l'autre roman, Gênes est le théâtre des querelles naissantes entre Laurent et Thérèse, entre Olympe et Edouard de Falconey. La version de George Sand est assez imprécise: on est en présence d'un jeune homme paresseux et dissipé, ou même dissolu. La fiction de Paul de Musset reproche, au contraire, à la jeune femme d'avoir tenu des propos étranges devant deux Italiens, de familles patriciennes, avec qui ils avaient fait la traversée et qu'ils retrouvaient à Gênes. Comme on parlait de la défense de cette ville par Masséna, elle aurait raconté que, «dans ce temps-là, sa mère accompagnait à l'armée un officier supérieur, à qui son père l'enleva pour l'épouser, et que sa naissance avait été un résultat si prompt de cette union que la célébration du mariage avait précédé d'un mois seulement son entrée en ce monde.» Malgré le mécontentement de son ami et l'étonnement des deux Italiens, elle insista, paraît-il, en raillant les préjugés de gentilhommerie et en vantant sa mère qui était une femme forte, obéissant au voeu de la nature.

Nous laisserons cette aventure pour compte à l'auteur de *Lui et Elle*, d'autant que nul indice n'en vient manifester l'authenticité et qu'elle doit émaner de l'imagination haineuse et perfide de Paul de Musset.

Du voyage par mer de Gênes à Livourne, de la visite à Pise et du séjour à Florence, ni George Sand ni son compagnon ne semblent avoir voulu nous transmettre d'autre trace que la simple notation de leur itinéraire. On sait que, sur tout cet épisode, Alfred de Musset observa un silence qui contraste avec les commérages tardifs et malsonnants que colporta son frère, lorsque la volonté du poète ne fut plus là pour lui fermer la bouche et lui arrêter la plume. George SDu voyage par mer de Gênes à Livourne, de la visite à Pise et du séjourand, dans l'*Histoire de ma Vie*, relate simplement qu'ils jouèrent à pile ou face s'ils iraient à Venise ou à Rome. «*Venise face* retomba dix fois sur le plancher.» Par Bologne et Ferrare, ils gagnèrent Venise, où le passeport d'Alfred de Musset fut visé le 19 janvier 1834. Le «bon pour séjour» porte la signature du consul de France, Silvestre de Sacy.

L'arrivée à Venise, qui a inspiré tant d'écrivains, ne pouvait manquer de solliciter la plume de George Sand. Elle l'a décrite dans une page, retrouvée et publiée par le vicomte de Spoëlberch de Lovenjoul, et qu'on peut regarder soit comme le début d'un roman abandonné, soit comme un morceau d'autobiographie. L'héroïne est atteinte de cette même fièvre qui depuis Gênes n'avait pas quitté la compagne d'Alfred de Musset. Il y a là des traits qui n'appartiennent pas au domaine de la fiction:

«Il était dix heures du soir lorsque le misérable *legno*, qui nous cahotait depuis le matin sur la route sèche et glacée, s'arrêta à Mestre. C'était une nuit de janvier sombre et froide. Nous gagnâmes le rivage dans l'obscurité. Nous descendîmes à tâtons dans une gondole. Le chargement de nos paquets fut long. Nous n'entendions pas un mot de vénitien. La fièvre me jetait dans une apathie profonde. Je ne vis rien, ni la grève, ni l'onde, ni la barque, ni le visage des bateliers. J'avais le frisson, et je sentais vaguement qu'il y avait dans cet embarquement quelque chose d'horriblement triste. Cette gondole noire, étroite, basse, fermée de partout, ressemblait à un cercueil. Enfin je la sentis glisser sur le flot… Il faisait si noir que nous ne savions pas si nous étions en pleine mer ou sur un canal étroit et bordé d'habitations. J'eus, un instant, le sentiment de l'isolement. Dans ces ténèbres, dans ce tête-à-tête avec un enfant que ne liait point à moi une affection puissante, dans cette arrivée chez un peuple dont nous ne connaissions pas un seul individu et dont nous n'entendions pas même la langue, dans le froid de l'atmosphère dont l'abattement de la fièvre ne me laissait plus la force de chercher à me préserver, il y avait de quoi contrister une âme plus forte que la mienne. Mais l'habitude de tout risquer à tout propos m'a donné un fond d'insouciance plus efficace que toutes les philosophies. Qui m'eût prédit que cette Venise, où je croyais passer en voyageur, sans lui rien donner de ma vie, et sans en rien recevoir, sinon quelques impressions d'artiste, allait s'emparer de moi, de mon être, de mes passions, de mon présent, de mon avenir, de mon coeur, de mes idées, et me ballotter comme la mer ballotte un débris, en le frappant sur ses grèves jusqu'à ce qu'elle l'ait rejeté au loin, et, faible jouet, avec mépris? Qui m'eût prédit que cette Venise allait me séparer violemment de mon idole, et me garder avec jalousie dans son enceinte implacable, aux prises avec le désespoir, la joie, l'amour et la misère?… Tout à coup Théodore, ayant réussi à tirer une des coulisses qui servent de double persienne aux gondoles, et regardant à travers la glace, s'écria:—Venise!»

Suit une description qui mérite d'être citée, car elle donne une impression à la fois véridique et pittoresque:

«Quel spectacle magique s'offrait à nous à travers ce cadre étroit! Nous descendions légèrement le superbe canal de la Giudecca; le temps s'était éclairci, les lumières de la ville brillaient au loin sur ces vastes quais qui font une si large et si majestueuse avenue à la cité reine! Devant nous, la lune se levait derrière Saint-Marc, la lune mate et rouge, découpant sous son disque énorme des sculptures élégantes et des masses splendides. Peu à peu, elle blanchit, se contracta, et, montant sur l'horizon au milieu de nuages lourds et bizarres, elle commença d'éclairer les trésors d'architecture variée qui font de la place Saint-Marc un site unique dans l'univers.

«Au mouvement de la gondole, qui louvoyait sur le courant de la Giudecca, nous vîmes passer successivement sur la région lumineuse de l'horizon la silhouette de ces monuments d'une beauté sublime, d'une grandeur ou d'une bizarrerie fantastique: la corniche transparente du palais ducal, avec sa découpure arabe et ses campaniles chrétiens soutenus par mille colonnettes élancées, surmontées d'aiguilles légères; les coupoles arrondies de Saint-Marc, qu'on prendrait la nuit pour de l'albâtre quand la lune les éclaire; la vieille Tour de l'Horloge avec ses ornements étranges; les grandes lignes régulières des Procuraties; le Campanile, ou Tour de Saint-Marc, géant isolé, au pied duquel, par antithèse, un mignon portique de marbres précieux rappelle en petit notre Arc triomphal, déjà si petit, du Carrousel; enfin, les masses simples et sévères de la Monnaie, et les deux colonnes grecques qui ornent l'entrée de la Piazzetta. Ce tableau ainsi éclairé nous rappelait tellement les compositions capricieuses de Turner qu'il nous sembla encore une fois voir Venise en peinture, dans notre mémoire ou dans notre imagination.

«—Que nous sommes heureux! s'écria Théodore. Cela est beau comme le plus beau rêve. Voilà Venise comme je la connaissais, comme je la voulais, comme je l'avais vue quand je la chantais dans mes vers. Et cette lune qui se lève exprès pour nous la montrer dans toute sa poésie! Ne dirait-on pas que Venise et le ciel se mettent en frais pour notre réception? Quelle magnifique entrée! Ne sommes-nous pas bénis? Allons, voilà un heureux présage. Je sens que la Muse me parlera ici. Je vais enfin retrouver l'Italie que je cherche depuis Gênes sans pouvoir mettre la main dessus!

«Pauvre Théodore! Tu ne prévoyais pas…»

Plus succinctement, mais presque dans les mêmes termes, l'*Histoire de ma Vie* traduit une impression analogue. George Sand a la passion de Venise. Toutefois, si elle allait y chercher la santé, l'erreur était grossière. L'insalubrité de la ville égale son charme prestigieux. C'est le lieu d'élection de la fièvre typhoïde. Tandis que George Sand continuait à être souffrante, Alfred de Musset tomba malade. Il menait, il est vrai, l'existence la plus agitée, et la plus contraire aux goûts comme aux habitudes de sa compagne. Alors qu'elle s'asseyait le soir à sa table de travail pour envoyer de la copie à Buloz, il reprenait la vie de noctambule, qui à Paris commençait de l'épuiser et faisait le désespoir de madame de Musset. Il courait les tavernes et les filles, doublement intempérant. Déjà, à Gênes, à Florence, George Sand avait eu sujet de plainte. Dès l'arrivée à Venise, elle avait fermé sa porte. Ils n'étaient plus qu'amis, ils avaient recouvré leur liberté respective. C'est ce que passent sous silence tous les biographes et les apologistes d'Alfred de Musset.

Les deux voyageurs s'étaient installés dans un appartement de l'hôtel Danieli. George Sand dut s'aliter durant deux semaines. Pendant sa maladie, Musset fréquentait les brelans; car il n'était pas seulement buveur et libertin, mais follement joueur. Il perdit dix mille francs et alla le lendemain se confesser à son amie: il lui fallait payer ou se tuer. George Sand—et nous avons sur ce point le témoignage d'Edmond Plauchut—demanda la somme à Buloz, à titre d'avance qu'elle devait rembourser en copie. Par retour du courrier le directeur de la *Revue* lui accorda satisfaction. Dès le début de sa convalescence, elle fut donc obligée de se remettre au travail pour acquitter en manuscrit les dettes de jeu du poète. Jamais les défenseurs d'Alfred de Musset n'ont révoqué en doute l'allégation formelle d'Edmond Planchut et de François Buloz.

A peine George Sand avait-elle repris sa tâche littéraire qu'elle dut mener de front des devoirs de garde-malade. Elle s'en explique avec un tact et une délicatesse extrêmes dans l'*Histoire de ma Vie*: «Alfred de Musset subit bien plus gravement que moi l'effet de l'air de Venise, qui foudroie beaucoup d'étrangers, on ne le sait pas assez. Il fit une maladie grave; une fièvre typhoïde le mit à deux doigts de la mort. Ce ne fut pas seulement le respect dû à un beau génie qui m'inspira pour lui une grande sollicitude et qui me donna, à moi très malade aussi, des forces inattendues; c'était aussi les côtés charmants de son caractère et les souffrances morales que de certaines luttes, entre son coeur et son imagination créaient sans cesse à cette organisation de poète. Je passai dix-sept jours à son chevet, sans prendre plus d'une heure de repos sur vingt-quatre.»

C'est bien une fièvre typhoïde que relate George Sand, et il n'est pas permis de transformer la nature de la maladie, comme l'a fait sans aucune preuve l'écrivain russe Wladimir Karénine, en une note ainsi conçue: «Il a été beaucoup parlé dans la presse de la maladie de Musset que personne, à commencer par le médecin, n'a jamais osé appeler de son vrai nom. Le médecin l'a poliment appelée «fièvre typhoïde», mais en réalité c'était le «delirium tremens», effet final de la vie de débauches de Musset.[5]»

[Note 5: *George Sand, sa vie et ses oeuvres*, par Wladimir Karénine (madame Komarof), II, 67.]

Il y a là une assertion que rien ne justifie ni n'étaie. Les excès indéniables d'Alfred de Musset ne l'avaient pas conduit jusqu'à un accès de delirium tremens, auquel d'ailleurs il n'aurait pas survécu vingt-trois ans. La nature et les progrès du mal peuvent se noter d'après les lettres que George Sand adressait à ses divers correspondants. Le 4 février, elle écrit à Boucoiran: «Je viens encore d'être malade cinq jours d'une dysenterie affreuse. Mon compagnon de voyage est très malade aussi. Nous ne nous en vantons pas, parce que nous avons à Paris une foule d'ennemis qui se réjouiraient en disant: «Ils ont été en Italie pour s'amuser et ils ont le choléra! quel plaisir pour nous! ils sont malades!» Ensuite madame de Musset serait au désespoir si elle apprenait la maladie de son fils, ainsi n'en soufflez mot. Il n'est pas dans un état inquiétant, mais il est fort triste de voir languir et *souffroter* une personne qu'on aime et qui est ordinairement si bonne et si gaie. J'ai donc le coeur aussi barbouillé que l'estomac.» Le lendemain, autre lettre plus sombre au même Boucoiran: «Je viens d'annoncer à Buloz l'état d'Alfred qui est fort alarmant ce soir, et en même temps je lui démontre qu'il me faut absolument de l'argent pour payer les frais d'une maladie qui sera sérieuse et pour retourner en France. Comme au bout du compte c'est un assez bon diable et qu'il a de l'attachement pour Alfred, je crois qu'il comprendra ce que notre position a de triste et qu'il n'hésitera plus… Adieu, mon ami, je vous écrirai dans quelques jours, je suis rongée d'inquiétudes, accablée de fatigue, malade et au désespoir. Embrassez mon fils pour moi. Mes pauvres enfants, vous reverrai-je jamais? Gardez un silence absolu sur la maladie d'Alfred, à cause de sa mère qui l'apprendrait infailliblement et en mourrait de chagrin.» Trois jours après, le 8 février, encore à Boucoiran: «Mon enfant, je suis toujours bien à plaindre. Il est réellement en danger et les médecins me disent: *poco a sperare, poco a disperare*, c'està-dire que la maladie suit son cours sans trop de mauvais symptômes alarmants. Les nerfs du cerveau sont tellement entrepris, que le délire est affreux et continuel. Aujourd'hui, cependant, il y a un mieux extraordinaire. La raison est pleinement revenue et le calme est parfait; mais la nuit dernière a été horrible. Six heures d'une frénésie telle que, malgré deux hommes robustes, il courait nu dans la chambre. Des cris, des chants, des hurlements, des convulsions, ô mon Dieu! mon Dieu! quel spectacle! Il a failli m'étrangler en m'embrassant. Les deux hommes ne pouvaient lui faire lâcher le collet de ma robe. Les médecins annoncent un accès du même genre pour la nuit prochaine, et d'autres encore peut-être, car il n'y aura pas à se flatter avant six jours encore. Aura-t-il la force de supporter de si horribles crises? Suis-je assez malheureuse, et vous qui connaissez ma vie, en connaissez-vous beaucoup de pires? Heureusement j'ai trouvé enfin un jeune médecin, excellent, qui ne le quitte ni jour ni nuit, et qui lui administre des remèdes d'un très bon effet.»

Ce jeune médecin, qui va aider George Sand à soigner et à sauver Alfred de Musset, s'appelait le docteur Pietro Pagello. Il a vécu soixante-quatre ans après ces événements qui lui ont valu une notoriété extra-professionnelle, et c'est seulement entre la quatre-vingtième et la quatre-vingt-dixième année qu'il s'est décidé à parler et à ouvrir ses archives, sous les sollicitations qui l'obsédaient.

Né à Castelfranco Veneto en 1807, Pagello venait de terminer ses études et exerçait depuis quelques mois la chirurgie et la médecine à Venise. Sa clientèle était encore mince. Un jour—c'est lui qui le raconte—en se promenant sur le quai des Esclavons avec un Génois de ses amis, il vit à un balcon de l'*Albergo Danieli*, «une jeune femme assise, d'une physionomie mélancolique, avec les cheveux très noirs et deux yeux d'une expression décidée et virile. Son accoutrement avait un je ne sais quoi de singulier. Ses cheveux étaient enveloppés d'un foulard écarlate, en manière de petit turban. Elle portait au cou une cravate, gentiment attachée sur un col blanc comme neige, et, avec la désinvolture d'un soldat, elle fumait un paquitos en causant avec un jeune homme blond, assis à ses côtés.» Le lendemain—est-ce pure coïncidence, ou George Sand avait-elle remarqué et désirait-elle connaître celui qui l'observait avec tant de curiosité?—Pagello fut appelé à l'hôtel Danieli. «Je fus introduit, raconte-t-il à des amis, dans l'appartement de la fumeuse qui, assise sur un petit siège, la tête mollement appuyée sur sa main, me pria de la soulager d'une forte migraine. Je lui tâtai le pouls; je lui proposai une saignée qu'elle accepta; je la pratiquai, et à l'instant elle fut soulagée. En me congédiant, elle me pria de revenir, si elle ne me faisait rien dire. Le jeune homme blond, son compagnon inséparable, me reconduisit avec beaucoup de courtoisie jusqu'au bas de l'escalier, et voilà tout, tout ce qui est arrivé aujourd'hui; mais un pressentiment—doux ou amer, je ne sais—me dit: «Tu reverras cette femme, et elle te dominera.»

Notons que déjà George Sand avait fait venir un médecin, le docteur Santini, qui n'avait pas pu la saigner, parce qu'elle avait, paraît-il, une veine fort difficile, *vena difficilissima*. Elle préféra Pagello, qui avait su trouver sa veine et qui était un fort joli garçon blond, presque roux, de vingt-sept ans. Elle aimait les blonds. Le surlendemain, il fit une seconde visite. Elle était debout et guérie. Quinze ou vingt jours plus tard, on l'appela de nouveau, mais non plus pour George Sand. Voici la traduction du billet qu'elle lui avait écrit, en mauvais italien:

«Mon cher monsieur Païello (Pagello),

«Je vous prie de venir nous voir le plus tôt que vous pourrez, avec un bon médecin, pour conférer ensemble sur l'état du *signor* français de l'Hôtel-Royal. Mais je veux vous dire auparavant que je crains pour sa raison plus que pour sa vie. Depuis qu'il est malade, il a la tête excessivement faible et raisonne souvent comme un enfant. C'est cependant un homme d'un caractère énergique et d'une puissante imagination. C'est un poète fort admiré en France. Mais l'exaltation du travail de l'esprit, le vin, la fête, les femmes, le jeu, l'ont beaucoup fatigué et ont excité ses nerfs. Pour le moindre motif, il est agité comme pour une chose d'importance.

«Une fois, il y a trois mois de cela, il a été comme fou, toute une nuit, à la suite d'une grande inquiétude. Il voyait comme des fantômes autour de lui, et criait de peur et d'horreur[6]. A présent, il est toujours inquiet, et, ce matin, il ne sait presque ni ce qu'il dit, ni ce qu'il fait. Il pleure, se plaint d'un mal sans nom et sans cause, demande son pays, dit qu'il est près de mourir ou de devenir fou!

[Note 6: Elle fait allusion aux hallucinations survenues à Franchard.]

«Je ne sais si c'est là le résultat de la fièvre, ou de la surexcitation des nerfs, ou d'un principe de folie. Je crois qu'une saignée pourrait le soulager. Je vous prie de faire toutes ces observations au médecin et de ne pas vous laisser rebuter par la difficulté que présente la disposition indocile du malade. C'est la personne que j'aime le plus au monde, et je suis dans une grande angoisse de la voir en cet état.

«J'espère que vous aurez pour nous toute l'amitié que peuvent espérer deux étrangers.

«Excusez le misérable italien que j'écris.

«G. SAND.»

Quel fut, au chevet de Musset, le diagnostic du docteur Pagello? Il l'a résumé longtemps après, alors qu'il ne s'agissait plus de violer le secret professionnel, dans une lettre au professeur Moreni: «L'impression que me fit l'extérieur de Musset n'était pas nouvelle pour moi; elle resta la même que quinze jours auparavant: figure fine et spirituelle, organisme enclin à la phtisie, ce que l'on voyait à ses mains longues et maigres, au faible développement de sa poitrine, à sa figure tirée et à la rougeur de ses pommettes. La maladie consistait en une fièvre nerveuse typhoïde[7]. La cure fut longue et difficile, par suite surtout de l'état agité du malade, qui fut mourant durant plusieurs jours. Enfin le mal prit une tournure favorable, et le malade se rétablit peu à peu. George Sand, durant toute la maladie, le soigna avec l'empressement d'une mère, constamment assise, nuit et jour, auprès de son lit, prenant à peine quelques heures de repos, sans se déshabiller et seulement lorsque je la remplaçais.»

[Note 7: «Une typhoïdette compliquée de délire alcoolique,» dit Pietro Pagello dans son entretien avec le docteur Cabanès. (*Le Cabinet secret de l'Histoire*, page 303.)]

Doute-t-on du témoignage de Pagello en faveur de la sollicitude vraiment maternelle de George Sand? Il est corroboré par le plus intime ami de Musset,

Alfred Tattet, qui, de passage à Venise, avait séjourné auprès du malade et écrivait de Florence à Sainte-Beuve, le 17 mars 1834: «J'ai tâché de procurer quelques distractions à madame Dudevant, qui n'en pouvait plus; la maladie d'Alfred l'avait beaucoup fatiguée. Je ne les ai quittés que lorsqu'il m'a été bien prouvé que l'un était tout à fait hors de danger et que l'autre était entièrement remise de ses longues veilles. Soyez donc maintenant sans inquiétude, mon cher monsieur de Sainte-Beuve; Alfred est dans les mains d'un jeune homme tout dévoué, très capable, et qui le soigne comme un frère. Il a remplacé auprès de lui un âne qui le tuait tout bonnement. Dès qu'il pourra se mettre en route, madame Dudevant et lui partiront pour Rome, dont Alfred a un désir effréné.»

Ainsi Alfred Tattet rend, le plus formel et le plus élogieux hommage aux soins combinés de George Sand et du docteur Pagello. Il n'a rien vu, rien pressenti qui éveillât ses soupçons. Lié à Musset par la plus étroite camaraderie, il n'a recueilli de sa bouche aucune plainte, pas la moindre allusion à la scène mystérieuse et dramatique que le poète des *Nuits* n'a jamais retracée, mais qui, sous la plume haineuse de son frère, devient la plus cruelle des incriminations. L'âme généreuse d'Alfred de Musset ne peut ni avoir conçu ni avoir autorisé cette vengeance posthume. Aussi bien n'eût-il pas songé à partir avec George Sand pour Rome, si elle l'avait misérablement et cyniquement trompé.

CHAPITRE X

LE DOCTEUR PAGELLO

Avant d'examiner comment au chevet d'un malade la sympathie et la tendresse ont pu naître entre le docteur Pagello et George Sand, il importe, pour bien établir des responsabilités morales qui seront assez lourdes, de préciser s'il y avait rupture d'intimité entre Alfred de Musset et sa compagne de voyage. Cette rupture n'est pas niable. George Sand s'en explique catégoriquement, dans une des lettres qu'elle écrivit au cours des réconciliations et des brouilles qui se succédèrent durant l'hiver 1834-1835: «De quel droit d'ailleurs m'interroges-tu sur Venise? Etais-je à toi à Venise? Dès le premier jour, quand tu m'as vue malade, n'as-tu pas pris de l'humeur, en disant que c'était bien triste et bien ennuyeux, une femme malade? et n'est-ce pas du premier jour que date notre rupture? Mon enfant, moi, je ne veux pas récriminer, mais il faut bien que tu t'en souviennes, toi qui oublies si aisément les faits. Je ne veux pas dire tes torts, jamais je ne t'ai dit seulement ce mot-là, jamais je ne me suis plainte d'avoir été enlevée à mes enfants[8], à mes amis, à mon travail, à mes affections et à mes devoirs, pour être conduite à trois cents lieues et abandonnée avec des paroles si offensantes et si navrantes, sans aucun autre motif qu'une fièvre tierce, des yeux abattus et la tristesse profonde où me jetait ton indifférence. Je ne me suis jamais plainte, je t'ai caché mes larmes, et ce mot affreux a été prononcé, un certain soir que je n'oublierai jamais, dans le casino Danieli: «George, je m'étais trompé, je t'en demande pardon, mais *je ne t'aime pas.*» Si je n'eusse été malade, si on n'eût dû me saigner le lendemain, je serais partie; mais tu n'avais pas d'argent, je ne savais pas si tu voudrais en accepter de moi, et je ne voulais pas, je ne pouvais pas te laisser seul, en pays étranger, sans entendre la langue et sans un sou. La porte de nos chambres fut fermée entre nous, et nous avons essayé là de reprendre notre vie de bons camarades comme autrefois ici, mais cela n'était plus possible. Tu t'ennuyais, je ne sais ce que tu devenais le soir, et un jour tu me dis que tu craignais…

[Note 8: Est-ce qu'un jeune homme de vingt-trois ans peut enlever une femme de trente ans?]

(Ici quatre mots effacés par George Sand au crayon bleu).

«Nous étions tristes. Je te disais: *«Partons, je te reconduirai jusqu'à Marseille»,* et tu répondais: «Oui, c'est le mieux, mais je voudrais travailler un peu ici, puisque nous y sommes.» Pierre venait me voir et me soignait, tu ne pensais guère à être jaloux, et certes je ne pensais guère à l'aimer. Mais quand je l'aurais aimé dès ce moment-là, quand j'aurais été à lui dès lors, veux-tu me dire quels comptes j'avais à te rendre, à toi, qui m'appelais l'ennui personnifié, la rêveuse, la bête, la religieuse, que sais-je? Tu m'avais blessée et offensée, et je te l'avais dit aussi: «*Nous ne nous aimons plus, nous ne nous sommes pas aimés.*»

Que s'était-il passé entre ces trois personnages, le malade, la garde et le médecin? A distance, quand Alfred de Musset, avec une perverse curiosité d'amour, veut connaître, jour par jour, heure par heure, l'historique de cette liaison superposée à la sienne, elle lui dénie le droit de la questionner: «Je m'avilirais en me laissant confesser comme une femme qui t'aurait trompé. Admets tout ce que tu voudras pour nous tourmenter, je n'ai à te répondre que ceci: Ce n'est pas du premier jour que j'ai aimé Pierre, et même après ton départ, après t'avoir dit que je l'aimais *peut-être*, que *c'était mon secret* et que *n'étant plus à toi je pouvais être à lui sans te rendre compte de rien*, il s'est trouvé dans sa vie à lui, dans ses liens mal rompus avec ses anciennes maîtresses, des situations ridicules et désagréables qui m'ont fait hésiter à me regarder comme engagée par des précédents *quelconques*. Donc, il y a eu de ma part une sincérité dont j'appelle à toi-même et dont tes lettres font foi pour ma conscience. Je ne t'ai pas permis à Venise de me demander le moindre détail, si nous nous étions embrassés tel jour sur l'oeil ou sur le front, et je te défends d'entrer dans une phase de ma vie où j'avais le droit de reprendre les voiles de la pudeur vis-à-vis de toi.»

Que faut-il entendre par «des précédents quelconques?» Quelle était, au cours de la maladie de Musset, la nature de cette intimité qu'elle circonscrit entre l'oeil et le front?

Devant le silence d'*Elle* et de *Lui*, et en présence des seules accusations proférées par Paul de Musset, il sied d'interroger Pagello. Son récit semble véridique et exempt de toute fatuité. Il parle des nuits qu'il a passées avec George Sand au chevet du poète: «Ces veillées n'étaient pas muettes, et les grâces, l'esprit élevé, la douce confiance que me montrait la Sand, m'enchaînaient à elle tous les jours, à toute heure et à chaque instant davantage.» Il se défend toutefois d'avoir fait les premiers aveux, et il déclare qu'il devenait rouge comme braise, quand elle lui demandait à quoi il pensait. Certain soir, elle se mit à écrire avec fougue, tandis qu'il parcourait un volume de Victor Hugo. Au bout d'une heure, elle posa la plume, parut longuement réfléchir la tête entre ses mains. «Puis, se levant, ajoute Pagello, elle me regarda fixement, saisit le feuillet où elle avait écrit et me dit: «C'est pour vous.»

Ils s'approchèrent du lit où Alfred de Musset dormait, et le docteur se retira, emportant le papier qu'il lut avec surprise. Etait-ce quelque page détachée d'un roman? Ou un fragment d'autobiographie? Il le demanda le lendemain à George Sand, en la priant d'indiquer à qui s'adressait et devait être remis ce morceau de prose passionnée.

—Au stupide Pagello,» écrivit-elle en travers du pli.

C'était, dans le style coloré et enflammé de *Lélia*, une véritable déclaration d'amour, intitulée «En Morée.» qui débutait ainsi:

«Nés sous des cieux différents, nous n'avons ni les mêmes pensées ni le même langage; avons-nous du moins des coeurs semblables? Le tiède et brumeux climat d'où je viens m'a laissé des impressions douces et mélancoliques: le généreux soleil qui a bruni ton front, quelles passions t'a-t-il données? Je sais aimer et souffrir, et toi, comment aimes-tu? L'ardeur de tes regards, l'étreinte violente de tes bras, l'audace de tes désirs me tentent et me font peur. Je ne sais ni combattre ta passion ni la partager. Dans mon pays on n'aime pas ainsi; je suis auprès de toi comme une pâle statue, je te regarde avec étonnement, avec désir, avec inquiétude.»

Elle continue, usant de ce don du développement qui lui est propre, et elle s'afflige de ne pas parler la même langue. Ce sont ensuite des questions singulièrement indiscrètes, qu'une femme ne pose pas, auxquelles un homme ne saurait répondre. Et voici la conclusion de ces pages, où le lyrisme romantique s'allie à de maladives curiosités qui devaient déconcerter le simple Pagello:

«Je ne sais ni ta vie passée, ni ton caractère, ni ce que les hommes qui te connaissent pensent de toi. Peut-être es-tu le premier, peut-être le dernier d'entre eux. Je t'aime sans savoir si je pourrai t'estimer, je t'aime parce que tu me plais, peut-être serai-je forcée de te haïr bientôt. Si tu étais un homme de ma patrie, je t'interrogerais et tu me comprendrais. Mais je serais peut-être plus malheureuse encore, car tu me tromperais. Toi, du moins, tu ne me tromperas pas, tu ne me feras pas de vaines promesses et de faux serments. Tu m'aimeras comme tu sais et comme tu peux aimer. Ce que j'ai cherché en vain dans les autres, je ne le trouverai peut-être pas en toi, mais je pourrai toujours croire que tu le possèdes. Les regards et les caresses d'amour qui m'ont toujours menti, tu me les laisseras expliquer à mon gré, sans y joindre de trompeuses paroles. Je pourrai interpréter ta rêverie et faire parler éloquemment ton silence. J'attribuerai à tes actions l'intention que je te désirerai. Quand tu me regarderas tendrement, je croirai que ton âme s'adresse à la mienne; quand tu regarderas le ciel, je croirai que ton intelligence remonte vers le foyer éternel dont elle émane.»

«Restons donc ainsi, n'apprends pas ma langue, je ne veux pas chercher dans la tienne les mots qui te diraient mes doutes et mes craintes. Je veux ignorer ce que tu fais de ta vie et quel rôle tu joues parmi les hommes. Je voudrais ne pas savoir ton nom, cache-moi ton âme, que je puisse toujours la croire belle!»

Obligé de comprendre l'appel de George Sand et d'y répondre, Pagello dut remettre au lendemain l'explosion de sa reconnaissance et de son enthousiasme. Lorsqu'il fit sa visite quotidienne à Alfred de Musset, il le trouva sensiblement mieux. «La Sand, dit-il, n'était pas là. Il y avait pourtant deux désirs contraires en moi: l'un qui haletait ardemment de la voir, l'autre qui aurait voulu la fuir; mais celui-ci perdait toujours à la loterie.»

Soudain George Sand entra, et, à long intervalle, Pagello la revoit, au plus profond de ses souvenirs, «introduisant sa petite main dans un gant d'une rare blancheur, vêtue d'une robe de satin couleur noisette, avec un petit chapeau de peluche orné d'une belle plume d'autruche ondoyante, avec une écharpe de cachemire aux grandes arabesques, d'un excellent et fin goût français. Je ne l'avais vue encore aussi élégamment parée et j'en demeurais surpris, lorsque s'avançant vers moi avec une grâce et une désinvolture enchanteresses, elle me dit: «Signor Pagello, j'aurais besoin de votre compagnie pour aller faire quelques petits achats, si cependant cela ne vous dérange pas.»

Les achats n'étaient qu'un prétexte pour le tête-à-tête. Elle eut tôt fait d'aborder le chapitre des confidences, de se plaindre du caractère et des procédés d'Alfred de Musset, et de manifester sa résolution de ne pas retourner avec lui en France. «Je vis alors mon sort, soupire Pagello, je n'en eus ni joie ni douleur, mais je m'y engouffrai les yeux fermés.» La promenade dura trois heures, et l'on ne fit aucune emplette. «Nous parlâmes comme tout le monde en pareil cas. C'étaient les variations accoutumées du verbe *je t'aime.*»

A moins que l'on ne révoque en doute l'authenticité de ce récit et de la «déclaration au stupide Pagello»—ce qui n'a jamais été tenté—il est acquis qu'au cours même de la maladie d'Alfred de Musset George Sand s'abandonnait à un autre amour. Fut-il d'abord platonique? Le docteur vénitien s'abstient de nous l'apprendre, et tout au contraire Paul de Musset produit une incrimination, qui serait accablante si elle était véridique. Il prétend que son frère lui aurait dicté, en décembre 1852, une relation dont il a transmis à sa soeur l'autographe et qui est l'équivalent de la scène fameuse de *Lui et Elle.* Edouard de Falconey, presque moribond, voyant sa maîtresse dans les bras du médecin qui le soignait, ce serait une tragique aventure de la vie réelle. Alfred de Musset, George Sand et Pagello en auraient été les acteurs.

Le témoignage de Paul de Musset semble entaché de ce que les jurisconsultes appellent la suspicion légitime,—disons tout net: la haine. D'autre part, George Sand a toujours protesté, notamment dans sa lettre du 6 février 1861 à Sainte-Beuve, contre «la saleté de cette accusation» d'avoir donné «le spectacle d'un nouvel amour sous les yeux d'un mourant.» Enfin, Alfred de Musset, qui a conservé une attitude si correcte et si digne au regard des événements de Venise, qui savait la violence du parti pris de son frère et qui la redoutait, ne peut pas lui avoir confié pour un usage posthume et perfide cette arme empoisonnée. Ne rendait-il point un délicat et chevaleresque hommage à George Sand, dès son retour à Paris, en écrivant à Sainte-Beuve le 27 avril 1834?

«J'ai à vous remercier, mon cher Sainte-Beuve, de l'intérêt que vous avez bien voulu prendre aux tristes circonstances qui m'ont forcé de quitter l'Italie. Buloz sort de chez moi maintenant, et j'apprends par lui que mon retour est interprété de plusieurs manières par certaines gens. Tant qu'il ne s'agit que de moi-même, je suis obligé d'avouer qu'un mépris naturel m'a toujours là-dessus tenu lieu de philosophie; mais je verrais avec le plus grand chagrin qu'on accusât madame Sand du plus léger tort à mon occasion, et surtout que de pareilles accusations pussent venir jusqu'à vous. Je sais que madame Sand tient à votre estime, et je mettrais autant d'empressement à la défendre auprès d'un homme capable de l'apprécier, que je mets d'orgueil à laisser parler les sots anonymes. Un mot de vous, à ce sujet, me ferait plaisir. J'ai pour madame Sand trop de respect et d'estime pour les renfermer en moi seul, et vous êtes un de ceux à qui je voudrais le plus possible les voir partager.

«Tout à vous de coeur.

«Alfred de MUSSET.»

S'il avait eu devant les yeux, quelques semaines auparavant, l'infâme trahison de sa maîtresse, Alfred de Musset n'aurait pas écrit cette lettre. L'ayant écrite, il ne désavouera pas les sentiments qu'il y traduit et dont on retrouve l'écho dans la *Confession d'un enfant du siècle*, il n'ira pas salir et déshonorer George Sand, en dictant à son frère Paul la page suivante, effroyablement accusatrice:

«Il y avait à peu près huit ou dix jours que j'étais malade à Venise. Un soir, Pagello et George Sand étaient assis près de mon lit. Je voyais l'un, je ne voyais pas l'autre, et je les entendais tous les deux. Par instants, les sons de leurs voix me paraissaient faibles et lointains; par instants, ils résonnaient dans ma tête avec un bruit insupportable.

«Je sentais des bouffées de froid monter du fond de mon lit, une vapeur glacée, comme il en sort d'une cave ou d'un tombeau, me pénétrer jusqu'à la moelle des os. Je conçus la pensée d'appeler, mais je ne l'essayai même pas, tant il y avait loin du siège de ma pensée aux organes qui auraient dû l'exprimer. A l'idée qu'on pouvait me croire mort et m'enterrer avec ce reste de vie réfugié dans mon cerveau, j'eus peur; et il me fut impossible d'en donner aucun signe. Par bonheur, une main, je ne sais laquelle, ôta de mon front la compresse d'eau froide, et je sentis un peu de chaleur.

«J'entendis alors mes deux gardiens se consulter sur mon état. Ils n'espéraient plus me sauver. Pagello s'approcha du lit et me tâta le pouls. Le mouvement qu'il me fit faire était si brusque pour ma pauvre machine que je souffris comme si on m'eût écartelé. Le médecin ne se donna pas la peine de poser doucement mon bras sur le lit. Il le jeta comme une chose inerte, me croyant mort ou à peu près. A cette secousse terrible, je sentis toutes mes fibres se rompre à la fois; j'entendis un coup de tonnerre dans ma tête et je m'évanouis. Il se passa ensuite un long temps. Est-ce le même jour ou le lendemain que je vis le tableau suivant, c'est ce que je ne saurais dire aujourd'hui. Quoi qu'il en soit, je suis certain d'avoir aperçu ce tableau que j'aurais pris pour une vision de malade, si d'autres preuves et des aveux complets ne m'eussent appris que je ne m'étais pas trompé. En face de moi, je voyais une femme assise sur les genoux d'un homme. Elle avait la tête renversée en arrière. Je n'avais pas la force de soulever ma paupière pour voir le haut de ce groupe, où la tête de l'homme devait se trouver. Le rideau du lit me dérobait aussi une partie du groupe; mais cette tête que je cherchais vint d'elle-même se poser dans mon rayon visuel. Je vis les deux personnes s'embrasser. Dans le premier moment, ce tableau ne me fit pas une vive impression. Il me fallut une minute pour comprendre cette révélation: mais je compris tout à coup et je poussai un léger cri. J'essayai alors de tourner ma tête sur l'oreiller et elle tourna. Ce succès me rendit si joyeux, que j'oubliai mon indignation et mon horreur et que j'aurais voulu pouvoir appeler mes gardiens pour leur crier: «Mes amis, je suis vivant!» Mais je songeai qu'ils ne s'en réjouiraient pas et je les regardai fixement. Pagello s'approcha de moi, me regarda et dit: «Il va mieux. S'il continue ainsi, il est sauvé!» Je l'étais en effet.

«C'est, je crois, le même soir, ou le lendemain peut-être, que Pagello s'apprêtait à sortir lorsque George Sand lui dit de rester et lui offrit de prendre le thé avec elle. Pagello accepta la proposition. Il s'assit et causa gaiement. Ils se parlèrent ensuite à voix basse, et j'entendis qu'ils projetaient d'aller dîner ensemble en gondole à Murano. «—Quand donc, pensais-je, iront-ils dîner ensemble à Murano? Apparemment quand je serai enterré.» Mais je songeai que les dîneurs comptaient sans leur hôte. En les regardant prendre leur thé, je m'aperçus qu'ils buvaient l'un après l'autre dans la même tasse. Lorsque ce fut fini, Pagello voulut sortir. George Sand le reconduisit. Ils passèrent derrière un paravent, et je soupçonnai qu'ils s'y embrassaient. George Sand prit ensuite une lumière pour éclairer Pagello. Ils restèrent quelque temps ensemble sur l'escalier. Pendant ce temps-là, je réussis à soulever mon corps sur mes mains tremblantes. Je me mis *à quatre pattes* sur le lit. Je regardai la table de toute la force de mes yeux. Il n'y avait qu'une tasse! Je ne m'étais pas trompé. Ils étaient amants! Cela ne pouvait plus souffrir l'ombre d'un doute. J'en savais assez. Cependant je trouvai encore le moyen de douter; tant j'avais de répugnance à croire une chose si horrible!»

Ce n'est pas seulement le doute, c'est une parfaite incrédulité que nous inspire le récit de Paul de Musset. Il ne revêt aucun caractère de vraisemblance. Il se produit après la mort du poète, qui par tous ses actes, par toutes ses lettres, l'a implicitement démenti. Il est rédigé en des termes déclamatoires et mélodramatiques qui ne sont pas le style d'Alfred de Musset. Il est inconciliable avec l'impression qu'Alfred Tattet rapportait de Venise, avec la plus élémentaire pudeur féminine, avec ce respect dû à la mort qui plane au-dessus du lit d'un être qu'on a aimé. George Sand a pu reprendre sa liberté et se détacher de Musset, convalescent et guéri. Il est impossible qu'elle l'ait trahi quand il était au seuil de l'agonie.

Toutefois entre le poète et sa maîtresse, à la suite des explications orageuses précédemment accumulées, était survenu ce que M. Paul Bourget a appelé «l'irréparable.» George Sand avait admirablement soigné l'*ami* malade; elle était incapable de pardonner à l'*amant* qui l'avait offensée. Sur ce point, elle donne de son caractère une analyse bien pénétrante dans une sorte de confession adressée à Pagello: «Quand je vois les torts recommencer après les larmes, le repentir qui vient après ne me semble plus qu'une faiblesse. Tu me commandes d'être généreuse. Je le serai; mais je crains que cela ne nous rende encore plus malheureux tous les trois... Tant que j'aime, il m'est impossible d'injurier ce que j'aime, et quand j'ai dit une fois *je ne vous aime plus*, il est impossible à mon coeur de rétracter ce qu'a prononcé ma bouche. C'est là, je crois, un mauvais caractère; je suis orgueilleuse et dure. Sache cela, mon enfant, et ne m'offense jamais. Je ne suis pas généreuse, ma conscience me force à te le dire. Ma conduite peut être magnanime, mon coeur ne peut pas être miséricordieux. Je suis trop bilieuse, ce n'est pas ma faute. Je puis servir encore Alfred par devoir et par honneur, mais lui pardonner par amour ce m'est impossible.»

Vient ensuite l'hymne d'adoration qu'elle dédie à Pagello, comme à l'idole vers qui tendent ses désirs et ses extases:

«Es-tu sûr que je sois digne d'un coeur aussi noble que le tien? Je suis si exigeante et si sévère, ai-je bien le droit d'être ainsi? Mon coeur est-il pur comme l'or pour demander un amour irréprochable? Hélas! j'ai tant souffert, j'ai tant cherché cette perfection sans la rencontrer! Est-ce toi, est-ce enfin toi, mon Pietro, qui réaliseras mon rêve? Je le crois, et jusqu'ici je te vois grand comme Dieu. Pardonne-moi d'avoir peur quelquefois. C'est quand je suis seule et que je songe à mes maux passés que le doute et le découragement s'emparent de moi.

«Quand je vois ta figure honnête et bonne, ton regard tendre et sincère, ton front pur comme celui d'un enfant, je me rassure et ne songe plus qu'au plaisir de te regarder. Tes paroles sont si belles et si bonnes! tu parles une langue si mélodieuse, si nouvelle à mes oreilles et à mon âme! Tout ce que tu penses, tout ce que tu fais est juste et saint. Oui, je t'aime, c'est toi que j'aurais dû toujours aimer. Pourquoi t'ai-je rencontré si tard, quand je ne t'apporte plus qu'une beauté flétrie par les années et un coeur usé par les déceptions?—Mais non, mon coeur n'est pas usé. Il est sévère, il est méfiant, il est inexorable, mais il est fort, ce passionné. Jamais je n'ai mieux senti sa vigueur et sa jeunesse que la dernière fois que tu m'as couverte de tes caresses.

»Oui, je peux encore aimer. Ceux qui disent que non en ont menti. Il n'y a que Dieu qui puisse me dire: «Tu n'aimeras plus».—Et je sens bien qu'il ne l'a pas dit. Je sens bien qu'il ne m'a pas retiré le feu du ciel; et que, plus je suis devenue ambitieuse en amour, plus je suis devenue capable d'aimer celui qui satisfera mon ambition. C'est toi, oui, c'est toi. Reste ce que tu es à présent, n'y change rien. Je ne trouve rien en toi qui ne me plaise et ne me satisfasse. *C'est la première fois que j'aime sans souffrir au bout de trois jours.* Reste mon Pagello, avec ses gros baisers, son air simple, son sourire de jeune fille, ses caresses, son grand gilet, son regard doux… Oh! quand serai-je ici seule au monde avec toi? Tu m'enfermeras dans ta chambre et tu emporteras la clef quand tu sortiras, afin que je ne voie, que je n'entende rien que toi, et tu…

»Etre heureuse un an et mourir. Je ne demande que cela à Dieu et à toi. Bonsoir, *mio Piero*, mon bon cher ami, je ne pense plus à mes chagrins quand je parle avec toi. Pourtant mentir toujours est bien triste. Cette dissimulation m'est odieuse. Cet amour si mal payé, si déplorable, qui agonise entre moi et Alfred, sans pouvoir recommencer ni finir, est un supplice. Il est là devant moi comme un mauvais présage pour l'avenir et semble me dire, à tout instant: «Voilà ce que devient l'amour.» Mais non, mais non, je ne veux pas le croire, je veux espérer, croire en toi seul, t'aimer en dépit de tout et en dépit de moi-même. Je ne le voulais pas. Tu m'y as forcée. Dieu aussi l'a voulu. Que ma destinée s'accomplisse!»

Tel est l'aveu que nous recueillons sur les lèvres mêmes de George Sand, tels sont les torts qui lui peuvent être reprochés. Ils furent assez graves pour qu'on n'aille pas en chercher d'imaginaires. Or, Paul de Musset a jeté dans la circulation et livré à la sottise humaine des griefs où le ridicule le dispute à l'odieux. Comme le malade parlait et se plaignait—est-ce plausible?—de l'ignoble spectacle qu'il pensait avoir eu devant les yeux, *on*—est-ce George Sand ou Pagello?—l'aurait menacé de l'enfermer dans une maison de santé, en tant qu'atteint de folie. Elle aurait fait cela, l'admirable garde-malade qui n'avait pas quitté son chevet? Et voilà les énormités, les absurdités, les mensonges que Paul de Musset tente audacieusement d'accréditer! Il va jusqu'à prétendre que son frère lui aurait dicté un autre récit dont il faut noter l'invraisemblable, l'extravagante teneur:

«Je m'expliquai un soir avec George Sand. Elle nia effrontément ce que j'avais vu et entendu et me soutint que tout cela était une invention de la fièvre. Malgré l'assurance dont elle faisait parade, elle craignait qu'en présence de Pagello il lui devint impossible de nier, et elle voulut le prévenir, probablement même lui dicter les réponses qu'il devrait me faire lorsque je l'interrogerais. Pendant la nuit, je vis de la lumière sous la porte qui séparait nos deux chambres. Je mis ma robe de chambre et j'entrai chez George. Un froissement m'apprit qu'elle cachait un papier dans son lit. D'ailleurs elle écrivait sur ses genoux et l'encrier était sur sa table de nuit. Je n'hésitai pas à lui dire que je savais qu'elle écrivait à Pagello et que je saurais bien déjouer ses manoeuvres. Elle se mit dans une colère épouvantable et me déclara que si je continuais ainsi, je ne sortirais jamais de Venise. Je lui demandai comment elle m'en empêcherait. «En vous faisant enfermer dans une maison de fous,» me répondit-elle. J'avoue que j'eus peur. Je rentrai dans ma chambre sans oser répliquer. J'entendis George Sand se lever, marcher, ouvrir la fenêtre et la refermer. Persuadé qu'elle avait déchiré sa lettre à Pagello et jeté les morceaux par la fenêtre, j'attendis le point du jour et je descendis en robe de chambre dans la ruelle. La porte de la maison était ouverte, ce qui m'étonna beaucoup. Je regardai dans la rue et j'aperçus une femme en jupon enveloppée d'un châle. Elle était courbée. Elle cherchait quelque chose à terre. Le vent était glacial. Je frappai sur l'épaule de la chercheuse, lui disant, comme dans le *Majorat*: «George, George, que viens-tu faire ici à cette heure? Tu ne retrouveras pas les morceaux de ta lettre. Le vent les a balayés; mais ta présence ici me prouve que tu avais écrit à Pagello.»

«Elle me répondit que je ne coucherais pas ce soir dans mon lit; qu'elle me ferait arrêter tout à l'heure; et elle partit en courant. Je la suivis le plus vite que je pus. Arrivée au Grand-Canal, elle sauta dans une gondole, en criant au gondolier d'aller au Lido; mais je m'étais jeté dans la gondole, à côté d'elle, et nous partîmes ensemble. Elle n'ouvrit pas la bouche pendant le voyage. En débarquant au Lido, elle se remit à courir, sautant de tombe en tombe dans le cimetière des Juifs. Je la suivais et je sautais comme elle. Enfin elle s'assit épuisée sur une pierre sépulcrale. De rage et de dépit, elle se mit à pleurer: «A votre place, lui dis-je, je renoncerais à une entreprise impossible. Vous ne réussirez pas à joindre Pagello sans moi et à me faire enfermer avec les fous. Avouez plutôt que vous êtes une c…—Eh bien! oui, répondit-elle.—Et une désolée c…,» ajoutai-je.—Et je la ramenai vaincue à la maison.»

Qui accordera créance à cette grotesque anecdote? Paul de Musset passe la mesure en proposant de telles niaiseries à la crédulité du lecteur. Au vrai, les événements suivirent un cours plus simple. Jusqu'au 22 mars, George Sand et Alfred de Musset devaient partir ensemble de Venise. Sept jours plus tard, le poète reprit seul la route de France. Il était survenu, dans l'intervalle, un incident que la *Confession d'un enfant du siècle* nous aide à comprendre. George Sand avait spontanément confessé son inclination croissante, son amour pour Pagello. Musset voulut être héroïque. Non seulement il refusa d'entraver cette tendresse, mais il y donna son consentement et comme sa bénédiction. Dans une nuit d'extase, il unit leurs mains en s'écriant: «Vous vous aimez, et vous m'aimez pourtant; vous m'avez sauvé, âme et corps.» Et ils s'aimèrent, effectivement, plus qu'à la manière mystique, en Alfred de Musset, leur enfant d'adoption. Pagello célèbre avec elle *il nostro amore per Alfredo*. Il y eut là une triple déviation du sens moral.

Ces émotions, toutefois, et la surexcitation qui en résultait étaient funestes à la convalescence d'Alfred de Musset. Il fallait qu'il s'éloignât. Son immolation n'avait pas supprimé son amour. Le 29 mars, il fit viser son passeport. George Sand avait vainement essayé de le retenir; car il courait la ville, échappant à la surveillance de son gondolier pour entrer dans les tavernes. Il avait quitté le domicile commun, sans doute afin de se soustraire au spectacle du bonheur de Pagello, et il écrivait à George Sand, au moment du départ: «Adieu, mon enfant, je pense que tu resteras ici et que tu m'enverras l'argent par Antonio[9]. Quelle que soit ta haine ou ton indifférence pour moi, si le baiser d'adieu que je t'ai donné aujourd'hui est le dernier de ma vie, il faut que tu saches qu'au premier pas que j'ai fait dehors avec la pensée que je t'avais perdue pour toujours, j'ai senti que j'avais mérité de te perdre, et que rien n'est trop dur. Mais s'il t'importe peu de savoir si ton souvenir me reste ou non, il m'importe à moi aujourd'hui que ton spectre s'efface déjà et s'éloigne devant moi, de te dire que rien d'impur ne restera dans le sillon de ma vie où tu as passé, et que celui qui n'a pas su t'honorer quand il te possédait peut encore y voir clair à travers ses larmes, et t'honorer dans son coeur, où ton image ne mourra jamais. Adieu, mon enfant.»

[Note 9: Un jeune perruquier qui accompagna Musset à Paris.]

Sur le verso de cette lettre apportée par un gondolier, George Sand écrivit au crayon la réponse suivante:

«*Al signor A. de Musset.*

«Non, ne pars pas comme ça! Tu n'es pas assez guéri, et Buloz ne m'a pas encore envoyé l'argent qu'il faudrait pour le voyage d'Antonio. Je ne veux pas que tu partes seul. Pourquoi se quereller, mon Dieu? Ne suis je pas toujours le frère George, l'ami d'autrefois?»

Alfred de Musset s'obstina à partir. Il avait annoncé à sa mère son arrivée en ces termes: «Je vous apporterai un corps malade, une âme abattue, un coeur en sang, mais qui vous aime encore.» Cependant George Sand et Pagello, désireux de lui offrir un petit souvenir, s'étaient cotisés et lui avaient acheté un portefeuille qu'ils ornèrent de deux dédicaces. Sur la première page il y avait: «A son bon camarade, frère et ami, sa maîtresse, George. Venise, 28 mars 1834. «Quel étrange amalgame de mots! Et sur la page 72 et dernière était écrit: «*Pietro Pagello raccomanda M. Alfred de Musset a Pietro Pinzio, a Vicenzo Stefanelli, à Aggiunta, ingegneri.*» Le poète, ainsi lesté de recommandations, avait son congé et sa lettre de voyage. Il s'éloigna avec Antonio, accompagné jusqu'à Mestre par George Sand qui prétend qu'au retour elle voyait tous les objets, particulièrement les ponts, à l'envers. Encore qu'elle ne l'avoue pas, elle ressentait comme une impression de soulagement, de délivrance. Loin de ses enfants, séparée d'Alfred de Musset, elle va pouvoir travailler et aimer. Auprès de ce Pagello qui lui donne la quiétude au sortir des grands orages de la passion romantique, elle écrira abondamment pour la *Revue des Deux Mondes*, et composera, en recueillant et distillant ses émotions, ce chef-d'oeuvre de description et d'analyse, les *Lettres d'un Voyageur*.

CHAPITRE XI

LES ROMANS DE VENISE

Après le départ d'Alfred de Musset, la vie de George Sand semble se dédoubler. Par intervalles, son imagination suit le poète sur la route de France, et le reste du temps elle est à Pagello ou à sa tâche opiniâtre, infatigable, pour alimenter de romans la *Revue* de Buloz. «J'en suis arrivée, écrit-elle à son frère Hippolyte, à travailler, sans être malade, treize heures de suite, mais, en moyenne, sept ou huit heures par jour, bonne ou mauvaise soit la besogne. Le travail me rapporte beaucoup d'argent et me prend beaucoup de temps, que j'emploierais, si je n'avais rien à faire, à avoir le spleen, auquel me porte mon tempérament bilieux.» N'éprouvait-elle, dans ses moments de loisir et de méditation, aucun scrupule d'avoir confié, à peine convalescent, aux soins d'un garçon perruquier, le poète avec qui elle avait entrepris ce voyage et qu'elle délaissait pour demeurer auprès du docteur Pagello? Elle explique et cherche à justifier sa conduite dans une lettre à Jules Boucoiran, du 6 avril 1834[10]: «Alfred est parti pour Paris sans moi, et je vais rester ici quelques mois encore. Vous savez les motifs de cette séparation. De jour en jour elle devenait plus nécessaire, et il lui eût été impossible de faire le voyage avec moi sans s'exposer à une rechute... La poitrine encore délicate lui prescrivait une abstinence complète, mais ses nerfs, toujours irrités, lui rendaient les privations insupportables. Il a fallu mettre ordre à ces dangers et à ces souffrances et nous diviser aussitôt que possible. Il était encore bien délicat pour entreprendre ce long voyage, et je ne suis pas sans inquiétude sur la manière dont il le supportera. Mais il lui était plus nuisible de rester que de partir, et chaque jour consacré à attendre le retour de sa santé le retardait au lieu de l'accélérer. Il est parti *enfin* sous la garde d'un domestique très soigneux et très dévoué. Le médecin m'a répondu de sa poitrine en tant qu'il la ménagerait. Je ne suis pas bien tranquille, j'ai le coeur bien déchiré, mais j'ai fait ce que je devais. Nous nous sommes quittés peut-être pour quelques mois, peut-être pour toujours. Dieu sait maintenant ce que deviendront ma tête et mon coeur. Je me sens de la force pour vivre, pour travailler, pour souffrir. La manière dont je me suis séparée d'Alfred m'en a donné beaucoup. Il m'a été doux de voir cet homme, si athée en amour, si incapable (à ce qu'il m'a semblé d'abord) de s'attacher à moi sérieusement, devenir bon, affectueux et plus loyal de jour en jour. Si j'ai quelquefois souffert de la différence de nos caractères et surtout de nos âges, j'ai eu encore plus souvent lieu de m'applaudir des autres rapports qui nous attachaient l'un à l'autre. Il y a en lui un fonds de tendresse, de bonté et de sincérité qui doivent le rendre adorable à tous ceux qui le connaîtront bien et qui ne le jugeront pas sur des actions légères. S'il conservera de l'amour pour moi, j'en doute, et je n'en doute pas. C'est-à-dire que ses sens et son caractère le porteront à se distraire avec d'autres femmes, mais son coeur me sera fidèle, je le sais, car personne ne le comprendra mieux que moi et ne saura mieux s'en faire entendre. Je doute que nous redevenions amants. Nous ne nous sommes rien promis l'un à l'autre sous ce rapport, mais nous nous aimerons toujours et les plus doux moments de notre vie seront ceux que nous pourrons passer ensemble. Il m'a promis de m'écrire durant son voyage et après son arrivée.»

[Note 10: Cette lettre a été mutilée dans la *Correspondance*, I, 265-269.]

Cette correspondance, partiellement inédite en ce qui concerne les lettres d'Alfred de Musset, est du plus vif intérêt sentimental et littéraire. Elle indique quelles impressions et quelles émotions subsistaient dans ces cerveaux et ces coeurs douloureusement dissociés. Voici, d'abord, un billet du voyageur à la première étape de sa route, qui témoigne quelle influence George Sand conservait sur lui, même à distance et après toute l'amertume de la séparation: «Tu m'as dit de partir, et je suis parti; tu m'as dit de vivre, et je vis. Nous nous sommes arrêtés à Padoue; il était huit heures du soir, et j'étais fatigué. Ne doute pas de mon courage. Ecris-moi un mot à Milan, frère chéri, George bien-aimé.»

Dès le lendemain du départ, le dimanche 30 mars, George Sand adressait de Trévise, où elle s'était rendue avec Pagello, une lettre à Alfred de Musset, poste restante à Milan. Elle avait d'abord conçu le projet—du moins elle l'affirme—de le rejoindre à Vicence, pour savoir comment s'était écoulée la première et triste journée. Elle se fit violence et resta auprès de son médecin. «J'ai senti, dit-elle, que je n'aurais pas le courage de passer la nuit dans la même ville que toi sans aller t'embrasser encore le matin. J'en mourais d'envie.» Mais elle a craint de l'émouvoir outre mesure, et elle préfère que leurs attendrissements s'échangent par correspondance. «Un voyage si long, s'écrie-t-elle, et toi si faible encore! Mon Dieu! mon Dieu! Je prierai Dieu du matin au soir, j'espère qu'il m'entendra… Ne t'inquiète pas de moi. Je suis forte comme un cheval, mais ne me dis pas d'être gaie et tranquille. Cela ne m'arrivera pas de si tôt. Pauvre ange, comment auras-tu passé cette nuit? J'espère que la fatigue t'aura forcé de dormir. Sois sage et prudent et bon, comme tu me l'as promis… Adieu, adieu, mon ange, que Dieu te protège, te conduise et te ramène un jour ici, si j'y suis. Dans tous les cas, certes, je te verrai aux vacances, avec quel bonheur alors! Comme nous nous aimerons bien! n'est-ce pas, n'est-ce pas, mon petit frère, mon enfant? Ah! qui te soignera, et qui soignerai-je? Qui aura besoin de moi, et de qui voudrai-je prendre soin désormais? Comment me passerai-je du bien et du mal que tu me faisais? Puisses-tu oublier les souffrances que je t'ai causées et ne te rappeler que les bons jours, le dernier surtout, qui me laissera un baume dans le coeur et en soulagera la blessure! Adieu, mon petit oiseau. Aime toujours ton pauvre vieux George.»

Cependant, avant de clore sa lettre, elle cède à la tentation de lui parler de l'*autre*. Etait-ce un sujet qui devait agréer au voyageur et le réconforter? Peu importe! Il faut qu'elle entretienne l'absent de celui qui occupe ses regards et sa pensée:

«Je ne te dis rien de la part de Pagello, sinon qu'il te pleure presque autant que moi.» Or, si nous comprenons les larmes de Musset, voire même de George Sand, celles de Pagello sont moins explicables. N'est-il pas, pour le moment, le plus heureux des trois?

De Genève, Alfred de Musset répond, le 4 avril. Il envoie sa lettre à M. Pagello, docteur-médecin, pharmacie Ancillo, pour remettre à madame Sand. «Mon George chéri, écrit-il, je t'ai laissée bien lasse, bien épuisée de ces deux mois de chagrins; tu me l'as dit d'ailleurs, tu as bien des choses à me dire. Dis-moi surtout que tu es tranquille, que tu seras heureuse; tu sais que j'ai très bien supporté la route; Antonio doit t'avoir écrit. Je suis fort bien portant, presque heureux. Te dirai-je que je n'ai pas souffert, que je n'ai pas pleuré bien des fois dans ces tristes nuits d'auberges? Ce serait me vanter d'être une brute, et tu ne me croirais pas.

«Je t'aime encore d'amour, George; dans quatre jours il y aura trois cents lieues entre nous, pourquoi ne parlerais-je pas franchement? A cette distance-là, il n'y a plus ni violences ni attaques de nerfs. Je t'aime, je te sais auprès d'un homme que tu aimes, et cependant je suis tranquille. Les larmes coulent abondamment sur mes mains, tandis que je t'écris; mais ce sont les plus douces, les plus chères larmes que j'aie versées. Je suis tranquille; ce n'est pas un enfant épuisé de fatigue qui te parle ainsi. J'atteste le soleil que j'y vois aussi clair dans mon coeur que lui dans son orbite. Je n'ai pas voulu t'écrire avant d'être sûr de moi; il s'est passé tant de choses dans cette pauvre tête! De quel rêve étrange je m'éveille!

«Ce matin, je courais les rues de Genève en regardant les boutiques; un gilet neuf, une belle édition d'un livre anglais, voilà ce qui attirait mon attention. Je me suis aperçu dans une glace, j'ai reconnu l'enfant d'autrefois. Qu'avais-tu donc fait, ma pauvre amie? C'était là l'homme que tu voulais aimer! Tu avais dix ans de souffrance dans le coeur, tu avais depuis dix ans une soif inextinguible de bonheur, et c'était là le roseau sur lequel tu voulais t'appuyer! Toi, m'aimer! Mon pauvre George, cela m'a fait frémir. Je t'ai rendue si malheureuse! Et quels malheurs plus terribles n'ai-je pas encore été sur le point de te causer! Je le verrai longtemps, mon George, ce visage pâli par les veilles, qui s'est penché dix-huit nuits sur mon chevet, je te verrai longtemps dans cette chambre funeste où tant de larmes ont coulé. Pauvre George, pauvre chère enfant! Tu t'étais trompée, tu t'es crue ma maîtresse, tu n'étais que ma mère. Le ciel nous avait faits l'un pour l'autre; nos intelligences, dans leur sphère élevée, se sont reconnues comme deux oiseaux des montagnes;

elles ont volé l'une vers l'autre; mais l'étreinte a été trop forte. C'est un inceste que nous commettions.

«Eh bien! mon unique amie, j'ai été presque un bourreau pour toi, du moins dans ces derniers temps. Je t'ai fait beaucoup souffrir; mais, Dieu soit loué, ce que je pouvais faire de pis encore, je ne l'ai pas fait. Oh! mon enfant, tu vis, tu es belle, tu es jeune, tu te promènes sous le plus beau ciel du monde, appuyée sur un homme dont le coeur est digne de toi. Brave jeune homme! Dis-lui combien je l'aime, et que je ne puis retenir mes larmes en pensant à lui. Eh bien! je ne t'ai donc pas dérobée à la Providence, je n'ai donc pas détourné de toi la main qu'il te fallait pour être heureuse! J'ai fait peut-être, en te quittant, la chose la plus simple du monde, mais je l'ai faite; mon coeur se dilate malgré mes larmes; j'emporte avec moi deux étranges compagnes, une tristesse et une joie sans fin. Quand tu passeras le Simplon, pense à moi, George. C'était la première fois que les spectres éternels des Alpes se levaient devant moi, dans leur force et dans leur calme. J'étais seul dans le cabriolet, je ne sais comment rendre ce que j'ai éprouvé. Il me semblait que ces géants me parlaient de toutes les grandeurs sorties de la main de Dieu. «Je ne suis qu'un enfant, me suis-je écrié, mais j'ai deux grands amis, et ils sont heureux.»

«Ecris-moi, mon George: sois sûre que je vais m'occuper de tes affaires. Que mon amitié ne te soit jamais importune; respecte-la, cette amitié plus ardente que l'amour; c'est tout ce qu'il y a de bon en moi. Pense à cela, c'est l'ouvrage de Dieu; tu es le fil qui me rattache à lui; pense à la vie qui m'attend.»

George Sand recevait ces lettres enflammées des mains de Pagello et les lisait avec lui; car elle habitait à San-Fantino un petit logement, séparé seulement par une salle de l'appartement du médecin. Elle répond à Alfred de Musset, le 15 avril, sur le même ton passionné, avec cette nuance de sollicitude maternelle qui donne à l'amour un caractère fâcheux et équivoque: «Que j'aie été ta maîtresse ou ta mère, peu importe, que je t'aie inspiré de l'amour ou de l'amitié, que j'aie été heureuse ou malheureuse avec toi, tout cela ne change rien à l'état de mon âme à présent. Je sais que je t'aime, et c'est tout. Veiller sur toi, te préserver de tout mal, de toute contrariété, t'entourer de distractions et de plaisirs, voilà le besoin et le regret que je sens depuis que je t'ai perdu. Pourquoi cette tâche si douce, et que j'aurais remplie avec tant de joie, est-elle devenue peu à peu si amère et puis tout à coup impossible? Quelle fatalité a changé en poison les remèdes que je t'offrais? Pourquoi, moi qui aurais donné tout mon sang pour te donner une nuit de repos et de calme, suis-je devenue pour toi un tourment, un fléau, un spectre? Quand ces affreux souvenirs m'assiègent (et à quelle heure me laissent-ils en paix?) je deviens presque folle. Je couvre mon oreiller de mes larmes, j'entends ta voix m'appeler dans le silence de la nuit. Qu'est-ce qui m'appellera à présent? qui est-ce qui aura besoin de mes veilles? à quoi emploierai-je la force que j'ai amassée pour toi, et qui maintenant se tourne contre moi-même? Oh! mon enfant! mon enfant! que j'ai besoin de ta tendresse et de ton pardon!»

Elle l'invite alors à quelque union surnaturelle de l'intelligence et du coeur; elle lui propose de se guérir mutuellement par une affection sainte. «Nos caractères, dit-elle, plus âpres, plus violents que ceux des autres, nous empêchaient d'accepter la vie des amants ordinaires. Mais nous sommes nés pour nous connaître et pour nous aimer, sois-en sûr. Sans ta jeunesse et la faiblesse que tes larmes m'ont causée un matin, nous serions restés frère et soeur. Nous savions que cela nous convenait, nous nous étions prédit les maux qui nous sont arrivés. Eh bien! qu'importe, après tout? Nous avons passé par un rude sentier, mais nous sommes arrivés à la hauteur où nous devions nous reposer ensemble.» Et elle conclut qu'en renonçant l'un à l'autre ils se lient pour l'éternité. O paradoxe! ô chimère!

Tout à coup George Sand change de ton, descend des sommets de l'amour dans la simplicité de l'existence quotidienne. Il lui plaît de rassurer Musset, en accumulant des détails sur l'emploi de son temps. On peut douter qu'ils soient conformes à la vérité. Elle ment pour endormir les inquiétudes de l'absent: «Je vis à peu près seule. Rebizzo vient me voir une demi-heure le matin. Pagello vient dîner avec moi et me quitte à huit heures. Il est très occupé de ses malades.» Elle raconte ensuite les mésaventures amoureuses du beau docteur, poursuivi, relancé par une ancienne maîtresse, l'Arpalice, une véritable furie. «Cette femme, dit-elle, vient me demander de les réconcilier; je ne peux pas faire autrement, quoique je sente bien que je leur rends à l'un et à l'autre un assez mauvais service. Pagello est un ange de vertu et mériterait d'être heureux… Je passe avec lui les plus doux moments de ma journée à parler de toi. Il est si sensible et si bon, cet homme! Il comprend si bien ma tristesse, il la respecte si religieusement! C'est un muet qui se ferait couper la tête pour moi. Il m'entoure de soins et d'attentions dont je ne me suis jamais fait l'idée. Je n'ai pas le temps de former un souhait, il devine toutes les choses matérielles qui peuvent servir à me rendre la vie meilleure.»

Pour compléter l'idylle et occuper les moments où Pagello est retenu par sa clientèle et par l'Arpalice, George Sand a un autre compagnon dont Alfred de Musset ne prendra pas ombrage, non plus que Catulle du moineau de Lesbie. «J'ai, dit-elle, un ami intime qui fait mes délices et que tu aimerais à la folie. C'est un sansonnet familier que Pagello a tiré un matin de sa poche et qu'il a mis sur mon épaule. Figure-toi l'être le plus insolent, le plus poltron, le plus espiègle, le plus gourmand, le plus extravagant. Je crois que l'âme de Jean Kreyssler est passée dans le corps de cet animal. Il boit de l'encre, il mange le tabac de ma pipe tout allumée; la fumée le réjouit beaucoup et, tout le temps que je fume, il est perché sur le bâton et se penche amoureusement vers la capsule fumante. Il est sur mon genou ou sur mon pied quand je travaille; il m'arrache des mains tout ce que je mange; il foire sur le *bel vestito* de Pagello. Enfin c'est un animal charmant. Bientôt il parlera; il commence à essayer le nom de George.»

Elle tient également Alfred de Musset au courant de ses travaux littéraires; car il est chargé de négocier avec Buloz, qui réclame sans cesse de la copie et ne se hâte pas d'envoyer de l'argent. Avant de quitter Paris, elle a livré à la *Revue* le *Secrétaire intime*, oeuvre faite à la hâte, qui nous montre la princesse Cavalcanti rencontrant sur les grandes routes le jeune comte de Saint-Julien et l'attachant à sa personne. Durant les six mois de séjour à Venise, la production de George Sand est particulièrement abondante. Ce sont des nouvelles, comme *Mattea*, histoire de la fille du marchand de soieries, Zacomo Spada, qui devient amoureuse du Turc Abul. C'est *Leone Leoni*, composé en huit jours. Le dessein de l'auteur fut de faire de Manon Lescaut un homme, de Des Grieux une femme. On réputa dangereux cet ouvrage qui nous présente un aventurier enlevant une jeune fille, vivant de jeu et de vol, sachant malgré tout se faire aimer de la malheureuse et la soumettant à son empire. Une partie du roman se passe à Venise, où il fut écrit durant le carnaval. George Sand a étrangement idéalisé le misérable Leoni et tristement ravalé l'infortunée Juliette qu'il tâche de vendre à son ami lord Edwards et qu'il oblige à demeurer chez sa maîtresse, une princesse Zagarolo, riche et phtisique, qui l'a institué son héritier. Et Juliette se résigne, par une monstrueuse bassesse d'amour. «J'avais fini, avoue-t-elle, par m'habituer à voir leurs baisers et à entendre leurs fadeurs sans en être révoltée.» En dépit des avanies qu'il lui faut subir, elle ne peut briser la chaîne qui l'attache à Leoni. «C'est le boulet qui accouple les galériens, mais c'est la main de Dieu qui l'a rivé.»

André, que George Sand avait commencé avant le départ d'Alfred de Musset, est une étude de moeurs provinciales, telle qu'elle avait pu les observer à La Châtre. «C'est, dit la préface de 1851, au sein de la belle Venise, au bruit des eaux tranquilles que soulève la rame, au son des guitares errantes, et en face des palais féeriques qui partout projettent leur ombre sur les canaux les plus étroits et les moins fréquentés, que je me rappelai les rues sales et noires, les maisons déjetées, les pauvres toits moussus, et les aigres concerts de coqs, d'enfants et de chats de ma petite ville.» L'intrigue est menue: c'est l'histoire des amours du jeune comte André de Morand avec la grisette—comme on disait alors—Geneviève, ouvrière en fleurs artificielles. La grisette, selon la définition des dictionnaires, était et est peut-être encore une fille de condition modeste, de moeurs accueillantes, mais non vénales. Telle la Mimi Pinson d'Alfred de Musset ou l'héroïne favorite d'Henri Murger en la bohême du quartier latin. André est un personnage romantique, voué à l'idéalisme, et qui poursuit la réalisation de son rêve en une «belle chercheuse de bluets.» Geneviève lui apparaît, la première fois, habillée de blanc, avec un petit châle couleur arbre de Judée et un mince chapeau de paille; elle est occupée à cueillir les fleurettes de la prairie, au bord de la rivière. Selon le tour d'esprit familier à George Sand, en cette humble fille s'incarne la poésie qui ne saurait mourir et qui, «exilée des hauteurs sociales», se réfugie dans le peuple et y rayonne. La passion d'André se heurte à la résistance hautaine, intraitable, de son père le marquis, lequel ne veut pas avoir pour bru une grisette. Et c'est l'occasion, vite saisie par George Sand, de développer une autre thèse qui lui est chère, l'apologie de l'amour libre: «Qu'y a-t il d'impur entre deux enfants beaux et tristes, et abandonnés du reste du monde? Pourquoi flétrir la sainte union de deux êtres à qui Dieu inspire un mutuel amour? André ne put combattre longtemps le voeu de la nature.» Mais, s'il savait aimer, il était incapable de gagner sa vie et de subvenir aux besoins de la femme qu'il avait entraînée. Comme la plupart des héros de George Sand, il n'exerçait aucune autre profession que celle d'amoureux, qui nourrit mal son homme. «Instruit et intelligent, il n'était pas *industrieux*.» Geneviève lutta contre la misère. «Elle essaya de consoler André en pleurant avec lui. Mais une femme ne peut pas aimer d'amour un homme qu'elle sent inférieur à elle en courage; l'amour sans vénération et sans enthousiasme n'est plus que l'amitié: l'amitié est une froide compagne pour aider à supporter les maux immenses que l'amour a fait accepter.» Parfois Geneviève prenait un lis et disait à André, agenouillé devant elle: «Tu es blanc comme lui, et ton âme est suave et chaste comme son calice; tu es faible comme sa tige, et le moindre vent te courbe et te renverse. Je t'ai aimé peut-être à cause de cela; car tu étais, comme mes fleurs chéries, inoffensif, inutile et précieux.» Et le roman finit mélancoliquement par le mal de langueur auquel succombe Geneviève. Sur son lit d'agonie, telle Albine dans la *Faute de l'abbé Mouret*, elle demande à mourir et à reposer parmi les fleurs amoncelées.

Jacques est d'une tout autre valeur. On peut le regarder comme le plus psychologique et le plus profond des premiers romans de George Sand. La forme même, imitée de la *Nouvelle Héloïse*, qui consiste en lettres échangées par les divers personnages, ajoute ici à l'émotion. Non que la personnalité ni les doctrines de l'auteur disparaissent. On sent, au contraire, palpiter son âme et vibrer ses nerfs, dans cette oeuvre écrite au printemps de 1834, en une période d'extrême agitation morale et de tiraillement entre la présence réelle de Pagello et le souvenir obsédant d'Alfred de Musset. «Que Jacques, déclare George Sand dans la notice rédigée quoique vingt ans après, soit l'expression et le résultat de pensées tristes et de sentiments amers, il n'est pas besoin de le dire. C'est un livre douloureux et un dénouement désespéré. Les gens heureux, qui sont parfois fort intolérants, m'en ont blâmé. A-t-on le droit d'être désespéré? disaient-ils. A-t-on le droit d'être malade? *Jacques* n'est cependant pas l'apologie du suicide; c'est l'histoire d'une passion, de la dernière et intolérable passion d'une âme passionnée.» Aussi bien George Sand professe-t-elle que, dans l'état actuel de la société, «certains coeurs dévoués se voient réduits à céder la place aux autres.» Dans *Jacques*, et au gré de l'auteur, c'est le mari qui doit disparaître. Il obtiendra l'aumône de la compassion, mais il faut qu'il s'immole. Ainsi l'exige la morale de l'union libre. Elle veut cet holocauste. George Sand le proclame en termes courroucés: «Le mariage est toujours, selon moi, une des plus barbares institutions que la société ait ébauchées. Je ne doute pas qu'il ne soit aboli, si l'espèce humaine fait quelque progrès vers la justice et la raison; un lien plus humain et non moins sacré remplacera celui-là, et saura assurer l'existence des enfants qui naîtront d'un homme et d'une femme, sans enchaîner à jamais la liberté de l'un et de l'autre.» Tels sont les principes que Jacques, vague disciple de M. de Wolmar, énonce dans une lettre adressée à Sylvia, qui rappelle la Claire de Jean-Jacques. Pour compléter le quatuor, Octave c'est exactement Saint-Preux, et Fernande Julie. Quand Jacques, âgé de trente-cinq ans, va épouser Fernande qui en a dix-sept, il l'avertit congrûment que les liens et les promesses du mariage ne sont rien, que le libre consentement est tout. Il n'entend la tenir que de sa seule volonté:

«La société, dit-il, va vous dicter une formule de serment. Vous allez me jurer de m'être fidèle et de m'être soumise, c'est à-dire de n'aimer jamais que moi et de m'obéir en tout. L'un de ces serments est une absurdité, l'autre une bassesse. Vous ne pouvez pas répondre de votre coeur, même quand je serais le plus grand et le plus parfait des hommes; vous ne devez pas me promettre de m'obéir, parce que ce serait nous avilir l'un et l'autre. Ainsi, mon enfant, prononcez avec confiance les mots consacrés sans lesquels votre mère et le monde vous défendraient de m'appartenir; moi aussi je dirai les paroles que le prêtre et le magistrat me dicteront, puisqu'à ce prix seulement il m'est permis de vous consacrer ma vie. Mais à ce serment de vous protéger que la loi me prescrit, et que je tiendrai religieusement, j'en veux joindre un autre que les hommes n'ont pas jugé nécessaire à la sainteté du mariage, et sans lequel tu ne dois pas m'accepter pour époux. Ce serment, c'est de te respecter, et c'est à tes pieds que je veux le faire, en présence de Dieu, le jour où tu m'auras accepté pour amant.»

A l'estime de Jacques, partant de George Sand, les êtres humains ne sont rendus malheureux que par les liens indissolubles. Mais Octave, qui connaît les approches et les détours du coeur féminin, excelle à apaiser les scrupules de Fernande qu'il veut séduire, en lui offrant les joies éthérées de la tendresse platonique. «Ah! je saurai, s'écrie-t-il, m'élever jusqu'à toi, et planer du même vol au-dessus des orages des passions terrestres, dans un ciel toujours radieux, toujours pur. Laisse-moi t'aimer, et laisse-moi donner encore le nom d'amour à ce sentiment étrange et sublime que j'éprouve; *amitié* est un mot trop froid et trop vulgaire pour une si ardente affection; la langue humaine n'a pas de nom pour la baptiser.» Depuis George Sand, et tout récemment, le baptême a eu lieu. Une brillante élève de Guy de Maupassant n'a-t-elle pas défini et dénommé ce sentiment complexe et subtil, un peu hypocrite, mais suprêmement habile pour obtenir de l'avancement, quand elle a composé son joli roman, *Amitié amoureuse*?

C'est de l'avancement, en effet, que ne tarde pas à réclamer Octave, et il a une singulière façon de postuler. Sa passion s'exaspère, au moment où Fernande sèvre ses jumeaux; car cette femme poétique fut une nourrice accomplie, qui, fidèle aux leçons de l'*Emile*, n'eut garde de recourir aux *Remplaçantes* qu'a flétries M. Brieux. Et voici en quels termes elle est admonestée par Octave: «Quand vous parliez de votre mari, sans blasphémer un mérite que personne n'apprécie mieux que moi, sans nier une affection que je ne voudrais pas lui arracher, vous aviez le secret ineffable de me persuader que ma part était aussi belle que la sienne, quoique différente. A présent, vous avez le talent inutile et cruel de me montrer combien sa part est magnifique et la mienne ridicule. Ne pouviez-vous me cacher ce tripotage d'enfants et de berceaux? me comprenez-vous? Je ne sais comment m'expliquer, et je crains d'être brutal; car je suis aujourd'hui d'une singulière âcreté. Enfin, vous avez fait emporter vos enfants de votre chambre, n'est-ce pas? A la bonne heure. Vous êtes jeune, vous avez des sens; votre mari vous persécutait pour hâter ce sevrage. Eh bien! tant mieux! vous avez bien fait: vous êtes moins belle ce matin, et vous me semblez moins pure. Je vous respectais dans ma pensée jusqu'à la vénération, et en vous voyant si jeune, avec vos enfants dans vos bras, je vous comparais à la Vierge mère, à la blanche et chaste madone de Raphaël caressant son fils et celui d'Elisabeth. Dans les plus ardents transports de ma passion, la vue de votre sein d'ivoire, distillant un lait pur sur les lèvres de votre fille, me frappait d'un respect inconnu, et je détournais mon regard de peur de profaner, par un désir égoïste, un des plus saints mystères de la nature providente. A présent, cachez bien votre sein, vous êtes redevenue femme, vous n'êtes plus mère; vous n'avez plus de droit à ce respect naïf que j'avais hier, et qui me remplissait de piété et de mélancolie. Je me sens plus indifférent et plus hardi.»

Aussi bien Jacques, l'époux héroïque, confiant et trahi, qui refuse de se venger et préfère se sacrifier, personnage surhumain dont nous avons vu l'équivalent dans le drame de M. Gabriel Trarieux, *A la Clarté des Etoiles*, pose par lettre à l'amant un singulier questionnaire. En voici la teneur, qui est destinée à lui épargner l'embarras d'une explication verbale:

«1° Croyez-vous que j'ignore ce qui s'est passé entre vous et une personne qu'il n'est pas besoin de nommer?

«2° En revenant ici, ces jours derniers, en même temps qu'elle, et en vous présentant à moi avec assurance, quelle a été votre intention?

«3° Avez-vous pour cette personne un attachement véritable? Vous chargeriez-vous d'elle, et répondriez-vous de lui consacrer votre vie, si son mari l'abandonnait?»

Octave, ainsi interrogé, s'explique en trois points, comme s'il était dans le cabinet d'un juge d'instruction:

«1° Je savais, en quittant la Touraine, que vous étiez informé de ce qui s'est passé entre *elle* et moi;

«2° Je suis venu ici pour vous offrir ma vie en réparation de l'outrage et du tort que je vous ai fait; si vous êtes généreux envers elle, je découvrirai ma poitrine, et je vous prierai de tirer sur moi ou de me frapper avec l'épée, moi les mains vides; mais si vous devez vous venger sur *elle*, je vous disputerai ma vie et je tâcherai de vous tuer;

«3° J'ai pour *elle* un attachement si profond et si vrai, que, si vous devez l'abandonner soit par la mort, soit par le ressentiment, je fais serment de lui consacrer ma vie tout entière, et de réparer ainsi, autant que possible, le mal que je lui ai fait.»

Selon toute apparence, cette réponse donna satisfaction à Jacques, car il résolut de s'effacer. «Je n'ai plus à souffrir, je n'ai plus à aimer; mon rôle est achevé parmi les hommes.» Vainement Sylvia, à qui il adressait cette profession de foi ou plutôt cette lettre de démission, lui suggérait un étrange et chimérique *modus vivendi*: «N'es-tu pas au-dessus d'une vaine et grossière jalousie? Reprends le coeur de ta femme, laisse le reste à ce jeune homme! Tu t'es résigné à ce sacrifice, résigne-toi à en être le témoin, et que la générosité fasse taire l'amour-propre. Est-ce quelques caresses de plus ou de moins qui entretiennent ou détruisent une affection aussi sainte que la vôtre?» L'abnégation de Jacques n'allait pas jusqu'à servir de témoin et à compter les coups portés à son honneur conjugal. On cherchait cependant à le ménager, on pensait à lui aux moments pathétiques, et Fernande avait de touchantes attentions. «O mon cher Octave, écrivait-elle, nous ne passerons jamais une nuit ensemble sans nous agenouiller et sans prier pour Jacques.» Au demeurant, ils étaient enchantés qu'il s'éloignât. Ils honoraient le gêneur, mais lui conseillaient do voyager. Il le note, au moment du départ: «Les deux amants étaient radieux de bonheur, et je leur rends justice avec joie, ils me comblèrent tout le jour d'amitiés et de caresses délicates... Octave m'a embrassé avec effusion quand je suis parti, et elle aussi. Ils étaient bien contents!» Sylvia s'indigne de cette capitulation de Jacques. Sans doute elle l'appelle le Christ, mais n'est-ce pas avec une nuance d'ironie? Et elle ajoute: «Qu'ils s'aiment et qu'ils dorment sur ton cercueil; ce sera leur couche nuptiale.» Puis elle lui propose, pour le dissuader du suicide, d'élever deux enfants de sexe différent et de les marier un jour «à la face de Dieu, sans autre temple que le désert, sans autre prêtre que l'amour; il y aura peut-être alors, grâce à nous, un couple heureux et pur sur la surface de la terre.» Le projet n'agrée pas à Jacques. Il a fait ses préparatifs pour le grand voyage. Volontiers il dirait à Fernande: «Je sais tout, et je pardonne à tous deux; sois ma fille, et qu'Octave soit mon fils; laissez-moi vieillir entre vous deux, et que la présence d'un ami malheureux, accueilli et consolé par vous, appelle sur vos amours la bénédiction du ciel.» Il n'ose pas hasarder cette tentative insolite, dont le sublime pourrait déchoir au ridicule. En quelque glacier de la Suisse il ira trouver une mort qui paraîtra accidentelle; mais d'abord il défend à Sylvia de maudire les deux amants: «Ils ne sont pas coupables, ils s'aiment. Il n'y a pas de crime là où il y a de l'amour sincère.» Dans une de ses dernières lettres, le ressouvenir de Fernande lui inspire cette émouvante et poétique invocation: «Oh! je t'ai aimée, simple fleur que le vent brisait sur sa tige, pour ta beauté délicate et pure, et je t'ai cueillie, espérant garder pour moi seul ton suave parfum, qui s'exhalait à l'ombre et dans la solitude; mais la brise me l'a emporté en passant, et ton sein n'a pu le retenir. Est-ce une raison pour que je te haïsse et te foule aux pieds? Non! je te reposerai doucement dans la rosée où je t'ai prise, et je te dirai adieu, parce que mon souffle ne peut plus te faire vivre, et qu'il en est un autre dans ton atmosphère qui doit te relever et te ranimer. Refleuris donc, ô mon beau lis! je ne te toucherai plus.» Et cette voix de Jacques, qui semble déjà d'outre-tombe, a la langueur d'un murmure, la mélancolie d'une plainte et la gravité d'un pardon. C'est la majesté de la mort absolvant les misères de la vie.

CHAPITRE XII

LES LETTRES D'UN VOYAGEUR

Selon l'humeur naturelle des écrivains qui utilisent leurs douleurs et leurs larmes, George Sand s'apprêtait à tirer un parti littéraire de la crise morale qu'elle venait de traverser. Alfred de Musset à peine parti, elle avait effectué avec Pagello une petite excursion pédestre dans les Alpes vénitiennes. Elle imagina d'en amalgamer les impressions avec les ressouvenirs et sans doute les remords de son amour brisé. Cet alliage étrange produisit un métal d'une trempe merveilleuse. Jamais elle n'en a retrouvé la souplesse malléable et ductile. «Je t'ai écrit, mande-t-elle à Musset le 15 avril, une longue lettre sur mon voyage dans les Alpes, que j'ai intention de publier dans la *Revue,* si cela ne te contrarie pas. Je te renverrai, et, si tu n'y trouves rien à redire, tu la donneras à Buloz. Si tu veux y faire des corrections et des suppressions, je n'ai pas besoin de te dire que tu as droit de vie et de mort sur tous mes manuscrits passés, présents et futurs. Enfin, si tu la trouves entièrement *impubliable,* jette-la au feu ou mets-la dans ton portefeuille, *ad libitum.*» Alfred de Musset, apprenant ce voyage, écrit le 19 avril: «Tu es donc dans les Alpes? N'est-ce pas que c'est beau? Il n'y a que cela au monde. Je pense avec plaisir que tu es dans les Alpes; je voudrais qu'elles pussent te répondre, elles te raconteraient peut-être ce que je leur ai dit. O mon enfant, c'est là cependant qu'il est triste d'être seul.» Dans la même lettre il annonce son arrivée à Paris, presque bien portant, en dépit d'un coup de soleil sur la figure et d'un érysipèle aux jambes. «Grâce à Dieu, je suis debout aujourd'hui et guéri, sauf une fièvre lente qui me prend tous les soirs au lit, et dont je ne me vante pas à ma mère, parce que le temps seul et le repos peuvent la guérir. Du reste, à peine dehors du lit, je me suis rejeté à corps perdu dans mon ancienne vie.» Elle à Venise avec Pagello, lui à Paris, livré aux voluptés faciles, ils se paient de la même monnaie. Mais, tout en racontant qu'il cherche un nouvel amour et dîne avec des filles d'Opéra, il ajoute: «Plus je vais, plus je m'attache à toi, et, bien que très tranquille, je suis dévoré d'un chagrin qui ne me quitte plus.» Et tout aussitôt: «Dis-moi que tu t'es donnée à l'homme que tu aimes, parle-moi de vos joies; non, ne me dis pas cela, dis-moi simplement que tu aimes et que tu es aimée. Alors je me sens plus de courage, et je demande au ciel que chacune de mes souffrances se change en joie pour toi… Madame Hennequin avait fait à ma mère tous les cancans possibles sur ton compte. Je n'ai pas eu de peine à la désabuser; il a suffi de lui parler des nuits que tu as passées à me soigner, c'est tout pour une mère… Adieu, ma soeur adorée. Va au Tyrol, à Venise, à Constantinople; fais ce qui te plaît, ris et pleure à ta guise; mais le jour où tu te retrouveras quelque part seule et triste comme à ce Lido, étends la main avant de mourir, et souviens toi qu'il y a dans un coin du monde un être dont tu es le premier et le dernier amour.» A cette lettre si complexe et si contradictoire, George Sand répond le 29 avril: «Tu es un méchant, mon petit ange, tu es arrivé le 12 et tu ne m'as écrit que le 19. J'étais dans une inquiétude mortelle.» Puis c'est la sollicitude maternelle qui reparaît: «Ce qui me fait mal, c'est l'idée que tu ne ménages pas ta pauvre santé. Oh! je t'en prie à genoux, pas encore de vin, pas encore de filles! c'est trop tôt. Songe à ton corps qui a moins de force que ton âme et que j'ai vu mourant dans mes bras. Ne t'abandonne au plaisir que quand la nature viendra te le demander impérieusement, mais ne le cherche pas comme un remède à l'ennui et au chagrin. C'est le pire de tous. Ménage cette vie que je t'ai conservée, peut-être, par mes veilles et mes soins. Ne m'appartient-elle pas un peu à cause de cela? Laisse-moi le croire, laisse-moi être un peu vaine d'avoir consacré quelques fatigues de mon inutile et sotte existence à sauver celle d'un homme tel que toi.»

Ces conseils de tempérance et de sobriété concordent avec une lettre que Pagello écrivait, un peu plus tard, au «cher Alfred» et où il célèbre «cette réciprocité d'affection qui nous liera toujours de liens sublimes pour nous, et incompréhensibles aux autres.» Il rappelle au poète la nécessité de «résister à ces tentations de désordres qui sont les compagnes d'une nature trop impétueuse.» Et il conclut: «Lorsque vous êtes entouré d'une douzaine de bouteilles de champagne, souvenez-vous de cette petite barrique d'eau de gomme arabique que je vous ai fait vider à l'hôtel Danieli, et je suis certain que vous aurez le courage de les fuir! Adieu, mon bon Alfred. Aimez-moi comme je vous aime. Votre véritable ami, *Pietro Pagello.*»

Dans la correspondance de George Sand et d'Alfred de Musset, on a pu observer que les préoccupations littéraires et même les intérêts de librairie avaient leur place. Le 29 avril, elle lui fait tenir le manuscrit précédemment annoncé, et l'on voit toute l'importance qu'elle y attache. L'amour-propre d'auteur se complique d'une arrière-pensée sentimentale: «Je t'envoie la *Lettre* dont je t'ai parlé. Je l'ai écrite comme elle m'est venue; sans songer à tous ceux qui devaient la lire. Je n'y ai vu qu'un cadre et un prétexte pour *parler tout haut de ma tendresse pour toi* et pour fermer *tout à coup* la gueule à ceux qui ne manqueront pas de dire que tu m'as ruinée et abandonnée. En la relisant, j'ai craint pourtant qu'elle ne te semblât ridicule. Le monde que tu as recommencé à fréquenter ne comprend rien à ces sortes de choses, et *peut-être te dira-t-on que cet amour imprimé et comique est anti-mériméen.* Si tu m'en crois, tu laisseras dire et tu donneras la *Lettre* à la *Revue.* S'il y a quelque ridicule à encourir, il n'est que pour ton oisillon qui s'en moque et qui aime mieux le blâme que la louange de certaines gens. Que les belles dames crient au scandale, que t'importe? Elles ne t'en feront la cour qu'un peu plus tendrement. D'ailleurs, il n'y a pas de *nom* tracé dans cette *Lettre,* on peut la prendre pour un fragment de roman, nul n'est obligé de savoir si je suis une femme. En un mot, je ne la crois pas trop inconvenante; pour la forme, tu retrancheras ou changeras ce que tu voudras, tu la jetteras au feu, si tu veux.»

La *Lettre*, à laquelle George Sand fait allusion, est la première de celles qui parurent au nombre de douze, à différentes dates, de 1834 à 1836, et qui furent rassemblées sous le titre général, *Lettres d'un Voyageur*. Elles sont adressées à des correspondants tels que Néraud, Rollinat, Everard— pseudonyme de Michel (de Bourges)—Liszt, Meyerbeer, Désiré Nisard. Les trois premières sont dédiées «A un poète,» c'est-à-dire à Alfred de Musset. On y rencontre des pages d'une incomparable éloquence. A ce propos, il est surprenant que Pagello ait osé noter dans son mémorial: «J'écrivais aussi; nous avons du moins travaillé ensemble aux *Lettres d'un Voyageur*, où nous dépeignîmes en quelques croquis, et plutôt à sa façon qu'à la mienne, les coutumes de Venise et des environs.» A dire vrai, la «façon» de George Sand nous inspire plus de confiance et jouit de plus de notoriété que celle de Pagello, qui très glorieusement déclare avoir servi de modèle et de protagoniste pour l'intrigue de *Jacques*. Aussi bien il était très fier de son intimité avec George Sand, en dépit des représentations de son père qui lui reprochait ce «mauvais pas» et ordonnait à son autre fils Robert de s'éloigner du logis et de la société de Pietro, tant que durerait la liaison. «Je prévoyais cette première amertume, dit Pagello, et je la supportai, sinon en paix, du moins avec assez d'aplomb. Plusieurs de mes clients et de mes amis, parmi lesquels beaucoup de personnes distinguées, souriaient en me rencontrant dans les rues; d'autres pinçaient les lèvres en me regardant, et évitaient de me saluer quand je paraissais sur la place avec la Sand à mon bras. Quelques femmes me complimentaient malicieusement. George Sand, avec cette perception qui lui était propre, voyait et comprenait tout, et lorsque quelque léger nuage passait sur mon front, elle savait le dissiper à l'instant avec son esprit et ses grâces enchanteresses.»

Il fallait que la clientèle du docteur Pagello ne fût ni bien nombreuse ni bien absorbante pour lui permettre de courir la campagne avec George Sand, habillée en garçon. Elle avait apporté de France un costume très simple, pantalon de toile, casquette et blouse bleue. Tous deux, légers d'argent, mais dans l'allégresse d'un amour naissant, se livraient à la joie des excursions pédestres que Jean-Jacques a pratiquées et vantées. Le délicieux printemps du nord de l'Italie favorisait leur dessein, et, quand ils rentraient à Venise, George Sand, en disciple fidèle, retrouvait, pour traduire ses impressions de touriste, le merveilleux coloris des *Confessions*. Dans les *Lettres d'un Voyageur*, la partie descriptive renferme peut-être les plus belles pages qui soient sorties de la plume du romancier; mais ce que nous jugerons le plus digne d'intérêt par delà la somptuosité ou la délicatesse du style, ce sont les aveux d'une âme tumultueuse, qui encadre ses inquiétudes ou ses remords dans le décor prestigieux de la nature.

Lorsque George Sand, à distance et à loisir, composa une préface pour l'ensemble des *Lettres d'un Voyageur*, elle y mit des idées philosophiques, de la métaphysique même, avec un grain de déclamation. Elle récuse l'opinion de la plupart de ceux qui ont voulu se mirer dans son âme et se sont fait peur à eux-mêmes. «Ils se sont écriés que j'étais un malade, un fou, une âme d'exception, un prodige d'orgueil et de scepticisme. Non, non! je suis votre semblable, hommes de mauvaise foi! Je ne diffère de vous que parce que je ne nie pas mon mal et ne cherche point à farder des couleurs de la jeunesse et de la santé mes traits flétris par l'épouvante. Vous avez bu le même calice, vous avez souffert les mêmes tourments. Comme moi vous avez douté, comme moi vous avez nié et blasphémé, comme moi vous avez erré dans les ténèbres, maudissant la Divinité et l'humanité, faute de comprendre!» Et, cherchant la cause et la source des misères morales qui travaillent la société moderne: «Le doute, dit-elle, est le mal de notre âge, comme le choléra… Il est né de l'examen. Il est le fils malade et fiévreux d'une puissante mère, la liberté. Mais ce ne sont pas les oppresseurs qui le guériront. Les oppresseurs sont athées.» George Sand ici semble paraphraser la maxime si judicieuse de Maximilien Robespierre: «L'athéisme est aristocratique.» De vrai, le spiritualisme est le principe, l'idéalisme est la loi de la démocratie, en sa forme la plus noble et la plus féconde.

A l'encontre du scepticisme, et dans l'attente et le désir d'une foi sûre, la préface des *Lettres d'un Voyageur* nous propose cette saisissante image: «Au retour de la campagne de Russie, on voyait courir sur les neiges des spectres effarés qui s'efforçaient, en gémissant et en blasphémant, de retrouver le chemin de la patrie. D'autres, qui semblaient calmes et résignés, se couchaient sur la glace et restaient là engourdis par la mort. Malheur aux résignés d'aujourd'hui! Malheur à ceux qui acceptent l'injustice, l'erreur, l'ignorance, le sophisme et le doute, avec un visage serein! Ceux-là mourront, ceux-là sont morts déjà, ensevelis dans la glace et dans la neige. Mais ceux qui errent avec des pieds sanglants et qui appellent avec des plaintes amères, retrouveront le chemin de la Terre promise, et ils verront luire le soleil.»

Si la préface se complaît ainsi à évoquer des sentiments généraux et altruistes, ce sont des émotions tout intimes qui se traduisent et se reflètent dans les trois premières *Lettres d'un Voyageur*. Le souvenir d'Alfred de Musset y plane ou y flotte. Au murmure de la Brenta, par exemple, elle pense à la veillée du Christ dans le jardin des Olives, et elle se remémore un soir où ils ont longuement parlé de ce chant du divin poème évangélique. «C'était, dit-elle, un triste soir que celui-là, une de ces sombres veillées où nous avons bu ensemble le calice d'amertume. Et toi aussi, tu as souffert un martyre inexorable; toi aussi, tu as été cloué sur une croix. Avais-tu donc quelque grand péché à racheter pour servir de victime sur l'autel de la douleur? qu'avais-tu fait pour être menacé et châtié ainsi? est-on coupable à ton âge?

sait-on ce que c'est que le bien et le mal? Tu te sentais jeune, tu croyais que la vie et le plaisir ne doivent faire qu'un. Tu te fatiguais à jouir de tout, vite et sans réflexion. Tu méconnaissais ta grandeur et tu laissais aller ta vie au gré des passions qui devaient l'user et l'éteindre, comme les autres hommes ont le droit de le faire. Tu t'arrogeas ce droit sur toi-même, et tu oublias que tu es de ceux qui ne s'appartiennent pas. Tu voulus vivre pour ton compte, et suicider ta gloire par mépris de toutes les choses humaines. Tu jetas pêle-mêle dans l'abîme toutes les pierres précieuses de la couronne que Dieu t'avait mise au front, la force, la beauté, le génie, et jusqu'à l'innocence de ton âge, que tu voulus fouler aux pieds, enfant superbe!»

Puis, sur le mode mystique, elle célèbre le poète qu'elle a aimé, admiré, soigné, guéri, et remplacé, mais non pas oublié, et qui a été éloigné d'elle par l'inévitable lassitude des sentiments périssables: «Au milieu des fougueux plaisirs où tu cherchais vainement ton refuge, l'esprit mystérieux vint te réclamer et te saisir. Il fallait que tu fusses poète, tu l'as été en dépit de toi-même. Tu abjuras en vain le culte de la vertu; tu aurais été le plus beau de ses jeunes lévites; tu aurais desservi ses autels en chantant sur une lyre d'or les plus divins cantiques, et le blanc vêtement de la pudeur aurait paré ton corps frêle d'une grâce plus suave que le masque et les grelots de la Folie... Tu poursuivais ton chant sublime et bizarre, tout à l'heure cynique et fougueux comme une ode antique, maintenant chaste et doux comme la prière d'un enfant. Couché sur les roses que produit la terre, tu songeais aux roses de l'Eden qui ne se flétrissent pas; et, en respirant le parfum éphémère de tes plaisirs, tu parlais de l'éternel encens que les anges entretiennent sur les marches du trône de Dieu. Tu l'avais donc respiré, cet encens? Tu les avais donc cueillies, ces roses immortelles? Tu avais donc gardé, de cette patrie des poètes, de vagues et délicieux souvenirs qui t'empêchaient d'être satisfait de tes folles jouissances d'ici-bas?» Et cette éloquente apostrophe aboutit à une véridique peinture de la mélancolie du poète, mal incurable au sein des voluptés. Tel le goût amer dont parle Lucrèce, et qui corrompt ou dénature la douceur du breuvage: «Suspendu entre la terre et le ciel, avide de l'un, curieux de l'autre, dédaigneux de la gloire, effrayé du néant, incertain, tourmenté, changeant, tu vivais seul au milieu des hommes; tu fuyais la solitude et la trouvais partout. La puissance de ton âme te fatiguait. Tes pensées étaient trop vastes, tes désirs trop immenses, tes épaules débiles pliaient sous le fardeau de ton génie. Tu cherchais dans les voluptés incomplètes de la terre l'oubli des biens irréalisables que tu avais entrevus de loin. Mais quand la fatigue avait brisé ton corps, ton âme se réveillait plus active et ta soif plus ardente. Tu quittais les bras de tes folles maîtresses pour t'arrêter en soupirant devant les vierges de Raphaël.—Quel est donc, disait à propos de toi un pieux et tendre songeur, *ce jeune homme qui s'inquiète tant de la blancheur des marbres?*»

Dans ce récit à mots couverts, mais transparent, quelle sera l'explication que donnera George Sand de leur rupture, et qui doit satisfaire à la fois Musset, Pagello, elle-même, le public et la vérité? C'est peut-être, sous la grâce et la sinuosité des métaphores, le passage le plus audacieux de la première *Lettre*: «Ton corps, aussi fatigué, aussi affaibli que ton coeur, céda au ressentiment de ses anciennes fatigues, et *comme un beau lis se pencha pour mourir*. Dieu, irrité de ta rébellion et de ton orgueil, posa sur ton front une main chaude de colère, et, en un instant, tes idées se confondirent, ta raison t'abandonna. L'ordre divin établi dans les fibres de ton cerveau fut bouleversé. La mémoire, le discernement, toutes les nobles facultés de l'intelligence, si déliées en toi, se troublèrent et s'effacèrent comme les nuages qu'un coup de vent balaie. Tu te levas sur ton lit en criant:—Où suis-je, ô mes amis? pourquoi m'avez-vous descendu vivant dans le tombeau?—Un seul sentiment survivait en toi à tous les autres, la volonté, mais une volonté aveugle, déréglée, qui courait comme un cheval sans frein et sans but à travers l'espace. Une dévorante inquiétude te pressait de ses aiguillons; tu repoussais l'étreinte de ton ami, tu voulais t'élancer, courir. Une force effrayante te débordait.—Laissez-moi ma liberté, criais-tu, laissez-moi fuir; ne voyez-vous pas que je vis et que je suis jeune?— Où voulais-tu donc aller? Quelles visions ont passé dans le vague de ton délire? Quels célestes fantômes t'ont convié à une vie meilleure? Quels secrets insaisissables à la raison humaine as-tu surpris dans l'exaltation de ta folie? Sais-tu quelque chose à présent, dis-moi? Tu as souffert ce qu'on souffre pour mourir; tu as vu la fosse ouverte pour te recevoir; tu as senti le froid du cercueil, et tu as crié:—Tirez-moi, tirez-moi de cette terre humide!»

Ainsi se trouve relatée et affirmée par George Sand l'hallucination étrange et morbide d'Alfred de Musset à Venise, et cela précisément dans une *Lettre* qu'elle le chargea de relire, de corriger, de transmettre à la *Revue des Deux Mondes*, si mieux il n'aimait la détruire! Du même coup s'évanouit la narration mensongère et odieuse de Paul de Musset. Son frère, si George Sand n'avait pas dit vrai, aurait-il donné son acquiescement et son concours à l'impression d'un manuscrit, passé par ses mains, qui évoquait et précisait les chimères de son cerveau délirant? Devant ces navrantes détresses de l'humaine fragilité, à mi-chemin entre la vie et la mort, l'âme angoissée de la femme se tourne vers la source invisible, mais certaine, de toute consolation. Elle prie en un essor d'amour. «La seule puissance, dit-elle, à laquelle je croie est celle d'un Dieu juste, mais paternel... Ecoute, écoute, Dieu terrible et bon! Il est faux que tu n'aies pas le temps d'entendre la prière des hommes; tu as bien celui d'envoyer à chaque brin d'herbe la goutte de rosée du matin!» Dans cet élan de reconnaissance infinie et d'humble respect envers l'Etre des êtres, il y a la nécessaire adoration de la créature qui ne discerne en soi-même ni son origine ni sa fin, qui perçoit, avec la certitude de la raison plus décisive que le témoignage des sens, l'existence d'une force éternelle, extérieure et supérieure à sa faiblesse. Nier Dieu est un incommensurable orgueil; l'ignorer est une transcendante indifférence; l'honorer et l'adorer est l'acte réfléchi de la foi libre et consciente. Alfred de Musset ne nous a-t-il pas, en deux vers sublimes, incités à ce réconfort de la prière, confiant appel de l'isolé et viatique d'espérance?

Si le ciel est désert, nous n'offensons personne,
Si quelqu'un nous entend, qu'il nous prenne en pitié.

Ce généreux spiritualisme, nous le retrouvons dans l'oeuvre entière de George Sand, et il se manifeste en un instinct de survivance pour les pensées, les affections, comme pour la substance même de l'être, par delà l'inconnu de la tombe. Ainsi l'exquise senteur, emportée d'une fleur que l'on a touchée et qui confie aux doigts un peu de son arome, inspire à George Sand une image d'un touchant symbolisme: «Quelle chose précieuse est donc le parfum, qui, sans rien faire perdre à la plante dont il émane, s'attache aux mains d'un ami, et le suit en voyage pour le charmer et lui rappeler longtemps la beauté de la fleur qu'il aime?—Le parfum de l'âme, c'est le souvenir. C'est la partie la plus délicate, la plus suave du coeur, qui se détache pour embrasser un autre coeur et le suivre partout. L'affection d'un absent n'est plus qu'un parfum; mais qu'il est doux et suave! qu'il apporte, à l'esprit abattu et malade, de bienfaisantes images et de chères espérances!—Ne crains pas, ô toi qui as laissé sur mon chemin cette trace embaumée, ne crains jamais que je la laisse se perdre. Je la serrerai dans mon coeur silencieux, comme une essence subtile dans un flacon scellé. Nul ne la respirera que moi, et je la porterai à mes lèvres dans mes jours de détresse, pour y puiser la consolation et la force, les rêves du passé, l'oubli du présent.»

Du fond de ses souvenirs de jeunesse, George Sand appelle et nous montre les palombes ensanglantées que rapportaient les chasseurs, en la saison d'automne. Quelques-unes vivaient encore. On les donnait à Aurore. Elle les soignait avec cette sollicitude de tendre mère que plus tard elle ne devait pas réserver aux seules palombes. Quand elles étaient guéries, dans la cage qui les emprisonnait, elles avaient la soif du plein air, la nostalgie de la liberté. Et Aurore, qui déjà était douée de l'instinct sentimental, les voyant refuser les fèves vertes et se heurter aux impitoyables barreaux, songeait à leur rendre la plénitude de vivre. «C'était un jour de vives émotions, de joie triomphante et de regret invincible, que celui où je portais une de mes palombes sur la fenêtre. Je lui donnais mille baisers. Je la priais de se souvenir de moi et de revenir manger les fèves tendres de mon jardin. Puis j'ouvrais une main que je refermais aussitôt pour ressaisir mon amie. Je l'embrassais encore, le coeur gros et les yeux pleins de larmes. Enfin, après bien des hésitations et des efforts, je la posais sur la fenêtre. Elle restait quelque temps immobile, étonnée, effrayée presque de son bonheur. Puis elle partait avec un petit cri de joie qui m'allait au coeur. Je la suivais longtemps des yeux; et quand elle avait disparu derrière les sorbiers du jardin, je me mettais à pleurer amèrement...»

Alfred de Musset venait d'être, lui aussi, la palombe ensanglantée, souffreteuse, lentement réchauffée, péniblement guérie, qui d'une aile encore lasse, à peine remise de sa brisure, avait fui la cage vénitienne pour s'envoler vers la douce France et rentrer au nid déserté, au vrai nid maternel.

«Quand nous nous sommes quittés—murmure celle qui reste et s'attarde—j'étais fier et heureux de te voir rendu à la vie; j'attribuais un peu à mes soins la gloire d'y avoir contribué. Je rêvais pour toi des jours meilleurs, une vie plus calme. Je te voyais renaître à la jeunesse, aux affections, à la gloire. Mais quand je t'eus déposé à terre, quand je me retrouvai seul dans cette gondole noire comme un cercueil, je sentis que mon âme s'en allait avec toi. Le vent ne ballottait plus sur les lagunes agitées qu'un corps malade et stupide. Un homme m'attendait sur les marches de la Piazzetta.—Du courage! me dit-il.—Oui, lui répondis-je, vous m'avez dit ce mot-là une nuit, quand il était mourant dans nos bras, quand, nous pensions qu'il n'avait plus qu'une heure à vivre. A présent, il est sauvé, il voyage, il va retrouver sa patrie, sa mère, ses amis, ses plaisirs. C'est bien; mais pensez de moi ce que vous voudrez, je regrette cette horrible nuit où sa tête pâle était appuyée sur votre épaule, et sa main froide dans la mienne. Il était là entre nous deux, et il n'y est plus. Vous pleurez aussi, tout en haussant les épaules. Vous voyez que vos larmes ne raisonnent pas mieux que moi. Il est parti, nous l'avons voulu; mais il n'est plus ici, nous sommes au désespoir.»

Il faudrait, dans les *Lettres d'un Voyageur*, dans celles qui furent écrites à Venise comme dans celles qui sont postérieures, noter tant de pages exquises où transparaît l'âme de George Sand: les idées qu'elle professe et n'appliquera qu'à demi pour l'éducation de ses enfants; le portrait du Juste: la critique de *Lélia* et *de Jacques*; les vues sur *Manon Lescaut*, sur la *Nouvelle Héloïse* et la probabilité du suicide de Rousseau. «Martyr infortuné, qui avez voulu être philosophe classique comme un autre, pourquoi n'avoir pas crié tout haut? Cela vous aurait soulagé, et nous boirions les gouttes de votre sang avec plus de ferveur; nous vous prierions comme un Christ aux larmes saintes.» Il faudrait entendre et répercuter l'apostrophe émouvante qu'elle adresse à ses dieux Lares, et cet éloge de l'amitié qui rappelle les belles périodes cicéroniennes: «Amitié! amitié! délices des coeurs que l'amour maltraite et abandonne; soeur généreuse qu'on néglige et qui pardonne toujours!» Mais, parmi tant de cris de douleur, de soupirs ou de murmures qui sortent d'une poitrine angoissée, est-il rien qui égale cet aveu de repentir et de remords, proféré par une âme en deuil:

«Je n'ai pas rencontré l'être avec lequel j'aurais voulu vivre et mourir, ou, si je l'ai rencontré, je n'ai pas su le garder. Ecoute une histoire, et pleure.

«Il y avait un bon artiste, qu'on appelait Watelet, qui gravait à l'eau-forte mieux qu'aucun homme de son temps. Il aima Marguerite Le Conte et lui apprit à graver à l'eau-forte aussi bien que lui. Elle quitta son mari, ses biens et son pays pour aller vivre avec Watelet. Le monde les maudit; puis, comme ils étaient pauvres et modestes, on les oublia. Quarante ans après, on découvrit aux environs de Paris, dans une maisonnette appelée *Moulin-Joli*, un vieux homme qui gravait à l'eau-forte et une vieille femme, qu'il appelait sa meunière, et qui gravait à l'eau-forte, assise à la même table. Le premier oisif qui découvrit cette merveille l'annonça aux autres, et le beau monde courut en foule à Moulin-Joli pour voir le phénomène. Un amour de quarante ans, un travail toujours assidu et toujours aimé; deux beaux talents jumeaux; Philémon et Baucis du vivant de mesdames Pompadour et Dubarry. Cela fit époque, et le couple miraculeux eut ses flatteurs, ses amis, ses poètes, ses admirateurs. Heureusement le couple mourut de vieillesse peu de jours après, car le le monde eût tout gâté. Le dernier dessin qu'ils gravèrent représentait le Moulin-Joli, la maison de Marguerite, avec cette devise: *Cur valle permutem Sabina divitias operosiores?*

«Il est encadré dans ma chambre au-dessus d'un portrait dont personne ici n'a vu l'original. Pendant un an, l'être qui m'a légué ce portrait s'est assis avec moi toutes les nuits à une petite table, et il a vécu du même travail que moi... Au lever du jour, nous nous consultions sur notre oeuvre, et nous soupions à la même petite table, tout en causant d'art, de sentiment et d'avenir. L'avenir nous a manqué de parole. Prie pour moi, ô Marguerite Le Conte!»

On voit qu'en cette page pathétique elle ne cherche pas à plaider non coupable. Elle confesse implicitement ses torts, ses chutes et ses rechutes. «Je tombai souvent», dit-elle; puis elle parle avec mélancolie de l'hiver de son âme qui est venu, un éternel hiver. Dans sa pensée surgit une comparaison entre les jours d'autrefois, si lumineux, si doux, et ceux d'à présent, voués à un déplorable veuvage: «Il fut un temps où je ne regardais ni le ciel ni les fleurs, où je ne m'inquiétais pas de l'absence du soleil et ne plaignais pas les moineaux transis sur leur branche. A genoux devant l'autel où brûlait le feu sacré, j'y versais tous les parfums de mon coeur. Tout ce que Dieu a donné à l'homme de force et de jeunesse, d'aspiration et d'enivrement, je le consumais et le rallumais sans cesse à cette flamme qu'un autre amour attisait. Aujourd'hui l'autel est renversé, le feu sacré est éteint, une pâle fumée s'élève encore et cherche à rejoindre la flamme qui n'est plus; c'est mon amour qui s'exhale et qui cherche à ressaisir l'âme qui l'embrasait. Mais cette âme s'est envolée au loin vers le ciel, et la mienne languit et meurt sur la terre.»

Tels sont les ressouvenirs et les regrets que George Sand exprime, à quelques mois d'intervalle, dans la cinquième des *Lettres d'un Voyageur*, adressée à François Rollinat. L'heure viendra—mais il lui faut auparavant traverser la crise la plus douloureuse—où elle pourra sortir d'esclavage et, selon l'admirable métaphore de la sixième *Lettre* à Everard, se délivrer de la flèche qui lui perce le coeur. «C'est ma main qui l'a brisée, c'est ma main qui l'arrachera; car chaque jour je l'ébranle dans mon sein, ce dard acéré, et chaque jour, faisant saigner ma plaie et l'élargissant, je sens avec orgueil que j'en retire le fer et que mon âme ne le suit pas.» Elle veut alors, elle veut abdiquer sa grande folie, l'amour! A cette idole de sa jeunesse, dont elle croit—ô illusion!—déserter le temple à jamais, elle envoie un éloquent et solennel adieu: «Adieu! Malgré moi mes genoux plient et ma bouche tremble en te disant ce mot sans retour. Encore un regard, encore l'offrande d'une couronne de roses nouvelles, les premières du printemps, et adieu!» A d'autres, à de plus jeunes lévites elle laisse les courtes joies, les longs soucis et les cruels tourments de la passion. Ceux-là continueront d'aimer au jour le jour, sans prévoir les lendemains de souffrance. «Régne, amour, règne en attendant que la vertu et la république te coupent les ailes.»

Une évolution, en effet, à laquelle nous assisterons, s'annonce et s'effectue dans la pensée et la sensibilité de George Sand. De l'amour égoïste et sensuel elle voudrait s'élever à l'amour idéaliste et immatériel. Mais combien malaisée est la délivrance de tout ce passé qui l'enlace! Elle entend encore, durant ses insomnies fiévreuses, les tendres modulations du rossignol. «*O chantre des nuits heureuses!* comme l'appelle Obermann… Nuits heureuses pour ceux qui s'aiment et se possèdent; nuits dangereuses à ceux qui n'ont point encore aimé; nuits profondément tristes pour ceux qui n'aiment plus! Retournez à vos livres, vous qui ne voulez plus vivre que de la pensée, il ne fait pas bon ici pour vous. Les parfums des fleurs nouvelles, l'odeur de la sève, fermentent partout trop violemment; il semble qu'une atmosphère d'oubli et de fièvre plane lourdement sur la tête; la vie de sentiment émane de tous les pores de la création. Fuyons! l'esprit des passions funestes erre dans ces ténèbres et dans ces vapeurs enivrantes. O Dieu! il n'y a pas longtemps que j'aimais encore et qu'une pareille nuit eût été délicieuse. Chaque soupir du rossignol frappe la poitrine d'une commotion électrique. O Dieu! mon Dieu, je suis encore si jeune!»

Cependant elle veut et croit se ressaisir; elle se reproche d'avoir trop vécu, de n'avoir rien fait de bon; elle aspire à mettre sa vie, ses forces, son intelligence, «au service d'une idée et non d'une passion, au service de la vérité et non à celui d'un homme.» Pour la Liberté et pour la Justice, pour l'avenir républicain et la foi démocratique, sur les traces de Jésus, de Washington, de Franklin ou de Saint-Simon, elle demande à servir dans le rang d'une grande armée libératrice. «Je ne suis qu'un pauvre enfant de troupe, emmenez-moi!» Et voici le couplet où elle épanche son nouvel amour, humanitaire et social: «République, aurore de la justice et de l'égalité, divine utopie, soleil d'un avenir peut-être chimérique, salut! rayonne dans le ciel, astre que demande à posséder la terre. Si tu descends sur nous avant l'accomplissement des temps prévus, tu me trouveras prêt à te recevoir, et tout vêtu déjà conformément à tes lois somptuaires. Mes amis, mes maîtres, mes frères, salut! mon sang et mon pain vous appartiennent désormais, en attendant que la république les réclame. Et toi, ô grande Suisse! ô vous, belles montagnes, ondes éloquentes, aigles sauvages, chamois des Alpes, lacs de cristal, neiges argentées, sombres sapins, sentiers perdus, roches terribles! ce ne peut être un mal que d'aller me jeter à genoux, seul et pleurant, au milieu de vous. La vertu et la république ne peuvent défendre à un pauvre artiste chagrin et fatigué d'aller prendre dans son cerveau le calque de vos lignes sublimes et le prisme de vos riches couleurs. Vous lui permettrez bien, ô échos de la solitude, de vous raconter ses peines; herbe fine et semée de fleurs, tu lui fourniras bien un lit et une table; ruisseaux limpides, vous ne retournerez pas en arrière quand il s'approchera de vous; et toi, botanique, ô sainte botanique! ô mes campanules bleues, qui fleurissez tranquillement sous la foudre des cataractes! ô mes panporcini d'Oliero, que je trouvai endormis au fond de la grotte et repliés dans vos calices, mais qui, au bout d'une heure, vous éveillâtes autour de moi comme pour me regarder avec vos faces fraîches et vermeilles! ô ma petite sauge du Tyrol! ô mes heures de solitude, les seules de ma vie que je me rappelle avec délices!»

Alors, dans l'enthousiasme de cette religion nouvelle, disant adieu à l'amour qui décline et saluant l'aurore de la vérité prochaine, George Sand s'écrie, avec toute sa ferveur de néophyte: «Si vous proclamez la république pendant mon absence, prenez tout ce qu'il y a chez moi, ne vous gênez pas; j'ai des terres, donnez-les à ceux qui n'en ont pas; j'ai un jardin, faites-y paître vos chevaux; j'ai une maison, faites-en un hospice pour vos blessés; j'ai du vin, buvez-le; j'ai du tabac, fumez-le; j'ai mes oeuvres imprimées, bourrez-en vos fusils. Il n'y a dans tout mon patrimoine que deux choses dont la perte me serait cruelle: le portrait de ma vieille grand'mère, et six pieds carrés de gazon plantés de cyprès et de rosiers. C'est là qu'elle dort avec mon père. Je mets cette tombe et ce tableau sous la protection de la république, et je demande qu'à mon retour on m'accorde une indemnité des pertes que j'aurais faites, savoir: une pipe, une plume et de l'encre; moyennant quoi je gagnerai ma vie joyeusement, et passerai le reste de mes jours à écrire que vous avez bien fait.»

Si nous prenions ce serment à la lettre, c'en serait fait pour George Sand des terrestres amours. La conversion serait accomplie. De même qu'on avait dit de Racine: «Il aima Dieu comme il avait aimé la Champmeslé,» on pourrait croire qu'elle va chérir l'idéal républicain avec la fougue qui l'avait entraînée aux voluptés humaines. Mais ce sont là promesses hâtives et révocables. Ni Pagello, ni Alfred de Musset n'auront calmé en George Sand les curieuses inquiétudes du coeur.

CHAPITRE XIII

ENTRE VENISE ET PARIS

Tandis que George Sand s'attarde à Venise, écrivant des romans, se livrant à de menus travaux manuels ou même aidant sa servante la Catina à faire la cuisine, qu'advient-il à Paris d'Alfred de Musset? Nous l'apprenons par sa correspondance encore inédite, mais dont certains passages ont été publiés de ci de là, notamment dans les études de M. Maurice Clouard et d'Arvède Barine, ainsi que dans le volume de M. Paul Mariéton. Le 30 avril, il envoie de meilleures nouvelles de sa santé, mais surtout il parle de cet amour interrompu, non pas rompu, et qu'il affirme être toujours vivace en son coeur. «Songe à cela, s'écrie-t-il, je n'ai que toi, j'ai tout nié, tout blasphémé, je doute de tout, hormis de toi… Sais-tu pourquoi je n'aime que toi? Sais-tu pourquoi, quand je vais dans le monde à présent, je regarde de travers comme un cheval ombrageux? Je ne m'abuse sur aucun de tes défauts; tu ne mens pas, voilà pourquoi je t'aime. Je me souviens bien de cette nuit de la lettre. Mais, dis-moi, quand tous mes soupçons seraient vrais, en quoi me tromperais-tu? Me disais-tu que tu m'aimais? N'étais-je pas averti? Avais-je aucun droit? O mon enfant chéri, lorsque tu m'aimais, m'as-tu jamais trompé? Quel reproche ai-je jamais eu à te faire, pendant sept mois que je t'ai vue jour par jour? Et quel est donc le lâche misérable qui appelle perfide la femme qui l'estime assez pour l'avertir que son heure est venue? Le mensonge, voilà ce que j'abhorre, ce qui me rend le plus défiant des hommes, peut-être le plus malheureux. Mais tu es aussi sincère que tu es noble et orgueilleuse. Voilà pourquoi je crois en toi, et je te défendrai contre le monde entier jusqu'à ce que je crève.»

Non qu'il promette à George Sand une autre fidélité que celle du souvenir. Il entend garder sa liberté; il aura—et il l'en avertit—d'autres attachements. Déjà, depuis son retour, il a cédé à des fantaisies, comme pour secouer le joug de l'absente. La raison qu'il en donne est physiologique et printanière: «Les arbres se couvrent de verdure, et l'odeur des lilas entre ici par bouffées, tout renaît, et le coeur me bondit malgré moi.» Aussi bien s'est-il promis à lui-même que la première femme qu'il aimera sera *jeune*. Et cette déclaration est médiocrement flatteuse pour les trente ans révolus de George Sand; mais presque aussitôt, et par contraste, il ajoute une impression tendre et même une câlinerie sentimentale. Il est allé chez elle quai Malaquais, il a trouvé dans la soucoupe des cigarettes qu'elle avait faites avant leur départ. «Je les ai fumées, dit-il, avec une tristesse et un bonheur étranges. J'ai, de plus, volé un petit peigne à moitié cassé dans la toilette, et je m'en vais partout avec cela dans ma poche.» Quelques lignes plus loin, nouvelle et singulière virevolte de la pensée: «Sais-tu une chose qui m'a charmé dans ta lettre? C'est la manière dont tu me parles de Pagello, de ses soins pour toi, de ton affection pour lui, et la franchise avec laquelle tu me laisses lire dans ton coeur. Traite-moi toujours ainsi, cela me rend fier. Mon amie, la femme qui parle ainsi de son nouvel amant à celui qu'elle quitte et qui l'aime encore, lui donne la preuve d'estime la plus grande qu'un homme puisse recevoir d'une femme.» Du même coup ses félicitations et ses sympathies s'étendent à son successeur. Il la charge de l'en informer: «Dis à Pagello que je le remercie de t'aimer et de veiller sur toi comme il le fait. N'est-ce pas la chose la plus ridicule du monde que ce sentiment-là? Je l'aime, ce garçon, presque autant que toi; arrange cela comme tu voudras. Il est cause que j'ai perdu toute la richesse de ma vie, et je l'aime comme s'il me l'avait donnée. Je ne voudrais pas vous voir ensemble, et je suis heureux de penser que vous êtes ensemble. Oh! mon ange, mon ange, sois heureuse et je le serai.» Puis c'est l'aveu, le cri du coeur, qu'à cette époque il profère dans chacune de ses lettres: «Je t'ai si mal aimée!»

Cependant il l'entretient de projets littéraires auxquels elle est mêlée. Il a l'intention d'écrire un roman qui sera leur histoire, celui-là même qu'il intitulera la *Confession d'un enfant du siècle*. «Il me semble que cela me guérirait et m'élèverait le coeur. Je voudrais te bâtir un autel, fût-ce avec mes os; mais j'attendrai ta permission formelle.» Il insiste, il entend la venger de tant de calomnies stupides. Le monde s'étonnera, rira peut-être de ce mouvement chevaleresque d'un amant abandonné. Qu'importe? «Il m'est bien indifférent qu'on se moque de moi, mais il m'est odieux qu'on t'accuse avec toute cette histoire de maladie.» Et voilà, sous la plume d'Alfred de Musset, la réfutation anticipée de tout ce qu'inventera et publiera l'humeur enfiellée de son frère!

Le 12 mai, George Sand répond point par point et donne au poète pleine licence d'user de sa liberté reconquise: «Aime donc, mon Alfred, aime pour tout de bon. Aime une femme jeune, belle et qui n'ait pas encore aimé, pas encore souffert. Ménage-la, et ne la fais pas souffrir; le coeur d'une femme est une chose si délicate, quand ce n'est pas un glaçon ou une pierre.» A ses confidences elle en oppose d'autres, qui ont trait à Pagello. Avec lui, dit-elle, «je n'ai pas affaire à des yeux aussi pénétrants que les tiens, et je puis faire ma figure d'oiseau malade sans qu'on s'en aperçoive. Si on me soupçonne un peu de tristesse, je me justifie avec une douleur de tête ou un cor au pied… Ce brave Pierre n'a pas lu *Lélia*, et je crois bien qu'il n'y comprendrait goutte. Il n'est pas en méfiance contre ces aberrations de nos têtes de poètes. Il me traite comme une femme de vingt ans et il me couronne d'étoiles comme une âme vierge. Je ne dis rien pour détruire ou pour entretenir son erreur. Je me laisse régénérer par cette affection douce et honnête; pour la première fois de ma vie, j'aime sans passion.»

Se retournant alors vers Alfred de Musset, elle lui conseille, elle le supplie de veiller sur son coeur, de ne pas en mésuser. «Qu'il se mette, dit-elle, tout entier ou en partie dans toutes les amours de la vie, mais qu'il y joue toujours son rôle noble, afin qu'un jour tu puisses regarder en arrière et dire comme moi: «*J'ai souffert souvent, je me suis trompé quelquefois, mais j'ai aimé; c'est moi qui ai vécu, et non pas un être factice créé par mon orgueil et mon ennui.*» Or, ces quelques lignes d'un billet intime ont paru à Alfred de Musset assez éloquentes et assez émouvantes pour qu'il les reproduisît textuellement dans *On ne badine pas avec l'amour*, en les plaçant dans la bouche de Perdican.

Le surplus de la lettre est consacré à des détails familiers. «Mon oiseau est mort, et j'ai pleuré, et Pagello s'est mis à rire, et je me suis mise en colère, et il s'est mis à pleurer et je me suis mise à rire.» Elle remplacera le sansonnet, quand elle aura quelques sous, en achetant une tourterelle dont elle est éprise. Ce sont ensuite des commissions dont elle charge Alfred de Musset. Elle le prie de lui envoyer douze paires de gants glacés, deux paires de souliers de satin noir et deux paires de maroquin noir, en recommandant à Michiels, cordonnier au coin de la rue du Helder et du boulevard, de les faire un peu plus larges que sa mesure; car elle a les pieds enflés, et le maroquin de Venise est dur comme du buffle. Enfin elle a besoin de parfumerie, mais elle appréhende qu'Alfred de Musset ne paie trop cher un quart de patchouli. Il devra le prendre chez Leblanc, rue Sainte-Anne. «Ne te fais pas attraper, cela vaut deux francs le quart; Marquis le vend six francs.» Et ce sont encore d'autres indications pour du papier à lettre, des romances espagnoles, des paquets de journaux.

Le 18 mai, elle reçoit à Venise, datée du 10, la réponse d'Alfred de Musset à sa «lettre du Tyrol,» la première des *Lettres d'un Voyageur*, qui parut le 15 mai dans la *Revue des Deux Mondes*. En la lisant, il a versé des larmes, il a senti sa blessure se raviver, et ce qui devrait être le baume le plus doux, le plus céleste, «tombe comme une huile brûlante sur un fer rouge.» Alors il veut s'adonner au plaisir, follement, éperdument, au risque de n'avoir qu'un an ou deux à vivre. «Mais avec qui? où?» Puis ce sont les idées de suicide qui le hantent, ce suicide par l'ivresse qu'il devait accomplir avec une lente ténacité. «Voilà pourquoi j'ai des envies de mettre ma blouse de cotonnade bleue, de prendre une bouteille de rhum avec un peu d'opium autour de ma ceinture, et d'aller m'étendre sur le dos sur la roche de Fontainebleau.» Cette persistance de mélancolie n'est pas sans inquiéter ses amis, notamment Alfred Tattet. Mais, dit-il, «je bois autant de vin de champagne que devant, ce qui le rassure.»

Combien plus sympathique que ce buveur invétéré et taciturne est l'autre Alfred de Musset, celui qui a des retours de sensibilité et qui confesse ses fautes avec une sincérité juvénile! Ses repentirs ont le double attrait de l'éloquence et de la vérité. «Et c'est à un homme, s'écrie-t-il, qui fait du matin au soir de pareilles réflexions ou de pareils rêves, que tu adresses cette lettre du Tyrol, cette lettre sublime! Mon George, jamais tu n'as rien écrit d'aussi beau, d'aussi divin; jamais ton génie ne s'est mieux trouvé dans ton coeur. C'est à moi, c'est de moi que tu parles aussi! Et j'en suis là! Et la femme qui a écrit ces pages-là, je l'ai tenue sur mon sein! Elle y a glissé comme une ombre céleste, et je me suis réveillé à son dernier baiser. Elle est ma soeur et mon amie; elle le sait, elle me le dit. Toutes les fibres de mon corps voudraient s'en détacher pour aller à elle et la saisir; toutes les nobles sympathies, toutes les harmonies du monde nous ont poussés l'un vers l'autre, et il y a entre nous un abîme éternel!»

Afin d'occuper ses tristes loisirs, il lit *Werther*, la *Nouvelle Héloïse*. «Je dévore, dit-il, toutes ces folies sublimes dont je me suis tant moqué. J'irai peut-être trop loin dans ce sens-là, comme dans l'autre. Qu'est-ce que cela me fait? J'irai toujours.» Et sous sa plume vient une de ces pensées charmantes par où il savait effacer les bizarreries de son humeur et les pires écarts de sa conduite: «Ne t'offense pas de ma douleur, ange chéri. Si cette lettre te trouve dans un jour de bonheur et d'oubli, pardonne-la moi, jette-la dans la lagune; que ton coeur n'en soit pas plus troublé que son flot tranquille, mais qu'une larme y tombe avec elle, une de ces belles larmes que j'ai bues autrefois sur tes yeux noirs.»

Le 24 mai, George Sand écrit à son tour; la lettre arrive à Paris le 2 juin. Il n'en faut retenir que ce qui précise respectivement leur état d'âme. Elle revient sur les mérites de Pagello et les énumère avec complaisance: «J'ai là, près de moi, mon ami, mon soutien; il ne souffre pas, lui; il n'est pas faible, il n'est pas soupçonneux; il n'a pas connu les amertumes qui t'ont rongé le coeur; il n'a pas besoin de ma force, il a son calme et sa vertu; il m'aime en paix, il est heureux sans que je souffre, sans que je travaille à son bonheur. Eh bien, moi, j'ai besoin de souffrir pour quelqu'un, j'ai besoin d'employer ce trop d'énergie et de sensibilité qui *sont* en moi. J'ai besoin de nourrir cette maternelle sollicitude qui s'est habituée à veiller sur un être souffrant et fatigué. *Oh! pourquoi ne pouvais-je vivre entre vous deux et vous rendre heureux sans appartenir ni à l'un ni à l'autre?* J'aurais bien vécu dix ans ainsi.»

Cette idée lui agrée; elle y insiste, et elle croit ouïr la voix de Dieu, tandis que les hommes, déconcertés par la singularité de ses paroles, de ses actes, et par l'audace de ses professions de foi, lui crient: horreur, folie, scandale, mensonge, la couvrent d'anathèmes et de malédictions. Elle ne veut ni s'en émouvoir ni s'en indigner. Les clabauderies d'en bas ne sauraient l'atteindre, et elle a recours, pour s'en expliquer, à une réminiscence de sa prime jeunesse: «Je me souviens du temps où j'étais au couvent. La rue Saint-Marceau passait derrière notre chapelle. Quand les forts de la Halle et les maraîchères élevaient la voix, on entendait leurs blasphèmes jusqu'au pied du sanctuaire. Mais ce n'était pour moi qu'un son qui frappait les murs. Il me tirait quelquefois de ma prière dans le silence du soir; j'entendais le bruit, je ne comprenais pas le sens des juremens grossiers. Je reprenais ma prière sans que mon oreille ni mon coeur se fussent souillés à les entendre. Depuis, j'ai vécu retirée dans l'amour comme dans un sanctuaire, et quelquefois les sales injures du dehors m'ont fait lever la tête, mais elles n'ont pas interrompu l'hymne que j'adressais au ciel, et je me suis dit comme au couvent: «Ce sont des charretiers qui passent.» Cependant elle annonce son retour pour le mois d'août. Sans doute, quand ils se reverront, il sera engagé dans un nouvel amour. Elle le désire et le craint tout ensemble. C'est une lutte entre sa tendresse de mère et ses instincts d'amante. «Je ne sais, écrit-elle, ce qui se passe en moi quand je prévois cela. Si je pouvais lui donner une poignée de main à celle-là! et lui dire comment il faut te soigner et t'aimer; mais elle sera jalouse, elle te dira: «Ne me parlez jamais de madame Sand, c'est une femme infâme.» Plus heureuse—et ici la liaison des idées est d'une rare ingénuité— elle peut parler d'Alfred de Musset à Pagello, sans voir un front se rembrunir, sans entendre une parole amère. Le nouvel occupant est d'une complexion sentimentale des plus accommodantes; il a de l'amour pour son prédécesseur, et George Sand se complaît à l'entretenir dans ce culte pieux. «Ton souvenir est une relique sacrée, ton nom est une parole solennelle que je prononce le soir dans le silence des lagunes et auquel répond une voix émue et une douce parole, simple et laconique, mais qui me semble si belle alors: *Io l'amo!»* Elle ne pouvait évoquer face à face Musset et Pagello, sans inviter Dieu à assister à la confrontation. C'est au paradis qu'elle donne volontiers ses rendez-vous mystiquement galants. Au cas où elle n'arriverait pas la première, elle charge Alfred de Musset d'une commission utile: «Mon petit ange, si tu rejoins Dieu avant moi, garde-moi une petite place là-haut, près de toi. Si c'est moi qui pars la première, sois sûr que je la garderai bonne.»

Les anges ont, d'ailleurs, un rôle prépondérant dans cette correspondance qui ne semblait pas devoir être précisément séraphique. Alfred de Musset, en sa lettre du 4 juin arrivée le 12 mai à Venise[11], traite un sujet analogue et s'élève, lui aussi, aux sphères éthérées. «Deux êtres, dit-il, qui s'aiment bien sur la terre, font un ange dans le ciel.» A ce prix, le paradis ne saurait jamais souffrir de la dépopulation. Une image aussi hardie, pour expliquer la naissance des anges en des conditions humaines et très laïques, était, paraît-il, de l'invention de Latouche. George Sand trouve la métaphore exquise. Elle avait figuré dans une comédie, la *Reine d'Espagne*, qui fut outrageusement sifflée et qui, à l'en croire, méritait un meilleur sort. «A cette phrase si belle et si sainte, dit-elle, un monsieur du parterre a crié: «Oh! quelle cochonnerie!» et les sifflets n'ont pas permis à l'acteur d'aller plus loin.» Sans doute les spectateurs avaient une autre conception de la genèse des anges.

[Note 11: Les dates indiquées ici sont bien celles qui figurent sur le livre publié en 1903 par la Librairie Paul Ollendorff]

Presque en chacune de ses lettres, Alfred de Musset, avec la fatuité naïve de la jeunesse, aime à parler des bonnes fortunes qui s'offrent à lui et qu'il repousse. C'est peut-être une manière de rendre à George Sand la monnaie de Pagello. Du moins il se targue d'une belle impertinence dans les préludes obligés de la galanterie: «L'autre soir, une femme que j'estime beaucoup sous le rapport de l'intelligence, dans un entretien de bonne amitié que j'avais avec elle, commençait à se livrer. Je m'approchais d'elle franchement et de bonne foi, lorsqu'elle a posé sa main sur la mienne, en me disant: «Soyez sûr que le jour où vous êtes né, il est né une femme pour vous.»—J'ai reculé malgré moi.—«Cela est possible, me suis-je dit, mais alors je vais chercher ailleurs, car assurément ce n'est pas vous.» Cette affectation de dandysme et de byronisme, dédaigneux ou insolent, est l'élément insupportable du caractère d'Alfred de Musset. De même, dans sa littérature et jusque dans cette correspondance intime avec George Sand, on s'irrite parfois d'un surcroît de rhétorique et de déclamation qui altère la sincérité des sentiments. Ainsi ce passage où il évoque, sur un ton de mélodrame, l'image de son cadavre: «Prie pour moi, mon enfant. Quoi qu'il doive m'arriver, plains-moi; je t'ai connue un an trop tôt. J'ai cru longtemps à mon bonheur, à une espèce d'étoile qui me suivait. Il en est tombé une étincelle de la foudre sur ma tête, de cet astre tremblant. Je suis lavé par ce feu céleste qui a failli me consumer. Si tu vas chez Danieli, regarde dans ce lit où j'ai souffert; il doit y avoir un cadavre, car celui qui s'en est levé n'est pas celui qui s'y était couché.»

George Sand avait chargé Boucoiran de voir son fils et d'envoyer à Venise une somme que lui devait Buloz. Or elle ne recevait ni nouvelles de Maurice ni argent. Elle prie Alfred de Musset d'aller au collège Henri IV et de stimuler la négligence et l'apathie de Boucoiran. La lettre où elle lui transmet cette requête est inquiète et agitée. On y sent l'affection maternelle—la vraie—qui se réveille, et en même temps elle confesse ses embarras et ses tourments financiers. Pagello a mis toutes ses pauvres *roba* au Mont-de-Piété; elle doit deux cents francs à Rebizzo, fait des économies sur son estomac et se nourrit de deux sardines. Va-t-elle être obligée de demander l'aumône, alors qu'elle travaille, qu'elle a gagné son salaire et attend un argent qui lui est dû? Sa colère se déchaîne contre Boucoiran. En réalité, il n'était pas coupable. La lettre, qui contenait un mandat de onze cents francs sur un banquier de Venise, s'était égarée au fond d'une case à la poste restante. On ne la retrouva que tardivement. Dans l'intervalle, George Sand connut les angoisses de la gêne et presque la détresse. Elle en parle très discrètement à Alfred de Musset, mais surtout elle s'alarme de la santé de Maurice; elle le croit mort, elle est comme folle toutes les nuits. Qui la rassurera? Boucoiran n'écrit pas, Papet est peut-être absent. Elle ne veut s'adresser ni à Paultre, qui n'est pas exact, ni à Sainte-Beuve, avec qui elle n'est pas assez liée, ni à Gustave Planche, qu'elle a tenu à distance, car il est encombrant et vantard. «Les cancans, dit-elle, recommenceraient sur notre prétendue passion.» Il semblerait naturel qu'elle recourût à sa famille. Elle y répugne. «Mon frère est parfaitement indifférent à tout ce qui me concerne, mon mari voudrait bien me savoir crevée.» Aussi sa lettre n'est qu'un long épanchement de tristesse et de désespérance. Elle a l'obsession du suicide: «Quelle vie! J'ai bien envie d'en finir, bien envie, bien envie! Tu es bon et tu m'aimes. Pietro aussi, mais rien ne peut empêcher qu'on soit malheureux.»

La lettre suivante de George Sand, datée du 13 juin, réitère les mêmes doléances. Elle n'a pas encore reçu de Boucoiran l'argent qu'elle réclame avec impatience. «Cet excès de misère, écrit-elle à Alfred de Musset, empoisonne beaucoup ma vie et me force à de continuelles privations ou à des mortifications d'orgueil auxquelles je ne saurais m'habituer.» Elle fait diversion à ses soucis en donnant à son correspondant des leçons sur l'amour, dont elle espère qu'il tirera profit. Voici les définitions et les métaphores qu'elle lui propose: «L'amour est un temple que bâtit celui qui aime à un objet plus ou moins digne de son culte, et ce qu'il y a de plus beau dans cela, ce n'est pas tant le dieu que l'autel. Pourquoi craindrais-tu de te risquer? Que l'idole reste debout longtemps, ou qu'elle se brise bientôt, tu n'en auras pas moins bâti un beau temple. Ton âme l'aura habité, elle l'aura rempli d'un encens divin, et une âme comme la tienne doit produire de grandes oeuvres. Le dieu changera peut-être, le temple durera autant que toi. Ce sera un lieu de refuge sublime où tu iras retremper ton coeur à la flamme éternelle, et ce coeur sera assez riche, assez puissant pour renouveler la divinité, si la divinité déserte son piédestal.» Au milieu de cette page de noble allure, elle insinue une question qui a tout l'air, sous sa forme prudente, d'être un plaidoyer *pro domo*. «Crois-tu donc qu'un amour ou deux suffisent pour épuiser et flétrir une âme forte? Je l'ai cru aussi pendant longtemps, mais je sais à présent que c'est tout le contraire. C'est un feu qui tend toujours à monter et à s'épurer.» Ainsi sa doctrine—et sa pratique—consiste à multiplier les foyers d'incendie. Elle y trouvera des points de comparaison et décidera, sur le tard, lequel fut le plus lumineux. Il faut aimer, à son école, jusqu'en l'arrière-saison, par delà l'automne et l'été de la Saint-Martin, même en hiver. «C'est peut-être, dit-elle, l'oeuvre terrible, magnifique et courageuse de toute une vie. C'est une couronne d'épines qui fleurit et se couvre de roses quand les cheveux commencent à blanchir.» Or, voici en quels termes elle encourage à la récidive, à la persévérance opiniâtre, ceux qui du premier coup n'ont pas eu la main heureuse: «Peut-être que plus on a cherché en vain, plus on devient habile à trouver; plus on a été forcé de changer, plus on devient propre à conserver. Qui sait?» C'est la théorie du mouvement perpétuel. C'est l'apologie de la prodigalité sentimentale. Si l'on n'a pas gagné à la loterie, il faut prendre de nouveaux billets, jusqu'à ce que l'escarcelle soit vide. Est-ce prudent? Mais elle invoque comme autorité Jésus disant à Madeleine: «Il te sera beaucoup remis, parce que tu as beaucoup aimé.» Et elle compte sur le même traitement.

Ses conseils littéraires valent mieux que ses exhortations douteusement morales. «Aime et écris, dit-elle à Alfred de Musset, c'est ta vocation, mon ami. Monte vers Dieu sur les rayons de ton génie et envoie ta muse sur la terre raconter aux hommes les mystères de l'amour et de la foi.» Tandis qu'elle l'incite de la sorte à l'ascension des sommets qui se perdent dans la nue, elle goûte à Venise le placide et bourgeois amour de Pagello. Aucune de ses souffrances ne lui vient de l'honnête et consciencieux médecin, très appliqué à tous ses devoirs professionnels. En dehors de l'exactitude, il témoigne même de délicates attentions d'amoureux pauvre, mais enflammé: «N'ayant pas une petite pièce de monnaie pour m'acheter un bouquet, il se lève avant le jour et fait deux lieues à pied pour m'en cueillir un dans les jardins des faubourgs. Cette petite chose est le résumé de toute sa conduite. Il me sert, il me porte et il me remercie. Oh! dis-moi que tu es heureux, et je le serai.»

Heureux, Alfred de Musset ne pouvait l'être, ni alors ni plus tard, avec ce tempérament de fièvre et ces habitudes de débauche qui useront ses nerfs et brûleront sa vie. De près, il n'a pas su—il le reconnaît—aimer George Sand et lui donner le bonheur. De loin, il offre de sauter pour elle dans un précipice, avec une joie immortelle dans l'âme. «Mais sais-tu, dit-il, ce que c'est que d'être là, dans cette chambre, seul, sans un ami, sans un chien, sans un sou, sans une espérance, inondé de larmes depuis trois mois et pour bien des années, d'avoir tout perdu, jusqu'à mes rêves, de me repaître d'un ennui sans fin, d'être plus vide que la nuit? Sais-tu ce que c'est que d'avoir pour toute consolation une seule pensée: qu'il faut que je souffre, et que je m'ensevelisse en silence, mais que du moins tu es heureuse! peut-être heureuse par mes larmes, par mon absence, par le repos que je ne trouble plus! O mon amie, mon amie, si tu ne l'étais pas!…» Il veut qu'elle le soit; elle doit l'être. Pagello est «une noble créature, bonne et sincère.» C'est même cette certitude qui lui a donné le courage de quitter Venise, de fuir. Mais le bonheur est un hiéroglyphe terrible, l'énigme indéchiffrable sur cette route de Thèbes où le sphinx dévore tant de pèlerins de l'éternel voyage. Et il lui pose à elle, il se pose à lui-même la douloureuse question: «Ce mot si souvent répété, le bonheur, ô mon Dieu, la création tout entière frémit de crainte et d'espérance en l'entendant! Le bonheur! Est-ce l'absence du désir? Est-ce de sentir tous les atomes de son être en contact avec d'autres? Est-ce dans la pensée, dans les sens, dans le coeur que se trouve le bonheur? Qui sait pourquoi il souffre?» Ni le génie qui s'interroge, ni les efforts de l'humanité pensante, ni la simplicité des humbles, ne découvriront la solution du mystérieux problème.

Le 26 juin, George Sand écrit de Venise la dernière lettre que nous possédions. Elle a reçu, grâce à Alfred de Musset, de bonnes nouvelles de son fils, elle a trouvé son argent à la poste restante. C'est un soulagement. Elle annonce son retour à Paris pour la première quinzaine d'août, car elle veut assister à la distribution des prix du collège Henri IV. Reviendra-t-elle seule? Non, Pagello va l'accompagner. Le voyage est coûteux, mais il a, dit-elle, «bien envie de ne pas me quitter, et il se fait une joie de t'embrasser;

j'espère que cela l'emportera sur les embarras de sa position.» Une fois encore—mais c'est la dernière—elle remercie Musset de «l'avoir remise dans les mains d'un être dont l'affection et la vertu sont immuables comme les Alpes.» Elle va donc revoir ses enfants et son Alfred—ses trois enfants—elle constatera, de ses propres yeux, s'il est rose comme autrefois et gras comme il s'en vante. «Que je sois bien rassurée sur ta santé, écrit-elle, et que mon coeur se dilate en t'embrassant comme mon Maurice, et en t'entendant me dire que tu es mon ami, mon fils bien-aimé, et que tu ne changeras jamais pour moi!» Cette maternité en partie double—ou même triple, si l'on n'oublie pas Solange—est le tout de sa vie. Et Pagello? direz-vous. Elle a vite fait sa part. «Quant à Pierre, c'est un corps qui nous enterrera tous, c'est un coeur qui ne s'appartient plus et qui est à *nous* comme celui que nous avons dans la poitrine.» Puis elle termine en hâte par ce paragraphe qui résume bien la complexité bizarre de ses sentiments: «Adieu, adieu, mon cher ange, ne sois pas triste à cause de moi. Cherche, au contraire, ton espérance et ta consolation dans le souvenir de ta vieille mignonne, qui te chérit et qui prie Dieu pour que tu sois aimé.»

Enfin, il y a une lettre d'Alfred de Musset, en date du 11 juillet, qui se divise en deux parties. L'une est dédiée *al mio caro Pietro Pagello*. Elle traite sur le ton du badinage ses recommandations relatives au vin de champagne: «Je vous promets que jamais, jamais je ne boirai plus de cette maudite boisson—sans me faire les plus grands reproches.» Et le poète ajoute: «George me mande que vous hésitez à venir ici avec elle; il faut venir, mon ami, ou ne pas la laisser partir.» Signé: «Un de vos meilleurs amis, Alfred de Musset.» Les autres feuilles, destinées à George Sand, ont été dépecées par elle à coups de ciseaux. Il n'en subsiste, pour ainsi dire, que ce bout de conversation: «Dites-moi, monsieur, est-il-vrai que madame Sand soit une femme adorable?»—Telle est l'honnête question qu'une belle bête m'adressait l'autre jour. La chère créature ne l'a pas répétée moins de trois fois, pour voir apparemment si je varierais mes réponses.—«Chante, mon brave coq, me disais-je tout bas, tu ne me feras pas renier, comme saint Pierre.»

Ni l'*Histoire de ma Vie*, ni la *Correspondance* ne contiennent de détails sur les circonstances qui précédèrent et déterminèrent le départ de George Sand. Le journal intime de Pagello est plus explicite. Quand elle parla de la nécessité de rejoindre ses enfants pour les vacances et qu'elle lui demanda de l'accompagner, sauf à retourner ensuite à Venise ensemble, il fut tout déconcerté et sollicita le temps de la réflexion. «Je compris du coup que j'irais en France et que j'en reviendrais sans elle; mais je l'aimais au delà de tout, et j'aurais affronté mille désagréments plutôt que de la laisser courir seule un si long voyage.» Il finit par accepter, en spécifiant qu'il ne se rendrait pas à Nohant, qu'il habiterait seul à Paris et compléterait dans les hôpitaux son instruction médicale. Ils tombèrent d'accord, mais ils avaient compris ce qui allait les séparer. «A partir de ce moment-là, dit Pagello, nos relations se changèrent en amitié, au moins pour elle. Moi, je voulais bien n'être qu'un ami, mais je me sentais néanmoins amoureux.» Hélas! ses soupirs et ses appels ne seront plus guère entendus.

Le trajet s'effectua par Milan, Domo d'Ossola, le Simplon, Chamonix—où ils firent l'excursion de la Mer de Glace—et Genève. Le 29 juillet, ils étaient à Milan; le 10 août, ils arrivaient à Paris. «A mesure que nous avancions, dit Pagello, nos relations devenaient plus circonspectes et plus froides. Je souffrais beaucoup, mais je faisais mille efforts pour le cacher. George Sand était un peu mélancolique et beaucoup plus indépendante de moi. Je voyais douloureusement en elle une actrice assez coutumière de telles farces, et le voile qui me bandait les yeux commençait à s'éclaircir.» Pagello, qui semble avoir eu l'esprit porté au sentiment plutôt qu'à la géographie, raconte qu'ils allèrent de Genève à Paris par le Dauphiné et la Champagne: on a peine à croire que la diligence ait suivi cet itinéraire fantaisiste. En descendant de voiture, George Sand, attendue par le fidèle Boucoiran, gagna son appartement du quai Malaquais, et Pagello, tout dépaysé, alla occuper, à l'hôtel d'Orléans, rue des Petits-Augustins, une chambrette du troisième étage à 1 fr. 50. Pauvre Pietro, les jours sombres commencent. A Venise, il avait supplanté Alfred de Musset. A Paris, il va être évincé par lui. Juste revanche. Pagello n'était pas un article d'exportation. Tels ces fruits qui demandent à être consommés sur place et supportent mal le voyage.

CHAPITRE XIV

RETOUR A ALFRED DE MUSSET

A peine arrivée à Paris, George Sand se trouva dans la situation la plus fausse entre Pagello qu'elle avait amené, mais qu'elle n'aimait plus, et Alfred de Musset qui brûlait de la revoir et que peut-être elle aimait encore. Une entrevue eut lieu. Fut-elle sollicitée par *elle* ou par *lui*? On l'ignore. Ils se rapprochèrent en vertu de cette propriété mystérieuse et attractive qui appartient à l'aimant. Que pensa Pagello de la réunion, amicale en apparence, mais vouée à devenir amoureuse, dont il devait être le témoin? Il l'avait autorisée avec longanimité, ou plutôt il s'y était résigné. «La Sand, dit-il dans son journal intime, voulait partir avec ses deux petits enfants pour La Châtre, et moi j'avais manifesté la ferme volonté de ne pas la suivre. Elle voyait toute la singularité de ma position, tous les sacrifices que j'avais faits à mon amour: ma clientèle perdue, mes parents quittés, et moi exilé sans fortune, sans appui, sans espérance.» Ajoutez l'indifférence croissante de George Sand à son endroit, et la reprise ostensible, publique de l'ancienne passion pour Alfred de Musset. Aussi bien cette renaissance de tendresse ne devait-elle pas se produire sans de cruelles secousses. L'affection essaya vainement de demeurer platonique. «Georgette, écrit Musset, j'ai trop compté sur moi en voulant te revoir, et j'ai reçu le dernier coup.» Il s'éloignera, du moins il l'annonce; il ira aux Pyrénées, en Espagne. «Si Dieu le permet, je reverrai ma mère, mais je ne reverrai jamais la France... Je pars aujourd'hui pour toujours, je pars seul, sans un compagnon, sans un chien. Je te demande une heure, et un dernier baiser. Si tu crains un moment de tristesse, si ma demande importune Pierre, n'hésite pas à me refuser.» Et, recourant à ces grands effets de style qu'il savait irrésistibles auprès de George Sand, il poursuit sur le mode pathétique: «Reçois-moi sur ton coeur, ne parlons ni du passé, ni du présent, ni de l'avenir; que ce ne soit pas l'adieu de Monsieur un tel et de Madame une telle. Que ce soient deux âmes qui ont souffert, deux intelligences souffrantes, deux aigles blessés qui se rencontrent dans le ciel et qui échangent un cri de douleur avant de se séparer pour l'éternité! Que ce soit un embrassement, chaste comme l'amour céleste, profond comme la douleur humaine! O ma fiancée! Pose-moi doucement la couronne d'épines, et adieu! Ce sera le dernier souvenir que conservera ta vieillesse d'un enfant qui n'y sera plus!»

Les lettres suivantes, du mois d'août 1834, mais sans indication précise de date, développent les mêmes sentiments et affirment sa résolution de partir. «Quoique tu m'aies connu enfant, s'écrie-t-il, crois aujourd'hui que je suis homme... Tu me dis que je me trompe sur ce que j'éprouve. Non, je ne me trompe pas, j'éprouve le seul amour que j'aurai de ma vie... Adieu, ma bien-aimée Georgette, ton enfant, Alfred.» Toutefois, avant de se rendre à Toulouse d'abord, chez son oncle, puis à Cadix, il sollicite un suprême entretien. Ces entretiens-là sont périlleux. Le plus souvent, ils débutent par des adieux et s'achèvent en des recommencements. «Tu me dis que tu ne crains pas de blesser Pierre en me voyant. Quoi donc alors? Ta position n'est pas changée? Mon amour-propre, dis-tu? Ecoute, écoute, George, si tu as du coeur, rencontrons-nous quelque part, chez moi, chez toi, au Jardin des Plantes, au cimetière, au tombeau de mon père c'est là que je voulais te dire adieu... Songe que je pars, mon enfant. Ne fermons pas légèrement des portes éternelles.» Et la lettre se termine, à la pensée de ne pas la revoir, sur cette apostrophe et cette adjuration: «Ah! c'est trop, c'est trop. Je suis bien jeune, mon Dieu! Qu'ai-je donc fait?»

La réponse de George Sand est calme et raisonnable. Elle s'abrite derrière Pagello, derrière ses projets de voyage à Nohant. «Il est inquiet, dit-elle, et il n'a pas tort, puisque tu es si troublé, et il voit bien que cela me fait du mal... Je lui ai tout dit. Il comprend tout, il est bon. Il veut que je te voie sans lui une dernière fois et que je te décide à rester, au moins jusqu'à mon retour de Nohant.» Dans cette même lettre, elle autorise, elle invite Alfred de Musset à venir quai Malaquais: car elle est trop malade pour sortir, et il fait un temps affreux. Il vint, il s'attarda, et l'on pourrait croire qu'il allait abandonner ses idées de départ. Au contraire, il s'y attache, après une nuit qui porte conseil. Il ira à Baden. La lettre où il le signifie, au lendemain de l'entrevue de réconciliation, a été par lui très attentivement et très éloquemment composée: «Notre amitié est consacrée, mon enfant. Elle a reçu hier, devant Dieu, le saint baptême de nos larmes. Elle est immortelle comme lui. Je ne crains plus rien ni n'espère plus rien. J'ai fini sur la terre. Il ne m'était pas réservé d'avoir un plus grand bonheur. Eh bien, ma soeur chérie, je vais quitter ma patrie, ma mère, mes amis, le monde de ma jeunesse; je vais partir seul, pour toujours, et je remercie Dieu. Celui qui est aimé de toi ne peut plus maudire, George. Je puis souffrir encore maintenant, mais je ne puis plus maudire.»

Il lui offre le sacrifice de sa vie et d'aller mourir en silence à trois cents lieues, ou simplement de ne plus la poursuivre de ses lettres. Il est prêt à obéir: «Sois heureuse à tout prix, oh! sois heureuse, bien-aimée de mon âme! Le temps est inexorable, la mort avare; les dernières années de la jeunesse s'envolent plus rapidement que les premières.» Puis il ajoute, avec un tantinet de déclamation: «Les condamnés à mort ne renient pas leur Dieu... Rétrécis ton coeur, mon grand George, tu en as trop pour une poitrine humaine. Mais si tu renonces à la vie, si tu te retrouves jamais seule en face du malheur, rappelle toi le serment que tu m'as fait: «Ne meurs pas sans moi.» Souviens-t'en, souviens-t'en, tu me l'as promis devant Dieu.»

Le surplus de la lettre, où frémit et vibre l'émotion, est d'une rare beauté de pensée et de style. On y sent tressaillir l'âme douloureuse du poète:

«Je ne mourrai pas, moi, sans avoir fait mon livre sur moi et sur toi (sur toi surtout). Non, ma belle, ma sainte fiancée, tu ne te coucheras pas dans cette froide terre, sans qu'elle sache qui elle a porté. Non, non, j'en jure par ma jeunesse et mon génie, il ne poussera sur ta tombe que des lis sans tache. J'y poserai, de ces mains que voilà, ton épitaphe en marbre plus pur que les statues de nos gloires d'un jour. La postérité répétera nos noms comme ceux de ces amants immortels qui n'en ont plus qu'un à eux deux, comme Roméo et Juliette, comme Héloïse et Abélard; on ne parlera jamais de l'un sans parler de l'autre. Ce sera là un mariage plus sacré que ceux que font les prêtres; le mariage impérissable et chaste de l'Intelligence. Les peuples futurs y reconnaîtront le symbole du seul Dieu qu'ils adoreront. Quelqu'un n'a-t-il pas dit que les révolutions de l'esprit humain avaient toujours des avant-coureurs qui les annonçaient à leur siècle? Eh bien, le siècle de l'Intelligence est venu. Elle sort des ruines du monde, cette souveraine de l'avenir; elle gravera ton portrait et le mien sur une des pierres de son collier. Elle sera le prêtre qui nous bénira, qui nous couchera dans la tombe, comme une mère y couche sa fille le soir de ses noces; elle écrira nos deux chiffres sur la nouvelle écorce de l'arbre de vie. Je terminerai ton histoire par mon hymne d'amour; je ferai un appel, du fond d'un coeur de vingt ans, à tous les enfants de la terre; je sonnerai aux oreilles de ce siècle blasé et corrompu, athée et crapuleux, la trompette des résurrections humaines, que le Cbrist a laissée au pied de sa croix. Jésus! Jésus! et moi aussi, je suis fils de ton père. Je te rendrai les baisers de ma fiancée; c'est toi qui me l'as envoyée, à travers tant de dangers, tant de courses lointaines, qu'elle a couru pour venir à moi. Je nous ferai, à elle et à moi, une tombe qui sera toujours verte, et peut-être les générations futures répéteront-elles quelques-unes de mes paroles, peut-être béniront-elles un jour ceux qui auront frappé avec le myrte de l'amour aux portes de la liberté.»

Cette lettre, écrite avec une sensibilité qui ne dédaigne pas d'être très littéraire, fut envoyée la veille ou l'avant-veille du départ d'Alfred de Musset. Il quitta Paris la dernière semaine d'août, traversa Strasbourg le 28, et le 1er septembre, arrivé à Baden, il adressa à George Sand un nouvel hymne d'amour. En voici l'un des plus brûlants passages:

«Ma chère âme, tu as un coeur d'ange… Jamais homme n'a aimé comme je t'aime. Je suis perdu, vois-tu, je suis noyé, inondé d'amour; je ne sais plus si je vis, si je mange, si je marche, si je respire, si je parle; je sais que j'aime. Ah! si tu as eu toute ta vie une soif de bonheur inextinguible, si c'est un bonheur d'être aimée, si tu l'as jamais demandé au ciel, oh! toi, ma vie, mon bien, ma bien-aimée, regarde le soleil, les fleurs, la verdure, le monde! Tu es aimée, dis-toi cela, autant que Dieu peut être aimé par ses lévites, par ses amants, par ses martyrs. Je t'aime, ô ma chair et mon sang! Je meurs d'amour, d'un amour sans fin, sans nom, insensé, désespéré, perdu; tu es aimée, adorée, idolâtrée, jusqu'à mourir! Et non, je ne guérirai pas. Et non, je n'essaierai pas de vivre;

et j'aime mieux cela, et mourir en t'aimant vaut mieux que de vivre. Je me soucie bien de ce qu'ils diront. Ils diront que tu as un autre amant. Je le sais bien, j'en meurs. Mais j'aime, j'aime, j'aime! Qu'ils m'empêchent d'aimer!»

Il est parti—il le confesse—dans un état d'exaltation éperdue, après avoir tenu entre ses bras ce corps adoré, après l'avoir pressé sur une blessure cbérie. Il emportait à ses lèvres le souffle des lèvres aimées, et, comme il l'exprime très poétiquement: «Je te respirais encore.» Ce baiser, il l'avait attendu cinq mois, dans une continuelle angoisse: «Sais-tu ce que c'est pour un pauvre coeur qui a senti pendant cinq mois, jour par jour, heure par heure, la vie l'abandonner, le froid de la tombe descendre lentement dans la solitude, la mort et l'oubli tomber goutte à goutte comme la neige; sais-tu ce que c'est pour un coeur serré jusqu'à cesser de battre, de se dilater un moment, de se rouvrir, comme une pauvre fleur mourante, et de boire une goutte de rosée vivifiante? O mon Dieu! je le sentais bien, je le savais, il ne fallait pas nous revoir.»

Vainement il avait tenté de l'oublier, de prendre un autre amour: nulle part, il n'a ni n'aurait trouvé ce qui le charme en elle. Les faciles et vénales amours l'ont écoeuré, et il le crie en quelques mots d'une vérité saisissante: «Ces belles créatures, je les hais; elles me dégoûtent avec leurs diamants, leur velours. Je les embrasse; après je me rince la bouche et je deviens furieux, je n'aime pas les Vénus. O mon amour, ce que j'aime, c'est ta petite robe noire, le noeud de ton soulier, ton col, tes yeux.» Et il se compare, en son agonie de passion, à l'un de ces taureaux blessés dans le cirque qui ont la permission d'aller se coucher dans un coin avec l'épée du matador dans l'épaule et de mourir en paix. Voilà le droit qu'il réclame. Il n'admet pas qu'on le lui conteste. «Le reste, dit-il, me regarde. Il serait trop cruel de venir dire à un malheureux qui meurt d'amour, qu'il a tort de mourir.» Elle ne l'entend pas, quand il l'appelle à cent cinquante lieues de distance, et pourtant il ne peut vivre sans elle. Il voudrait s'établir aux environs de Moulins ou de Châteauroux, louer un grenier avec une table et un lit. Elle viendrait le voir une fois ou deux, à cheval, et là, dans la solitude, il écrirait la mélancolique histoire de leur amour. Puisqu'il n'en peut être ainsi, du moins il a conçu un rêve et il formule une prière: «O ma fiancée, je te demande encore pourtant quelque chose. Sors un beau soir, au soleil couchant, seule; va dans la campagne, assieds-toi sur l'herbe, sous quelque saule vert; regarde l'occident, et pense à ton enfant qui va mourir. Tâche d'oublier le reste, relis mes lettres, si tu les as, ou mon petit livre. Pense, laisse aller ton bon coeur, donne-moi une larme, et puis rentre chez toi doucement, allume ta lampe, prends ta plume, donne une heure à ton pauvre ami. Donne-moi tout ce qu'il y a pour moi dans ton coeur. Efforce-toi plutôt un peu; ce n'est pas un crime, mon enfant. Tu peux m'en dire même plus que tu n'en sentiras; je n'en saurai rien, ce ne peut être un crime; je suis perdu.» Et la lettre se termine en un véritable spasme de passion, où éclate l'éréthisme névrosé du poète: «Dis-moi que tu me donnes tes lèvres, tes dents, tes cheveux, tout cela, cette tête que j'ai eue, et que tu m'embrasses, toi, moi! O Dieu, ô Dieu, quand j'y pense, ma gorge se serre, mes yeux se troublent, mes genoux chancellent. Ah! il est horrible de mourir, il est horrible d'aimer ainsi. Quelle soif, mon George, oh! quelle soif j'ai de toi! Je t'en prie, que j'aie cette lettre. Je me meurs. Adieu.» Après avoir indiqué son adresse, à Baden (Grand-Duché), près Strasbourg, poste restante, il ajoute en post-scriptum: «O ma vie, ma vie, je te serre sur mon cœur, ô mon George, ma belle maîtresse, mon premier, mon dernier amour!»

Que devient cependant George Sand? Elle a profité de son séjour à Paris pour régler ses intérêts avec Buloz, mais nous ne savons pas si elle a, comme elle projetait, sermonné le bavard et compromettant Gustave Planche, contre lequel Alfred de Musset nourrissait une rancune particulière. Planche, en effet, fils de pharmacien, avait joué au poète un tour pendable, du temps où ils étaient rivaux d'influence auprès de l'auteur de *Lélia*. Certain jour, il offrit à Musset des bonbons au chocolat. A peine en eut-il mangé deux ou trois qu'il dut céder la place. C'étaient des bonbons purgatifs que Gustave Planche avait dérobés à l'officine paternelle. Et cette anecdote, qui a son parfum moliéresque, a été transmise par madame Martelet, gouvernante d'Alfred de Musset.

Le 29 août, George Sand arrive à Nohant, en compagnie de son fils Maurice. Elle y retrouve Solange et le singulier M. Dudevant qui la reçoit placidement, comme si elle ne revenait pas de Venise. Elle a laissé à Paris, sans s'émouvoir, sans éprouver ni remords ni scrupules, le triste Pagello, qui ne paraît pas avoir supporté cette séparation avec son habituelle philosophie. Comme c'était la saison des vacances et que d'ailleurs George Sand se souciait peu de l'exhiber dans les milieux littéraires, il n'entra en relations qu'avec Gustave Planche et Buloz qui, par une politesse sans doute ironique, lui offrit de collaborer à la *Revue des Deux Mondes*. Il fit plusieurs visites à Alfred de Musset, dont l'accueil fut «des plus courtois, mais dépourvu de toute expansion cordiale; il était, au reste—d'après Pagello—d'un naturel peu expansif.» Il ne trouva de véritable intimité qu'auprès d'Alfred Tattet, bon vivant, amant de Déjazet avec qui il avait fait le voyage d'Italie; mais surtout compagnon de plaisir de Musset et grand amateur de vin de Chypre dont il se faisait envoyer chaque année un tonnelet. Voici la lettre découragée que Pagello lui adresse, le 6 septembre:

«Mon cher Alfred, votre pauvre ami est à Paris. Je suis allé chez vous demander de vos nouvelles; on m'a dit que vous étiez à la campagne. Si j'avais eu le temps, je serais allé vous donner un baiser, mais comme je suis ici pour peu, je vous l'envoie par cette feuille. Je ne sais combien de jours encore je resterai à Paris. Vous savez que je suis obligé d'obéir à ma petite bourse, et celle-ci me commande déjà le départ. Adieu. Si je puis vous voir à Paris, je serai heureux; si je ne puis, envoyez-moi un baiser, vous aussi, sur un petit bout de papier. Hôtel d'Orléans, n° 17, rue des Petits-Augustins. Adieu, mon bon, mon sincère ami, adieu, votre très affectionné ami,

Pietro PAGELLO.»

Le Vénitien déraciné prenait ses repas dans une pension tenue par un compatriote, Burnharda, hôtelier à Paris depuis trente-trois ans; mais souvent aussi, obligé d'être économe, il allait au Jardin des Plantes manger un pain et quelques fruits, au sortir de la clinique de Velpeau. George Sand, avant de partir pour Nohant, s'était bornée à lui donner quelques recommandations dans le monde médical. Or le malheureux, isolé, sans ressources, sans relations, parlant à peine notre langue, menait une vie de délaissement et de misère, inconsolable d'un injurieux abandon qui succédait à la passion la plus enflammée. «Il me semble, écrivait-il à son père le 18 août, être un oiseau étranger jeté dans une tempête.» Et plus loin: «Si quelqu'un a toutes raisons de se jeter à la Seine, c'est moi!»

George Sand, sur le point de quitter Paris, avait dû affronter une explication orageuse avec Pagello. Nous en trouvons l'écho dans la lettre qu'elle adresse de Nohant à Alfred de Musset, au commencement de septembre. Elle rêve, *pour eux trois*, un amour de l'âme où les sens ne seraient rien. Mais ni le poète ni le médecin ne veulent s'en accommoder. «Eh bien! s'écrie-t-elle, voilà que tu t'égares, et lui aussi. Oui, lui-même, qui dans son parler italien est plein d'images et de protestations qui paraîtraient exagérées si on les traduisait mot à mot, lui qui, selon l'usage de là-bas, embrasse ses amis presque sur la bouche, et cela sans y entendre malice, le brave et pur garçon qu'il est, lui qui tutoie la belle Cressini sans jamais avoir songé à être son amant; enfin, lui qui faisait à Giulia (je t'ai dit qu'elle était sa soeur de la main gauche) des vers et des romances tout remplis d'*amore* et de *felicità*, le voilà, ce pauvre Pierre, qui, après m'avoir dit tant de fois: *il nostro amore per Alfredo*, lit je ne sais quel mot, quelle ligne de ma réponse à toi le jour du départ, et s'imagine je ne sais quoi.» Pagello est jaloux. A-t-il décacheté une lettre de George Sand? A-t-il lu, par dessus l'épaule d'Alfred de Musset, une phrase ainsi conçue: «Il faut que je sois à toi, c'est ma destinée?» Elle nie l'avoir écrite. En réalité, il n'admet pas qu'on lui ait fait faire trois cents lieues pour l'abandonner et lui laisser l'unique distraction de promenades au Jardin des Plantes, ou lui infliger la lugubre solitude d'une misérable chambre d'hôtel.

Nous nous expliquons, mais George Sand semble ne pas s'expliquer la révolte de Pagello: «Lui qui comprenait tout à Venise, du moment qu'il a mis le pied en France, il n'a plus rien compris, et le voilà désespéré. Tout de moi le blesse et l'irrite. Et faut-il le dire? il part, il est peut-être parti à l'heure qu'il est, et moi, je ne le retiendrai pas, parce que je suis offensée jusqu'au fond de l'âme de ce qu'il m'écrit, et que, je le sens bien, il n'a plus la foi, par conséquent il n'a plus l'amour.» Elle ira à Paris, en apparence pour consoler Pagello—car elle ne veut ni se justifier ni le retenir—mais, à dire vrai, avec l'espoir et le désir de rencontrer Musset, à son retour de Baden. Le Vénitien l'obsède; elle en est excédée, et elle philosophe sur cet amour expirant, qui va rejoindre les affections défuntes: «Est-ce que l'amour élevé et croyant est possible? Est-ce qu'il ne faut pas que je meure sans l'avoir rencontré? Toujours saisir des fantômes et poursuivre des ombres! Je m'en lasse. Et pourtant je l'aimais sincèrement et sérieusement, cet homme généreux, aussi romanesque que moi, et que je croyais plus fort que moi. Je l'aimais comme un père, et tu étais alors notre enfant à tous deux. Le voilà qui redevient un être faible, soupçonneux, injuste, faisant des querelles d'Allemand et vous laissant tomber sur la tête ces pierres qui brisent tout.»

Elle espérait, certes, que Pagello serait raisonnable. N'avait-il pas accepté qu'elle revît Alfred de Musset et qu'elle l'embrassât en sa présence? «Les trois baisers que je t'ai donnés, un sur le front et un sur chaque joue, en te quittant, il les a vus, et il n'en a pas été troublé, et moi je lui savais tant de gré de me comprendre!» Elle hésite, elle flotte, elle ne sait où se prendre, partagée entre celui qui va partir et celui qui ne revient pas. Mais elle est «outrée» que Pagello ne la croie pas sur parole, et elle ne saurait descendre à se disculper. «Qu'il parte, je te redemanderai alors ma lettre, et je la lui enverrai pour le punir... Mais non, pauvre Pierre, il souffre, et je tâcherai de le consoler, et tu m'y aideras, car je sens que je meurs de tous ces orages, je suis tous les jours plus malade, plus dégoûtée de la vie, et il faut que nous nous séparions tous trois sans fiel et sans outrage. Je veux te revoir encore une fois et lui aussi; je te l'ai promis, d'ailleurs, et je te renouvelle ma promesse; mais ne m'aime plus, entends-tu bien? Je ne vaux plus rien. Le doute de tout m'envahit tout à fait. Aime-moi, si tu veux, dans le passé, et non telle que je suis à présent.»

Elle l'avertit que, s'ils se revoient à Paris, du moins aucun rapprochement d'amour n'est possible entre eux, et qu'elle ne saurait entreprendre de guérir cette passion qu'il croit et dit inguérissable. «Adieu donc le beau poème de notre amitié sainte et de ce lien idéal qui s'était formé entre nous trois, lorsque tu lui arrachas à Venise l'aveu de son amour pour moi et qu'il te jura de me rendre heureuse.» Elle lui rappelle la nuit mémorable, la nuit d'enthousiasme où, malgré eux, il joignit leurs mains et les bénit solennellement. «Tout cela était donc un roman? Oui, rien qu'un rêve, et moi seule, imbécile, enfant que je suis, j'y marchais de confiance et de bonne foi! Et tu veux qu'après le réveil, quand je vois que l'un me désire, et que l'autre m'abandonne en m'outrageant, je croie encore à l'amour sublime! Non, hélas! il n'y a rien de tel en ce monde, et ceux qui se moquent de tout ont raison. Adieu, mon pauvre enfant. Ah! sans mes enfants à moi, comme je me jetterais dans la rivière avec plaisir!»

Ainsi tous les trois, George Sand, Alfred de Musset, Pagello, arrivent à la même conclusion du suicide, de la noyade. Et aucun d'eux ne se jette dans la rivière...

Les tristesses de Pagello laissent, il va sans dire, Musset fort insensible. Il est trop pénétré de sa propre douleur pour s'apitoyer sur celle de son rival, et même il savoure la joie d'une équitable revanche. «S'il souffre, lui, eh bien! qu'il souffre, ce Vénitien, qui m'a appris à souffrir. Je lui rends sa leçon; il me l'avait donnée en maître. Qu'il souffre, il te possède... Par le ciel, en fermant cette lettre, il me semble que c'est mon coeur que je ferme. Je le sens qui se resserre et s'ossifie.»

Pareilles pensées de désespoir hantaient l'imagination de George Sand. Le 31 août, de Nohant elle écrit à Jules Boucoiran: «C'est un adieu que je venais dire à mon pays, à tous les souvenirs de ma jeunesse et de mon enfance; car vous avez dû le comprendre et le deviner: la vie m'est odieuse, impossible, et je veux en finir absolument avant peu. Nous en reparlerons.» Elle lui recommande Pagello, «un brave et digne homme de votre trempe, bon et dévoué comme vous. Je lui dois la vie d'Alfred et la mienne. Pagello a le projet de rester quelques mois à Paris. Je vous le confie et je vous le lègue; car, dans l'état de maladie violente où est mon esprit, je ne sais point ce qui peut m'arriver.»

De vrai, Pagello s'apprêtait à regagner Venise. Il avait décliné très dignement l'invitation que George Sand lui adressait, avec l'agrément de M. Dudevant, de venir passer huit ou dix jours à Nohant. Au surplus, malgré ses velléités de suicide, elle chargeait Boucoiran de dire au propriétaire qu'elle gardait son appartement du quai Malaquais, et elle donnait l'ordre de faire carder ses matelas, «ne voulant pas être mangée aux vers de son vivant.»

Dans la première quinzaine d'octobre, George Sand rentrait à Paris. Alfred de Musset y revenait le 13. Peu de jours après, le 23, Pagello reprenait le chemin de l'Italie. La vente de quatre tableaux—à l'huile, observe-t-il—de Zucarelli lui avait, par l'entremise de George Sand, procuré une somme de quinze cents francs. Il acheta une boîte d'instruments de chirurgie et quelques livres de médecine. «Le temps, dit-il, qui est un grand honnête homme, amena le jour redouté et désiré par moi du retour de la Sand à Paris.» Il reçut le complément du prix des tableaux, prépara son bagage et alla prendre congé de George Sand, devant Boucoiran. «Nos adieux furent muets; je lui serrai la main sans pouvoir la regarder. Elle était comme perplexe; je ne sais pas si elle souffrait; ma présence l'embarrassait. Il l'ennuyait, cet Italien qui, avec son simple bon sens, abattait la sublimité incomprise dont elle avait coutume d'envelopper la lassitude de ses amours. Je lui avais déjà fait connaître que j'avais profondément sondé son coeur plein de qualités excellentes, obscurcies par beaucoup de défauts. Cette connaissance de ma part ne pouvait que lui donner du dépit, ce qui me fit abréger, autant que je pus, la visite. J'embrassai ses enfants et je pris le bras de Boucoiran qui m'accompagna.»

En s'éloignant, Pagello ne lança pas la flèche du Parthe, bien qu'il fût en état de légitime défense. Le jour même où il quittait Paris, il écrivit à Alfred Tattet: «Mon bon ami, avant de partir, je vous envoie encore un baiser. Je vous conjure de ne jamais parler de mon amour avec la George. Je ne veux pas de *vendette*. Je pars avec la certitude d'avoir agi en honnête homme. Ceci me fait oublier ma souffrance et ma pauvreté. Adieu, mon ange. Je vous écrirai de Venise. Adieu, adieu.»

Avait-il, l'infortuné Pagello, été dûment informé de la réconciliation amoureuse survenue entre Alfred de Musset et George Sand? Il est probable. Le jour même de son retour à Paris, 13 octobre, le poète envoyait, non pas à Nohant, comme le croit M. Maurice Clouard, mais au quai Malaquais, où se trouvait George Sand, une lettre qui débute ainsi: «Mon amour, me voilà ici... Tu veux bien que nous nous voyions. Et moi, si je le veux! Mais ne crains pas de moi, mon enfant, la moindre parole, la moindre chose, qui puisse te faire souffrir un instant... Fie-toi à moi, George, Dieu sait que je ne te ferai jamais de mal. Reçois-moi, pleurons ou rions ensemble, parlons du passé ou de l'avenir, de la mort ou de la vie, de l'espérance ou de la douleur, je ne suis plus rien que ce que tu me feras.» Et il lui rappelle, et il s'approprie les touchantes paroles de Ruth à Noémi: «Laissez-moi vivre de votre vie; le pays où vous irez sera ma patrie, vos parents seront mes parents; là où vous mourrez, je mourrai, et dans la terre qui vous recevra, là je serai enseveli.» Ce mystique appel aboutit à la conclusion plus pratique d'un rendez-vous: «Dis-moi ton heure. Sera-ce ce soir? Demain? Quand tu voudras, quand tu auras une heure, un instant à perdre. Réponds-moi une ligne. Si c'est ce soir, tant mieux. Si c'est dans un mois, j'y serai. Ce sera quand tu n'auras rien à faire. Moi, je n'ai à faire que de t'aimer. Ton frère, Alfred.»

Ils se réconcilièrent amoureusement, dans le courant d'octobre, sans qu'on puisse préciser la date, car leurs lettres d'alors ne contiennent aucune indication; mais ce fut, selon toute apparence, avant le départ de Pagello. Il emportait cette blessure au cœur et, ne devant plus revoir George Sand, il ne lui écrira désormais, du fond de sa Vénétie, qu'à de lointains intervalles, pour recommander des amis. Aussi bien fut-il amplement vengé de cet abandon. Entre George Sand et Alfred de Musset, l'amour ne pouvait ni cesser ni durer, ni mourir ni renaître. Le lendemain même ou le surlendemain de leur rapprochement, les souvenirs du passé cruel se dressèrent devant eux. Il n'y eut, pour ainsi dire, point de journée sans raccommodement et sans brouille. La jalousie de Musset, et comme une rage infernale de torturer, se donnait carrière. «J'en étais bien sûre, écrit George Sand, que ces reproches-là viendraient dès le lendemain du bonheur rêvé et promis, et que tu me ferais un crime de ce que tu avais accepté comme un droit. A peine satisfait, c'est contre moi que tu tournes ton désespoir et ta colère.» Il accumule, en effet, les questions, les soupçons, les récriminations. «N'ai-je pas prévu, s'écrie-t-elle, que tu souffrirais de ce passé qui t'exaltait comme un beau poème tant que je me refusais à toi, et qui ne te paraît plus qu'un cauchemar, à présent que tu me ressaisis comme une proie. Voyons, laisse-moi donc partir. Nous allons être plus malheureux que jamais. Si je suis galante et perfide comme tu sembles me le dire, pourquoi t'acharnes-tu à me reprendre et à me garder?... Que nous restera-t-il donc, mon Dieu! d'un lien qui nous avait semblé si beau? Ni amour, ni amitié, mon Dieu!»

Après chacune de ces scènes, au sortir de chaque crise, Alfred de Musset s'humilie, implore son pardon, s'accuse et se condamne, pour recommencer le jour suivant: «Mon enfant, mon enfant, lui écrit-il, que je suis coupable envers toi! que de mal je t'ai fait cette nuit! Oh! je le sais, et toi, toi, voudrais-tu m'en punir? O ma vie, ma bien-aimée, que je suis malheureux, que je suis fou, que je suis stupide, ingrat, brutal!... O mon enfant, ô mon âme, je t'ai pressée, je t'ai fatiguée, quand je devrais passer les journées et les nuits à tes pieds, à attendre qu'il tombe une larme de tes beaux yeux pour la boire, à te regarder en silence, à respecter tout ce qu'il y a de douleur dans ton coeur; quand ta douleur devrait être pour moi un enfant chéri que je bercerais doucement. O George, George! Ecoute, ne pense pas au passé. Non, non, au nom du ciel, ne compare pas, ne réfléchis pas, je t'aime comme on n'a jamais aimé... O Dieu! si je te perdais! ma pauvre raison n'y tient pas. Mon enfant, punis-moi, je t'en prie; je suis un fou misérable, je mérite ta colère... Ma vie, mon bien suprême, pardon, oh! pardon à genoux! Ah! pense à ces beaux jours que j'ai là dans le coeur, qui viennent, qui se lèvent, que je sens là, pense au bonheur, hélas! hélas! si l'amour l'a jamais donné. George, je n'ai jamais souffert ainsi. Un mot, non pas un pardon, je ne le mérite pas; mais dis seulement: *J'attendrai.* Et moi, Dieu du ciel, il y a sept mois que j'attends, je puis en attendre encore bien d'autres. Ma vie, doutes-tu de mon pauvre amour? O mon enfant, crois-y, ou j'en mourrai.» Ces cris de désespoir, d'ivresse, de folie, ces lamentations, succédant à des explosions de colère, ne sont qu'un faible écho des tourments qui secouaient deux êtres de génie, un homme enfiévré et hystérique, surexcité par l'alcool, une femme mobile et irritable, plus mère qu'amante. Ils vont se débattre cinq mois dans cette agonie d'amour.

CHAPITRE XV

LA RUPTURE DÉFINITIVE

Cette réconciliation avec George Sand, aussitôt suivie de reproches et de querelles, devait avoir sur l'organisme d'Alfred de Musset une répercussion fâcheuse. Au commencement de novembre, selon toute apparence—car les lettres ne sont pas datées,—il envoya à son amie un court billet, sans signature et d'une écriture tourmentée. En voici le texte: «J'ai une fièvre de cheval. Impossible de tenir sur mes jambes. J'espérais que cela se calmerait. Comment donc faire pour te voir? Viens donc avec Papet ou Rollinat; il entrerait le premier tout seul, et, quand il n'y aurait personne, il t'ouvrirait. Après dîner, cela se peut bien. Je me meurs de te voir une minute, si tu veux. Aime-moi. Vers huit heures tu peux venir, veux-tu?» Sur-le-champ George Sand lui répondit: «Certainement, j'irai, mon pauvre enfant. Je suis bien inquiète. Dis-moi, est-ce que je ne peux pas t'aller soigner? Est-ce que ta mère s'y opposerait? Je peux mettre un bonnet et un tablier à Sophie. Ta soeur ne me connaît pas. Ta mère fera semblant de ne pas me reconnaître, et je passerai pour une garde. Laisse-moi te veiller cette nuit, je t'en supplie. Parle à ta mère, dis-lui que tu le veux.» C'était un réveil, un revenez-y de cette tendresse maternelle qui se prodiguait au chevet du malade et s'atténuait après la guérison. Elle vint, en effet, revêtit le costume de la servante et soigna le poète avec sollicitude. Il fut vite rétabli, mais les soucis s'accumulaient autour de leur amour. Pour Alfred de Musset, il y eut d'abord une brouille avec Alfred Tattet, qui avait blâmé la reprise de la liaison rompue; puis une provocation adressée à Gustave Planche, qui nia avoir tenu les propos désobligeants qu'on lui prêtait. Enfin, entre *Elle et Lui*, les récriminations et les griefs s'amoncelaient. Perpétuelle alternance de soupçons, de colères, de repentirs et de pardons. On a prétendu qu'alors, comme avant le voyage de Venise, Alfred de Musset habitait chez George Sand, et l'on invoque à cet égard l'adresse, 19, quai Malaquais, mise au-dessous de sa signature dans le cartel à Gustave Planche. En réalité, ce ne devait être là qu'un domicile intermittent. Les billets qu'il envoyait à madame Sand portent presque tous cette suscription: Madame Dudevant, n° 19, quai Malaquais. Ils n'ont pas le cachet de la poste et étaient remis par un commissionnaire. En voici un qui a été écrit par Alfred de Musset dans un intervalle de calme relatif: «Le bonheur, le bonheur, et la mort après, la mort avec. Oui, tu me pardonnes, tu m'aimes! Tu vis, ô mon âme, tu seras heureuse! Oui, par Dieu, heureuse par moi. Eh! oui, j'ai vingt-trois ans, et pourquoi les ai-je? Pourquoi suis-je dans la force de l'âge, sinon pour te verser ma vie, pour que tu la boives sur mes lèvres? Ce soir, à dix heures, et compte que j'y serai plutôt (*sic*). Viens, dès que tu pourras; viens, pour que je me mette à genoux, pour que je te demande de vivre, d'aimer, de pardonner. Ce soir, ce soir!» Les bonnes résolutions d'Alfred de Musset duraient peu, ses promesses n'avaient pas de lendemain. George Sand le lui rappelle et s'en plaint avec une douce mélancolie: «Pourquoi nous sommes-nous quittés si tristes? Nous verrons-nous ce soir? Pouvons-nous être heureux? Pouvons-nous nous aimer? Tu as dit que oui, et j'essaie de le croire. Mais il me semble qu'il n'y a pas de suite dans tes idées, et qu'à la moindre souffrance tu t'indignes contre moi, comme contre un joug. Hélas! mon enfant, nous nous aimons, voilà la seule chose sûre qu'il y ait entre nous. Le temps et l'absence ne nous ont pas empêchés et ne nous empêcheront pas de nous aimer. Mais notre vie est-elle possible ensemble? La mienne est-elle possible avec quelqu'un? Cela m'effraie. Je suis triste et consternée par instants; tu me fais espérer et désespérer à chaque instant. Que ferai-je? Veux-tu que je parte? Veux-tu essayer encore de m'oublier? Moi, je ne chercherai pas, mais je puis me taire et m'en aller. Je sens que je vais t'aimer encore comme autrefois, si je ne fuis pas. Je te tuerai peut être et moi avec toi, penses-y bien.» Est-ce à cette lettre et à l'offre de rupture amiable qui y est formulée qu'Alfred de Musset, de nouveau malade, répond en quelques lignes? «Quitte-moi, toi, si tu veux. Tant que tu m'aimeras, c'est de la folie, je n'en aurais jamais la force. Ecris-moi un mot, je donnerais je ne sais quoi pour t'avoir là. Si je peux me lever, j'irai te voir.» Le lendemain ou le surlendemain, autre billet du poète, où l'on sent l'exaltation s'accroître. Ce ne sont plus guère que des exclamations: «Mon ange adoré, je te renvoie ton *agent* (l'*r* manque). Buloz m'en a envoyé. Je t'aime, je j'aime, je t'aime. Adieu! O mon George, c'est donc vrai? Je t'aime pourtant. Adieu, adieu, ma vie, mon bien; adieu, mes lèvres, mon coeur, mon amour. Je t'aime tant! O Dieu, adieu, toi, toi, toi, ne te moque pas d'un pauvre homme.» George Sand atteint, elle aussi, au paroxysme de la névrose; elle suit Musset sur le chemin de la frénésie amoureuse, et lui propose de rejoindre leur amie Roxanne dans cette forêt de Fontainebleau où ils ont connu, l'automne précédent, les joies de l'amour naissant, mais où, pour la première fois, se sont manifestées les hallucinations du poète. Là-bas, dans la solitude, ils pourront réaliser le lugubre et tragique dessein que chacun d'eux nourrit en son imagination maladive. «Tout cela, répond George Sand, vois-tu, c'est un jeu que nous jouons, mais notre coeur et notre vie servent d'enjeux, et ce n'est pas tout à fait aussi plaisant que cela en a l'air. Veux-tu que nous allions nous brûler la cervelle ensemble à Franchard? Ce sera plus tôt fait. Roxanne a eu une petite larme sur la joue, quand je lui ai lu le paragraphe qui la concerne. Viens pour elle, si ce n'est pour moi. Elle te donnera du lait et tu lui feras des vers. Je ne serai jalouse que du plaisir qu'elle aura à te soigner.»

Ces projets de suicide étaient dans le goût du jour et conformes à l'esthétique du romantisme. C'est l'époque où Victor Escousse, âgé de dix-neuf ans, s'asphyxiait avec son collaborateur Auguste Lebras, parce que sa troisième pièce, *Raymond*, avait été froidement accueillie.

Plus sages à la réflexion, George Sand et Alfred de Musset remplacèrent le suicide par une rupture. Ils parurent écouter les avis que leur donnaient, à *Lui* Alfred Tattet, à *Elle* Sainte-Beuve, qui exerçaient en partie double les fonctions de confident, presque de confesseur et de directeur de conscience sentimentale. Alfred Tattet n'aimait pas George Sand, et Sainte-Beuve jalousait un peu Musset. Ils devaient, l'un et l'autre, pousser à la séparation. Nous avons une lettre de madame Sand implorant de Sainte-Beuve assistance et protection, en cette crise du mois de novembre 1834: «Mon ami, écrit-elle, je voudrais vous voir et causer avec vous tête-à-tête; cela est impossible chez moi. Soyez assez bon pour aller au collège Henri IV demain, de midi et demi à une heure; demandez mon fils, je serai avec lui. De là nous irons faire un tour sur la place Sainte-Geneviève, et, en une demi-heure, je vous expliquerai ma situation et vous demanderai un conseil. J'ai une question de vie et de mort à trancher. Aidez-moi. A vous.»

Par malheur, nous n'avons pas la réponse de Sainte-Beuve; mais, au cours de la promenade sur la place Sainte-Geneviève, il dut conseiller le départ. Elle se rendit, en effet, à Nohant, d'où elle écrit, le 15 novembre, à Jules Boucoiran: «Je ne vais pas mal, je me distrais, et ne retournerai à Paris que guérie et fortifiée. Vous avez tort de parler comme vous faites d'Alfred. N'en parlez pas du tout, si vous m'aimez, et soyez sûr que c'est fini à jamais entre lui et moi.» De son côté, Musset va en Bourgogne, à Montbard, chez des parents, pour soigner sa santé fort ébranlée par ces secousses, et il mande, le 12 novembre, à Alfred Tattet: «Tout est fini. Si par hasard *on* vous faisait quelques questions, si peut-être *on* allait vous voir pour vous demander à vous-même si vous ne m'avez pas vu, répondez purement que non, et soyez sûr que notre secret commun est bien gardé de ma part.» Paul de Musset, dans la *Biographie*, passe rapidement sur tous ces détails, non sans tâcher de donner à son frère le beau rôle de l'homme poursuivi et harcelé: «Le retour, dit-il, d'une personne qu'il ne voulait pas revoir et qu'il revit bien malgré lui[12] le plongea de nouveau dans une vie si remplie de scènes violentes et de débats pénibles que le pauvre garçon eut une rechute, à croire qu'il ne s'en relèverait plus. Cependant il puisa dans son mal même les moyens de se guérir. A défaut de la raison, le soupçon et l'incrédulité le sauvèrent. Il s'ennuya des récriminations et de l'emphase, et prit la résolution de se dérober à ce régime malsain.»

[Note 12: Ceci est faux, comme l'indique le billet d'Alfred de Musset à son retour de Baden.]

Quoiqu'ils l'eussent juré, *Elle et Lui*, à Sainte-Beuve et à Tattet, rien n'était encore fini. Nous voici, au contraire, en pleine drame. Ni Montbard ni Nohant n'étaient assez loin de Paris. Ils y reviennent, l'un et l'autre. George Sand est reprise, à la fin de novembre, de la passion la plus effrénée; la plus délirante pour Musset:

C'est Vénus toute entière à sa proie attachée.

Et nous entendons ses sanglots, nous voyons couler ses larmes dans le *Journal* inédit où s'épanche le débordement de sa folie d'amour. Il faudrait citer toutes ces pages cruellement éloquentes, et nous n'en pouvons retenir que les passages les plus douloureusement émus. Avant le départ pour Nohant, elle avait consigné sur son *Journal* ces lignes navrantes: «Je t'aime avec toute mon âme, et toi, tu n'as pas même d'amitié pour moi. Je t'ai écrit ce soir. Tu n'as pas voulu répondre à mon billet. On a dit que tu étais sorti, et tu n'es pas venu seulement passer cinq minutes avec moi. Tu es donc rentré bien tard, et où étais-tu, mon Dieu? Hélas! c'est bien fini, tu ne m'aimes plus du tout. Je te deviendrais abjecte et odieuse, si je restais ici. D'ailleurs, tu désires que je parte. Tu m'as dit l'autre jour, d'un air incrédule: «Bah! tu ne partiras pas.» Ah! tu es donc bien pressé? Sois tranquille, je pars dans quatre jours, et nous ne nous reverrons plus. Pardonne-moi de t'avoir fait souffrir, et sois bien vengé; personne au monde n'est plus malheureux que moi.»

A son retour de Nohant, elle apprend que Musset est également rentré à Paris. Elle se rend chez lui; la porte est close. Alors elle se retourne vers Sainte-Beuve, comme vers le guide, le sauveur, et lui écrit, le 25 novembre: «Voilà deux jours que je ne vous ai vu, mon ami. Je ne suis pas encore en état d'être abandonnée, de vous surtout qui êtes mon meilleur soutien. Je suis résignée moins que jamais. Je sors, je me distrais, je me secoue, mais en rentrant dans ma chambre, le soir, je deviens folle. Hier, mes jambes m'ont emportée malgré moi; j'ai été chez lui. Heureusement je ne l'ai pas trouvé. J'en mourrai.» Elle allait, en effet, pleurer, sangloter, se morfondre à sa porte. Et il ne la recevait pas. Alors elle lui envoya un petit paquet qu'il ouvrit et qui contenait ses admirables nattes brunes, sa chevelure opulente, qu'elle avait coupée pour lui en faire don, comme mademoiselle de La Vallière à son Dieu, lors de cette vêture où s'émut la froideur majestueuse de Bossuet. Devant un pareil sacrifice, suprême abnégation féminine, le poète ne pouvait demeurer insensible. Ils se revirent, mais quel lugubre crépuscule d'amour! Nous en apercevons toute la mélancolie à travers le *Journal* de George Sand: «Si j'allais casser le cordon de sa sonnette jusqu'à ce qu'il m'ouvrît la porte? Si je m'y couchais en travers jusqu'à ce qu'il passe? Si je me jetais—non pas à ses pieds, c'est fou après tout, car c'est l'implorer, et certes il fait pour moi ce qu'il peut, il est cruel de l'obséder et de lui demander l'impossible—mais si je me jetais à son cou, dans ses bras, si je lui disais: «Tu m'aimes encore, tu en souffres, tu en rougis, mais tu me plains trop pour ne pas m'aimer. Tu vois bien que je t'aime, que je ne peux aimer que toi. Embrasse-moi, ne me dis rien, ne discutons pas; dis-moi quelques douces paroles, caresse-moi, puisque tu me trouves encore jolie malgré mes cheveux coupés, malgré les deux grandes rides qui se sont formées depuis l'autre jour sur mes joues. Eh bien! quand tu sentiras ta sensibilité se lasser et ton irritation revenir, renvoie-moi, maltraite-

moi, mais que ce ne soit jamais avec cet affreux mot *dernière fois!* Je souffrirai
tant que tu voudras, mais laisse-moi quelquefois, ne fût-ce qu'une fois par
semaine, venir chercher une larme, un baiser qui me fasse vivre et me donne
du courage.» Elle adjure la Providence d'intervenir, de la protéger, de la
sauver. Volontiers elle demanderait un miracle: «Ah! il a tort, n'est-ce pas?
mon Dieu, il a tort de me quitter à présent que mon âme est purifiée et que,
pour la première fois, une volonté sévère s'est arrêtée en moi... Cet amour
pourrait me conduire au bout du monde. Mais personne n'en veut, et la
flamme s'éteindra comme un holocauste inutile. Personne n'en veut!... Ah!
mais on ne peut pas aimer deux hommes à la fois. Cela m'est arrivé. Quelque
chose qui m'est arrivé ne m'arrivera plus.»

Elle en donne alors une explication qui paraît véridique et où tressaille toute
l'angoisse de la passion, au moment où elle voit disparaître irréparablement
son bonheur: «Est-ce que je ne souffre pas des folies ou des fautes que je
fais? Est-ce que les leçons ne profitent pas aux femmes comme moi? Est-ce
que je n'ai pas trente ans? Est-ce que je ne suis pas dans toute ma force? Oui,
Dieu du ciel, je le sens bien, je puis encore faire la joie et l'orgueil d'un
homme, si cet homme veut franchement m'aider. J'ai besoin d'un bras solide
pour me soutenir, d'un coeur sans vanité pour m'accueillir et me conserver.
Si j'avais trouvé cet homme-là, je n'en serais pas où j'en suis. Mais ces
hommes-là sont des chênes noueux, dont l'écorce repousse. Et toi, poète,
belle fleur, j'ai voulu boire ta rosée. Elle m'a enivrée, elle m'a empoisonnée,
et, dans un jour de colère, j'ai cherché un autre poison qui m'a achevée. Tu
étais trop suave et trop subtil, mon cher parfum, pour ne pas t'évaporer
chaque fois que mes lèvres t'aspiraient. Les beaux arbrisseaux de l'Inde et de
la Chine plient sur une faible tige et se courbent au moindre vent. Ce n'est
pas d'eux qu'on tirera des poutres pour bâtir des maisons. On s'abreuve de
leur nectar, on s'entête de leur odeur, on s'endort et on meurt.»

N'y a-t-il pas là toute l'ivresse d'un amour qui, en échange du don de ses
tresses noires, demandait à Musset et obtenait de lui une mèche de ses
cheveux blonds? N'y a-t-il pas le délire de l'être livré à la frénésie des sens?
Comme Liszt prétendait un soir que Dieu seul méritait d'être aimé, elle
répondit: «C'est possible, mais quand on a aimé un homme, il est bien difficile
d'aimer Dieu.» Ou bien elle demandait des consultations sur l'amour, ici et là.
Henri Heine lui dit qu'on n'aime qu'avec la tête et les sens, que le coeur n'est
que pour bien peu dans l'amour. Madame Allart lui déclara qu'il faut ruser
auprès des hommes et faire semblant de se fâcher pour les ramener. Enfin,
Sainte-Beuve, qui avait été mêlé à toute cette série de brouilles et de
raccommodements avec Alfred de Musset, questionné par elle sur ce que
c'était que l'amour, en donna cette définition exquise: «Ce sont les larmes.
Vous pleurez, vous aimez.»

Si elle va au théâtre, en bousingot, les cheveux coupés, elle se trouve les yeux cernés, les joues creuses, l'air bête et vieux. Elle admire, au balcon, dans les loges, «toutes ces femmes blondes, blanches, parées, couleur de rose, des plumes, des grosses boucles de cheveux, des bouquets, des épaules nues.» Et elle s'écrie, la vibrante amoureuse: «Voilà, au-dessus de moi, le champ où Fantasio ira cueillir ses bluets!» Elle revient longuement, tristement, sur ses souvenirs de Venise, alors que, séparés déjà, il lui écrivait de Paris des lettres palpitantes de tendresse. «Oh! ces lettres que je n'ai plus, que j'ai tant baisées, tant arrosées de larmes, tant collées sur mon coeur nu, quand l'autre ne me voyait pas!» Combien, en effet, il lui est devenu odieux, l'autre, le Pagello, sur qui elle est prête à reporter la responsabilité de ses fautes et de ses malheurs! «Cet Italien, vous savez, mon Dieu, si son premier mot ne m'a pas arraché un cri d'horreur. Et pourquoi ai-je cédé, pourquoi, pourquoi? Le sais-je?» De ce crime involontaire elle est effroyablement punie. «Voilà dix semaines que je meurs jour par jour, et à présent, minute par minute! C'est une agonie trop longue. Vraiment, toi, cruel enfant, pourquoi m'as-tu aimée, après m'avoir haïe? Quel mystère s'accomplit donc en toi chaque semaine?»

Va-t-elle courir vers lui, le supplier encore, se traîner à ses pieds? Elle en a une furieuse envie. «Je vais y aller, j'y vais!—Non.—Crier, hurler, mais il ne faut pas y aller. Sainte-Beuve ne veut pas.» Et elle reprend, comme si elle prononçait, à voix haute, sa confession publique: «Enfin, c'est le retour de votre amour à Venise qui a fait mon désespoir et mon crime. Pouvais-je parler? Vous n'auriez plus voulu de mes soins, vous seriez mort de rage en les subissant. Et qu'auriez-vous fait sans moi, ma pauvre colombe mourante? Ah! Dieu, je n'ai jamais pensé un instant à ce que vous aviez souffert à cause de cette maladie et à cause de moi, sans que ma poitrine se brisât en sanglots. Je vous trompais, et j'étais là entre ces deux hommes, l'un qui me disait: «Reviens à moi, je réparerai mes torts, je t'aimerai, je mourrai sans toi!» et l'autre qui disait tout bas dans mon autre oreille: «Faites attention, vous êtes à moi, il n'y a plus à en revenir. Mentez, Dieu le veut. Dieu vous absoudra.»— Ah! pauvre femme, pauvre femme, c'est alors qu'il fallait mourir.»

Peut-être retournerait-il vers elle, le tendre enfant, le poète que Lamartine appellera «jeune homme au coeur de cire.» Mais il redoute le jugement des salons esthétiques et le blâme de M. Tattet, «qui dirait d'un air bête: «Dieu! quelle faiblesse!» lui qui pleure, quand il est saoûl, dans le giron de mademoiselle Déjazet.» Ah! elle regrette maintenant avec amertume les folies de Venise. Si elle avait su! «Je me serais, s'écrie-t-elle avec frénésie, je me serais coupé une main, je te l'aurais présentée en te disant: «Voilà une main menteuse et sale. Jetons-la dans la mer, et que le sang qui en coulera lave l'autre. Prends-la, et mène-moi au bout du monde.» Si tu devais accepter cette main ainsi lavée, je le ferais bien encore. Veux-tu?»

«Mais à qui, continue-t-elle dans une sorte d'extase, s'adresse tout cela? Est-ce à vous, murs de ma chambre, échos de sanglots et de cris? Est-ce à toi, portrait silencieux et grave? A toi, crâne effrayant, plein d'un poison plus sûr que tous ceux qui tuent le corps, cercueil où j'ai enseveli tout espoir? A toi, Christ sourd et muet? J'aurai beau dire, beau pleurer et me plaindre, il n'y a que vous qui me pardonnerez, mon Dieu! Que votre miséricorde commence donc par donner le repos et l'oubli à ce coeur dévoré de chagrin; car, tant que je souffre, tant que j'aime ainsi, je vois bien que vous êtes en colère. Ah! rendez-moi mon amant, et je serai dévote et mes genoux useront les pavés des églises.»

Essaiera-t-elle, de le rendre jaloux? Déploiera-t-elle des sortilèges pour le ramener, la pauvre «Madeleine sans cheveux, mais non pas sans larmes, sans croix et sans tête de mort?» De qui pourrait-il prendre ombrage? Ce ne serait ni de Buloz, ni de Sainte Beuve. Peut-être de Liszt? Mais Liszt, dit-elle, «ne pense qu'à Dieu et à la Sainte Vierge qui ne me ressemble pas absolument. Bon et heureux jeune homme!» Plus tard, il pensera aussi à madame d'Agoult. Au demeurant, elle se flatte de réconquérir Musset, en s'entourant d'hommes très illustres et très purs, Delacroix, Berlioz, Meyerbeer. Que lui demande-t-elle, pour avoir la force de patienter? Son amitié. «Si j'avais, soupire-t-elle, quelques lignes de toi, de temps en temps, un mot, la permission de t'envoyer de temps en temps une petite image de quatre sous achetée sur les quais, des cigarettes faites par moi, un oiseau, un joujou! Quelque chose pour tromper ma douleur et mon ennui, pour me figurer que tu penses un peu à moi en recevant ces niaiseries!»

Elle ne souhaite qu'une affection dans l'ombre et le silence, elle ne sollicite ni actes publics, ni démarches qui prouvent qu'elle n'est pas «une malheureuse chassée à coups de pied.» Ce qu'elle implore est pour son coeur, non pour son orgueil. «Mon Dieu, dit-elle, j'aimerais mieux des coups que rien. Rien, c'est ce qu'il y a de plus affreux au monde, mais c'est mon expiation.» Et elle ajoute, n'oubliant jamais que la douleur doit être un auxiliaire, un adjuvant de la littérature: «Alfred, je vais faire un livre. Tu verras que mon âme n'est pas corrompue; car ce livre sera une terrible accusation contre moi. Saints du ciel, vous avez péché, vous avez souffert!»

Elle veut mourir, elle voit s'entr'ouvrir la tombe de sa jeunesse et de ses amours. Tout au plus s'accorde-t-elle quatre jours encore, avant que sonne l'heure fatale. «Et que serai-je ensuite? Triste spectre, sur quelle rive vas-tu errer et gémir? Grèves immenses, hivers sans fin! Il faut plus de courage pour franchir le seuil de la vie des passions et pour entrer dans le calme du désespoir que pour avaler la ciguë. Oh! mes enfants, vous ne saurez jamais combien je vous aime. Pourquoi m'avez-vous réveillée, ô mon Dieu, quand je m'étendais avec résignation sur cette couche glacée? Pourquoi avez-vous fait repasser devant moi ce fantôme de mes nuits brûlantes, ange de mort, amour funeste, ô mon destin, sous la figure d'un enfant blond et délicat? Oh! que je t'aime encore, assassin! Que tes baisers me brûlent donc vite, et que je meure consumée! Tu jetteras mes cendres au vent. Elles feront pousser des fleurs qui te réjouiront.»

Voici le paroxysme du mal d'aimer; nous touchons aux ultimes confins de la passion, tout près des régions de la folie: «O mes yeux bleus, vous ne me regarderez plus! Belle tête, je ne te verrai plus t'incliner sur moi et te voiler d'une douce langueur. Mon petit corps souple et chaud, vous ne vous étendrez plus sur moi, comme Elisée sur l'enfant mort, pour me ranimer. Vous ne me toucherez plus la main, comme Jésus à la fille de Jaïre, en disant: «Petite fille, lève toi.» Adieu, mes cheveux blonds, adieu, mes blanches épaules, adieu, tout ce que j'aimais, tout ce qui était à moi. J'embrasserai maintenant, dans mes nuits ardentes, le tronc des sapins et les rochers dans les forêts en criant votre nom, et, quand j'aurai rêvé le plaisir, je tomberai évanouie sur la terre humide.»

A nuit close, en plein jour, elle est en proie ù l'idée fixe, elle voit sans cesse un profil divin, toujours le même, qui se dessine entre son oeil et la muraille. Sur les épaules de ses interlocuteurs elle aperçoit une tête qui n'est pas la leur, la tête de l'aimé. Cette image la hante, la possède: «Quelle fièvre avez-vous fait passer dans la moelle de mes os, esprits de la vengeance céleste? Quel mal avais-je fait aux anges du ciel pour qu'ils descendissent sur moi et pour qu'ils missent en moi, pour châtiment, un amour de lionne? Pourquoi mon sang s'est-il changé en feu et pourquoi ai-je connu, au moment de mourir, des embrassements plus fougueux que ceux des hommes? Quelle furie t'anime donc contre moi, toi qui me pousses du pied dans le cercueil, tandis que ta bouche s'abreuve de mon corps et de ma chair? Tu veux donc que je me tue? Tu dis que tu me le défends, et cependant que deviendrai-je loin de toi, si cette flamme continue à me ronger? Si je ne puis passer une nuit sans crier après toi et me tordre dans mon lit, que ferai-je quand je t'aurai perdu pour toujours? Pâlirai-je comme une religieuse dévorée par les désirs? Deviendrai-je folle, et réveillerai-je les hôtes des maisons par mes hurlements? Oh! tu veux que je me tue!»

Est-il rien dans la littérature d'imagination qui soit plus déchirant que ce *Journal* véridique et vécu? Phèdre, Didon, *la Religieuse portugaise* ont-elles plus désespérément gémi ou crié leur amour? Qui la retient encore, au bord de l'abîme, «dans ces heures féroces où elle voudrait arracher son coeur et le dévorer»? Il ne subsiste, désormais, de sain dans son être que le recoin mystérieux de la tendresse maternelle: «O mon fils, mon fils, je veux que tu lises ceci un jour et que tu saches combien je t'ai aimé. O mes larmes, larmes de mon coeur, signez cette page, et que les siennes retrouvent un jour vos larmes auprès de son nom!»

Ce *Journal*, en effet, que George Sand ne voulut jamais publier, fut classé parmi ses papiers intimes, et n'a été édité ni par son fils ni par ses héritiers, alors même que la correspondance fut recueillie en volumes et qu'ensuite on livra très légitimement à la curiosité littéraire du public les lettres adressées à Alfred de Musset. Ces lettres, qui provoquèrent vers 1840 un échange de récriminations et, de réclamations entre *Lui et Elle*, sont finalement restées aux mains de George Sand. Elle faillit les donner au libraire après la mort de Musset, mais elle en fut dissuadée par Sainte-Beuve. Nous n'y trouvons que de trop rares indications sur la réconciliation du mois de janvier 1835, lorsque George Sand écrivait victorieusement à Tattet, le 14: «Alfred est redevenu mon amant», de même que sur la rupture définitive du mois suivant. Nous n'avons guère, pour pénétrer le secret, qu'une lettre de la malheureuse à celui qu'elle ne peut retenir: «Eh bien! oui, s-écrie-t-elle, tu es jeune, tu es poète, tu es dans ta beauté et dans ta force... Moi, je vais mourir, adieu, adieu. Je ne veux pas te quitter, je ne veux pas te reprendre, je ne veux rien, rien! J'ai les genoux par terre et les reins brisés. Qu'on ne me parle de rien! Je veux embrasser la terre et pleurer. Je ne t'aime plus, mais je t'adore toujours. Je ne veux plus de toi, mais je ne peux pas m'en passer. Il n'y aurait qu'un coup de foudre d'en haut qui pourrait me guérir en m'anéantissant. Adieu, reste, pars, seulement ne dis pas que je ne souffre pas: il n'y a que cela qui puisse me faire souffrir davantage. Mon seul amour, ma vie, mes entrailles, mon frère, mon sang, allez-vous-en, mais tuez-moi en partant.»

Alfred de Musset, dans un accès de délire, avait menacé de la tuer. Le lendemain, en annonçant son départ et en sollicitant chez elle une suprême entrevue de quelques instants, il ajoute: «Ne t'effraie pas, je ne suis de force à tuer personne ce matin.» Elle lui avait renvoyé ce qu'il avait laissé quai Malaquais, ce qu'il appelle «des oripeaux des anciens jours de joie.» Pour l'apitoyer peut-être, il l'avertit qu'il a retenu sa place dans la malle-poste de Strasbourg, mais il lui adresse auparavant l'adieu de Sténio à Lélia: «Il ne dort pas sous les roseaux du lac, ton Sténio; il est à tes côtés, il assiste à toutes tes douleurs; ses yeux trempés de larmes veillent sur tes nuits silencieuses.» Et il lui raconte une manière de rêve, une hallucination symbolique: «Moi, je me disais: Voilà ce que je ferai; je la prendrai avec moi pour aller dans une prairie, je lui montrerai les feuilles qui poussent, les fleurs qui s'aiment, le soleil qui réchauffe tout dans l'horizon plein de vie; je l'asseoirai sur du jeune chaume, elle écoutera et elle comprendra bien ce que disent tous ces oiseaux, toutes ces rivières, avec les harmonies du monde; elle reconnaîtra tous ces milliers de frères, et moi pour l'un d'entre eux. Elle me pressera sur son coeur, elle deviendra blanche comme un lis, et elle prendra racine dans la sève du monde tout-puissant.»

Un autre jour, il envoie, encore à la veille de partir, ces deux lignes sans signature: «*Senza veder, e senza parlar, toccar la mano d'un pazzo che parte domani* (sans se voir, sans se parler, serrer la main d'un fou qui part demain).» Elle lui répond, et c'est la lettre qui pose la pierre tombale sur leur amour, à la fin de février: «Non, non, c'est assez, pauvre malheureux, je t'ai aimé comme un fils, c'est un amour de mère, j'en saigne encore. Je te plains, je te pardonne tout, mais il faut nous quitter. J'y deviendrais méchante. Tu dis que cela vaudrait mieux, et que je devrais te souffleter quand tu m'outrages. Je ne sais pas lutter. Dieu m'a faite douce, et cependant fière. Mon orgueil est brisé à présent, et mon amour n'est plus que de la pitié. Je te le dis, il faut en guérir. Sainte-Beuve a raison. Ta conduite est déplorable, impossible! Mon Dieu, à quelle vie vais-je te laisser! l'ivresse, le vin! les filles, et encore et toujours! Mais, puisque je ne peux plus rien pour t'en préserver, faut-il prolonger cette honte pour moi et ce supplice pour toi-même? Mes larmes t'irritent, ta folle jalousie à tout propos, au milieu de tout cela! Plus tu perds le droit d'être jaloux, plus tu le deviens! Cela ressemble à une punition de Dieu sur ta pauvre tête. Mais mes enfants à moi, oh! mes enfants, mes enfants, adieu, adieu, malheureux que tu es, mes enfants, mes enfants!» Dans cette crise de lassitude amoureuse ou d'angoisse maternelle, elle exécuta la résolution dont il parlait toujours, sans l'accomplir. Ce fut elle qui se déroba clandestinement, en brisant la chaîne trop lourde. Le 6 mars, elle écrit à Jules Boucoiran, complice de son évasion: «Mon ami, aidez-moi à partir aujourd'hui. Allez au courrier à midi et retenez moi une place. Puis venez me voir. Je vous dirai ce qu'il faut faire. Cependant, si je ne peux pas vous le dire, ce qui est fort possible, car j'aurai bien de la peine à tromper l'inquiétude d'Alfred, je vais vous l'expliquer en quatre mots. Vous arriverez à cinq heures chez moi et, d'un air empressé et affairé, vous me direz que ma mère vient d'arriver, qu'elle est très fatiguée et assez sérieusement malade, que sa servante n'est pas chez elle, qu'elle a besoin de moi tout de suite et qu'il faut que j'y aille sans différer. Je mettrai mon chapeau, je dirai que je vais revenir et vous me mettrez en voiture. Venez chercher mon sac de nuit dans la journée. Il vous sera facile de l'emporter sans qu'on le voie et vous le porterez au bureau. Adieu, venez tout de suite, si vous pouvez. Mais si Alfred est à la maison, n'ayez pas l'air d'avoir quelque chose à me dire. Je sortirai dans la cuisine pour vous parler.»

Il en fut comme il était convenu. Trois jours après, le 9 mars, elle écrit à Boucoiran, de Nohant où elle va pour la quatrième fois depuis son retour de Venise: «J'ai fait ce que je devais faire. La seule chose qui me tourmente, c'est la santé d'Alfred. Donnez-moi de ses nouvelles, et racontez-moi, sans y rien changer et sans en rien atténuer, l'indifférence, la colère ou le chagrin qu'il a pu montrer en recevant la nouvelle de mon départ.» Et, dans un autre passage de la même lettre: «Je vais me mettre à travailler pour Buloz. Je suis très calme.» Elle n'était point aussi calme qu'elle le veut dire; car elle eut une crise hépatique qui lui couvrit tout le corps de taches et la mit en danger de mort. Puis le travail la reprit et l'absorba, tandis que Musset cherchait l'oubli dans ses plaisirs habituels, le vin et les filles. Le drame intime est terminé; la littérature reconquiert ses droits. George Sand orientera sa vie vers d'autres pensées et d'autres désirs. Alfred de Musset, en ses jours de répit, épanchera ses souvenirs et ses rancoeurs dans les strophes admirables des *Nuits* et la *Confession d'un enfant du siècle*. *Elle* et *Lui* auront trouvé, daus la mutuelle souffrance, un aliment pour leur génie. Sur les ruines de cet amour va croître et s'épanouir la luxuriante floraison des chefs-d'oeuvre.

CHAPITRE XVI

INFLUENCE POLITIQUE: MICHEL (DE BOURGES).

Retirée à Nohant, et résolue à se soustraire à l'affection troublante et tumultueuse d'Alfred de Musset, George Sand recouvre, après une violente secousse, la sérénité de son jugement. Elle ne traîne pas derrière soi ce cortège de rancunes ou de haines qui encombre trop souvent les lendemains de l'amour, jusqu'à transformer en mortels ennemis ceux qui s'étaient juré une tendresse éternelle. Comme Boucoiran, dans une de ses lettres, s'exprimait sur le compte de Musset avec une amertume dédaigneuse, elle lui écrit tout net, le 15 mars 1835: «Mon ami, vous avez tort de me parler d'Alfred. Ce n'est pas le moment de m'en dire du mal, et si ce que vous en pensez était juste, il faudrait me le taire. Mépriser est beaucoup plus pénible que regretter. Au reste ni l'un ni l'autre ne m'arrivera. Je ne puis regretter la vie orageuse et misérable que je quitte, je ne puis mépriser un homme que sous le rapport de l'honneur je connais aussi bien. J'ai bien assez de raisons de le fuir, sans m'en créer d'imaginaires. Je vous avais prié seulement de me parler de sa santé et de l'effet que lui ferait mon départ. Vous me dites qu'il se porte bien et qu'il n'a montré aucun chagrin. C'est tout ce que je désirais savoir, et c'est ce que je puis apprendre de plus heureux. Tout mon désir était de le quitter sans le faire souffrir. S'il en est ainsi, Dieu soit loué. Ne parlez de lui avec personne, mais surtout avec Buloz. Buloz juge fort à côté de toutes choses, et de plus il répète immédiatement aux gens le mal qu'on dit d'eux et celui qu'il en dit lui-même. C'est un excellent homme et un dangereux ami. Prenez-y garde, il vous ferait une affaire sérieuse avec Musset, tout en vous encourageant à mal parler de lui. Je me trouverais mêlée à ces cancans et cela me serait odieux. Ayez une réponse prête à toutes les questions: «Je ne sais pas.» C'est bientôt dit et ne compromet personne.»

La même circonspection, que George Sand recommande à Boucoiran, est mise par elle en pratique dans l'*Histoire de ma Vie*. On s'est étonné qu'elle y mentionnât à peine le nom d'Alfred de Musset, à qui elle avait adressé les trois premières *Lettres d'un Voyageur*. Pourquoi ce silence obstiné dans l'autobiographie officielle écrite par George Sand? Etait-elle, aux environs de la cinquantième année, embarrassée de revenir sur un épisode d'amour, vieux de vingt ans? Alfred de Musset lui semblait-il, dans les *Nuits* et la *Confession d'un enfant du siècle*, avoir épuisé le sujet? Craignait-elle d'engager une polémique et de susciter des récriminations? Voici l'insuffisante explication qu'elle donne, à la fin du chapitre VI de la cinquième partie de l'*Histoire de ma Vie*: «Des personnes dont j'étais disposée à parler avec toute la convenance que le goût exige, avec tout le respect dû à de hautes facultés, ou tous les égards auxquels a droit tout contemporain, quel qu'il soit; des personnes enfin qui eussent dû me connaître assez pour être sans inquiétude, m'ont témoigné, ou fait exprimer par des tiers, de vives appréhensions sur la part que je comptais leur faire dans ces mémoires. A ces personnes-là je n'avais qu'une réponse à faire, qui était de leur promettre de ne leur assigner aucune part, bonne ou mauvaise, petite ou grande, dans mes souvenirs. Du moment qu'elles doutaient de mon discernement et de mon savoir-vivre dans un ouvrage tel que celui-ci, je ne devais pas songer à leur donner confiance en mon caractère d'écrivain, mais bien à les rassurer d'une manière spontanée et absolue par la promesse de mon impartialité.»

Au premier rang de ces *personnes* qu'elle a connues, «même d'une manière particulière,» et dont elle ne parlera pas, se trouve Alfred de Musset. En rentrant à Nohant après la rupture, elle s'était promis de garder le silence sur leur amour défunt. Elle ne se départira de cette attitude qu'un quart de siècle plus tard, assez malencontreusement d'ailleurs, pour publier *Elle et Lui*, au lendemain même de la mort du poète.

D'autres sympathies, d'autres aspirations vont l'envahir et la posséder. Elles s'incarneront en un personnage nouveau, dont le nom figure la première fois dans une lettre qu'elle adresse, le 17 avril 1835, à son frère Hippolyte Chatiron: «J'ai fait connaissance avec Michel, qui me paraît un gaillard solidement trempé pour faire un tribun du peuple. S'il y a un bouleversement, je pense que cet homme fera beaucoup de bruit. Le connais-tu?» Michel (de Bourges) sera l'inspirateur politique de George Sand, l'âme de ses romans humanitaires, en même temps que son avocat dans le procès en séparation de corps contre Casimir Dudevant. Le dissentiment conjugal, en effet, ne tardera pas à se produire à la barre des tribunaux. Des vengeances de domestiques congédiés, et particulièrement d'une certaine femme de chambre, Julie, qui menait Solange à coups de verges durant l'absence de la mère, aigrirent la débonnaireté sournoise et lâche de M. Dudevant. Ayant du goût pour ce qu'on a appelé les amours ancillaires et ce qu'un réaliste nommerait «des poches grasses,» il correspondit avec la Julie, après qu'elle eut quitté son service. «Je ne prévoyais pas, relate George Sand dans l'*Histoire de ma Vie*, que mes tranquilles relations avec mon mari dussent aboutir à des orages. Il y en avait eu rarement entre nous. Il n'y en avait plus, depuis que nous nous étions faits indépendants l'un de l'autre. Tout le temps que j'avais passé à Venise, M. Dudevant m'avait écrit sur un ton de bonne amitié et de satisfaction parfaite, me donnant des nouvelles des enfants, et m'engageant même à voyager pour mon instruction et ma santé.» De vrai, il aimait mieux, suivant le train de ses vulgaires habitudes, que sa femme fût au loin qu'à Nohant. Il livrait la maison et Solange à la direction des domestiques, et laissait toute latitude à George Sand, pourvu qu'elle ne lui demandât pas d'argent et vécût du produit de sa plume. Des difficultés d'ordre financier surgirent entre eux, dès le printemps de 1835. A ce sujet, elle écrit, le 20 mai, à Alexis Duteil: «Ma profession est la liberté, et mon goût est de ne recevoir ni grâce ni faveur de personne, même lorsqu'on me fait la charité avec mon argent. Je ne serais pas fort aise que mon mari (qui subit, à ce qu'il paraît, des influences contre moi) prit fantaisie de se faire passer pour une victime, surtout aux yeux de mes enfants, dont l'estime m'importe beaucoup. Je veux pouvoir me faire rendre ce témoignage, que je n'ai jamais rien fait de bon ou de mauvais, qu'il n'ait autorisé ou souffert.» Casimir Dudevant appartenait à ce genre trop commun d'hommes suprêmement illogiques, définis par George Sand dans une lettre du mois de juin 1835, «qui ne veulent plus de femmes dévotes, qui ne veulent pas encore de femmes éclairées, et qui veulent toujours des femmes fidèles.» Sur ce dernier point, il devait avoir perdu certaines illusions.

Quel ressort d'énergie morale n'y eut-il pas cependant, à côté de maintes défaillances de l'imagination ou des sens, chez celle qui, inspirée par la tendresse maternelle, écrivait à son fils Maurice, le 18 juin de la même année, cette admirable lettre, guide de la conscience et règle du devoir:

«Travaille, sois fort, sois fier, sois indépendant, méprise les petites vexations attribuées à ton âge. Réserve ta force de résistance pour des actes et contre des faits qui en vaudront la peine. Ces temps viendront. Si je n'y suis plus, pense à moi qui ai souffert, et travaillé gaiement. Nous nous ressemblons d'âme et de visage. Je sais dès aujourd'hui quelle sera ta vie intellectuelle. Je crains pour toi bien des douleurs profondes, j'espère pour toi des joies bien pures. Garde en toi le trésor de la bonté. Sache donner sans hésitation, perdre sans regret, acquérir sans lâcheté. Sache mettre dans ton coeur le bonheur de ceux que tu aimes à la place de celui qui te manquera! Garde l'espérance d'une autre vie, c'est là que les mères retrouvent leurs fils. Aime toutes les créatures de Dieu; pardonne à celles qui sont disgraciées; résiste à celles qui sont iniques; dévoue-toi à celles qui sont grandes par la vertu. Aime-moi! je t'apprendrai bien des choses si nous vivons ensemble. Si nous ne sommes pas appelés à ce bonheur (le plus grand qui puisse m'arriver, le seul qui me fasse désirer une longue vie), tu prieras Dieu pour moi, et, du sein de la mort, s'il reste dans l'univers quelque chose de moi, l'ombre de ta mère veillera sur toi.

»Ton amie.

»George.»

Avant la fin de la même année, et alors que son affection pour ses enfants semblait l'incliner aux mesures de conciliation et de paix, George Sand prit la résolution d'introduire une instance en séparation de corps. Elle en avertit sa mère, par une lettre écrite de Nohant le 25 octobre 1835, qui débute ainsi: «Ma chère maman, je vous dois, à vous la première, l'exposé de faits que vous ne devez point apprendre par la voie publique. J'ai formé une demande en séparation contre mon mari. Les raisons en sont si majeures, que, par égard pour lui, je ne vous les détaillerai pas. J'irai à Paris dans quelque temps, et je vous prendrai vous-même pour juge de ma conduite.» Elle ne dit pas à sa mère, mais il importe de rechercher quels événements l'avaient induite à entamer cette lutte, alors qu'elle sortait à peine de sa liaison tourmentée avec Alfred de Musset.

Durant les séjours que George Sand fit à Nohant après le voyage de Venise, elle eut avec son mari, sinon des explications décisives, du moins des scènes pénibles devant témoins. M. Dudevant était un homme étrange, exempt de dignité morale. Il n'avait cessé d'écrire à sa femme, et même en termes affectueux, tandis qu'elle cohabitait avec Musset, puis avec Pagello; il avait invité celui-ci à venir passer quelques jours à la campagne. Bref, il acceptait la situation qui lui était faite, mais il prenait sa revanche dans les menues choses de la vie. Sous l'excitation du vin ou de l'alcool, il tempêtait à table, brusquait Solange, et, pour une bouteille cassée que George Sand commandait de remplacer, il défendait aux domestiques, devant les convives étonnés, de recevoir d'autres ordres que les siens. «Je suis le maître,» aimait-il à répéter. En tous cas, il avait fort mal géré ses affaires. Son patrimoine était dissipé, et déjà il entamait la fortune de sa femme. Elle proposa et il accueillit une séparation à l'amiable, qui réglerait leurs intérêts matériels. George Sand aurait Nohant; Casimir l'hôtel de Narbonne, à Paris. Solange serait élevée par sa mère, les vacances de Maurice se partageraient entre ses parents. Enfin, comme M. Dudevant n'avait plus que 1.200 francs de rente, sa femme se chargeait de lui fournir une pension supplémentaire de 3.800 francs, en même temps qu'elle assumait les autres obligations qui incombaient à la communauté.

Cette convention devait être exécutée à dater du 11 novembre 1835. Elle avait reçu l'assentiment des deux parties, l'approbation de divers hommes de loi, notamment de Michel (de Bourges) dont George Sand prenait les conseils. Deux amis communs, Fleury et Planet, les avaient mis en relations, et il allait devenir pour elle plus et mieux qu'un avocat.

Voici comment l'*Histoire de ma Vie* relate leur première rencontre, en lui conservant ce pseudonyme transparent d'Everard qui figure dans les *Lettres d'un Voyageur*. «Arrivée à l'auberge de Bourges, je commençai par dîner, après quoi j'envoyai dire à Everard par Planet que j'étais là, et il accourut. Il venait de lire *Lélia*, et il était *toqué* de cet ouvrage. Je lui racontai tous mes ennuis, toutes mes tristesses, et le consultai beaucoup moins sur mes affaires que sur mes idées.» L'entretien, commencé à sept heures du soir, se prolongea jusqu'à quatre heures du matin, par une promenade à travers les rues silencieuses et endormies. Ce ne fut guère qu'un monologue. Michel était un merveilleux, un intarissable causeur. Fils d'un républicain qui mourut en 1799 sous les coups de la réaction royaliste, il fut élevé par sa mère dans le culte et l'amour de la Révolution. En 1835, il avait trente-sept ans et comptait déjà les plus brillants succès à la barre. Sur l'âme mobile et ardente de George Sand, il exerça d'instinct, encore que plus tard elle ait voulu s'en défendre, une réelle fascination. Que dit-il donc, et comment, pour que la conquête fût si rapide? «Tout et rien, explique-t-elle. Il s'était laissé emporter par nos *dires*, qui ne se plaçaient là que pour lui fournir la réplique, tant nous étions curieux d'abord et puis ensuite avides de l'écouter. Il avait monté d'idée en idée jusqu'aux plus sublimes élans vers la Divinité, et c'est quand il avait franchi tous ces espaces qu'il était véritablement transfiguré. Jamais parole plus éloquente n'est sortie, je crois, d'une bouche humaine, et cette parole grandiose était toujours simple. Du moins elle s'empressait de redevenir naturelle et familière quand elle s'arrachait souriante à l'entraînement de l'enthousiasme. C'était comme une musique pleine d'idées qui vous élève l'âme jusqu'aux contemplations célestes, et qui vous ramène sans effort et sans contraste, par un lien logique et une douce modulation, aux choses de la terre et aux souffles de la nature.» Chez Michel (de Bourges) la séduction intellectuelle ne devait rien à la tromperie des agréments physiques. George Sand a tracé de l'orateur et du politique un portrait singulièrement élogieux, dans le sixième chapitre des *Lettres d'un Voyageur*, où se trouvent réunies les réponses qu'elle lui adressait au début même de leur liaison; puis, dans la septième *Lettre* à Liszt, elle l'analyse et le décrit, suivant les lois de la physionomonie de Lavater dont elle était alors férue. «Je salue, s'écrie-t-elle, à l'aspect de vos spectres chéris, ô mes amis! ô mes maîtres! les trésors de grandeur ou de bonté qui sont en vous, et que le doigt de Dieu a révélés en caractères sacrés sur vos nobles fronts! La voûte immense du crâne chauve d'Everard, si belle et si vaste, si parfaite et si complète dans ses contours qu'on ne sait quelle magnifique faculté domine en lui toutes les autres; ce nez, ce menton et ce sourcil dont l'énergie ferait trembler si la délicatesse exquise de l'intelligence ne résidait dans la narine, la bonté surhumaine dans le regard, et la sagesse indulgente dans les lèvres; cette tête, qui est à la fois celle d'un héros et celle d'un saint, m'apparaît dans mes rêves à côté de la face austère et terrible du grand Lamennais.» Moins idéalisé, plus véridique est le portrait d'Everard que nous offre l'*Histoire de ma Vie*. George Sand affirme avoir tout d'abord observé en lui la forme extraordinaire de la tête. Peut-être la phrénologie y trouvait-elle son compte, mais non pas l'esthétique. «Il semblait avoir deux crânes soudés l'un à l'autre, les signes des hautes facultés de l'âme étant aussi proéminents à la proue de ce puissant navire que ceux des généreux instincts l'étaient à la poupe. Intelligence, vénération, enthousiasme, subtilité et vastitude d'esprit étaient équilibrés par l'amour familial, l'amitié, la tendre domesticité, le courage physique. Everard était une organisation admirable. Mais Everard était malade, Everard ne devait pas, ne pouvait pas vivre. La poitrine, l'estomac, le foie étaient envahis. Malgré une vie sobre et austère, il était usé.» Et George Sand ajoute: «Ce fut précisément cette absence de vie physique qui me toucha profondément.» Déjà chez Alfred de Musset, elle s'était intéressée à un organisme frêle; mais chez Pagello elle avait été séduite par la bonne santé, l'agréable prestance et la vigueur musculaire. En Michel (de Bourges) elle distingua, s'il faut l'en croire, «une belle âme aux prises avec les causes d'une inévitable destruction.» Cette belle âme avait une enveloppe caduque. «Le premier aspect d'Everard, lisons-nous dans l'*Histoire de ma Vie*, était celui d'un vieillard petit, grêle, chauve et voûté. Le temps n'était pas venu où il voulut se rajeunir, porter une perruque, s'habiller à la mode et aller dans le monde… Il paraissait donc, au premier coup d'oeil, avoir soixante ans, et il avait soixante ans en effet; mais, en même temps, il n'en avait que quarante quand on regardait mieux sa belle figure pâle, ses dents magnifiques et ses yeux myopes d'une douceur et d'une candeur admirables à travers ses vilaines lunettes. Il offrait donc cette particularité de paraître et d'être réellement jeune et vieux tout ensemble.» Le contraste signalé se retrouvait dans l'allure de son intelligence. George Sand nous le représente mourant à toute heure et cependant débordant de vie, «parfois, dit-elle, avec une intensité d'expansion fatigante même pour l'esprit qu'il a le plus émerveillé et charmé, je veux dire pour mon propre esprit.» Ne va-t-elle pas, sinon jusqu'à la caricature, du moins jusqu'à cette ironie qui succède parfois aux passions hyperboliques, lorsqu'elle nous dépeint sa manière d'être extérieure? «Né paysan, il avait conservé le besoin d'aise et de solidité dans ses vêtements. Il portait chez lui et dans la ville une épaisse houppelande informe et de gros sabots. Il avait froid en toute saison et partout, mais, poli quand même, il ne consentait pas à garder sa casquette ou son chapeau dans les appartements. Il demandait seulement la permission de mettre un *mouchoir*, et il tirait de sa poche trois ou quatre foulards qu'il nouait au hasard les uns sur les autres, qu'il faisait tomber en gesticulant, qu'il ramassait et remettait avec distraction, se coiffant ainsi, sans le savoir, de la manière tantôt la plus fantastique et tantôt la plus pittoresque.» Il est vrai que ce paysan du Danube avait le goût du beau linge. Sa chemise était fine, toujours blanche et fraîche: On blâmait, dans certains cénacles, «ce sybaritisme caché et ce soin extrême de sa personne.» George Sand, au contraire, l'en loue comme d'une «secrète exquisité», et elle en profite pour faire l'éloge de l'élégance des manières et de l'agrément de la toilette, qui ne sont nullement incompatibles avec l'ardeur des convictions démocratiques. L'amour du peuple se concilie à merveille avec l'urbanité du langage et le souci de la beauté. Un démocrate n'est point obligé d'être hirsute et malpropre. George Sand savait gré à Michel (de Bourges) de n'être négligé qu'en apparence; le dessous valait mieux que la houppelande. «La propreté, dit-elle, est un indice et une preuve de sociabilité et de déférence pour nos semblables, et il ne faut pas qu'on proscrive la propreté raffinée, car il n'y a pas de demi-propreté.» Elle ne concède aux savants, aux artistes ou aux patriotes—que viennent faire ici les patriotes?— ni l'abandon de soi-même, ni la mauvaise odeur, ni les dents répugnantes à voir, ni les cheveux sales. Elle répudie ces habitudes malséantes et déclare, en femme très préoccupée du commerce masculin: «Il n'est point de si belle parole qui ne perde de son prix quand elle sort d'une bouche qui vous donne des nausées.» C'est là un truisme auquel nul ne contredira.

Faut-il voir chez Michel (de Bourges), comme l'a dit George Sand, *Robespierre en personne*. Maximilien, qu'on a justement surnommé l'incorruptible, fut à la fois plus élégant, plus doctrinaire et plus désintéressé. Les opinions de Michel varièrent, comme l'importance qu'il attachait, selon les temps, ou n'attachait pas à son costume. Non seulement il fut tour à tour Montagnard et Girondin—ce qui serait excusable—mais les évolutions de sa pensée étaient déconcertantes: il s'éprenait successivement ou même simultanément de Babeuf et de Montesquieu, d'*Obermann* et de Platon, de la vie monastique et d'Aristote. C'étaient les soubresauts d'une imagination effervescente, prompte à s'engouer et à se déprendre. Il était agité, trépidant, contradictoire. En cela George Sand le trouvait inquiétant. Elle ne parvenait pas à le suivre et perdait sa trace. «J'étais forcée, dit-elle, de constater ce que j'avais déjà constaté ailleurs, c'est que les plus beaux génies touchent parfois et comme fatalement à l'aliénation. Si Everard n'avait pas été voué à l'eau sucrée pour toute boisson, même pendant ses repas, maintes fois je l'aurais cru ivre.» Quant aux attaques d'adversaires acharnés qui lui reprochaient un amour du gain inné chez le paysan, voici la réponse indignée de George Sand: «O mon frère, on ne peut pas inventer de plus folle calomnie contre toi que l'accusation de cupidité. Je voudrais bien que tes ennemis politiques pussent me dire en quoi l'argent peut être désirable pour un homme sans vices, sans fantaisies, et qui n'a ni maîtresses, ni cabinet de tableaux, ni collection de médailles, ni chevaux anglais, ni luxe, ni mollesse d'aucun genre?» Elle revient sur ce sujet dans l'*Histoire de ma Vie*, alors qu'à distance, le charme rompu, elle essaie de résumer leurs dissidences et d'expliquer son refroidissement. A ses enthousiasmes défunts succède une impitoyable clairvoyance. Elle serait portée, sinon à brûler, tout au moins à ravaler et à rejeter sans merci ce qu'elle avait adoré. Or elle défend encore, ou plutôt elle excuse Michel (de Bourges). «Au milieu, dit-elle, de ses flottements tumultueux et de ses cataractes d'idées opposées, Everard nourrissait le ver rongeur de l'ambition. On a dit qu'il aimait l'argent et l'influence. Je n'ai jamais vu d'étroitesse ni de laideur dans ses instincts. Quand il se tourmentait d'une perte d'argent, ou quand il se réjouissait d'un succès de ce genre, c'était avec l'émotion légitime d'un malade courageux qui craint la cessation de ses forces, de son travail, de l'accomplissement de ses devoirs. Pauvre et endetté, il avait épousé une femme riche. Si ce n'était pas un tort, c'était un malheur. Cette femme avait des enfants, et la pensée de les dépouiller pour ses besoins personnels était odieuse à Everard. Il avait soif de faire fortune, non seulement afin de ne jamais tomber à leur charge, mais encore par un sentiment de tendresse et de fierté très concevable, afin de les laisser plus riches qu'il ne les avait trouvés en les adoptant.»

La politique qui avait rapproché George Sand et Michel (de Bourges) devait contribuer à les diviser. Convertie par lui aux doctrines démocratiques, elle eut la tristesse de le voir s'attiédir. Il avait inculqué à son élève le culte des Jacobins, de ceux qu'elle appelait «mes pères, les fils de notre aïeul Rousseau», et qui sauvèrent effectivement la patrie aux jours de l'invasion et de la Terreur, à l'encontre de l'émigration et de la guerre civile. Mais bientôt elle devait dépasser et inquiéter son maître. Dès avant 1848, «j'étais devenue socialiste, dit-elle, Everard ne l'était plus.» Le dissentiment portait et sur l'idéal même et sur la méthode et la morale de la politique. Michel (de Bourges), que la Révolution de Février surprendra, selon l'expression de l'*Histoire de ma Vie*, dans une phase de modération un peu dictatoriale, serait comme l'ancêtre de l'opportunisme. A défaut du mot, il pratiqua la chose. Ses principes de justice ne répugnaient pas à fléchir et à supporter des compromissions, qui révoltent l'âme généreuse, un peu chimérique, de George Sand. «En même temps, écrit-elle, qu'Everard concevait un monde renouvelé par le progrès moral du genre humain, il acceptait en théorie ce qu'il appelait les nécessités de la politique pure, les ruses, le charlatanisme, le mensonge même, les concessions sans sincérité, les alliances sans foi, les promesses vaines. Il était encore de ceux qui disent que qui veut la fin veut les moyens. Je pense qu'il ne réglait jamais sa conduite personnelle sur ces déplorables errements de l'esprit de parti, mais j'étais affligée de les lui voir admettre comme pardonnables, ou seulement inévitables.» Michel (de Bourges) avait l'amour de l'autorité, l'humeur tyrannique. Si nous en croyons George Sand, «c'était le fond, c'était les entrailles mêmes de son caractère, et cela ne diminuait en rien ses hontes et ses condescendances paternelles. Il voulait des esclaves, mais pour les rendre heureux.» Singulière contre-façon du bonheur, qui consiste en la spoliation de la liberté! Ce fut le malheur de Michel (de Bourges) d'aspirer à une sorte de despotisme démocratique où il eût tenu l'emploi de dictateur. George Sand, apitoyée sur les déboires d'une ambition qui fut stérile pour la cause révolutionnaire, lui dédiera cette oraison funèbre: «Il a passé sur la terre comme une âme éperdue, chassée de quelque monde supérieur, vainement avide de quelque grande existence appropriée à son grand désir. Il a dédaigné la part de gloire qui lui était comptée et qui eût enivré bien d'autres. L'emploi borné d'un talent immense n'a pas suffi à son vaste rêve.»

En 1835, la cliente n'entrevoyait point les défauts de son avocat. Elle quitta Bourges, subjuguée, fascinée, et le lendemain elle reçut à son réveil «une lettre enflammée du même souffle de prosélytisme qu'il semblait avoir épuisé dans la veillée déambulatoire à travers les grands édifices blanchis par la lune et sur le pavé retentissant de la vieille cité endormie.» Une correspondance s'ensuivit, dont nous retrouvons une part, due à George Sand, dans les *Lettres d'un Voyageur.* Ils allaient d'ailleurs se rejoindre à Paris. Michel (de Bourges) plaidait dans le procès d'avril, le *procès monstre*, qui se déroula devant la Chambre des pairs et qui mettait aux prises la Monarchie et la République. C'était le va-tout du gouvernement de Louis-Philippe.

George Sand, habillée en homme, assista à l'audience du 20 mai, où elle pénétra en compagnie d'Emmanuel Arago. Chaque soir, le petit cénacle, moitié littéraire, moitié politique, se réunissait dans le logement du quai Malaquais. Ou bien, après un dîner frugal dans un modeste restaurant, on allait se promener, soit en bateau sur la Seine, soit le long des boulevards. Une de ces promenades exerça une influence décisive sur l'imagination et la foi de George Sand. C'était au sortir du Théâtre-Français. Par une nuit magnifique, elle ramenait Michel (de Bourges) à son domicile du quai Voltaire. Planet les accompagnait. Entre eux trois, la question sociale fut sérieusement posée. On discuta l'hypothèse du partage des biens, et George Sand, devenue conservatrice ou du moins modérée quand elle écrit l'*Histoire de ma Vie*, ajoute ce commentaire et cette rétractation: «J'entendais, moi, le partage des biens de la terre d'une façon toute métaphorique; j'entendais réellement par là la participation au bonheur, due à tous les hommes, et je ne pouvais pas m'imaginer un dépècement de la propriété qui n'eût pu rendre les hommes heureux qu'à la condition de les rendre barbares.» C'est alors que Michel (de Bourges), pressé par ses deux interlocuteurs, exposa son système. Ils étaient sur le pont des Saints-Pères, non loin du château brillamment illuminé. Il y avait bal à la cour, tandis que sur le quai trois réformateurs changeaient la face du monde. «On voyait, dit George Sand, le reflet des lumières sur les arbres du jardin des Tuileries. On entendait le son des instruments qui passait par bouffées dans l'air chargé de parfums printaniers, et que couvrait à chaque instant le roulement des voitures sur la place du Carrousel. Le quai désert du bord de l'eau, le silence et l'immobilité qui régnaient sur le pont contrastaient avec ces rumeurs confuses, avec cet invisible mouvement. J'étais tombée dans la rêverie, je n'écoutais plus le dialogue entamé, je ne me souciais plus de la question sociale, je jouissais de cette nuit charmante, de ces vagues mélodies, des doux reflets de la lune mêlés à ceux de la fête royale.»

Cependant, parmi les objections stimulantes de Planet, Michel (de Bourges) déduisait son plan de régénération sociale, dérivé de Babeuf ou emprunté à Jean-Jacques. Et comme George Sand, tirée de sa songerie, alléguait les droits et les devoirs d'une société civilisée, le tribun refit à la moderne la prosopopée de Fabricius. «La civilisation, s'écria-t-il courroucé et frappant de sa canne les balustrades sonores du pont; oui, voilà le grand mot des artistes! La civilisation! Moi, je vous dis que pour rajeunir et renouveler votre société corrompue, il faut que ce beau fleuve soit rouge de sang, que ce palais maudit soit réduit en cendres, et que cette vaste cité où plongent vos regards, soit une grève nue, où la famille du pauvre promènera la charrue et dressera sa chaumière!»

Tout le discours continua sur ce ton, avec de grands éclats de voix et de larges gestes qui enveloppaient l'espace et foudroyaient la tyrannie. George Sand résume ainsi cette harangue d'une austérité lacédémonienne, qui attestait un usage immodéré du *Conciones* et la lecture assidue de Plutarque. «Ce fut une déclamation horrible et magnifique contre la perversité des cours, la corruption des grandes villes, l'action dissolvante et énervante des arts, du luxe, de l'industrie, de la civilisation en un mot. Ce fut un appel au poignard et à la torche, ce fut une malédiction sur l'impure Jérusalem et des prédictions apocalyptiques; puis, après ces funèbres images, il évoqua le monde de l'avenir comme il le rêvait en ce moment-là, l'idéal de la vie champêtre, les moeurs de l'âge d'or, le paradis terrestre florissant sur les ruines fumantes du vieux monde par la vertu de quelque fée.»

Deux heures sonnèrent à l'horloge du château, et George Sand profita d'une pause de l'orateur pour hasarder, non pas un argument contraire, mais une approbation un tantinet ironique. Il se récria. A son tour, elle prit la parole en faveur de l'art, plaida pour la République athénienne contre la République Spartiate. Le démagogue ne fut pas convaincu. «Il était hors de lui, raconte son interlocutrice; il descendit sur le quai en déclamant, il brisa sa canne sur les murs du vieux Louvre, il poussa des exclamations tellement *séditieuses* que je ne comprends pas comment il ne fut ni remarqué, ni entendu, ni *ramassé* par la police. Il n'y avait que lui au monde qui pût faire de pareilles excentricités sans paraître fou et sans être ridicule.»

Comme George Sand, ébranlée et lasse, s'éloignait avec Planet, Michel (de Bourges) s'aperçut qu'il plaidait tout seul, devant un auditoire imaginaire. Il courut, rejoignit les fugitifs, leur fit une scène violente, s'offrant à les persuader s'ils lui accordaient encore quelques heures d'audience jusqu'à l'aurore, puis les menaçant de ne jamais les revoir s'ils le quittaient avant qu'il eût achevé sa démonstration. Et George Sand observe: «On eût dit d'une querelle d'amour, et il ne s'agissait pourtant que de la doctrine de Babeuf.» Mais, pour un idéaliste, pour un semeur d'espérance dans les sillons de l'avenir, qu'y a-t-il de plus séduisant que cette recherche d'un monde meilleur, que la conception d'une humanité régénérée? George Sand en ira quérir les origines, les premiers germes dans la Bohême de Jean Huss, de même que Jean-Jacques en a dessiné les linéaments dans son *Contrat social.* Certes les utopies de Michel (de Bourges) valaient mieux que la vulgarité de nos résignations égoïstes ou serviles. Il plaidait avec conscience toutes les causes qu'il accueillait, la thèse des revendications de la démocratie intégrale aussi bien que la réalité, plus contingente, des doléances conjugales de George Sand. Ce dernier procès était plus facile à gagner devant la justice humaine que l'autre à la barre d'un insaisissable tribunal.

CHAPITRE XVII

LA SEPARATION DE CORPS

Dans la neuvième des *Lettres d'un Voyageur*, adressée au Malgache, c'est-à-dire à son ami Jules Néraud, George Sand exprime son dégoût des contestations judiciaires, surtout lorsqu'elles touchent aux affections les plus sacrées. «Ce procès, écrit-elle, d'où dépend mon avenir, mon honneur, mon repos, l'avenir et le repos de mes enfants, je le croyais loyalement terminé. Tu m'as quitté comme j'étais à la veille de rentrer dans la maison paternelle. On m'en chasse de nouveau, on rompt les conventions jurées. Il faut combattre sur nouveaux frais, disputer pied à pied un coin de terre…, coin précieux, terre sacrée, où les os de mes parents reposent sous les fleurs que ma main sema et que mes pleurs arrosèrent.» Plus loin elle se demande comment poète, marquée au front pour n'appartenir à rien et à personne, pour mener une vie errante, elle s'est liée à la société et a fait alliance avec la famille humaine. «Ce n'était pas là mon lot, soupire t-elle. Dieu m'avait donné un orgueil silencieux et indomptable, une haine profonde pour l'injustice, un dévouement invincible pour les opprimés. J'étais un oiseau des champs, et je me suis laissé mettre en cage; une liane voyageuse des grandes mers, et on m'a mis sous une cloche de jardin. Mes sens ne me provoquaient pas à l'amour, mon coeur ne savait ce que c'était. Mon esprit n'avait besoin que de contemplation, d'air natal, de lectures et de mélodies. Pourquoi des chaînes indissolubles à moi?.. Et parce qu'en écrivant des contes pour gagner le pain qu'on me refusait je me suis souvenu d'avoir été malheureux, parce que j'ai osé dire qu'il y avait des êtres misérables dans le mariage, à cause de la faiblesse qu'on ordonne à la femme, à cause de la brutalité qu'on permet au mari, à cause des turpitudes que la société couvre d'un voile et protège du manteau de l'abus, on m'a déclaré immoral, on m'a traité comme si j'étais l'ennemi du genre humain!» Doutant de la justice d'ici-bas, elle tourne ses regards et tend ses mains vers l'autre, en s'écriant: «Non! toi seul, ô Dieu! peux laver ces taches sanglantes que l'oppression brutale fait chaque jour à la robe expiatoire de ton Fils et de ceux qui souffrent en invoquant son nom!… Du moins toi, tu le peux et tu le veux; car tu permets que je sois heureux, malgré tout, à cette heure, sans autre richesse que mon encrier, sans autre abri que le ciel, sans autre désir que celui de rendre un jour le bien pour le mal, sans autre plaisir terrestre que celui de sécher mes pieds sur cette pierre chauffée du soleil. O mes ennemis! vous ne connaissez pas Dieu; vous ne savez pas qu'il n'exauce point les voeux de la haine! Vous aurez beau faire, vous ne m'ôterez pas cette matinée de printemps.»

Entendez-la, cette plaideuse qui lutte pour la liberté, pour la possession de ses enfants, pour le salut de son foyer et la sauvegarde de sa dignité; écoutez comme elle célèbre le charme et l'allégresse de la nature en fleur:

«Le soleil est en plein sur ma tête; je me suis oublié au bord de la rivière sur l'arbre renversé qui sert de pont. L'eau courait si limpide sur son lit de cailloux bleus changeants; il y avait autour des rochers de la rive tant et de si brillantes petites nageoires de poissons espiègles; les demoiselles s'envolaient par myriades si transparentes et si diaprées, que j'ai laissé courir mon esprit avec les insectes, avec l'onde et ses habitants. Que cette petite gorge est jolie avec sa bordure étroite d'herbe et de buisson, son torrent rapide et joyeux, avec sa profondeur mystérieuse et son horizon borné par les lignes douces des guérets aplanis! comme la traîne est coquette et sinueuse! comme le merle propre et lustré y court silencieusement devant moi à mesure que j'avance.»

Quand George Sand écrivait au Malgache ces pages exquises, en mai 1836, elle portait depuis près d'un an le fardeau d'un procès auquel était suspendue toute sa tendresse maternelle. Vainement des amis lui avaient conseillé de se résigner et de «se rendre maîtresse de la situation en devenant la maîtresse de son mari.» Elle répugnait à un rapprochement sans amour. «Une femme, dit-elle, qui recherche son mari dans le but de s'emparer de sa volonté, fait quelque chose d'analogue à ce que font les prostituées pour avoir du pain et les courtisanes pour avoir du luxe.» Dès le milieu de 1835, George Sand était résolue à intenter l'instance en séparation de corps. Ses relations avec Michel (de Bourges), la confiance qu'il lui inspirait, les soins dont elle l'entoura au cours d'une bronchite aiguë contractée en plaidant devant la Chambre des pairs, ne firent que l'attacher plus étroitement à son dessein. L'ardent avocat avait été condamné par cette juridiction politique à un mois de prison, en raison de la lettre qu'il avait rédigée au nom des accusés d'avril. Il regagna Bourges, aussitôt rétabli, et George Sand, après l'avoir suivi, alla passer les vacances à Nohant. La vie pour elle y devint impossible. M. Dudevant était criblé de dettes, incapable de faire face à ses engagements. Il demanda une signature à sa femme, qui ne la refusa pas. C'était un vague palliatif. «Il avait acheté, dit-elle, des terres qu'il ne pouvait payer; il était inquiet, chagrin. Quand j'eus signé, les choses n'allèrent pas mieux, selon lui. Il n'avait pas résolu le problème qu'il m'avait donné à résoudre quelques années auparavant; ses dépenses excédaient nos revenus. La cave seule en emportait une grosse part.» Elle signala certaines friponneries flagrantes des domestiques. Il se fâcha, lui défendit de se mêler de ses affaires, de critiquer sa gestion et de commander à ses gens. Il la ruinait, et elle devait se taire.

Aussi bien, après avoir souscrit, puis rompu le contrat qui réglait leurs intérêts financiers, il ne craignit pas de se livrer aux pires outrages et même à des sévices envers sa femme. Le 19 octobre 1835, survint une scène décisive, irréparable. Voici en quels termes Michel la relate et l'explique, dans la plaidoirie qu'il prononça pour George Sand devant la Cour de Bourges et qui fut reproduite par la *Gazette des Tribunaux*, du 30 juillet 1836:

«Les femmes seules ne sont pas capricieuses; il y a des hommes qui ont aussi leurs caprices. Voilà que M. Dudevant veut mener la vie de garçon. Il fut question de procéder à l'exécution du traité de février, et de le mettre ainsi en position de satisfaire son nouveau caprice. Il y eut une entrevue entre les époux. Leurs amis communs furent invités. Il y eut un dîner. Après le repas, on prenait le café. L'enfant des deux époux, Maurice, demanda de la crème. «Il n'y en a plus, répondit le père; va à la cuisine; d'ailleurs, sors d'ici.» L'enfant, au lieu de sortir, se réfugia auprès de sa mère; M. Dudevant insista de nouveau pour qu'il sortît, et madame Dudevant dit elle-même à son fils: «Sors, puisque ton père le veut.» Il s'éleva alors une altercation entre les époux, altercation dans laquelle l'épouse montra le plus grand calme et le mari la plus grande violence. Il alla même jusqu'à dire à sa femme: «Sors, toi aussi.» Il fit mine de la frapper; il en fut empêché par les personnes qui étaient présentes. Il se retira pour aller prendre son fusil, qu'on parvint à lui retirer des mains.»

Cette version n'a pas été contredite par l'avocat de Casimir Dudevant. Elle est exacte de tous points et n'aggrave aucunement les faits. Ce fut chez cet égoïste, qui sentait qu'une partie de ses revenus allait bientôt lui échapper, une véritable crise de folie furieuse.

Les amis présents, notamment Duteil, tentèrent vainement une réconciliation. Le lendemain, après une nuit d'insomnie et d'angoisse, George Sand décida irrévocablement de ne plus vivre avec M. Dudevant et même de ne plus le revoir. Elle passa cette journée, la dernière des vacances, en compagnie de ses enfants, dans le bois de Vavray. «Un endroit charmant, dit-elle, d'où, assis sur la mousse à l'ombre des vieux chênes, on embrassait de l'oeil les horizons mélancoliques et profonds de la Vallée Noire. Il faisait un temps superbe, Maurice m'avait aidée à dételer le petit cheval qui paissait à côté de nous. Un doux soleil d'automne faisait resplendir les bruyères. Armés de couteaux et de paniers, nous faisions une récolte de mousse et de jungermannes que le Malgache m'avait demandé de prendre là, au hasard, pour sa collection, n'ayant pas, lui, m'écrivait-il, le temps d'aller si loin pour explorer la localité. Nous prenions donc tout sans choisir, et mes enfants, l'un qui n'avait pas vu passer la tempête domestique de la veille, l'autre qui, grâce à l'insouciance de son âge, l'avait déjà oubliée, couraient, criaient et riaient à travers le taillis.» Après un goûter sur l'herbe, on rentra à la nuit tombante, et ce furent les adieux. M. Dudevant, qui avait eu du moins]a pudeur de quitter Nohant, attendait Maurice et Solange à La Châtre pour les ramener au collège et à la pension.

George Sand consulta tout d'abord à Châteauroux son vieil ami, l'avocat Rollinat, qui lui conseilla une séparation judiciaire; puis ils allèrent ensemble, le jour même, à Bourges, prendre l'avis de Michel, qui purgeait sa peine à la prison de ville, antique château des ducs de Bourgogne. Grâce à la complaisance d'un geôlier, ils s'introduisirent par une brèche, et dans les ténèbres suivirent des galeries et des escaliers fantastiques. Les deux avocats tombèrent d'accord et résolurent de mener la procédure en toute hâte, de manière à déconcerter M. Dudevant et à profiter de son désarroi. Le 30 octobre 1835, George Sand, élisant domicile de droit et de fait à La Châtre chez Duteil, ami commun du ménage, déposa devant le tribunal de cette ville une plainte avec demande de séparation de corps, pour injures graves, sévices et mauvais traitements. Le 1er novembre, elle en informe madame d'Agoult, alors à Genève: «Je plaide en séparation contre mon époux, qui a déguerpi, me laissant maîtresse du champ de bataille... Je ne reçois personne, je mène une vie monacale. J'attends l'issue de mon procès, d'où dépend le pain de mes vieux jours; car vous pensez bien que je n'amasserai jamais un denier pour payer l'hôpital où la tendresse d'un mari me laisserait mourir. Mais voyez! Il a eu l'heureuse idée de vouloir me tuer un soir qu'il était ivre.» En dépit de cet isolement et de ses inquiétudes, elle ressent une impression de soulagement physique; elle indique plaisamment à madame d'Agoult pourquoi le jardinier et sa femme ont refusé de demeurer dans la maison: «J'ai voulu en savoir le motif. Enfin le mari, baissant les yeux d'un air modeste, m'a dit: «C'est que madame a une tête si laide, que ma femme, étant enceinte, pourrait être malade de peur.» Il s'agissait, paraît-il, de la tête de mort que George Sand avait sur sa table.

Les formalités du procès se succédèrent assez vite. Dudevant était cité à comparaître le 2 novembre devant le tribunal. Il ne se présenta pas. Elle crut donc avoir gain de cause et écrivit le 9 novembre, de La Châtre, à Adolphe Guéroult, le fervent saint-simonien: «Le baron ne plaide pas, il demande de l'argent et beaucoup. Je lui en donne, on le condamne à me laisser tranquille, et tout va bien. Quant à ce qu'on en pensera à Paris, cela m'occupe aussi peu que ce qu'on pense en Chine de Gustave Planche.» S'adressant à un zélé défenseur des droits de la femme, elle allègue sa dignité blessée, elle réclame l'affranchissement de son sexe et conclut: «L'opinion est une prostituée qu'il faut mener à grands coups de pied quand on a raison... Nous ne savons pas faire des armes, et on ne nous permet pas de provoquer nos maris en duel; on a bien raison, ils nous tueraient, ce qui leur ferait trop de plaisir. Mais nous avons la ressource de crier bien haut, d'invoquer trois imbéciles en robe noire, qui font semblant de rendre la justice, et qui, en vertu de certaine *bonté* de législation envers les esclaves menacées de mort, daignent nous dire: «On vous permet de ne plus aimer monsieur votre maître, et, si la maison est à vous, de le mettre dehors.»

Cette justice, dont George Sand pensait tant de mal, allait pourtant lui donner satisfaction. Le 1er décembre, une décision du tribunal reconnut les faits allégués par la plaignante pertinents et admissibles, et lui permit d'en administrer la preuve. Signification de ce jugement fut faite au domicile légal de M. Dudevant le 2 janvier 1836, et l'audition des témoins commença le 14 janvier. Le procès-verbal de leurs dépositions, d'ailleurs probantes, ayant été communiqué à la partie sans qu'il y eût de réponse, le 16 février, sur les conclusions favorables du ministère public, le tribunal rendit un jugement par défaut qui déclarait bien fondés et établis par l'enquête les griefs de madame Dudevant. La séparation de corps était prononcée, un notaire commis pour procéder au partage de la communauté et aux reprises. Casimir Dudevant ne comparut pas chez le notaire. Et le 26 février, George Sand, tout heureuse d'avoir la garde de son fils et de sa fille, mandait à madame d'Agoult: «Grâce à Dieu, j'ai gagné mon procès et j'ai mes deux enfants à moi. Je ne sais si c'est fini. Mon adversaire peut en appeler et prolonger mes ennuis.» M. Dudevant, en effet, qui dès le début de l'instance avait résigné ses fonctions de maire de Nohant et s'était installé à Paris, changea soudain de tactique. Stimulé par sa belle-mère, la baronne Dudevant, et peut-être aussi par la mère d'Aurore, l'étrange madame Dupin, il interjeta, le 8 avril, opposition aux jugements intervenus, en invoquant des vices de procédure et en réclamant une contre-enquête. On plaida, les 10 et 11 mai, devant le tribunal de première instance de La Châtre. Me Michel (de Bourges) était à la barre pour madame Dudevant, et Me Vergne pour le mari.

L'avocat de M. Dudevant se borna à traiter le point de droit; il demanda la nullité de la procédure. Michel (de Bourges), au contraire, abordant le fond du débat, montra ce mari ivrogne, brutal, débauché, qui laissait toute liberté à sa femme, à la seule condition de jouir de l'intégralité des revenus. Il était complaisant, parce qu'il était cupide et rapace. Puis, prenant la requête du 14 avril, à laquelle son confrère avait à peine osé faire allusion, Michel en signala les imputations ignominieuses, dont la plus infâme rappelait l'accusation dirigée contre Marie-Antoinette. Il évoqua et fit sienne la fameuse réponse de la reine: «J'en appelle à toutes les mères.» Et il s'indigna que M. Dudevant voulût obliger sa femme à réintégrer le domicile conjugal, après l'avoir menacée de mort, mais surtout après l'avoir épouvantablement offensée et suspectée des vices les plus ignobles.

Le tribunal de La Châtre donna gain de cause, en droit à M. Dudevant, en fait à la partie adverse. L'opposition était admise pour irrégularités de procédure; mais, à raison des imputations diffamatoires de l'acte du 14 avril—calomnies de servantes congédiées—la séparation de corps était maintenue et la garde des deux enfants attribuée à la mère.

George Sand atteignait-elle au terme de ses angoisses? Non pas. Il lui fallut encore aller en appel. Tour à tour alarmée et confiante, elle écrivait le 5 mai à Franz Liszt, qui avait accompagné la comtesse d'Agoult à Genève: «Mon procès a été gagné; puis l'adversaire, après avoir engagé son honneur à ne pas plaider, s'est mis à manquer de parole et à oublier sa signature et son serment, comme des bagatelles qui ne sont plus de mode. Si la possession de mes enfants et la sécurité de ma vie n'étaient en jeu, vraiment ce ne serait pas la peine de les défendre au prix de tant d'ennuis. Je combats par devoir plutôt que par nécessité.» Le 11 mai, tandis que son sort se débattait au tribunal de La Châtre, elle dormait profondément. On dut la réveiller à une heure de l'après-midi, pour lui apprendre que Michel (de Bourges) avait fait pleurer l'auditoire et que son procès était gagné. Provisoirement du moins. M. Dudevant, campé à Nohant, ne se souciait pas de rendre la dot de sa femme. Il voulut un nouvel éclat à l'audience de la Cour. George Sand, établie à La Châtre chez des amis et toujours ardente au travail, était armée pour la lutte. «S'il ne s'agissait que de ma fortune, écrit-elle le 25 mai à madame d'Agoult, je ne voudrais pas y sacrifier un jour de la vie du coeur; mais il s'agit de ma progéniture, mes seules amours, et à laquelle je sacrifierais les sept plus belles étoiles du firmament, si je les avais.» A aucun prix, elle n'admettait qu'on pût la séparer de ses enfants. Elle invoquait la justice et la loi, mais elle était prête à entrer en révolte, si la magistrature se montrait défavorable à ses revendications. De Paris elle avait ramené Solange, et toutes ses dispositions étaient prises pour enlever Maurice, pensionnaire au collège Henri IV. Elle plaçait les droits maternels au-dessus de tous autres et déniait à la société la faculté de les annuler ou de les amoindrir. «La nature, s'écrie-t-elle, n'accepte pas de tels arrêts, et jamais on ne persuadera à une mère que ses enfants ne sont pas à elle plus qu'à leur père. Les enfants ne s'y trompent pas non plus.» Voilà en quel état d'esprit elle comparut devant la Cour de Bourges, dont l'opinion, au seuil des débats, lui était plutôt hostile. Une légende, accréditée parmi l'aristocratie et la haute bourgeoisie locales, la représentait comme une créature extravagante et sans vergogne.

Les plaidoiries occupèrent les deux audiences des 25 et 26 juillet 1836. M. Mater, premier président, dirigeait les débats dont nous trouvons un compte-rendu dans les deux grands journaux judiciaires, la *Gazette des Tribunaux* et le *Droit*. La curiosité publique était violemment surexcitée. «Depuis longtemps, dit le chroniqueur de la *Gazette*, on n'avait vu une foule aussi considérable assiéger les portes du Palais de Justice pour une affaire civile... L'auteur d'*Indiana*, de *Lélia* et de *Jacques* était assise derrière son avocat, Me Michel (de Bourges). Des Parisiens ne l'auraient peut-être pas reconnue sous ce costume de son sexe, accoutumés qu'ils sont à voir cette dame, dans les spectacles et autres lieux publics, avec des habits masculins et une redingote de velours noir, sur le collet de laquelle retombent en boucles ondoyantes les plus beaux cheveux blonds (*ils étaient bruns*) que l'on puisse voir. Elle est mise avec beaucoup de simplicité: robe blanche, capote blanche, collerette tombant sur un châle à fleurs.» Est-ce bien là une toilette sévère pour procès en séparation de corps? Et le rédacteur judiciaire ajoute: «Cette dame semble n'être venue à l'audience que pour y trouver quelques éloquentes inspirations contre l'irrévocabilité des unions mal assorties.» L'avocat de l'appelant, Me Thiot-Varennes, prit d'abord la parole. Voici les principaux passages de sa plaidoirie: «M. Dudevant aimait sa femme, il s'en croyait aimé, et jusqu'en 1825 rien n'avait troublé le bonheur de cette union. Mais déjà l'humeur inquiète, le caractère aventureux de madame Dudevant présageaient que cette félicité ne serait pas durable. Elle éprouvait un ennui profond, un dégoût de toutes choses. Elle croyait que le bonheur était là où il n'était pas; elle demandait ce bonheur à tout; elle ne le trouvait nulle part; car son âme ardente et mobile n'avait pu comprendre qu'on ne saurait le goûter hors de l'accomplissement de ses devoirs. Un événement malheureux vint donner carrière aux désirs impétueux de cette imagination exaltée et jeta l'amertume dans le coeur de M. Dudevant. Madame Dudevant fit un voyage à Bordeaux. Entraînée par des penchants qu'elle ne voulut point dominer, elle conçut une passion, elle y céda. M. Dudevant apprit bientôt qu'il était trahi par celle qu'il adorait. Il sut tout et, maîtrisé par son amour et par sa tendresse conjugale, il pardonna tout. Madame Dudevant fut touchée de cet excès de générosité et d'indulgence; elle écrivit à son mari une lettre où elle faisait une confession générale et l'aveu d'une faute qu'elle se reprochait.»

Me Thiot-Varennes dénature le caractère de cette lettre, en nous laissant croire que madame Dudevant y faisait amende honorable, prenait posture de suppliante et «rendait justice à la bonté, à la générosité, aux soins prévenants, aux égards continuels de son cher Casimir.» C'est altérer la vérité plus qu'il n'est permis, même à la barre. De vrai, il y avait entre les époux une différence de goûts et de penchants, que l'avocat du mari présente en ces termes: «Madame Dudevant aimait avec passion la poésie, les beaux-arts, les entretiens littéraires et philosophiques. M. Dudevant avait les goûts simples de l'homme des champs, plus occupé de ses propriétés que de descriptions champêtres. Elle était rêveuse, mélancolique, cherchant parfois la solitude; il avait les habitudes et le laisser-aller d'un bon bourgeois.»

Il était malaisé de faire admettre à la Cour que M. Dudevant eût obéi à l'amour conjugal en repoussant la séparation, et il convenait d'invoquer quelque sentiment plus plausible. Me Thiot-Varennes s'y évertua sans grand succès, en alléguant la tendresse paternelle. «S'il n'y avait pas d'enfants, s'écria-t-il, on pourrait croire que l'intérêt seul guide M. Dudevant. Mais ici, s'il résiste, s'il pardonne, s'il veut rappeler auprès de lui la mère de ses enfants, c'est parce qu'il songe à leur avenir. Et qu'on ne dise pas que les plaintes qu'il a élevées, les griefs qu'il a exposés rendent impossible la réunion des époux! La loi a prévu le cas où le mari offensé peut poursuivre l'épouse infidèle, faire constater sa honte, sans qu'elle puisse cependant se soustraire au joug marital; il a recours à la voie correctionnelle, et elle n'est pas autorisée pour cela à demander la séparation; et même, la séparation prononcée, le mari peut la faire cesser en consentant à reprendre sa femme.» Toute cette argumentation, où intervient Jésus, homme ou Dieu, philosophe ou prophète, est très fragile. On sent que M. Dudevant avait un moindre souci de l'honneur que de l'argent. Et son avocat, pour masquer la vulgarité du personnage, hasarde la péroraison pathétique: «Madame, votre mari fut généreux en 1825; il l'est encore, car aujourd'hui comme alors il oublie vos torts et il vous pardonne.» Puis, venant à la question des enfants: «Peut-on les arracher à M. Dudevant pour les livrer à une mère qui a donné au monde le scandale de la vie la plus licencieuse et des préceptes les plus immoraux?... Vos ouvrages, madame, sont remplis de l'amertume et des regrets qui dévorent votre coeur; ils annoncent un dégoût profond. Les tourments de l'âme vous poursuivent au milieu de votre gloire et empoisonnent vos triomphes. Vous avez demandé le bonheur à tout, vous ne l'avez trouvé nulle part. Eh bien! je veux vous en indiquer la route; revenez à votre époux, rentrez sous ce toit où vos premières années s'écoulèrent douces et paisibles; redevenez épouse et mère, rentrez dans le sentier du devoir et de la vertu; soumettez-vous aux lois de la nature. Hors de là, tout n'est qu'erreur et déception, et là seulement vous trouverez le bonheur et la paix.»

A cette mercuriale bourgeoise Me Michel (de Bourges) répondit, en invoquant les immunités du génie. Son exorde est pompeux, à la manière antique: «Pourquoi cette foule empressée qui nous environne? Pourquoi cette réunion inaccoutumée qui se presse dans cette enceinte? Pourquoi ces femmes parées comme pour un jour de fête? Etes-vous appelés à délibérer sur une mesure d'où dépend le bonheur de l'Etat? Allez-vous donner votre sanction à l'un de ces édits de clémence qui font la gloire d'un règne? Non. Qu'est-ce donc, messieurs? Une femme veut reconquérir sa liberté outragée, son indépendance foulée aux pieds. Elle vient ici demander un asile pour sa vieillesse, et pour consolation aux calomnies dont on l'a abreuvée, ses enfants, le fruit de ses entrailles! Cette femme est la gloire de notre époque; c'est le génie qui vient s'abattre de la hauteur de son vol dans le sanctuaire de la justice et courber son imposante majesté devant l'autorité sacrée des lois!» Prenant alors l'offensive, Michel (de Bourges) reproche à M. Dudevant d'avoir rompu un traité de séparation librement signé, d'avoir profané le domicile conjugal en y introduisant la débauche et la prostitution. «Il faut un arrêt pour le purifier.» Et brandissant la lettre de vingt pages dont Me Thiot-Varennes n'avait donné que des extraits, il la lit tout entière,—«cette lettre que M. Dudevant conservait comme l'arche sainte renfermant les moyens qui devaient nous broyer»—il y découvre, il y souligne les preuves de l'innocence de sa cliente. Aux pieds des Pyrénées, dans la vallée de Lourdes, devant une nature grandiose, elle a consommé le sacrifice d'une inclination chaste.

L'effet de cette lecture fut saisissant, et le rédacteur de la *Gazette des Tribunaux* note dans son compte-rendu: «Ce passage, écrit à vingt ans avec une magie de style, un coloris brillant, digne des plus belles pages que l'auteur de *Jacques* a écrites depuis, a produit une impression impossible à décrire.»

Michel (de Bourges) poursuit victorieusement. Il rappelle les procédés grossiers de M. Dudevant traitant Aurore de folle, radoteuse, bête, stupide. Cet homme n'avait pas le talent de la divination. Il n'était que cupide, «faisant à sa femme une modique pension, tandis qu'il jouissait, dans l'opulence et dans une vie licencieuse, sous le toit qui appartenait à sa femme, d'une fortune qui était à elle.» N'acceptait-il pas sa situation maritale, au point de mander à madame Dudevant, en décembre 1831: «J'irai à Paris; je ne descendrai pas chez toi, parce que je ne veux pas te gêner, pas plus que je ne veux que tu me gênes?» Et l'avocat déduit avec force cette conclusion hardie: «Le pardon que vous offrez à votre femme est un outrage; c'est vous qui l'avez offensée.» Il insiste sur la requête du 14 avril, *véritable monument de démence judiciaire*, où sont articulés «des faits atroces, des faits qu'aucune bouche humaine n'a osé répéter dans leur hideuse nudité, dans leur révoltante difformité.» Cette épouse qu'on a accusée d'être une Messaline, capable de dépraver son fils, on lui offre le retour au foyer domestique. On parle de pardonner, alors qu'on a besoin de pardon. «N'est-ce pas vous, dit Michel (de Bourges) dans un bel élan oratoire, vous qui l'avez forcée à quitter le domicile conjugal en l'abreuvant de dégoûts? Vous n'êtes pas seulement l'auteur des causes de cette absence, vous en êtes l'instigateur et le complice. N'avez-vous pas livré votre femme, jeune et sans expérience, à elle-même? Ne l'avez-vous pas abandonnée? Vous ne pouvez plus dire aux magistrats: «Remettez dans mes mains les rênes du coursier,» quand vous-même les avez lâchées. Pour gouverner une femme, il faut une certaine puissance d'intelligence; et qu'êtes-vous, que prétendez-vous être, à côté de celle que vous avez méconnue? Quand une femme est près de succomber, il faut être capable de la relever; quand elle est faible, il faut la soutenir, être capable de lui donner le bon exemple; et quel exemple pouvez-vous lui donner? Pouvez-vous réclamer une femme que vous avez délaissée pendant huit ans? Etait-elle coupable, celle qui épanchait sa belle âme tout entière dans cette lettre que vous-même venez de livrer à la publicité des débats? Ils étaient donc bien faibles ses torts, puisque vous êtes réduit à les chercher dans cette lettre qui la justifie? Depuis, vous avez reçu votre femme, vous lui avez écrit, vous avez vécu intimement avec l'ami honnête et pur qui sut la respecter; vous lui avez serré la main. Pourquoi donc avez-vous délaissé, une épouse qui ne méritait aucun reproche?»

Aucun reproche? C'est aller un peu loin; mais nous sommes à l'audience, et c'est un avocat qui parle. Il se lance dans les réminiscences historiques. Mirabeau, pour un moindre outrage, fut débouté, lorsqu'il redemandait sa femme au Parlement de Provence, «faisant à la face du ciel et des hommes amende honorable d'une jeunesse désordonnée et plus égarée que coupable.»

Dans quelles conditions M. Dudevant se présente-t-il au *sanctuaire de la justice?* Est-ce le coeur humilié et repentant, la tête courbée par la douleur et couverte d'un voile? Non, c'est l'invective à la bouche. «Et vous osez réclamer votre femme! continue Michel (de Bourges). Et vous osez appeler une nécessité de la défense ces diffamations! Vous la demandez, et vous lui fermez le chemin de la couche nuptiale; vous la demandez, et pour arc-de-triomphe, dans cette maison toute pleine des souvenirs de vos fureurs, vous lui préparez un pilori où vous inscrivez son déshonneur en caractères indélébiles... Vous la réclamez d'une main, et de l'autre vous lui enfoncez un poignard dans le sein. Mais vous dites que vous la voulez; non, vous ne la voulez pas! Vous n'oseriez pas dire cela sérieusement en face de la Cour. La voulez-vous avec vous, voulez-vous cohabiter avec elle, la garder? Dites-le, si vous l'osez!»

Michel (de Bourges) couronne sa plaidoirie en réfutant les griefs d'indignité maternelle imputés à madame Dudevant: «Parce qu'une femme cède aux caprices de sa lyre, aux inspirations d'un esprit créateur, vous la croiriez incapable d'élever ses enfants?» A ce titre, il faudrait refuser—observe-t-il—les qualités éducatrices à tant d'écrivains de génie qui commirent quelque oeuvre licencieuse. Ces qualités, madame Dudevant les possède, comme l'atteste la lettre qu'elle adressa à son fils au cours du procès et qui se termine par cette adjuration: «Mon enfant, prie Dieu pour ton père et pour moi.»

A l'audience du 26 juillet, il y eut répliques successives de Me Thiot-Varennes et de Me Michel (de Bourges). L'avocat de M. Dudevant fit un aveu qui mérite d'être retenu: «Sans doute mon client ne saurait promettre à son épouse un grand amour, au moins dans les premiers moments de la réunion. Mais le temps est un grand maître. Plus tard M. Dudevant rendra à sa femme sa tendresse, quand elle en sera devenue digne.» Enfin l'avocat général Corbin donna ses conclusions. Il constata que si les premiers torts pouvaient, en partie, être rejetés sur madame Dudevant, si elle avait commis tout au moins un adultère moral et peut-être quelque chose de plus, en revanche son mari l'avait gravement et gratuitement outragée par ses imputations infâmes et impies. En conséquence, le ministère public tendait à l'admission de la demande en séparation de corps et à ce que Maurice fût placé sous la surveillance de son père, Solange sous celle de sa mère.

Après trois quarts d'heure de délibéré, la Cour rentra en séance et le premier président annonça que, les voix étant partagées, la cause était renvoyée au lundi 1er août, pour être plaidée de nouveau, avec adjonction de trois conseillers. Dans l'intervalle, une solution amiable prévalut. M. Dudevant se désista de son appel, en échange d'un sacrifice d'argent consenti par George Sand. Elle lui concédait une rente annuelle de 5.000 francs. Et il le reconnaît implicitement dans une lettre, dite rectificative, qu'il adressa le 17 août à la *Gazette des Tribunaux.* En voici le dernier paragraphe: «Les deux parties ont fait une transaction portant qu'il y aurait partage égal d'enfants et de fortune, d'après les bases du traité du 15 février 1835, avant le commencement du procès qui m'a été intenté. Ainsi je garde mon fils, et madame Dudevant sa fille.»

Les démêlés pourtant n'étaient pas clos. On se querella encore au sujet du mode d'éducation de Maurice qui, malade, fut remis aux soins de sa mère. Par contre, M. Dudevant enleva de Nohant Solange, et George Sand eut grand'peine à la reprendre. Puis ce furent les contestations d'argent. Le baron ayant hérité de sa belle-mère, madame Dudevant demanda, par l'organe de Me Chaix-d'Est-Ange, la suppression de la pension qu'elle servait sur les revenus de l'hôtel de Narbonne. Le tribunal de la Seine, le 11 juillet 1837, refusa de statuer au fond. Et ce fut encore une transaction qui intervint. En échange de l'hôtel de Narbonne, M. Dudevant obtint 40.000 francs. Il renonçait à Maurice et à Solange, sous condition qu'on les lui conduisît une fois l'an et que leur mère supportât la moitié des frais de déplacement. C'était toujours le même homme qui, dans la liquidation, réclamait, par ministère d'avoué, quinze pots de confitures et un poêle en fer de la valeur de 1 franc 50 centimes, et qui, en 1841, revenait à la charge pour 125 francs. A son fils, il envoyait pour étrennes six pots de confitures, à partager avec sa soeur. Il devait aimer les confitures.

En 1846, les époux séparés se revirent une fois, puis, l'année suivante, lors du mariage de Solange, le baron vint à Nohant, et sa présence durant quelques heures jeta un froid. Il ne mourut qu'en 1871, après avoir intenté un procès à ses enfants. Sa vie s'était partagée entre l'ivrognerie et la cupidité.

CHAPITRE XVIII

L'ÉPOQUE DE *MAUPRAT*

Ni les tourments du coeur ni les tracas de justice n'avaient interrompu la production littéraire de George Sand. Elle travaillait chaque jour, ou plutôt chaque après-midi et chaque nuit, avec une régularité automatique. Le graveur Manceau, qui vécut longtemps dans son intimité et qui l'expliquait un peu comme un montreur de phénomènes, si nous en croyons le *Journal des Goncourt*, donnait d'elle cette définition: «C'est égal qu'on la dérange. Supposez que vous ayez un robinet ouvert chez vous, on entre, vous le fermez: c'est madame Sand.» Rien ne la pouvait distraire de sa besogne quotidienne. Bonne ou médiocre, la copie qu'elle devait fournir prenait le chemin de l'éditeur. Ainsi, en 1836-1837, deux oeuvres fort inégales: *Simon* et *Mauprat*. «Le roman de *Simon*, dit George Sand dans la notice, n'est pas, je crois, des mieux conduits, mais j'en avais connu les types, en plusieurs exemplaires dans la réalité.» De vrai, toute cette intrigue de l'avocat Simon, épousant Fiamma Faliero, fille de la comtesse, mais non pas du comte de Fougères, sous les auspices de maître Parquet et de sa fille Bonne, est fort ennuyeuse. Or Simon, fils de la modeste paysanne Jeanne Féline et neveu d'un abbé républicain, c'est l'image de Michel (de Bourges). George Sand, alors en pleine ferveur d'enthousiasme pour son défenseur, a peint ce portrait avec sollicitude: «Simon portait au dedans de lui-même la lèpre qui consume les âmes actives lorsque leur destinée ne répond pas à leurs facultés. Il était ambitieux. Il se sentait à l'étroit dans la vie et ne savait vers quelle issue s'envoler. Ce qu'il avait souhaité d'être ne lui semblait plus, maintenant qu'il avait mis les deux pieds sur cet échelon, qu'une conquête dérisoire hasardée sur le champ de l'infini. Simple paysan, il avait désiré une profession éclairée; avocat, il rêvait les succès parlementaires de la politique, sans savoir encore s'il aurait assez de talent oratoire pour défendre la propriété d'une haie ou d'un sillon... Cette maladie de l'âme est commune aujourd'hui à tous les jeunes gens qui abandonnent la position de leur famille pour en conquérir une plus élevée... Il souffrait, mais non pas comme la plupart de ceux qui se lamentent de leur impuissance; il subissait en silence le mal des grandes âmes. Il sentait se former en lui un géant, et sa frêle jeunesse pliait sous le poids de cet autre lui-même qui grondait dans son sein.» *Simon*, roman démocratique, est dédié en ces termes à la comtesse d'Agoult, aristocrate de naissance, républicaine de sentiment:

«Mystérieuse amie, soyez la patronne de ce pauvre petit conte.

«Patricienne, excusez les antipathies du conteur rustique.

«Madame, ne dites à personne que vous êtes sa soeur.

«Coeur trois fois noble, descendez jusqu'à lui et rendez-le fier.

«Comtesse, soyez pardonnée.

«Etoile cachée, reconnaissez-vous à ces litanies.»

En regard de *Simon*, et par un effet de contraste, il faut placer la *Marquise*, piquante nouvelle qui retrace l'aventure d'une coquette sous le règne de Louis XV. Voici comment, à quatre-vingts ans, elle résume sa liaison, qui dura plus d'un demi-siècle, avec le vicomte de Larrieux qu'elle avait rencontré et peut-être aimé, toute jeune veuve, très consolable, de seize ans et demi:

«En trois jours, le vicomte me devint insoutenable. Eh bien! mon cher, je n'eus jamais l'énergie de me débarrasser de lui! Pendant soixante ans il a fait mon tourment et ma satiété. Par complaisance, par faiblesse ou par ennui, je l'ai supporté.» En réalité, la marquise n'a jamais été touchée que d'une affection, platonique au demeurant, pour le comédien Lélio. Elle le guette, elle le suit jusque dans un café borgne, et alors elle le voit, tel qu'il est sans maquillage, loin de la rampe et des lustres: «Il avait au moins trente-cinq ans; il était jaune, flétri, usé; il était mal mis; il avait l'air commun; il parlait d'une voix rauque et éteinte, donnait la main à des pleutres, avalait de l'eau-de-vie et jurait horriblement. Je ne retrouvais plus rien en lui des charmes qui m'avaient fascinée, pas même son regard si noble, si ardent et si triste. Son oeil était morne, éteint, presque stupide; sa prononciation accentuée devenait ignoble en s'adressant au garçon de café, en parlant de jeu, de cabaret et de filles. Sa démarche était lâche, sa tournure sale, ses joues mal essuyées de fard. Ce n'était plus Hippolyte, c'était Lélio. Le temple était vide et pauvre; l'oracle était muet; le dieu s'était fait homme; pas même homme, comédien.»

D'où vient donc l'émotion qu'elle ressent, l'espèce d'amour qui l'enchaîne à Lélio, dès qu'elle le voit en scène, jouant Rodrigue ou Bajazet? C'est, note-t-elle, une passion toute intellectuelle, toute romanesque. Elle aime en lui les héros qu'il représente, les vertus qu'il fait revivre. L'imagination seule est en jeu.

Si la *Marquise* ressemble à un joli pastel, *Mauprat* est un merveilleux tableau de la vieille France féodale, un chef-d'oeuvre, ou de peu s'en faut. Les caractères y sont tracés de main de maître. Et pourtant ce roman avait été conçu et commencé parmi les pires angoisses du procès qui mettait tout en cause pour George Sand, son avenir, sa fortune, le sort de ses enfants. Quand *Mauprat* parut dans la *Revue des Deux Mondes*, du 1er avril au 15 juin 1837, ce fut un cri d'admiration. Les exagérations sentimentales d'*Indiana*, de *Valentine* et de *Jacques*, les déclamations éloquentes de *Lélia* cédaient la place à une intrigue attachante dans un décor pittoresque. La Roche-Mauprat dressait la redoutable image du château-fort occupé par des hobereaux dégénérés, devenus des brigands. Edmée, qui appartient à la branche honorable de la famille, trouverait dans ce repaire, où elle s'égare au terme d'une partie de chasse, soit le déshonneur, soit la mort, si elle n'était sauvée par son petit cousin, Bernard Mauprat. Elle emmène et veut apprivoiser le louveteau. Autour de ces deux personnages se groupent les figures les plus variées: les farouches habitants de la Roche-Mauprat, le généreux père d'Edmée, et don Marcasse le preneur de taupes, et le vertueux Monsieur Patience. Longue et méritoire sera la lutte de Bernard pour triompher de son naturel violent et de la sauvagerie héréditaire. Il ira guerroyer en Amérique, dans l'armée de La Fayette, et, lors de son retour, il sera soupçonné, accusé d'un attentat commis contre Edmée par le dernier des Mauprat félons. L'innocent est condamné, après des débats tragiques, mais un dénouement favorable vient réconforter le lecteur sensible. Bernard épouse sa cousine. Et George Sand, au sortir de toutes les amertumes d'un mariage malheureux, tient à affirmer son respect et son culte pour l'union de deux êtres harmonieusement attachés par l'amour. Abdiquant les théories révoltées de ses premières oeuvres, elle montra la sainteté du lien conjugal formé sous d'heureux auspices.

C'est sa réponse aux outrages et aux calomnies de M. Dudevant. «Le mariage—écrit-elle dans la notice de *Mauprat*—dont jusque-là j'avais combattu les abus, laissant peut-être croire, faute d'avoir suffisamment développé ma pensée, que j'en méconnaissais l'essence, m'apparaissait précisément dans toute la beauté morale de son principe… Tout en faisant un roman pour m'occuper et me distraire, la pensée me vint de peindre un amour exclusif, éternel, avant, pendant et après le mariage. Je fis donc le héros de mon livre attestant, à quatre-vingts ans, sa fidélité pour la seule femme qu'il eût aimée. L'idéal de l'amour est certainement la fidélité éternelle.» A ceux qui incriminent George Sand et allèguent l'immoralité de son oeuvre, il n'est point inutile d'opposer la thèse de *Mauprat*, où le mariage est proclamé «une institution sacrée que la société a le tort de rabaisser, en l'assimilant à un contrat d'intérêts matériels.» Et cette déclaration mérite d'être retenue: «Le sentiment qui me pénétrait se résume dans ces paroles de Mauprat vers la fin de l'ouvrage: «Elle fut la seule femme que j'aimai dans toute ma vie; jamais aucune autre n'attira mon regard et ne connut l'étreinte de ma main.»

On retrouve cette même doctrine, au terme du chapitre XI de la cinquième partie de l'*Histoire de ma Vie*, après que George Sand a rappelé les péripéties de ses procès et tout l'effort de son travail pour subvenir à l'éducation de ses enfants. «D'où je conclus, dit-elle, que le mariage doit être rendu aussi indissoluble que possible; car, pour mener une barque aussi fragile que la sécurité d'une famille sur les flots rétifs de notre société, ce n'est pas trop d'un homme et d'une femme, un père et une mère se partageant la tâche, chacun selon sa capacité. Mais l'indissolubilité du mariage n'est possible qu'à la condition d'être volontaire, et, pour la rendre volontaire, il faut la rendre possible. Si, pour sortir de ce cercle vicieux, vous trouvez autre chose que la religion de l'égalité de droits entre l'homme et la femme, vous aurez fait une belle découverte.»

A l'année 1837, se rattachent trois oeuvres secondaires de George Sand, qui procèdent de l'inspiration ou du souvenir de Venise: les *Maîtres Mosaïstes*, la *Dernière Aldini* et l'*Uscoque*. Elle écrivit les *Maîtres Mosaïstes* pour son fils, qui n'avait encore lu qu'un roman, *Paul et Virginie*. «Cette lecture, dit-elle, était trop forte pour les nerfs d'un pauvre enfant. Il avait tant pleuré, que je lui avais promis de lui faire un roman où il n'y aurait pas d'amour et où toutes choses finiraient pour le mieux.» A cette fin, elle composa une nouvelle assez longue relatant la rivalité professionnelle qui surgit entre deux groupes de mosaïstes de Saint-Marc à l'époque du Tintoret, les Zuccatti et les Bianchini. Sous le couvert de la fiction, c'est une description de Venise, avec quelques pages émouvantes sur ces effroyables plombs que Silvio Pellico a voués à notre exécration. On sent que George Sand, avec tous les libéraux et tous les démocrates de son temps, déteste l'occupation autrichienne sous laquelle gémit la ville des Doges. Et le volume se termine par le rayonnement d'une aurore qui incite l'un des personnages à cette réflexion mélancolique: «Voilà la seule chose que l'étranger ne puisse pas nous ôter. Si un décret pouvait empêcher le soleil de se lever radieux sur nos coupoles, il y a longtemps que trois sbires eussent été lui signifier de garder ses sourires et ses regards d'amour pour les murs de Vienne.»

Les lettres de George Sand à Luigi Calamatta, l'éminent graveur dont la fille Lina devait en 1863 épouser Maurice Sand, nous apprennent qu'en mai 1837, à Nohant, elle travaillait aux *Maîtres Mosaïstes*, «un petit conte qui vous plaira, j'espère, non pas qu'il vaille mieux que le reste, mais parce qu'il est dans nos idées et dans nos goûts, à nous *artistes*.» Puis, le 12 juillet, elle écrit au même Calamatta, qui lui avait envoyé des dessins sur Venise et la Renaissance: «Lisez, dans le prochain numéro de la *Revue*, les *Maîtres Mosaïstes*. C'est peu de chose, mais j'ai pensé à vous en traçant le caractère de Valerio. J'ai pensé aussi à votre rivalité avec Mercuri. Enfin, je crois que cette bluette réveillera en vous quelques-unes de nos sympathies et de nos saintes illusions de jeunesse.» Il y a, effectivement, dans cette oeuvre délicate et chaste, une atmosphère de sérénité. On perçoit que l'âme de l'auteur était en pleine quiétude: l'accalmie après l'orage. «Je ne sais pourquoi, dit-elle, j'ai écrit peu de livres avec autant de plaisir que celui-là. C'était à la campagne, par un été aussi chaud que le climat de l'Italie, que je venais de quitter. Jamais je n'ai vu autant de fleurs et d'oiseaux dans mon jardin. Liszt jouait du piano au rez-de-chaussée, et les rossignols, enivrés de musique et de soleil, s'égosillaient avec rage sur les lilas environnants.»

La *Dernière Aldini* fut composée à Fontainebleau, où les souvenirs de l'automne de 1833, en compagnie de Musset, ramenaient l'imagination de George Sand vers Venise. Elle se plut à raconter l'aventure de Nello, gondolier chioggiote, qui est aimé de la princesse Bianca Aldini. Elle lui offre de l'épouser, il refuse. Plus tard, devenu le grand chanteur Lélio, il attire l'attention de la petite Alezia, qui l'entend à San Carlo. Or elle est la fille de la princesse Aldini. Il l'a jadis bercée, toute enfant, de ses chansons de gondolier. Il se dérobe à une manière d'inceste sentimental. Et ce roman, où les deux Aldini font une agréable antithèse, offre à nos méditations un cas de conscience ou plutôt une énigme voluptueuse que George Sand formule ainsi: «A quoi connaît-on l'amour? au plaisir qu'on donne ou à celui qu'on éprouve?» Le champ est ouvert aux controversistes.

Moindre nous apparaît l'intérêt de l'*Uscoque*, conte byronien. Orio Soranzo épouse la belle Giovanna Morosini, en la détournant de son fiancé, le comte Ezzelin. Officier au service de la république de Venise, Orio se fait pirate, autrement dit, uscoque. Il tue Ezzelin, sa femme, ses complices, avec le concours de Naam, jolie fille turque, déguisée en homme, qui l'a délivré lui-même en assassinant le pacha de Patras. Arrêté, Orio simule la folie, mais il est condamné à mort et exécuté. Naam subirait le même sort sans l'intervention d'un juge, frappé de sa beauté. Or Naam était un homme. Dès lors, le juge fut-il content ou déçu? Tout cela est obscur et troublant.

En même temps qu'elle fournissait ainsi à la *Revue des Deux Mondes* sa production romanesque, George Sand s'orientait vers des idées plus graves. Lamennais et Pierre Leroux allaient la convertir aux conceptions d'une philosophie démocratique, égalitaire et socialiste. Elle y inclinait progressivement, comme on le peut voir dans diverses lettres à son fils, notamment dans celle du 3 janvier 1836. Cette correspondance, adressés à un collégien de treize ans, traite fort éloquemment la question sociale, soulevée par toutes les écoles réformatrices d'alors. «Quand tu seras plus grand, écrit-elle à Maurice, tu liras l'histoire de cette Révolution dont tu as tant entendu parler et qui a fait faire un grand pas à la raison et à la justice.» Mais, à son estime, l'oeuvre révolutionnaire n'est qu'ébauchée, imparfaite. Il faut la parachever, en organisant une société meilleure, toute différente de «cette immense armée de coeurs impitoyables et d'âmes viles qui s'appelle la *Garde Nationale*» Elle ne veut pas que son fils se range un jour du côté de ces hommes, plus bêtes que méchants, qui défendent la propriété avec des fusils et des baïonnettes et qui regardent comme des brigands et des assassins ceux qui donnent leur vie pour la cause du peuple. Sur tous ces points elle catéchise Maurice, elle lui communique la ferveur républicaine, en lui recommandant de ne montrer ses lettres à personne,—ce qui visait particulièrement M. Dudevant, modèle achevé de l'électeur censitaire et du bourgeois rétrograde. «Dis-moi, demande-t-elle à son fils, si tu trouves juste cette manière de partager inégalement les produits de la terre, les fruits, les grains, les troupeaux, les matériaux de toute espèce, et l'or (ce métal qui représente toutes les jouissances, parce qu'un petit fragment se prend en échange de tous les autres biens). Dis-moi, en un mot, si la répartition des dons de la création est bien faite, lorsque celui-ci a une part énorme, cet autre une moindre, un troisième presque rien, un quatrième rien du tout! Il me semble que la terre appartient à Dieu, qui l'a faite, et qui l'a confiée aux hommes pour qu'elle leur servît d'éternel asile. Mais il ne peut pas être dans ses desseins que les uns y crèvent d'indigestion et que les autres y meurent de faim. Tout ce qu'on pourra dire là-dessus ne m'empêchera pas d'être triste et en colère quand je vois un mendiant pleurant à la porte d'un riche.»

Voilà le mal social clairement et justement dénoncé. Où est le remède? George Sand le cherchera avec persévérance. Elle le demandera aux divers systèmes socialistes qui sollicitaient la faveur ou la curiosité publique. De même que Sainte-Beuve, elle traversa le saint-simonisme, mais sans y trouver la satisfaction de son esprit et la réalisation de ses rêves. En compagnie d'Alfred de Musset, elle avait assisté à l'une des cérémonies rituelles de cette nouvelle religion humanitaire. Elle ne se soucia pas d'être la Mère que cherchait le Père Enfantin, et elle explique ses réserves dans une lettre du 14 février 1837 à Adolphe Guéroult. Les saint-simoniens ont le tort grave, à ses yeux, de déserter la cause de la justice et de la vérité en France, de transporter leurs efforts en Orient, de pactiser avec le gouvernement de Louis-Philippe et de négliger l'idéal républicain. Ces compromissions-là, elle ne peut y acquiescer. Dès le 15 février 1836, dans l'ardeur de son premier zèle de néophyte, elle écrivait à la famille saint-simonienne de Paris: «Fidèle à de vieilles affections d'enfance, à de vieilles haines sociales, je ne puis séparer l'idée de *république* de celle de *régénération*; le salut du monde me semble reposer sur nous pour détruire, sur vous pour rebâtir. Tandis que les bras énergiques du républicain feront la *ville*, les prédications sacrées du saint-simonien feront la *cité*. Vous êtes les prêtres, nous sommes les soldats.»

Suit un hymne enflammé où, républicaine, elle annonce sa foi combative en de vagues croyances philanthropiques: «Quant à moi, solitaire jeté dans la foule, sorte de rapsode, conservateur dévot des enthousiasmes du vieux Platon, adorateur silencieux des larmes du vieux Christ, admirateur indécis et stupéfait du grand Spinoza, sorte d'être souffrant et sans importance qu'on appelle un poète, incapable de formuler une conviction et de prouver, autrement que par des récits et des plaintes, le mal et le bien des choses humaines, je sens que je ne puis être ni soldat ni prêtre, ni maître ni disciple, ni prophète ni apôtre; je serai pour tous un frère débile, mais dévoué; je ne sais rien, je ne puis rien enseigner; je n'ai pas de force, je ne puis rien accomplir. Je puis chanter la guerre sainte et la sainte paix; car je crois à la nécessité de l'une et de l'autre. Je rêve dans ma tête de poète des combats homériques, que je contemple le coeur palpitant, du haut d'une montagne, ou bien au milieu desquels je me précipite sous les pieds des chevaux, ivre d'enthousiasme et de sainte vengeance. Je rêve aussi, après la tempête, un jour nouveau, un lever de soleil magnifique; des autels parés de fleurs, des législateurs couronnés d'olivier, la dignité de l'homme réhabilitée, l'homme affranchi de la tyrannie de l'homme, la femme de celle de la femme, une tutelle d'amour exercée par le prêtre sur l'homme, une tutelle d'amour exercée par l'homme sur la femme; un gouvernement qui s'appellerait *conseil* et non pas *domination, persuasion* et non pas *puissance*. En attendant, je chanterai au diapason de ma voix, et mes enseignements seront humbles; car je suis l'enfant de mon siècle, j'ai subi ses maux, j'ai partagé ses erreurs, j'ai bu à toutes ses sources de vie et de mort, et, si je suis plus fervent que la masse pour désirer son salut, je ne suis pas plus savant qu'elle pour lui enseigner le chemin. Laissez-moi gémir et prier sur cette Jérusalem qui a perdu ses dieux et qui n'a pas encore salué son messie. Ma vocation est de haïr le mal, d'aimer le bien, de m'agenouiller devant le beau.»

Comment vont se traduire ces maximes en actes? Et, d'abord, comment le républicanisme de George Sand va-t-il s'adapter à l'éducation de Maurice? Elle sait que son fils est, au collège Henri IV, camarade du duc de Montpensier, qu'il a été invité aux Tuileries, qu'il est allé chez la reine. Elle s'en émeut: «Tu es encore trop jeune pour que cela tire à conséquence; mais, à mesure que tu grandiras, tu réfléchiras aux conséquences des liaisons avec les aristocrates. Je crois bien que tu n'es pas très lié avec Sa Majesté et que tu n'es invité que comme faisant partie de la classe de Montpensier. Mais, si tu avais dix ans de plus, tes opinions te défendraient d'accepter ces invitations.»

Elle le met en garde contre les séductions de la cour, contre les sortilèges de la puissance: «Les amusements que Montpensier t'offre sont déjà des faveurs. Songes-y! Heureusement elles ne t'engagent à rien; mais, s'il arrivait qu'on te fit, devant lui, quelque question sur tes opinions, tu répondrais, j'espère, comme il convient à un enfant, que tu ne peux pas en avoir encore; tu ajouterais, j'en suis sûre, comme il convient à un homme, que tu es républicain de race et de nature; c'est-à-dire qu'on t'a enseigné déjà à désirer l'égalité, et que ton coeur se sent disposé à ne croire qu'à cette justice-là. La crainte de mécontenter le prince ne t'arrêterait pas, je pense. Si, pour un diner ou un bal, tu étais capable de le flatter, ou seulement si tu craignais de lui déplaire par ta franchise, ce serait déjà une grande lâcheté.»

Toutefois elle l'incite à s'abstenir d'une arrogance déplacée, à ne dire, devant Montpensier, ni du mal de son père: ce serait une espèce de crime—ni du bien: ce serait vendre sa conscience. Bref, Maurice devra éviter, à la cour, d'appeler Louis-Philippe *la Poire*, selon l'expression que George Sand emploie au courant de la plume. Mais qu'il se garde de toute familiarité, de tout abandon avec les princes! «Ce sont nos ennemis naturels, et, quelque bon que puisse être l'enfant d'un roi, il est destiné à être tyran. Nous sommes destinés à être avilis, repoussés ou persécutés par lui. Ne te laisse donc pas trop éblouir par les bons dîners et par les fêtes. Sois un *vieux Romain* de bonne heure, c'est-à-dire, fier, prudent, sobre, ennemi des plaisirs qui coûtent l'honneur et la sincérité.» Et Maurice lui répond: «Montpensier m'a invité à son bal, malgré mes opinions politiques. Je m'y suis bien amusé. Il nous a tous fait cracher avec lui sur la tête des gardes nationaux.» On ne s'ennuyait pas à un gala du roi-citoyen.

Voilà cette correspondance extraordinaire que George Sand recommandait à son fils de garder secrète, sans la montrer jamais à son père et même sans lui en parler. «Tu sais, ajoutait-elle, que ses opinions diffèrent des miennes. Tu dois écouter avec respect tout ce qu'il te dira; mais ta conscience est libre et tu choisiras, entre ses idées et les miennes, celles qui te paraîtront meilleures. Je ne te demanderai jamais ce qu'il te dit; tu ne dois pas non plus lui faire part de ce que je t'écris.» Aussi a-t-elle soin de ne point envoyer ses lettres par la poste ni par l'intermédiaire du proviseur. Comme s'il s'agissait de billets d'amour, elle les fait porter par son jeune ami Emmanuel Arago, qui va voir l'enfant aux heures de récréation et qui, trois ou quatre jours après, reçoit les réponses du collégien, pour les transmettre à la mère. De plus, Maurice doit laisser cette correspondance dans *sa baraque* au collège et ne jamais l'emporter les jours de sortie. Que de mystères pour des effusions politiques!

Au demeurant, George Sand ne pratiquera pas toujours l'intransigeance républicaine qu'elle enseigne et préconise. Sous le second Empire, elle aura des accointances avec le Palais-Royal, sinon avec les Tuileries. Elle sera en commerce épistolaire des plus assidus avec le prince Jérôme Napoléon, et témoignera pour les Bonaparte une sympathie qu'elle interdit à son fils envers les d'Orléans. En 1836, sa raison, son âme et son coeur appartiennent à la République. Michel (de Bourges) a suscité en elle la foi démocratique; le saint-simonisme, côtoyé, lui a communiqué une ardeur de régénération sociale et de prosélytisme égalitaire qu'elle pousse jusqu'à déclarer à Adolphe Guéroult: «Je ne connais et n'ai jamais connu qu'un principe: celui de l'abolition de la propriété.» Sous les auspices de Lamennais, elle va donner l'essor à son idéal humanitaire.

CHAPITRE XIX

INFLUENCE PHILOSOPHIQUE: LAMENNAIS

Quand George Sand rencontra Lamennais, il n'était plus le prêtre ultramontain dont Rome avait pensé faire un cardinal, ni même le catholique libéral qui fondait le journal l'*Avenir* avec le comte de Montalembert, les abbés Lacordaire et Gerbet. Il était devenu, par une évolution logique, loyale et douloureuse de la pensée, le démocrate chrétien qui trouvait dans l'Evangile la loi de liberté, d'égalité et de fraternité, recueillie par les philosophes et proclamée par la Révolution. Républicain, son amour du peuple lui dicta cette oeuvre de génie, les *Paroles d'un Croyant*. Excommunié, il continua à dire la messe dans son oratoire. Et le parti clérical ne cessa de l'accabler d'outrages, de le représenter comme un apostat prédestiné à cette chute, pour ce que, dès ses débuts dans le sacerdoce, il avait commis le double méfait de renoncer à la lecture quotidienne du bréviaire et de porter un chapeau de paille. En dépit des calomnies et de la haine des dévots, il reste l'un des plus sublimes penseurs et le premier prosateur du siècle écoulé. Son style a la concision et la majesté bibliques.

C'est Liszt qui, au milieu des péripéties du *procès monstre*, en mai 1835, mit en relations George Sand et Lamennais. «Il le fit consentir, dit-elle, à monter jusqu'à mon grenier de poète.» Tout aussitôt elle reçut la commotion de l'enthousiasme, voire même de la vénération, et cette fois l'imagination seule était en cause. Félicité de Lamennais n'avait aucun agrément physique et pratiquait la plus stricte chasteté[13]. Né en 1782 à Saint-Malo, il était alors âgé de cinquante-trois ans et paraissait en avoir plus de soixante. Voici comment George Sand le vit avec les yeux de l'extase: «M. Lamennais, petit, maigre et souffreteux, n'avait qu'un faible souffle de vie dans la poitrine. Mais quel rayon dans sa tête! Son nez était trop proéminent pour sa petite taille et pour sa figure étroite. Sans ce nez disproportionné, son visage eût été beau. L'oeil clair lançait des flammes; le front droit et sillonné de grands plis verticaux, indice d'ardeur dans la volonté, la bouche souriante et le masque mobile sous une apparence de contraction austère, c'était une tête fortement caractérisée pour la vie de renoncement, de contemplation et de prédication. Toute sa personne, ses manières simples, ses mouvements brusques, ses attitudes gauches, sa gaieté franche, ses obstinations emportées, ses soudaines bonhomies, tout en lui, jusqu'à ses gros habits propres, mais pauvres, et à ses bas bleus, sentait le cloarek breton. Il ne fallait pas longtemps pour être saisi de respect et d'affection pour cette âme courageuse et candide. Il se révélait tout de suite et tout entier, brillant comme l'or et simple comme la nature.»

[Note 13: Il y eut pourtant un voisin de campagne de George Sand assez ineptement calomniateur pour prétendre qu'il avait aperçu Lamennais, sur la terrasse de Nohant, en robe de chambre orientale, avec des babouches et une calotte grecque, fumant un narghileh, auprès de l'auteur de *Lélia*.]

Lamennais quittait sa Bretagne afin de commencer une vie nouvelle, où le philosophe stoïque allait se doubler d'un lutteur intrépide. Il s'improvisait avocat, en acceptant de défendre les accusés d'avril, à la barre de la Chambre des pairs. «C'était beau et brave, dit George Sand. Il était plein de foi, et il disait sa foi avec netteté, avec clarté, avec chaleur; sa parole était belle, sa déduction vive, ses images rayonnantes, et chaque fois qu'il se reposait dans un des horizons qu'il a successivement parcourus, il y était tout entier, passé, présent et avenir, tête et coeur, corps et biens, avec une candeur et une bravoure admirables. Il se résumait alors dans l'intimité avec un éclat que tempérait un grand fonds d'enjouement naturel. Ceux qui, l'ayant rencontré perdu dans ses rêveries, n'ont vu de lui que son oeil vert, quelquefois hagard, et son grand nez acéré comme un glaive, ont eu peur de lui et ont déclaré son aspect diabolique.»

Ce passage de l'*Histoire de ma Vie*, postérieur à la mort de Lamennais, fait justice des calomnies et des invectives qui s'acharnèrent sur le penseur sublime, sur le merveilleux écrivain. George Sand, même par delà les dissidences de doctrine, ne peut parler de lui qu'avec un infini respect. Elle répond à ceux qui le méconnaissent: «S'ils l'avaient regardé trois minutes, s'ils avaient échangé avec lui trois paroles, ils eussent compris qu'il fallait chérir cette bonté, tout en frissonnant devant cette puissance, et qu'en lui tout était versé à grandes doses, la colère et la douceur, la douleur et la gaieté, l'indignation et la mansuétude.» Elle honore en Lamennais «de prêtre du vrai Dieu, crucifié pendant soixante ans», qui fut «insulté jusque sur son lit de mort par les pamphlétaires, conduit à la fosse commune sous l'oeil des sergents de ville, comme si les larmes du peuple eussent menacé de réveiller son cadavre». Elle montre l'homogénéité, non pas apparente peut-être, mais intime, de cette destinée qui nous révèle l'ascension du génie vers la vérité et la lumière. C'est, dit-elle, «de progrès d'une intelligence éclose dans les liens des croyances du passé et condamnée par la Providence à les élargir et à les briser, à travers mille angoisses, sous la pression d'une logique plus puissante que celle des écoles, la logique du sentiment.» Elle explique, avec une clairvoyance doublée de poésie, ce mélange de dogmatisme absolu et de sensibilité impétueuse qui détermina Lamennais à chercher, d'étape en étape, un lieu d'asile pour son imagination tourmentée et morose. Maintes fois il crut l'avoir trouvé. Il s'en réjouissait et le proclamait. Mais le duel continuait entre son coeur et sa raison, et celui-là criait à celle-ci une adjuration que George Sand résume en ces termes: «Eh bien! tu t'étais donc trompée! car voilà que des serpents habitaient avec toi, à ton insu. Ils s'étaient glissés, froids et muets, sous ton autel, et voilà que, réchauffés, ils sifflent et relèvent la tête. Fuyons, ce lieu est maudit et la vérité y serait profanée. Emportons nos lares, nos travaux, nos découvertes, nos croyances; mais allons plus loin, montons plus haut, suivons ces esprits qui s'élèvent en brisant leurs fers; suivons-les pour leur bâtir un autel nouveau, pour leur conserver un idéal divin, tout en les aidant à se débarrasser des liens qu'ils traînent après eux et à se guérir du venin qui les a souillés dans les horreurs de cette prison.»

Alors sur d'autres bases et d'autres plans, en quelque contrée qui avoisine la République de Salente et la Cité de Dieu, surgit une église nouvelle, ouverte toute grande à des foules qui préféreront, hélas! l'étroitesse et la vulgarité de leurs anciens sanctuaires. La foi démocratique et chrétienne de Lamennais ne s'adresse qu'à une élite idéaliste. De là les déceptions et les surprises qu'il éprouve, lorsqu'il entre en contact avec les réalités coutumières, lorsqu'il redescend des sommets radieux vers l'humanité misérable. Il se laissait parfois, à l'estime de George Sand, séduire et duper par des influences passagères et inférieures. Elle se plaint d'en avoir pâti. «Ces inconséquences, écrit-elle, ne partaient pas des entrailles de son sentiment. Elles étaient à la surface de son caractère, au degré du thermomètre de sa frêle santé. Nerveux et irascible, il se fâchait souvent avant d'avoir réfléchi, et son unique défaut était de croire avec précipitation à des torts qu'il ne prenait pas le temps de se faire prouver.» Il en attribua, paraît-il, quelques-uns à George Sand, dont elle se défend, sans les préciser. De vrai, il y avait entre eux une divergence irréductible sur un point essentiel. Elle revendiquait pour la femme des titres et des droits qu'il ne voulait, en aucune manière, concéder. Ils se heurtèrent, et elle n'en garda ni froissement ni rancune. S'ils ne se brouillèrent pas, selon l'habituelle issue des enthousiasmes de George Sand, c'est qu'elle ne ressentit pour lui qu'une tendresse intellectuelle, tout immatérielle. «J'avais, déclare-t-elle dans l'*Histoire de ma Vie*, comme une faiblesse maternelle pour ce vieillard, que je reconnaissais en même temps pour un des pères de mon Eglise, pour une des vénérations de mon âme. Par le génie et la vertu qui rayonnaient en lui, il était dans mon ciel, sur ma tête. Par les infirmités de son tempérament débile, par ses dépits, ses bouderies, ses susceptibilités, il était à mes yeux comme un enfant généreux, mais enfant à qui l'on doit dire de temps en temps: «Prenez garde, vous allez être injuste. Ouvrez donc les yeux!»

La communauté des aspirations républicaines les avait rapprochés; mais l'élève ne tarda pas à alarmer le maître par l'audace de ses tendances socialistes. Lamennais ne souhaitait que d'instituer le règne de l'Evangile dans les consciences. George Sand avait des conceptions plus hardies et plus hasardeuses. Elle battait en brèche l'autorité maritale et la propriété individuelle. Elle professait déjà une sorte de collectivisme qui ne demandait qu'à devenir gouvernemental. Et Lamennais renonçait à la suivre. «Après m'avoir poussée en avant, dit-elle, il a trouvé que je marchais trop vite. Moi, je trouvais qu'il marchait parfois trop lentement à mon gré. Nous avions raison tous les deux à notre point de vue: moi, dans mon petit nuage, comme lui dans son grand soleil, car nous étions égaux, j'ose le dire, en candeur et en bonne volonté. Sur ce terrain-là, Dieu admet tous les hommes à la même communion.»

Elle avait promis d'écrire, et elle n'a pas écrit l'histoire de leurs petites dissidences; elle voulait le montrer «sous un des aspects de sa rudesse apostolique, soudainement tempérée par sa suprême équité et sa bonté charmante.» Nous savons seulement qu'il exerça sur elle l'action d'un directeur de conscience, et l'initia à une méthode de philosophie religieuse qui la toucha profondément, «en même temps, ajoute-t-elle, que ses admirables écrits rendirent à mon espérance la flamme prête à s'éteindre.»

Durant les six ou sept années qui suivirent 1835, ce fut chez George Sand une adhésion sans réserve aux doctrines propagées par l'auteur des *Paroles d'un Croyant*. Dans la septième des *Lettres d'un Voyageur*, elle célèbre «la probité inflexible, l'austérité cénobitique, le travail incessant d'une pensée ardente et vaste comme le ciel; mais, poursuit-elle, le sourire qui vient tout d'un coup humaniser ce visage change ma terreur en confiance, mon respect en adoration.» Elle unit alors dans un même culte Lamennais et Michel (de Bourges), l'écrivain et l'orateur qui font vibrer en elle les cordes secrètes. «Les voyez-vous, s'écrie-t-elle, se donner la main, ces deux hommes d'une constitution si frêle, qui ont paru cependant comme des géants devant les Parisiens étonnés, lorsque la défense d'une sainte cause les tira dernièrement de leur retraite, et les éleva sur la montagne de Jérusalem pour prier et pour menacer, pour bénir le peuple, et pour faire trembler les pharisiens et les docteurs de la loi jusque dans leur synagogue?»

Entre tous les jugements littéraires portés par George Sand sur le caractère et le génie de Lamennais, le plus décisif est celui qu'elle formula dans un article de la *Revue Indépendante* de 1842. Elle y analysait l'oeuvre étrange et vigoureuse qu'il venait de publier sous ce titre symbolique: *Amschaspands et Darvands*—c'est-à-dire les bons et les mauvais génies. Et George Sand, spirituelle et malicieuse contre son ordinaire, proposait de traduire ainsi en français moderne, pour être compris du *Journal des Débats* et de la presse conservatrice: *Chenapans et Pédants*. Cet article, après une sortie véhémente contre le gouvernement de Louis-Philippe qui est accusé de corruption et de vénalité, contient une éloquente apologie de Lamennais: «Ecoutez avec respect la voix austère de cet apôtre. Ce n'est ni pour endormir complaisamment vos souffrances, ni pour flatter vos rêves dorés que l'esprit de Dieu l'agite, le trouble et le force à parler. Lui aussi a souffert, lui aussi a subi le martyre de la foi. Il a lutté contre l'envie, la calomnie, la haine aveugle, l'hypocrite intolérance. Il a cru à la sincérité des hommes, à la puissance de la vérité sur les consciences. Il a rencontré des hommes qui ne l'ont pas compris, et d'autres hommes qui ne voulaient pas le comprendre, qui taxaient son mâle courage d'ambition, sa candeur de dépit, sa généreuse indignation de basse animosité. Il a parlé, il a flétri les turpitudes du siècle, et on l'a jeté en prison. Il était vieux, débile, maladif: ils se sont réjouis, pensant qu'ils allaient le tuer, et que de la geôle, où ils l'enfermaient, ils ne verraient bientôt sortir qu'une ombre, un esprit déchu, une voix éteinte, une puissance anéantie. Et cependant il parle encore, il parle plus haut que jamais. Ils ont cru avoir affaire à un enfant timide qu'on brise avec les châtiments, qu'on abrutit avec la peur. Les pédants! ils se regardent maintenant confus, épouvantés, et se demandent quelle étincelle divine anime ce corps si frêle, cette âme si tenace.» Au seul Lamennais George Sand attribue le réveil évangélique qui combat le matérialisme, institue une philosophie chrétienne et triomphe du voltairianisme, répandu dans le peuple aussi bien que dans les hautes classes. «Il est, dit-elle, le dernier prêtre, le dernier apôtre du christianisme de nos pères, le dernier réformateur de l'Eglise qui viendra faire entendre à vos oreilles étonnées cette voix de la prédication, cette parole accentuée et magnifique des Augustin et des Bossuet, qui ne retentit plus, qui ne pourra plus jamais retentir sous les voûtes affaissées de l'Eglise.»

Que va-t-il cependant devenir, sortant de sa tour d'ivoire, de sa solitude de La Chesnaie, pour entrer dans la politique militante, dans la mêlée des partis? Il se fixe à Paris, il fonde un journal, qui s'appelle le *Monde*. George Sand l'annonce à madame d'Agoult, dans une lettre envoyée de La Châtre à Genève, le 25 mai 1836. Que sera ce journal? Sera-t-il viable? Lamennais sera-t-il l'homme de la polémique quotidienne? Et elle se répond à elle-même: «Il lui faut une école, des disciples. En morale et en politique, il n'en aura pas, s'il ne fait d'énormes concessions à notre époque et à nos lumières. Il y a encore en lui, d'après ce qui m'est rapporté par ses intimes amis, beaucoup plus du prêtre que je ne croyais. On espérait l'amener plus avant dans le cercle qu'on n'a pu encore le faire. Il résiste. On se querelle et on s'embrasse. On ne conclut rien encore. Je voudrais bien que l'on s'entendît. Tout l'espoir de l'*intelligence vertueuse* est là. Lamennais ne peut marcher seul.»

Va-t-elle s'enrégimenter dans la phalange sacrée du prophète? Sera-t-elle une unité dans cette armée? «Le plus grand général du monde, dit-elle, ne fait rien sans soldats. Mais il faut des soldats éprouvés et croyants.» Elle l'invite à se méfier des gens qui ne disputeront pas avant d'accepter sa direction. Elle-même est fort indécise en réfléchissant aux conséquences d'un tel engagement, et le confesse: «Je m'entendrais aisément avec lui sur tout ce qui n'est pas le dogme. Mais, là, je réclamerais une certaine liberté de conscience, et il ne me l'accorderait pas.» S'il échoue, qu'adviendra-t-il de ceux qui aspirent à la religion de l'idéal? A cette pensée, elle éprouve une grande consternation de coeur et d'esprit: «Les éléments de lumière et d'éducation des peuples s'en iront encore épars, flottant sur une mer capricieuse, échouant sur tous les rivages, s'y brisant avec douleur, sans avoir pu rien produire. Le seul pilote qui eût pu les rassembler leur aura retiré son appui et les laissera plus tristes, plus désunis et plus découragés que jamais.» Elle adjure madame d'Agoult et Franz Liszt de déterminer Lamennais à bien connaître et bien apprécier «l'étendue du mandat que Dieu lui a confié. Les hommes comme lui, ajoute-t-elle, font les religions et ne les acceptent pas. C'est là leur devoir. Ils n'appartiennent point au passé. Ils ont un pas à faire faire à l'humanité. L'humilité d'esprit, le scrupule, l'orthodoxie sont des vertus de moine que Dieu défend aux réformateurs.»

Elle cède toutefois à l'ascendant du maître, au prestige du génie, et collabore au *Monde*, en même temps qu'elle refuse de travailler dans les *Débats*. De ce refus elle donne l'explication en une lettre à Jules Janin, du 15 février 1837: «Je ne vous parle pas des opinions, qui sont choses sacrées, même chez une femme, mais seulement de la manière d'envisager la question littéraire. Songez que je n'ai pas l'ombre d'esprit, que je suis lourde, prolixe, emphatique, et que je n'ai aucune des conditions du journalisme.» Comme Jules Janin pouvait s'étonner qu'elle préférât aux *Débats*, riches et solides, un journal qui ne payait pas ses rédacteurs, elle déclare à son correspondant: «Je ne travaille pas dans le *Monde*, je ne suis l'associée de personne. Associée de l'abbé de Lamennais est un titre et un honneur qui ne peuvent m'aller. Je suis son dévoué serviteur. Il est si bon et je l'aime tant que je lui donnerai autant de mon sang et de mon encre qu'il m'en demandera. Mais il ne m'en demandera guère, car il n'a pas besoin de moi, Dieu merci! Je n'ai pas l'outrecuidance de croire que je le sens autrement que pour donner, par mon babil frivole, quelques abonnés de plus à son journal; lequel journal durera ce qu'il voudra et me paiera ce qu'il pourra. Je ne m'en soucie pas beaucoup. L'abbé de Lamennais sera toujours l'abbé de Lamennais, et il n'y a ni conseil ni association possibles pour faire, de George, autre chose qu'un très pauvre garçon.»

Un journal, tel que le *Monde*, ne pouvait guère insérer un vulgaire roman. George Sand lui donna une sorte de feuilleton philosophique, les *Lettres à Marcie*, qu'elle écrivait au jour le jour, malgré sa répugnance pour ce labeur hâtif et haletant. Elle se reconnaît impropre à la «fabrication rapide, pittoresque et habilement accidentée de ces romans dont l'intérêt se soutient malgré les hasards de la publication quotidienne.» Elle ne continua pas les *Lettres à Marcie*, du jour où Lamennais abandonna la direction du *Monde*. «Je n'avais pas de goût, dit-elle, et je manquais de facilité pour ce genre de travail interrompu, et pour ainsi dire haché.» L'oeuvre avait cependant une idée directrice. George Sand voulait répondre aux prétendus moralistes qui l'avaient souvent mise au défi de dévoiler ses criminelles intentions à l'endroit du mariage. Elle expose sa doctrine sous le patronage de Lamennais, qui sera bientôt assez gêné de couvrir cette marchandise de son pavillon.

L'héroïne, Marcie, est une fille de vingt-cinq ans, sans fortune, à qui sont adressées les six *Lettres* qui traitent de la condition de la femme et de l'égalité des droits des deux sexes. Néanmoins, l'ami qui correspond avec elle, n'admet pas les équivoques revendications féminines formulées par les saint-simoniens. La théorie de l'amour libre, naguère préconisée par George Sand, a cédé devant l'austère influence de Lamennais. Voici la déclaration très explicite de la première *Lettre*: «Quant à ces dangereuses tentatives qu'ont faites quelques femmes dans le saint-simonisme pour goûter le plaisir dans la liberté, pensez-en ce que vous voudrez, mais ne vous y hasardez pas.» Et dans la troisième *Lettre*: «Les femmes crient à l'esclavage. Qu'elles attendent que l'homme soit libre, car l'esclavage ne peut donner la liberté!» En revendiquant certains droits pour la femme, George Sand n'a garde d'identifier ses facultés avec celles de l'homme. «L'égalité, dit-elle, n'est pas la similitude.» Et elle répudie telles tendances aventureuses et chimériques: «Des velléités d'ambition se sont trahies chez quelques femmes trop fières de leur éducation de fraîche date. Les complaisantes rêveries des modernes philosophes les ont encouragées, et ces femmes ont donné d'assez tristes preuves de l'impuissance de leur raisonnement. Il est à craindre que les vaines tentatives de ce genre et ces prétentions mal fondées ne fassent beaucoup de tort à ce qu'on appelle aujourd'hui la cause des femmes. Les femmes ont des droits, n'en doutons pas, car elles subissent des injustices. Elles doivent prétendre à un meilleur avenir, à une sage indépendance, à une plus grande participation aux lumières, à plus de respect, d'estime et d'intérêt de la part des hommes. Mais cet avenir est entre leurs mains. Les hommes seront un jour à leur égard ce qu'elles les feront.» Aussi bien George Sand s'abstient-elle de postuler pour la femme, soit la mission sacerdotale, soit l'action politique. Elle ne l'estime pas propre à tous les emplois. «Vous ne pouvez être qu'artiste, écrit-elle, et cela, rien ne vous en empêchera… Loin de moi cette pensée que la femme soit inférieure à l'homme. Elle est son égale devant Dieu, et rien dans les desseins providentiels ne la destine à l'esclavage. Mais elle n'est pas semblable à l'homme, et son organisation comme son penchant lui assignent un autre rôle, non moins beau, non moins noble, et dont, à moins d'une dépravation de l'intelligence, je ne conçois guère qu'elle puisse trouver à se plaindre.» Ce sont les fonctions et les joies de la maternité, ce sont les fatigues et les devoirs du ménage, c'est la tendresse consolatrice qui assiste et réconforte. George Sand a exprimé la même pensée en d'autres termes, dans ce récit de la guerre des Hussites, intitulé *Jean Ziska*: «Femmes, je n'ai jamais douté que malgré vos vices, vos travers, votre insigne paresse, votre absurde coquetterie, votre frivolité puérile, il n'y eût en vous quelque chose de pur, d'enthousiaste, de candide, de grand et de généreux, que les hommes ont perdu ou n'ont point encore. Vous êtes de beaux enfants. Votre tête est faible, votre éducation misérable, votre prévoyance nulle, votre mémoire vide, vos facultés de raisonnement inertes. La faute n'en est point à vous.» Elle reprenait là et développait une idée favorite de Lamennais, qui compare la femme à un brillant et folâtre papillon. Mais, chez cet être plus délicat que réfléchi, quelles ressources de sensibilité! «Les larmes précieuses des âmes mystiques, écrit George Sand, fécondent un germe de salut.» Et quelle ardeur vers une foi religieuse qui est l'humaine figuration de l'idéal! La femme a l'instinct ritualiste. Dans les cérémonies du culte, elle cherche les formes plus encore que la substance, elle croit et elle pratique plutôt par les sens que par la raison. Elle veut «la splendeur des rites, les émotions du sanctuaire, la richesse ou la grandeur des temples, ce concours de sympathies explicites, l'autorité du prêtre, en un mot tout ce qui frappe l'imagination.» George Sand s'inscrit là contre et répudie ce matérialisme religieux. «Il faudra, dit-elle, que les femmes renoncent à faire du culte un spectacle.» Elle demande une croyance *plus mâle*, des communications plus directes, plus intimes avec la Divinité. Elle formule ce qui nous apparaît comme la religion épurée et sublime. «Dieu, écrit-elle, a placé notre vie entre une foi éteinte et une foi à venir... Votre catholicisme, Marcie, est tombé dans les ténèbres du doute. Votre christianisme est à son aurore de foi et de certitude... S'il est encore des âmes croyantes, laissons-les s'endormir, pâles fleurs, parmi l'herbe des ruines.» Et voici le mystérieux appel qu'elle adresse à la vierge en qui se symbolisent le rêve et la recherche des vérités futures, aux clartés radieuses:

«Marcie, il est une heure dans la nuit que vous devez connaître, vous qui avez veillé au chevet des malades ou sur votre prie-Dieu, à gémir, à invoquer l'espérance: c'est l'heure qui précède le lever du jour; alors, tout est froid, tout est triste; les songes sont sinistres et les mourants ferment leurs paupières. Alors, j'ai perdu les plus chers d'entre les miens, et la mort est venue dans mon sein comme un désir. Cette heure, Marcie, vient de sonner pour nous; nous avons veillé, nous avons pleuré, nous avons souffert, nous avons douté; mais vous, Marcie, vous êtes plus jeune; levez-vous donc et regardez: le matin descend déjà sur vous à travers les pampres et les giroflées de votre fenêtre. Votre lampe solitaire lutte et pâlit; le soleil va se lever, son rayon court et tremble sur les cimes mouvantes des forêts; la terre, sentant ses entrailles se féconder, s'étonne et s'émeut comme une jeune mère, quand, pour la première fois, dans son sein, l'enfant a tressailli.»

Vers qui se tournera l'espérance de ceux qui cherchent les horizons nouveaux de la Terre promise? Vers Lamennais, au gré de George Sand. Il conduira l'humanité par des sentiers inconnus, il abaissera devant elle les barrières et les obstacles. Ce sera le bon guide de l'heureux voyage, sous des cieux propices. Les *Lettres à Marcie* nous entraînent sur ses traces: «Quelques élus ont marché sans crainte et sans fatigue par des chemins bénis; ils ont gravi des pentes douces à travers de riantes vallées... Ils ont dépouillé sans effort ni terreur le fond de la forme, l'erreur du mensonge; ils ont tendu la main à ceux qui tremblaient, ils ont porté dans leurs bras les débiles et les accablés. Déjà ils pourraient sans doute formuler le christianisme futur, si le monde voulait les écouter; et, quant à eux, ils ont placé leur temple sur les hauteurs au-dessus des orages, au-dessus du souffle des passions humaines. Ceux-là ne connaissent ni indignation contre la faiblesse, ni colère contre l'incertitude, ni haine contre la sincérité. Peut-être l'avenir n'acceptera-t-il pas tout ce qu'ils ont conservé des formes du passé; mais ce qu'ils auront sauvé d'éternellement durable, c'est l'amour, élan de l'homme à Dieu; c'est la charité, rapport de l'homme à l'homme. Quant à nous qui sommes les enfants du siècle, nous chercherons dans notre Eden ruiné quelques palmiers encore debout, pour nous agenouiller à l'ombre et demander à Dieu de rallumer la lampe de la foi... Là où notre conviction restera impuissante à percer le mystère de la lettre, nous nous rattacherons à l'esprit de l'Evangile, doctrine céleste de l'idéal, essence de la vie de l'âme.»

Est-ce à dire que Lamennais acceptât de tous points les théories de sa collaboratrice? Il devait, au contraire, en être inquiet et même épouvanté, si l'on s'en rapporte à la lettre que lui adressait George Sand, le 28 février 1837: «Monsieur et excellent ami, écrit-elle de Nohant, vous m'avez entraînée, sans le savoir, sur un terrain difficile à tenir.» Elle en est *effrayée*, elle voudrait parler de tous les devoirs de la femme, du mariage, de la maternité, et ce sont matières scabreuses. Evitera-t-elle les fondrières?» Je crains, confesse-t-elle, d'être emportée par ma pétulance naturelle, plus loin que vous ne me permettriez d'aller, si je pouvais vous consulter d'avance. Mais ai-je le temps de vous demander, à chaque page, de me tracer le chemin? Avez-vous le temps de suffire à mon ignorance? Non, le journal s'imprime, je suis accablée de mille autres soins, et, quand j'ai une heure le soir pour penser à *Marcie*, il faut produire et non chercher.»

Dans cette lettre qui résume ses hardiesses, elle proclame la nécessité du divorce, bien que, pour sa part, elle aimât mieux passer le reste de sa vie dans un cachot que de se remarier. Elle renonce à la théorie de l'union libre, mais elle proteste contre l'indissolubilité du mariage. «J'ai beau, dit-elle, chercher le remède aux injustices sanglantes, aux misères sans fin, aux passions souvent sans remède qui troublent l'union des sexes, je n'y vois que la liberté de rompre et de reformer l'union conjugale. Je ne serais pas d'avis qu'on dût le faire à la légère et sans des raisons moindres que celles dont on appuie la séparation légale aujourd'hui en vigueur.» Elle estime que Lamennais, chaste et inaccessible aux faiblesses humaines, ignore certains abîmes qu'elle-même a mesurés. «Vous avez vécu avec les anges; moi, j'ai vécu avec les hommes et les femmes. Je sais combien on souffre, combien on pèche.» Mais, si elle évoque les fautes passées, elle déclare que son âge lui permet d'envisager avec calme les orages qui palpitent et meurent à son horizon. En cela, ou bien elle s'abuse, ou bien elle induit en erreur celui qu'elle appelle «père et ami.» La pécheresse n'a pas terminé son cycle.

Si Lamennais fut effarouché des *Lettres à Marcie*, il dut l'être bien davantage du *Poème de Myrza*, où George Sand transpose le procédé littéraire des *Paroles d'un Croyant* sur le mode amoureux. C'est, en un style alternativement mystique et voluptueux, la rencontre paradisiaque de l'homme et de la femme. Il la voit, l'admire et reconnaît l'oeuvre et la fille de Dieu. «Il marcha devant elle, et elle le suivit jusqu'à la porte de sa demeure, qui était faite de bois de cèdre et recouverte d'écorce de palmier. Il y avait un lit de mousse fraîche; l'homme cueillit les fleurs d'un rosier qui tapissait le seuil, et, les effeuillant sur sa couche, il y fit asseoir la femme en lui disant:—«L'Eternel soit béni.»—Et, allumant une torche de mélèze, il la regarda, et la trouva si belle qu'il pleura, et il ne sut quelle rosée tombait de ses yeux, car jusque là l'homme n'avait pas pleuré. Et l'homme connut la femme dans les pleurs et dans la joie.»

Au réveil, «quand l'étoile du matin vint à pâlir sur la mer,» il se demanda si c'était un rêve, et il attendit avec impatience que le jour éclairât l'obscurité de sa demeure. «Mais la femme lui parla, et sa voix fut plus douce à l'homme que celle de l'alouette qui venait chanter sur sa fenêtre au lever de l'aube.» Tout aussitôt il se mit à verser des pleurs d'amertume et de désolation. Pourquoi? C'est qu'avec l'amour il a conçu la précarité de son destin. «Car tu vaux mieux que la vie, dit-il, et pourtant je te perdrai avec elle.» D'un regard, d'un sourire, elle le console en murmurant ces mots: «Si tu dois mourir, je mourrai aussi, et j'aime mieux un seul jour avec toi que l'éternité sans toi.» Il suffit de cette parole pour endormir la douleur de l'homme. La femme lui a apporté l'espérance. «Il courut chercher des fruits et du lait pour la nourrir, des fleurs pour la parer.» Et le *Poème de Myrza*, qui commence par une cantilène d'hyménée, se termine par un appel mystique sur la route qui mène au désert de la Thébaïde. En allant de l'homme à Dieu, Myrza peut encore dire: «Ma foi, c'est l'amour!»

Lamennais et George Sand allaient suivre des chemins divers, elle vers le socialisme sentimental de Pierre Leroux, lui vers l'idéalisme d'une démocratie chrétienne. En février 1841, quand l'auteur des *Paroles d'un Croyant*, enfermé à Sainte-Pélagie, lança une sorte d'anathème contre les revendications féministes, George Sand lui répliqua en s'étonnant qu'il refusât estime et confiance à tout ce qui ne porte pas de *barbe au menton*. «Nous vous comptons, dit-elle, parmi nos saints, vous êtes le père de notre Eglise nouvelle.» Mais tous ces éloges ne sauraient ébranler la rigidité de Lamennais. Le 23 juin 1841, il mande à M. de Vitrolles dans une de ces lettres qu'a publiées en 1883 la *Nouvelle Revue*: «Je crois vraiment que George Sand m'a pardonné mes irrévérences; mais elle ne pardonne point à saint Paul d'avoir dit: *Femmes, obéissez à vos maris*. C'est un peu dur, en effet.» Dans une autre lettre du 25 novembre 1841 au même M. de Vitrolles, Lamennais stigmatise les tendances anti-chrétiennes de la *Revue Indépendante*, et prédit que son directeur Pierre Leroux ne tardera pas à rester seul avec madame Sand. «Celle-ci, ajoute-t-il, fidèle au révélateur, prêche, dès la première livraison, le communisme, dans un roman[14] où je crains bien qu'on trouve peu de traces de son ancien talent. Comment peut-on gâter à plaisir des dons naturels aussi rares!»

[Note 14: *Horace.*]

Dans la *Correspondance* de George Sand, on ne rencontre, à partir de 1842, aucune lettre adressée à Lamennais. Mais elle lui dédia, le 4 mai 1848, un article recueilli dans le volume intitulé: *Souvenirs de 1848*. Elle y discute le projet de Constitution élaboré par Lamennais, et lui reproche de remettre aux mains d'un seul homme le pouvoir exécutif. «La présidence, dit-elle, serait forcée de devenir la dictature, et tout dictateur serait forcé de marcher dans le sang.» Pour n'être que d'une femme, l'argument avait sa valeur. Lamennais et la France en comprirent la portée au lendemain du 2 Décembre. George Sand avait été plus clairvoyante que les hommes politiques et les fabricants de constitutions.

CHAPITRE XX

INFLUENCE MÉTAPHYSIQUE: PIERRE LEROUX

Lorsque la doctrine idéaliste, chrétienne et démocratique de Lamennais ne suffit plus à satisfaire la ferveur réformatrice de George Sand, elle trouva un nouveau guide et un autre Mentor, un peu nébuleux celui-là, en la personne de Pierre Leroux. Un enthousiasme non moins moindre, plus humain et sans doute mieux payé de retour, la posséda. Durant quatre ou cinq ans, elle jura sur la foi de ce métaphysicien socialiste. A propos de la traduction qu'il fit de *Werther* et qui était illustrée d'eaux-fortes de Tony Johannot, elle écrivit: «C'est une chose infiniment précieuse que le livre d'un homme de génie traduit dans une autre langue par un autre homme de génie.» Le mot dépasse, à coup sûr, le jugement que la postérité portera sur Pierre Leroux; mais George Sand, comme on sait, n'était pas sans outrance dans ses admirations. Le philosophe, à qui Buloz refusait un jour certain article sur Dieu parce que ce n'était point un sujet d'actualité, fut présenté à l'auteur de *Lélia* par le berrichon Planet, toujours préoccupé d'élucider et de résoudre la question sociale. Ils cherchaient, les uns et les autres, à tâtons, le moyen de compléter et de parachever la Révolution de 1789 qu'ils jugeaient trop exclusivement politique. George Sand explique, dans l'*Histoire de ma Vie*, comment et pourquoi elle désira entrer en relations avec Pierre Leroux: «J'ai ouï dire à Sainte-Beuve qu'il y avait deux hommes dont l'intelligence supérieure avait creusé et éclairé particulièrement ce problème dans une tendance qui répondait à mes aspirations et qui calmerait mes doutes et mes inquiétudes. Ils se trouvent, par la force des choses et par la loi du temps, plus avancés que M. Lamennais, parce qu'ils n'ont pas été retardés comme lui par les empêchements du catholicisme. Ils sont d'accord sur les points essentiels de leur croyance, et ils ont autour d'eux une école de sympathies qui les entretient dans l'ardeur de leurs travaux. Ces deux hommes sont Pierre Leroux et Jean Reynaud. Quand Sainte-Beuve me voyait tourmentée des désespérances de *Lélia*, il me disait de chercher vers eux la lumière, et il m'a proposé de m'amener ces savants médecins de l'intelligence.» Elle hésita longtemps, s'estimant «trop ignorante pour les comprendre, trop bornée pour les juger, trop timide pour leur exposer ses doutes intérieurs.» Egale, sinon plus grande, était la timidité de Pierre Leroux. Enfin, ce fut la femme qui fit les premiers pas. Elle lui demanda par lettre, pour un meunier de ses amis, le catéchisme du républicain en deux ou trois heures de conversation. Planet tint l'emploi du meunier, personnage muet.

Un dîner rassembla les trois convives dans la mansarde de George Sand. «Pierre Leroux fut d'abord gêné, dit-elle; il était trop fin pour n'avoir pas deviné le piège innocent que je lui avais tendu, et il balbutia quelque temps avant de s'exprimer.» La bonhomie de Planet, la sollicitude attentive de l'hôtesse, le mirent à l'aise. Et voici l'impression que laissa chez son auditrice cette première entrevue: «Quand il eut un peu tourné autour de la question, comme il fait souvent quand il parle, il arriva à cette grande clarté, à ces vifs aperçus et à cette véritable éloquence qui jaillissent de lui comme de grands éclairs d'un nuage imposant. Nulle instruction n'est plus précieuse que la sienne, quand on ne le tourmente pas trop pour formuler ce qu'il ne croit pas avoir suffisamment dégagé pour lui-même. Il a la figure belle et douce, l'oeil pénétrant et pur, le sourire affectueux, la voix sympathique, et ce langage de l'accent et de la physionomie, cet ensemble de chasteté et de bonté vraies qui s'emparent de la persuasion autant que la force des raisonnements. Il était dès lors le plus grand critique possible dans la philosophie de l'histoire, et, s'il ne vous faisait pas bien nettement entrevoir le but de sa philosophie personnelle, du moins il faisait apparaître le passé dans une si vive lumière, et il en promenait une si belle sur tous les chemins de l'avenir, qu'on se sentait arracher le bandeau des yeux comme avec la main.»

George Sand confesse qu'elle ne l'entendit qu'à moitié, quand il développa le système de la *propriété des instruments de travail.* Elle essaie de croire ou de faire croire que c'était le fait des arcanes de la langue philosophique, inaccessible à la médiocrité de sa culture intellectuelle. En vérité, elle est trop modeste, et le Pierre Leroux n'est pas très clair. Néanmoins, elle discerna des lueurs et le proclame avec joie: «La logique de la Providence m'apparut dans ses discours, et c'était déjà beaucoup: c'était une assise jetée dans le champ de mes réflexions. Je me promis d'étudier l'histoire des hommes, mais je ne le fis pas, et ce ne fut que plus tard que, grâce à ce grand et noble esprit, je pus saisir enfin quelques certitudes.»

Ces certitudes, que nous tâcherons de démêler, resteront assez vagues, la philosophie de Pierre Leroux étant si éthérée, si loin des réalités mesquines ou grossières, qu'elle risque parfois de disparaître dans les nuages ou de planer aux régions lointaines et imprécises de l'empyrée.

Dès ce temps-là, la métaphysique nourrissait mal son prêtre. Pierre Leroux, en dépit d'un travail énorme, avait grand'peine à suffire aux besoins d'une famille nombreuse. Aussi, lorsqu'il alla passer quelques jours à Nohant en octobre 1837, George Sand conçut le projet de lui élever ses enfants et de le tirer de la misère à son insu. «C'est plus difficile que nous ne pensions, écrit-elle à madame d'Agoult. Il a une fierté d'autant plus invincible qu'il ne l'avoue pas et donne à ses résistances toute sorte de prétextes. Je ne sais pas si nous viendrons à bout de lui. Il est toujours le meilleur des hommes et l'un des plus grands. Il est très drôle quand il raconte son apparition dans votre salon de la rue Laffitte. Il dit:

»—J'étais tout crotté, tout honteux. Je me cachais dans un coin. *Cette dame* est venue à moi et m'a parlé avec une bonté incroyable. Elle était bien belle!

»Alors je lui demande comment vous étiez vêtue, si vous êtes blonde ou brune, grande ou petite, etc. Il répond:

—Je n'en sais rien, je suis très timide; je ne l'ai pas vue.

—Mais comment savez-vous si elle est belle?

—Je ne sais pas; elle avait un beau bouquet, et j'en ai conclu qu'elle devait être belle et aimable.

»Voilà bien une raison *philosophique!* qu'en dites-vous?»

Entre temps, Pierre Leroux reprenait auprès de George Sand la place laissée vide par Sainte-Beuve, lui servait de directeur de conscience. Il avait fort à faire. Elle le chargeait notamment de sermonner Félicien Mallefille, qui, occupant à Nohant le poste de précepteur auquel Eugène Pelletan fut trouvé impropre, ajouta à ses fonctions officielles un autre emploi que l'on présume. Six mois durant, il eut l'honneur d'être un secrétaire très intime, et il ne voulait pas abdiquer; mais l'affection de George Sand suivit l'évolution coutumière. Au début, pendant l'hiver de 1837-38, elle atteste que Mallefille est une «nature sublime», qu'elle «l'aime de toute son âme» et donnerait pour lui «la moitié de son sang.» Or, il advint que le sentimental et envahissant précepteur s'avisa de vouloir supplanter ou doubler Liszt, et adressa à la comtesse d'Agoult une lettre enflammée et irrespectueuse. George Sand, que cette liaison domestique commençait à lasser, saisit l'occasion propice pour le rendre à ses stricts devoirs de pédagogue. Il résista, fit des scènes, faillit se battre en duel avec un ami de la maison. Afin de calmer cet effervescent, elle le dépêcha auprès de Pierre Leroux, en le munissant d'une petite image coloriée qui représentait saint Pierre au moment où le Christ le préserve d'être englouti par les flots. Elle avait joint cette dédicace: «Soyez le sauveur de celui qui se noie.» Et elle fournissait des explications complémentaires, dans une lettre en date du 26 septembre 1838: «Quand viendra entre vous la question des femmes, dites-lui bien qu'elles n'appartiennent pas à l'homme par droit de force brutale, et qu'on ne raccommode rien en se coupant la gorge.» Pierre Leroux administra la mercuriale demandée, débarrassa George Sand, *sauva* Mallefille et fut son remplaçant.

A Nohant, l'existence était celle de la liberté absolue, en même temps que du travail opiniâtre. De même à Paris, lorsque George Sand y faisait de rapides séjours. Elle se sentit délivrée de ses dernières entraves morales, lorsqu'elle perdit sa mère, à la fin d'août 1837. Tout aussitôt, elle écrit de Fontainebleau à son ami Gustave Papet: «Elle a eu la mort la plus douce et la plus calme; sans aucune agonie, sans aucun sentiment de sa fin, et croyant s'endormir pour se réveiller un instant après. Tu sais qu'elle était proprette et coquette.

Sa dernière parole a été: «Arrangez-moi mes cheveux.» Pauvre petite femme! fine, intelligente, artiste, généreuse; colère dans les petites choses, et bonne dans les grandes. Elle m'avait fait bien souffrir, et mes plus grands maux me sont venus d'elle. Mais elle les avait bien réparés dans ces derniers temps, et j'ai eu la satisfaction de voir qu'elle comprenait enfin mon caractère et qu'elle me rendait une complète justice. J'ai la conscience d'avoir fait pour elle tout ce que je devais. Je puis bien dire que je n'ai plus de famille. Le ciel m'en a dédommagée en me donnant des amis tels que personne peut-être n'a eu le bonheur d'en avoir.»

Dans le nombre, Pierre Leroux occupe une situation avantageuse et comme privilégiée. Il n'était ni assez jeune ni assez séduisant pour obtenir l'affection exaltée qu'eurent en partage Jules Sandeau, Alfred de Musset et le docteur Pagello. Du moins il n'encourut pas la même disgrâce que Michel (de Bourges), Félicien Mallefille et plusieurs autres. En ce qui le concerne, la brouille retentissante ne succéda pas au violent enthousiasme. Ce fut une bonne liaison très littéraire, plus intellectuelle que tendre. George Sand y recueillit la substance métaphysique de Pierre Leroux, qui reçut en échange des romans humanitaires pour la *Revue Indépendante*. Elle subit cependant à tel point l'ascendant du philosophe qu'elle voulut éduquer ses enfants dans les principes de cette religion sociale. D'autres furent ses amants, Pierre Leroux fut son grand-prêtre laïque. «Dites-lui, mande-t-elle le 22 février 1839 de Majorque où elle cohabite avec Chopin, que j'élève Maurice dans son *Evangile*. Il faudra qu'il le perfectionne lui-même, quand le disciple sera sorti de page. En attendant, c'est un grand bonheur pour moi, je vous jure, que de pouvoir lui formuler mes sentiments et mes idées. C'est à Leroux que je dois cette formule, outre que je lui dois aussi quelques sentiments et beaucoup d'idées de plus[15].»

[Note 15: Il convient, d'ailleurs, d'observer qu'elle écrira plus tard, en décembre 1847: «C'est un génie admirable dans la vie idéale, mais qui patauge toujours dans la vie réelle.»]

Où trouver cette *formule*? Sera-ce dans les deux oeuvres de George Sand que Pierre Leroux a marquées de son empreinte la plus profonde, *Spiridion* et les *Sept Cordes de la Lyre*? L'élément de haute et abstraite psychologie y domine et presque y étouffe l'intrigue romanesque. Buloz n'avait aucune sympathie pour ce genre de littérature et ne l'accueillait dans la *Revue des Deux Mondes* qu'en maugréant et en réclamant pour ses lecteurs une pâture plus légère, plus facilement assimilable. George Sand, le 22 avril 1839, s'en explique dans une lettre à madame Marliani: «Dites à Buloz de se consoler! Je lui fais une espèce de roman *dans son goût*. Mais il faudra qu'il paye comptant, et qu'avant tout il fasse paraître *la Lyre*. Au reste, ne vous effrayez pas du roman *au goût* de Buloz, j'y mettrai plus de philosophie qu'il n'en pourra comprendre. Il n'y verra que du feu, la forme lui fera avaler le fond.» De quel roman s'agit-il là?

Ce ne peut être d' *Engelwald,* un long récit dont l'intrigue, se déroulant au Tyrol, reflétait les doctrines républicaines de Michel (de Bourges), et dont le manuscrit fut retiré et détruit. Il est sans doute question, non pas d'*Horace* qui sera refusé par la *Revue* en raison de ses tendances socialistes, mais de *Gabriel,* roman devenu un drame, qui obtint les éloges les plus chaleureux de Balzac et repose sur l'ambiguïté de sexe d'une jeune fille, déguisée en garçon pour recueillir un majorat. *Gabriel* fut écrit à Marseille, au retour du voyage aux îles Baléares, et l'on peut supposer que l'écrivain y mit le reflet de son caractère et de sa pensée.

Spiridion, commencé à Nohant et terminé à Majorque, dans la chartreuse de Valdemosa, en janvier 1839, est dédié en ces termes à Pierre Leroux: «Ami et frère par les années, père et maître par la vertu et la science, agréez l'envoi d'un de mes contes, non comme un travail digne de vous être offert, mais comme un témoignage d'amitié et de vénération.» Ils étaient alors, elle et lui, en parfaite communion d'aspirations philosophiques, en pleine lune de miel littéraire. «J'ai la certitude, écrira-t-elle encore le 27 septembre 1841 à Charles Duvernet, qu'un jour on lira Leroux comme on lit le *Contrat social.* C'est le mot de M. de Lamartine… Au temps de mon scepticisme, quand j'écrivais *Lélia,* la tête perdue de douleurs et de doutes sur toute chose, j'adorais la bonté, la simplicité, la science, la profondeur de Leroux; mais je n'étais pas convaincue. Je le regardais comme un homme dupe de sa vertu. J'en ai bien rappelé; car, si j'ai une goutte de vertu dans les veines, c'est à lui que je la dois, depuis cinq ans que je l'étudie, lui et ses oeuvres.» Cette étude inspira à George Sand la thèse de *Spiridion,* ainsi qu'elle l'indique dans la *préface générale* écrite en 1842 et recueillie dans le volume, *Questions d'art et de littérature*: «Je demandai à mon siècle quelle était sa religion. On m'observa que cette préoccupation de mon cerveau *manquait d'actualité.* Les critiques qui m'avaient tant reproché de n'avoir ni foi ni loi, de n'être qu'un *artiste,* c'est-à-dire, dans leurs idées d'alors, un brouillon et un athée, m'adressèrent de doctes et paternels reproches sur ma prétention à une croyance, et m'accusèrent de vouloir me donner des airs de philosophe. «Restez artiste!» me disait-on alors de toutes parts, comme Voltaire disait à son perruquier: «Fais des perruques.»

Dans *Spiridion* apparaît la trilogie ou la trinité mystique, chère à Pierre Leroux, et que George Sand résumait en une lettre à mademoiselle Leroyer de Chantepie, le 28 août 1842: «Je crois à la vie éternelle, à l'humanité éternelle, au progrès éternel.» Cette religion de bienfaisance et d'amour ouvre à nos regards des perspectives infinies de beauté, de bonheur et d'espoir. Le maître a vu clair dans ces espaces, et le néophyte, qui a la foi, redit ce que le maître a vu. Il s'en fait gloire et le proclame dans une lettre à M. Guillon, du 14 février 1844: «George Sand n'est qu'un pâle reflet de Pierre Leroux, un disciple fanatique du même idéal, mais un disciple muet et ravi devant sa parole, toujours prêt à jeter au feu toutes ses oeuvres, pour écrire, parler, penser, prier et agir sous son inspiration. Je ne suis que le vulgarisateur à la plume diligente et au coeur impressionnable, qui cherche à traduire dans des romans la philosophie du maître. Otez-vous donc de l'esprit que je suis un grand talent. Je ne suis rien du tout, qu'un croyant docile et pénétré.» Suit une déclaration, que nous n'accepterons pas sans réserve, sur le genre d'amour, essentiellement platonique,—«psychique» dirait le Bellac du *Monde où l'on s'ennuie*,—qui a fait ce miracle. «L'amour de l'âme, dit-elle, je le veux bien, car, de la crinière du philosophe, je n'ai jamais songé à toucher un cheveu et n'ai jamais eu plus de rapports avec elle qu'avec la barbe du Grand Turc. Je dis cela pour que vous sentiez bien que c'est un acte de foi sérieux, le plus sérieux de ma vie, et non l'engouement équivoque d'une petite dame pour son médecin ou son confesseur. Il y a encore de la religion et de la foi en ce monde.»

Cette foi, cette religion, qui évoquent la mémoire du Vicaire Savoyard, vont prendre corps dans un couvent de Bénédictins où doit éclore et rayonner la lumière du renouveau. Hébronius, c'est-à-dire Spiridion, moine parvenu aux extrêmes confins d'un spiritualisme épuré qui, derrière le mythe et le symbole, entrevoit la réalité divine, a dépouillé, au sanctuaire de sa conscience, toutes les superstitions rituelles. George Sand nous dépeint ainsi l'état douloureux de cette âme: «Il renonça sans retour au christianisme; mais, comme il n'avait plus de religion nouvelle à embrasser à la place, et que, devenu plus prudent et plus calme, il ne voulait pas se faire inutilement accuser encore d'inconstance et d'apostasie, il garda toutes les pratiques extérieures de ce culte qu'il avait intérieurement abjuré. Mais ce n'était pas assez d'avoir quitté l'erreur; il aurait encore fallu trouver la vérité. «Spiridion l'a cherchée, et après lui son disciple Fulgence, et ensuite Alexis, disciple de Fulgence, et enfin Angel, disciple d'Alexis. A quel résultat sont-ils parvenus? Ils n'ont établi que ce qu'on pourrait appeler des constatations négatives. Leur doctrine, très nette en sa partie critique, demeurera vague en ses conclusions positives. Le P. Alexis a été conçu fort exactement: il expose à Angel les vices et les calculs des moines, leurs voisins de cellules. C'est un tableau, sévère mais véridique, de la vie conventuelle et de l'âme monacale: «Ils ont pressenti en toi un homme de coeur, sensible à l'outrage, compatissant à la souffrance, ennemi des féroces et lâches passions. Ils se sont dit que dans un tel homme ils ne trouveraient pas un complice, mais un juge; et ils veulent faire de toi ce qu'ils font de tous ceux dont la vertu les effraie et dont la candeur les gêne. Ils veulent t'abrutir, effacer en toi par la persécution toute notion du juste et de l'injuste, émousser par d'inutiles souffrances toute généreuse énergie. Ils veulent, par de mystérieux et vils complots, par des énigmes sans mot et des châtiments sans objet, t'habituer à vivre brutalement dans l'amour et l'estime de toi seul, à te passer de sympathie, à perdre toute confiance, à mépriser toute amitié. Ils veulent te faire désespérer de la bonté du maître, te dégoûter de la prière, te forcer à mentir ou à trahir tes frères dans la confession, te rendre envieux, sournois, calomniateur, délateur. Ils veulent te rendre pervers, stupide et infâme. Ils veulent t'enseigner que le premier des biens c'est l'intempérance et l'oisiveté, que pour s'y livrer en paix il faut tout avilir, tout sacrifier, dépouiller tout souvenir de grandeur, tuer tout noble instinct. Ils veulent t'enseigner la haine hypocrite, la vengeance patiente, la couardise et la férocité. Ils veulent que ton âme meure pour avoir été nourrie de miel, pour avoir aimé la douceur et l'innocence. Ils veulent, en un mot, faire de toi un moine.» Et, comme Angel se récrie devant cette peinture d'un monastère avili, peuplé de prévaricateurs, Alexis résume ce qui, dans sa bouche, n'est pas une philippique ou une déclamation sous forme de réquisitoire, mais une thèse étayée par des faits: «Tu chercherais en vain un couvent moins souillé et des moines meilleurs; tous sont ainsi. La foi est perdue sur la terre, et le vice est impuni.»

Comment réveiller la foi et exterminer le vice? Il faut d'abord, à l'estime du P. Alexis, écho de Spiridion, c'est-à-dire de Pierre Leroux, remonter à l'origine de l'Etre et se donner à soi-même une explication plus normale que la simple pré-existence d'un Dieu pur esprit, qui tire de sa seule substance la matière et peut la faire rentrer en lui par un anéantissement pareil à sa création. Voici de la Cause des causes, dont nous sommes les effets, l'interprétation métaphysique que le vertueux Alexis ne saurait admettre: «Organisé comme il l'est, l'homme, qui ne doit pourtant juger et croire que d'après ses perceptions, peut-il concevoir qu'on fasse de rien quelque chose, et de quelque chose rien? Et sur cette base, quel édifice se trouve bâti? Que vient faire l'homme sur ce monde matériel que le pur esprit a tiré de lui-même? Il a été tiré et formé de la matière, puis placé dessus par le Dieu qui connaît l'avenir, pour être soumis à des épreuves que ce Dieu dispose à son gré et dont il sait d'avance l'issue, pour lutter, en un mot, contre un danger auquel il doit nécessairement succomber, et expier ensuite une faute qu'il n'a pu s'empêcher de commettre.»

A cette conception des antiques théologies, que l'on retrouve encore dans le christianisme, Spiridion opposait une croyance d'éternel devenir et de perpétuel recommencement, qu'il déduisait au cours de ses entretiens avec Fulgence: «Que peut signifier ce mot, *passé?* et quelle action veut marquer ce verbe, *n'être plus?* Ne sont-ce pas là des idées créées par l'erreur de nos sens et l'impuissance de notre raison? Ce qui a été peut-il cesser d'être? Et ce qui est peut-il n'avoir pas été de tout temps?» Puis, comme Fulgence l'interroge à la manière dont les apôtres interrogeaient le Christ, et lui demande s'il ne mourra point ou si on le verra encore après qu'il ne sera plus, Spiridion insiste et cherche à préciser. C'est ici qu'en dépit de ses efforts la doctrine devient fluide: «Je ne serai plus et je serai encore, répondit le maître. Si tu ne cesses pas de m'aimer, tu me verras, tu me sentiras, tu m'entendras partout. Ma forme sera devant tes yeux, parce qu'elle restera gravée dans ton esprit; ma voix vibrera à ton oreille, parce qu'elle restera dans la mémoire de ton coeur; mon esprit se révélera encore à ton esprit, parce que ton âme me comprend et me possède.» Par suite, la mort n'est plus qu'une apparence, c'est en réalité une transformation de la substance et une migration. Spiridion, à son lit d'agonie, lègue cette promesse et cette certitude à Fulgence: «Je ne m'en vais pas... Tous les éléments de mon être retournent à Dieu, et une partie de moi passe en toi.» Ainsi le spiritualisme transcendant de Pierre Leroux rejoint l'enseignement du Christ. A défaut du Jardin des Olives et du Golgotha, nous gardons une Cène symbolique et une Pentecôte qui veut répandre à travers le monde d'autres évangélistes. Il n'y a pas résurrection de l'être, mais pérennité de l'esprit. A telles enseignes que, lorsque Spiridion apparaît à ses disciples, on peut se demander si c'est par la présence réelle ou par la permanence secrète et la survivance suprasensible. Ni Alexis ni Angel, ni George Sand ni Pierre Leroux, ne se chargent de traduire le mythe, d'élucider le mystère.

Voici l'une de ces apparitions, à peine entrevue, bientôt enfuie comme un mirage, alors qu'Alexis, hanté par la curiosité de l'inconnu, pénètre dans la bibliothèque close, réservée aux livres hérétiques: «Il 'était assis dans l'embrasure d'une longue croisée gothique, et le soleil enveloppait d'un chaud rayon sa lumineuse chevelure blonde; il semblait lire attentivement. Je le contemplai, immobile, pendant environ une demi-minute, puis je fis un mouvement pour m'élancer à ses pieds; mais je me trouvai à genoux devant un fauteuil vide: la vision s'était évanouie dans le rayon solaire.» Au sortir de ces hallucinations ou de ces extases, Alexis, ne pouvant déchiffrer l'énigme de l'au delà, essaie au moins d'arracher à l'histoire des religions le secret de leurs vicissitudes. Il étudie tour à tour Abélard, Arnauld de Brescia, Pierre Valdo, tous les hétérodoxes du moyen âge, Wiclef, Jean Huss, Luther, ainsi que les philosophes de l'antiquité païenne. C'est la voie qui conduira George Sand, sur les traces de Pierre Leroux, vers les prodigieux héros de la guerre des Hussites, un Jean Ziska, un Procope le Grand, pour aboutir à la fiction de *Consuelo* et de la *Comtesse de Rudolstadt*. De cette pérégrination, et le P. Alexis et George Sand ont rapporté une sainte et légitime horreur contre cette fausse orthodoxie et cette prétendue infaillibilité qui édictent la maxime abominable: «Hors de l'Eglise, point de salut.» Et l'auteur de *Spiridion*, se substituant à son personnage, aboutit à une conclusion aussi lamentable que patente: «Il n'y a pas de milieu pour le catholique: il faut qu'il reste catholique ou qu'il devienne incrédule. Il faut que sa religion soit la seule vraie, ou que toutes les religions soient fausses.»

Sur ces ruines et avec les matériaux qui jonchent le sol, est-il possible d'opérer une reconstruction, d'édifier la Jérusalem nouvelle? Dans *Spiridion*, George Sand a consommé la besogne de démolition. Dans les *Sept Cordes de la Lyre*, se dessinera en 1839 le concept de la Cité future, où l'humanité, au lieu de végéter, devra prospérer et s'épanouir en une atmosphère de lumière et de beauté. Cette idée se formule sous les espèces d'un drame philosophique, analogue à ceux que s'est complu à concevoir Renan sur son déclin: l'*Abbesse de Jouarre, Caliban*, l'*Eau de Jouvence*, le *Prêtre de Némi*. Ici, l'oeuvre se divise en cinq actes, qui ont pour dénominations: *la Lyre*, les *Cordes d'or*, les *Cordes d'argent*, les *Cordes d'acier*, la *Corde d'airain*. Maître Albertus, docteur ès métaphysique, a hérité cette lyre de son vieil ami, le luthier Meinbaker, qui lui a légué le soin d'élever sa fille Hélène. Elle grandit parmi les disciples du philosophe, encline à cultiver la poésie et la musique qui lui sont interdites. Maître Albertus est un éducateur austère, incorruptible. A tous les acheteurs successifs il refusera de vendre la lyre merveilleuse; il la protégera contre le perfide Méphistophélès, qui tâchera de la dérober ou de la détruire. Il honore en elle la majesté d'un symbole. «L'âme, dit-il, est une lyre dont il faut faire vibrer toutes les cordes, tantôt ensemble, tantôt une à une, suivant les règles de l'harmonie et de la mélodie; mais, si on laisse rouiller ou détendre ces cordes à la fois délicates et puissantes, en vain l'on conservera avec soin la beauté extérieure de l'instrument, en vain l'or et l'ivoire de la lyre resteront purs et brillants; la voix du ciel ne l'habite plus, et ce corps sans âme n'est plus qu'un meuble inutile. «C'est la même doctrine que professe Hanz, disciple favori du maître, et qui paraît être un double de Pierre Leroux. Il récite fort congrûment sa leçon de métaphysique: «L'humanité est un vaste instrument dont toutes les cordes vibrent sous un souffle providentiel, et, malgré la différence des tons, elles produisent la sublime harmonie. Beaucoup de cordes sont brisées, beaucoup sont faussées; mais la loi de l'harmonie est telle que l'hymne éternel de la civilisation s'élève incessamment de toutes parts, et que tout tend à rétablir l'accord souvent détruit par l'orage qui passe.»

Le drame entier des *Sept Cordes de la Lyre* est sur ce ton métaphorique, un peu sibyllin. Tantôt, ce sont des apostrophes: «Principe éternel, âme de l'univers, ô grand esprit, ô Dieu! toi qui resplendis dans ce firmament sublime, et qui vis dans l'infini de ces soleils et de ces mondes étincelants...» Tantôt, des sentences synthétiques: «Je définis la métaphysique l'*idée de Dieu*, et la poésie, le *sentiment de Dieu*.» Ou encore: «Vous autres artistes, vous êtes des colombes, et nous, logiciens, des bêtes de somme.» Parfois, mais rarement, il y a un trait d'ironie: «A quoi sert la critique? A tracer des épitaphes.» Et ce passage, assez amer, semble viser Victor Cousin, chef de l'éclectisme, irréductible adversaire de Pierre Leroux: «Au nom de la philosophie, tel ambitieux occupe les premières charges de l'Etat, tandis que, martyr de son génie, tel artiste vit dans la misère, entre le désespoir et la vulgarité.»

De ci, de là, le dialogue s'émaille de morceaux d'éloquence, de maximes d'un style noble, un peu tendu. Hélène s'écrie, en soutenant la lyre d'une main, en levant l'autre vers le ciel: «La vie est courte, mais elle est pleine! L'homme n'a qu'un jour, mais ce jour est l'aurore de l'éternité!» Et la lyre résonne magnifiquement, et Hanz s'écrie à son tour, comme l'antistrophe succédant à la strophe: «Oui, l'âme est immortelle, et, après cette vie, l'infini s'ouvrira devant nous.» Puis, résonne à notre oreille, tandis que nous gravissons les pentes du Parnasse, du Pinde ou de l'Hélicon, le Chœur des esprits célestes: «Chaque grain de poussière d'or qui se balance dans le rayon solaire chante la gloire et la beauté de l'Eternel; chaque goutte de rosée qui brille sur chaque brin d'herbe chante la gloire et la beauté de l'Eternel; chaque flot du rivage, chaque rocher, chaque brin de mousse, chaque insecte chante la gloire et la beauté de l'Eternel! Et le soleil de la terre, et la lune pâle, et les vastes planètes, et tous les soleils de l'infini avec les mondes innombrables qu'ils éclairent, et les splendeurs de l'éther étincelant, et les abîmes incommensurables de l'empyrée, entendent la voix du grain de sable qui roule sur la pente de la montagne, la voix que l'insecte produit en dépliant son aile diaprée, la voix de la fleur qui sèche et éclate en laissant tomber sa graine, la voix de la mousse qui fleurit, la voix de la feuille qui se dilate en buvant la goutte de rosée; et l'Eternel entend toutes les voix de la lyre universelle.»

Pourquoi maître Albertus brise-t-il successivement les deux cordes d'or, les deux cordes d'argent, qui représentent, celles-là la foi et l'infini, celles-ci l'espérance et la beauté? Ce n'est pas pour complaire à Méphistophélès, qu'il traite avec une rudesse antisémite: «Votre maladie, dites-vous, était mortelle, mais les juifs ont la vie si dure!... Quand un juif se plaint, c'est signe qu'il est content.» Albertus, quoique ce drame ne soit ni localisé ni daté, est un idéaliste que le machinisme moderne doit déconcerter. Mais l'Esprit de la lyre lui annonce—comme la Sibylle à Enée les glorieux destins réservés aux chemins de fer. Cette prophétie ne sera point sans intérêt, formulée qu'elle est en 1839: «Sur ces chemins étroits, rayés de fer, qui tantôt s'élèvent sur les collines et tantôt s'enfoncent et se perdent dans le sein des la terre, vois rouler, avec la rapidité de la foudre, ces lourds chariots enchaînés à la file, qui portent des populations entières d'une frontière à l'autre dans l'espace d'un jour, et qui n'ont pour moteur qu'une colonne de noire fumée! Ne dirait-on pas du char de Vulcain roulé par la main formidable des invisibles cyclopes?» On pourrait ajouter que la description de George Sand ressemble au développement d'une matière de vers latins ou à une paraphrase en prose de l'abbé Delille.

Après les cordes d'acier brisées, qui étaient les cordes humaines, il ne reste plus que la seule corde d'airain, la corde d'amour. Et l'Esprit de la lyre murmure à Hélène, mystiquement éprise d'Albertus: «O Hélène, aime-moi comme je t'aime! L'amour est puissant, l'amour est immense, l'amour est tout; c'est l'amour qui est dieu; car l'amour est la seule chose qui puisse être infinie dans le cœur de l'homme.» En un paroxysme d'extase, la jeune fille saisit la lyre, touche avec impétuosité la corde d'airain et la brise. Elle tombe morte, Albertus évanoui. Quand il se réveille, il dit à ses disciples ces simples paroles:

«Mes enfants, l'orage a éclaté, mais le temps est serein; mes pleurs ont coulé, mais mon front est calme; la lyre est brisée, mais l'harmonie a passé dans mon âme. Allons travailler!» Et ce dernier mot est précisément celui que Claude Ruper, qui a prié comme Albertus, adresse à son disciple Antonin, quand le rideau du dernier acte tombe sur la *Femme de Claude*.

Voilà les pensées sublimes d'éternité et de pardon que nous retrouverons au terme de la *Comtesse de Rudolstadt!* Elles rappellent la maxime admirable du sage: «Il faut travailler comme si l'on devait vivre toujours, et être prêt comme si l'on devait partir demain.» Cet idéal de perfection, de bonté et d'amour, hantait l'âme généreuse de George Sand, alors que la calomnie stupide l'accusait d'aller le dimanche à la barrière et d'en revenir ivre avec Pierre Leroux.

CHAPITRE XXI

INFLUENCE ARTISTIQUE: LISZT ET CHOPIN

C'est à Franz Liszt qu'est adressée la septième des *Lettres d'un Voyageur*, sur Lavater et la maison déserte. A ce grand musicien, «l'enfant sublime», de quoi George Sand pouvait-elle parler, sinon de musique? «Heureux amis! s'écrie-t-elle, que l'art auquel vous vous êtes adonnés est une noble et douce vocation, et que le mien est aride et fâcheux auprès du vôtre! Il me faut travailler dans le silence et la solitude, tandis que le musicien vit d'accord, de sympathie et d'union avec ses élèves et ses exécutants. La musique s'enseigne, se révèle, se répand, se communique. L'harmonie des sons n'exige-t-elle pas celle des volontés et des sentiments? Quelle superbe république réalisent cent instrumentistes réunis par un même esprit d'ordre et d'amour pour exécuter la symphonie d'un grand maître! Oui, la musique, c'est la prière, c'est la foi, c'est l'amitié, c'est l'association par excellence.» En même temps qu'à Franz Liszt, cette définition enthousiaste était destinée à celle qui partageait sa vie et qui, pour lui, avait sacrifié les séductions du monde et l'orgueil d'une origine aristocratique, la brillante Marie de Flavigny, comtesse d'Agoult, en littérature Daniel Stern.

George Sand avait rencontré Liszt, en 1834, au temps de son intimité avec Alfred de Musset. Elle le tint d'abord à distance, pour complaire sans doute à son ombrageux amant. Plus tard, quand l'illustre pianiste eut contracté une liaison rendue publique, tous obstacles disparurent. Au mois de mai 1835, George Sand écrivait à madame d'Agoult, qui avait suivi Liszt à Genève: «Ma belle comtesse aux beaux cheveux blonds, je ne vous connais pas personnellement, mais j'ai entendu Franz parler de vous et je vous ai vue. Je crois que, d'après cela, je puis sans folie vous dire que je vous aime, que vous me semblez la seule chose belle, estimable et vraiment noble que j'aie vue briller dans la sphère patricienne. Il faut que vous soyez en effet bien puissante pour que j'aie oublié que vous êtes comtesse. Mais, à présent, vous êtes pour moi le véritable type de la princesse fantastique, artiste, aimante et noble de manières, de langage et d'ajustements, comme les filles des rois aux temps poétiques.» Et la lettre se termine par ces simples mots, exquisement délicats: «Adieu, chère Marie. *Ave, Maria, gratia plena!*»

Si plus tard une brouille ou un refroidissement se produisit entre ces deux femmes de lettres, ce ne fut point à l'occasion de Liszt. Il ne plut jamais, amoureusement s'entend, à George Sand qui ne lui plut pas davantage. Leurs atomes crochus refusèrent de se joindre. Et pourtant Liszt était un séducteur irrésistible, qui traînait les coeurs sur son passage et cueillait ses fantaisies, comme des fleurs dans un parterre. Don Juan mystique, tour à tour voué à la passion et à la religiosité, il n'enrichit pas la galerie de George Sand. Peut-être eût-elle souhaité d'esquisser vaguement avec lui un marivaudage, pour réveiller par la jalousie la tendresse languissante de Musset. Mais «aimer Liszt, dit-elle familièrement, m'eût été aussi impossible que d'aimer les épinards.» Il y avait de rares plats qui n'étaient pas à son goût. Au demeurant, elle avait bon appétit.

Franz Liszt offre, au regard des aspirations intellectuelles, le même contraste que dans l'ordre moral et religieux. Son esprit fut aussi contradictoire que son coeur. Né en 1811 d'une famille très modeste de Hongrie—son père était attaché aux domaines du prince Esterhazy—il eut la fortune et les succès précoces d'un petit prodige, doué d'une merveilleuse virtuosité. La société la plus aristocratique de toute l'Europe lui octroya ses flatteries et ses caresses. Il se glissa pourtant quelques déboires à travers tant de cajoleries féminines. Franz Liszt ne put épouser la jeune fille qu'il aimait, une de ses élèves, mademoiselle Caroline de Saint-Criq. Cette déception, le tour naturel de son esprit idéaliste et humanitaire, le milieu ambiant, saturé d'effluves socialistes, l'amenèrent à professer des doctrines démocratiques qui s'harmonisaient avec les revendications de George Sand. Pour compléter une instruction demeurée fort incomplète en dehors de la musique, le pianiste hongrois s'adressait à tout venant, il cherchait, de ci, de là, cette lumière de l'âme que, plus tard, il pensera trouver dans le catholicisme. A l'avocat Crémieux, futur garde des sceaux et dès lors intime ami, voire même secrétaire de la tragédienne Rachel, il demandait un jour, à brûle-pourpoint: «Monsieur Crémieux, apprenez-moi toute la littérature française.»

Après une période saint-simonienne, analogue à celle que traversa Sainte-Beuve et qu'effleura George Sand, il vécut dans l'intimité de Lamennais dont il accepta avec enthousiasme la philosophie chrétienne, la foi élargie et le dogmatisme épuré. La religion du Christ devenait la religion d'une humanité supérieure, la communion des âmes en des croyances compréhensives et symboliques. Ce fut une des haltes de la pensée mobile de George Sand, qui aimait à fuir vers de nouveaux horizons. Franz Liszt lui servit d'intermédiaire auprès de Lamennais, dont l'âme foncièrement aimante, mais inquiète, revêtait des apparences de sauvagerie. Chez lui, l'humanitaire côtoyait le misanthrope. Le musicien servit de trait d'union entre l'apôtre et la néophyte. Alfred de Musset ne risquait plus de projeter sur cette relation tout amicale l'ombre de sa jalousie. George Sand conçut pour Lamennais de la vénération, pour Franz Liszt, partant pour madame d'Agoult, une sympathie qui s'épancha, de part et d'autre, en une correspondance chaleureuse.

On a publié bon nombre de lettres adressées par George Sand, non seulement à Liszt, mais encore à son amie. Or madame d'Agoult, abandonnant mari et enfant dans un de ces coups de tête familiers à une nature qui se plaisait au tapage et à la publicité, s'était réfugiée à Genève. Liszt l'y avait rejointe. C'était la, au vrai, le thème de l'un de ces romans où George

Sand plaidait les droits de l'amour libre contre les entraves conjugales. Tout aussitôt, entre les deux femmes également sollicitées par la littérature, par la vie indépendante et par un besoin d'émancipation sociale, se noua ce que M. Rocheblave a dénommé «une Amitié romanesque.[16]» George Sand, aussi spontanée et simple que la comtesse d'Agoult était calculée et hautaine, livra son coeur et sa pensée avec sa prodigalité coutumière. De Nohant elle envoya à Genève des lettres charmantes. Dans celle du 1er novembre 1835, elle donne d'elle-même une définition précieuse à retenir: «Imaginez-vous, ma chère amie, que mon plus grand supplice, c'est la timidité. Vous ne vous en douteriez guère, n'est-ce pas? Tout le monde me croit l'esprit et le caractère fort audacieux. On se trompe. J'ai l'esprit indifférent et le caractère quinteux.»

[Note 16: *Revue de Paris*, du 15 décembre 1894.]

Elle explique que l'espèce humaine est son ennemie, qu'elle a eu, comme Alceste, des haines vigoureuses. Mais elles se sont calmées. Toute furie a disparu. Cependant, dit-elle, «il y a un froid de mort pour tout ce que je ne connais pas. J'ai bien peur que ce ne soit là ce qu'on appelle l'égoïsme de la vieillesse.» Elle se calomnie, car elle aime ses amis avec tendresse, avec engouement, avec aveuglement, et elle aspire à se guérir de ses moments de raideur. Pour cette cure morale, elle compte sur l'assistance bienveillante de madame d'Agoult et se remet entre ses mains. «Si nous nous lions davantage, comme je le veux, il faudra que vous preniez de l'empire sur moi; autrement, je serai toujours désagréable. Si vous me traitez comme un enfant, je deviendrai bonne, parce que je serai à l'aise, parce que je ne craindrai pas de tirer à conséquence, parce que je pourrai dire tout ce qu'il y a de plus bête, de plus fou, de plus déplacé, sans avoir honte. Je saurai que vous m'avez *acceptée*... Il faut vous arranger bien vite pour que je vous aime. Ce sera bien facile. D'abord, j'aime Franz. Il m'a dit de vous aimer. Il m'a répondu de vous comme de lui.» Puis voici, ce qui est assez rare sous la plume de George Sand, un mélange de coquetterie et de subtilité un peu mièvre, avec un impatient désir de plaire: «La première fois que je vous ai vue, je vous ai trouvée jolie; mais vous étiez froide. La seconde fois, je vous ai dit que je détestais la noblesse. Je ne savais pas que vous en étiez. Au lieu de me donner un soufflet, comme je le méritais, vous m'avez parlé de votre âme, comme si vous me connaissiez depuis dix ans. C'était bien, et j'ai eu tout de suite envie de vous aimer; mais je ne vous aime pas encore. Ce n'est pas parce que je ne vous connais pas assez. Je vous connais autant que je vous connaîtrai dans vingt ans. C'est vous qui ne me connaissez pas assez. Ne sachant si vous pourrez m'aimer, telle que je suis en réalité, je ne veux pas vous aimer encore.» Et elle se compare très modestement à un porc-épic que frôle une main douce et blanche. Elle appréhende de rebuter les caresses ou simplement la sollicitude. «Ainsi, voyez si vous pouvez accorder votre coeur à un porc-épic. Je suis capable de tout. Je vous ferai mille sottises. Je vous marcherai sur les pieds.

Je vous répondrai une grossièreté à propos de rien. Je vous reprocherai un défaut que vous n'avez pas. Je vous supposerai une intention que vous n'aurez jamais eue. Je vous tournerai le dos. En un mot, je serai insupportable jusqu'à ce que je sois bien sûre que je ne peux pas vous fâcher et vous dégoûter de moi. Oh! alors, je vous porterai sur mon dos. Je vous ferai la cuisine. Je laverai vos assiettes. Tout ce que vous me direz me semblera divin. Si vous marchez dans quelque chose de sale, je trouverai que cela sent bon.»

Au porc-épic, comment va répondre celle que George Sand définissait «da blonde péri à la robe d'azur?» Elle se compare à une tortue qu'elle a reçue pour ses étrennes, ironique symbole de la *rapidité* et de la *mobilité* de ses idées. «Eh bien, ajoute-t-elle, ne vous laissez pas rebuter par les écailles de la tortue, qui ne s'effraie nullement des piquants du porc-épic. Sous ces écailles, il y a encore de la vie.» Est-ce une fable, imitée de La Fontaine, «da Tortue et le Porc-épic,» qui va nous déduire quelque moralité? Elle commence à merveille. George couvre Marie de louanges, s'extasie devant son *incommensurable supériorité*, lui conseille, la supplie d'écrire et de manifester son talent. «Faites-en profiter le monde: vous le devez.» La fumée de cet encens était suave à l'orgueilleuse sensualité de la comtesse d'Agoult. En cette lune de miel de l'amitié, George Sand déverse les effluves de sa tendresse. On se donne de petits noms caressants. *Piffoël*, de Nohant, adore les *Fellows*, de Genève. Elle aspire à les rejoindre. Ce projet, entravé par l'instance contre M. Dudevant, se réalise, non pas en septembre 1835, comme l'indique par erreur M. Rocheblave, mais seulement en septembre 1836. Ce sont douze mois d'attente impatiente. George Sand maudit les lenteurs de Thémis. Le 5 mai 1836, en pleine bataille judiciaire, elle écrit à Franz Liszt: «Je serais depuis longtemps près de vous, sans tous ces déboires. C'est mon rêve, c'est l'Eldorado que je me fais, quand je puis avoir, entre le procès et le travail, un quart d'heure de rêvasserie. Pourrai-je entrer dans ce beau château en Espagne? Serai-je quelque jour assise aux pieds de la belle et bonne Marie, sous le piano de Votre Excellence?» Et deux mois plus tard, le 10 juillet, elle emploie presque les mêmes termes, dans une lettre à madame d'Agoult: «Je rêve mon oasis près de vous et de Franz. Après tant de sables traversés, après avoir affronté tant d'orages, j'ai besoin de la source pure et de l'ombrage des deux beaux palmiers du désert.» Au préalable, ce sont des échanges d'impressions littéraires. Lamartine subit de rudes assauts. «Il m'est impossible, écrit Liszt, d'accepter comme une grande oeuvre l'ensemble de *Jocelyn*.» Et George Sand lui répond, non moins sévère: «*Jocelyn* est, en somme, un mauvais ouvrage. Pensées communes, sentiment faux, style lâché, vers plats et diffus, sujet rebattu, personnages traînant partout, affectation jointe à la négligence; mais, au milieu de tout cela, il y a des pages et des chapitres qui n'existent dans aucune langue et que j'ai relus jusqu'à sept fois de suite en pleurant comme un âne.» La postérité ne retiendra que la seconde partie de ce jugement. Ane ou non, celui qui a pleuré est désarmé et conquis.

A noter aussi cette appréciation d'un Italien que madame d'Agoult interrogeait sur les célébrités littéraires: «*Conoscete i libri di George Sand?*—*Si, Signora* (ici une moue indéfinissable voulant dire à peu près: ce n'est pas le Pérou) *mi piace di più…*», je crus entendre Victor Hugo; pourtant, pour plus de sûreté, et comme par un pressentiment de la joie qu'il allait me donner, je lui fis répéter le nom: «*Mi piace molto di più, Paul de Kock.*» Et madame d'Agoult a beau s'écrier: «O soleil, voile ta face! O lune, rougis de honte,» on se demande si elle n'a pas éprouvé quelque contentement à informer George Sand qu'on lui préfère Paul de Kock. N'est-ce pas bien d'une femme, à tout le moins d'une femme de lettres?

A Paris, le bruit courait que Liszt était à Genève, non pas avec madame d'Agoult, mais avec George Sand. Celle-ci, fort occupée à plaider, trouve plaisir à leur communiquer ce racontar extravagant, qui circule à travers la petite ville cancanière de La Châtre. Elle envie leur sort d'êtres libérés des servitudes mondaines, tandis qu'elle supporte l'inquisition des curiosités provinciales, et, travailleuse nocturne, elle termine ainsi sa lettre: «Bonjour! il est six heures du matin. Le rossignol chante, et l'odeur d'un lilas arrive jusqu'à moi par une mauvaise petite rue tortueuse, noire et sale.» Ce bonjour, elle le leur apporte en personne, dès qu'elle peut sortir de l'antre de la chicane et disposer de trois cents écus. Elle part de Nohant, le 28 août 1836, avec Maurice et Solange, et passe en Suisse tout le mois de septembre. Son arrivée à Genève est plaisante. En descendant de la diligence, elle demande au postillon le domicile de M. Liszt, en disant que c'est un artiste: l'un veut la conduire chez un vétérinaire, un autre chez un marchand de violons, un troisième chez un musicien du théâtre.

Ce mois de séjour fut charmant. *Piffoëls* et *Fellows* s'étaient rejoints à Chamonix. La troupe joyeuse et folle s'égayait de tout, mais d'abord des effarements d'Ursule, la servante berrichonne, qui, à Martigny, croyait être à la Martinique et tremblait de traverser la mer pour revenir au pays. La famille *Piffoëls*—surnom tiré du long nez de George Sand et de son fils—s'inscrivait ainsi sur un registre d'hôtel: *Domicile*, la nature; *d'où ils viennent*, de Dieu; *où ils vont*, au ciel; *lieu de naissance*, Europe; *qualités*, flâneurs.

Au mois d'octobre, George Sand rentre à Paris, après avoir touché barre à Nohant. Elle s'installe à l'Hôtel de France, rue Laffitte, où viennent également habiter Liszt et madame d'Agoult. Les deux femmes ont un salon commun. Au bout de deux mois de cette cohabitation de phalanstère, George Sand, fidèle à ses préférences pour la campagne, regagne son Berry: elle y travaille plus à l'aise. Elle était éblouie, fatiguée du mouvement intellectuel et mondain où se complaisait sa tumultueuse amie et où tournoyaient toutes les célébrités littéraires de l'époque: Lamennais, Henri Heine, Lamartine, Berryer, Pierre Leroux, Eugène Sue, Mickiewicz, Ballanche, Louis de Ronchaud. C'était un kaléidoscope, une lanterne magique.

L'intimité cependant subsistait. A la fin de janvier 1837, madame d'Agoult—autrement dit, «la Princesse» ou «Mirabelle»—se rendit à Nohant. Elle y passa plusieurs semaines, amenant derrière elle Franz Liszt et plusieurs amis, tels que Charles Didier, Alexandre Rey et l'acteur Bocage. Frédéric Chopin, l'émule de Liszt, avait été invité. Il ne vint pas.

L'illustre compositeur polonais, alors âgé de vingt-huit ans—de six ans plus jeune que George Sand—était récemment entré en relations avec elle. Dans quelles conditions? On a peine à le préciser. Il a raconté, et ses biographes répètent, que ce fut à une soirée chez la comtesse Marliani. Le comte Wodzinski, dans son livre, *les Trois Romans de Chopin*, a singulièrement dramatisé l'aventure: «Toute la journée, il crut entendre de ces appels mystérieux qui jadis, aux temps de son adolescence, le faisaient souvent se retourner, au milieu de ses promenades ou de ses rêveries, et qu'il disait être ses esprits avertisseurs... Le soir, arrivé à la porte de l'hôtel Marliani, un tremblement nerveux le secoua; un instant, il eut l'idée de retourner sur ses pas; puis il dépassa le seuil des salons. Le sort en décidait ainsi.» Il ne tarda pas à s'asseoir devant le piano et à improviser. Quand il s'arrêta, il se trouva en face de George Sand qui le félicitait.

Frédéric Chopin n'avait pas la beauté radieuse, la grâce florentine de Franz Liszt; mais celui-ci était le talent, celui-là le génie. George Sand fut vite éprise, encore que les choses se fussent plus simplement passées que ne l'indiquent les biographies romanesques. Elle avait un vif désir de connaître Chopin, lequel n'éprouvait aucune sympathie pour les bas-bleus. Liszt et madame d'Agoult les rapprochèrent et ne tardèrent pas à le regretter. Le 28 mars 1837, de Nohant George Sand écrit à Franz: «Dites à Chopin que je le prie de vous accompagner; que Marie ne peut pas vivre sans lui, et que, moi, je l'adore.» Et, le 5 avril, à madame d'Agoult elle-même: «Dites à Chopin que je l'idolâtre.» La belle Princesse fut aussitôt jalouse, mordante et acerbe. Elle envoya ce malicieux bulletin de santé: «Chopin tousse avec une grâce infinie. C'est l'homme irrésolu; il n'y a chez lui que la toux de permanente.» Est-ce pour détourner ses soupçons que George Sand réplique, le 10 avril 1837: «Je veux les *Fellows*, je les veux le plus tôt et le plus longtemps possible. Je les veux *à mort*. Je veux aussi le Chopin et tous les Mickiewicz et Grzymala du monde. Je veux même Sue, si vous le voulez... Tout, excepté un amant.» Or, cet amant, elle allait l'avoir en Chopin, pour près de dix années. Madame d'Agoult ne le pardonna, ni à elle, ni à lui. Les relations se refroidirent, les lettres s'espacèrent. Et Lamennais, qui jugeait toutes ces incartades de femmes avec sa sévérité ascétique, résumera ainsi la brouille, dans une lettre adressée de Sainte-Pélagie, le 20 mai 1841, à M. de Vitrolles: «Elles s'aiment comme ces deux diables de Le Sage, l'un desquels disait: «On nous réconcilia, nous nous embrassâmes; depuis ce temps-là, nous sommes ennemis mortels.»

Inquiète de la santé de son fils qu'elle avait dû retirer du collège Henri IV et soigner à Nohant de même que Solange, tous deux gravement atteints de la variole, George Sand résolut de passer dans le midi l'hiver de 1838-39. Tandis que Liszt et sa compagne s'étaient rendus en Italie afin de dérober à la société parisienne quelque événement extra-conjugal, l'auteur de *Lélia* partit pour les îles Baléares. Outre ses enfants, elle emmenait Chopin. Entre temps, elle avait fourni à Balzac les matériaux d'un roman qu'elle lui conseillait d'intituler les *Galériens*, et où Liszt et madame d'Agoult devaient occuper le premier plan. Il modifia légèrement le sujet, élargit le cadre, et dans *Béatrix* ajouta le portrait de George Sand, d'ailleurs idéalisée en Camille Maupin.

L'*Histoire de ma Vie*, d'où les préoccupations apologétiques ne sont jamais absentes, laisse croire que Chopin s'imposa comme compagnon de voyage et que George Sand l'emmena par pure affection maternelle. Elle lui portait alors, à dire vrai, des sentiments plus tendres, qu'elle dérobait officiellement en l'appelant *son cher enfant, son malade ordinaire.* Et nous ne devons pas être dupes, lorsqu'elle prétend, quinze ans après, que ses amis et ceux de Chopin lui forcèrent la main. «J'eus tort, dit-elle, par le fait, de céder à leur espérance et à ma propre sollicitude. C'était bien assez de m'en aller seule à l'étranger avec deux enfants, l'un déjà malade, l'autre exubérant de santé et de turbulence, sans prendre encore un tourment de coeur et une responsabilité de médecin.» M. Rocheblave a dit excellemment, pour qualifier cette fugue et ce coup de tête sentimental: «Le voyage de Majorque fut, comme folie, le pendant du voyage de Venise.» Mais, lorsque George Sand était énamourée, elle ne raisonnait point et cédait à des élans impulsifs, qu'elle désavouait plus tard.

Chopin rejoignit à Perpignan ses compagnons de route, qui étaient venus à petites journées par la vallée du Rhône. La traversée fut favorable. Le 14 novembre 1838, George Sand écrivait, de Palma de Mallorca, à madame Marliani: «J'ai une jolie maison meublée, avec jardin et site magnifique, pour cinquante francs *par mois.* De plus, j'ai, à deux lieues de là, une cellule, c'est-à-dire trois pièces et un jardin plein d'oranges et de citrons, pour trente-cinq francs *par an*, dans la grande chartreuse de Valdemosa.» Les désillusions furent presque immédiates. Elles apparaissent dans la *Correspondance*, elles pullulent dans le volume intitulé *Un Hiver à Majorque.* «Notre voyage, avoue-t-elle, est un *fiasco* épouvantable.» A Palma, il n'y avait pas d'hôtel. Ils durent se contenter de «deux petites chambres garnies, ou plutôt dégarnies, dans une espèce de mauvais lieu, où les étrangers sont bien heureux d'avoir chacun un lit de sangle avec un matelas douillet et rebondi comme une ardoise, une chaise de paille, et, en fait d'aliments, du poivre et de l'ail à discrétion.» On trouve de la vermine dans les paillasses, des scorpions dans la soupe. Pour se procurer les objets de première nécessité, diurne ou nocturne, il faut écrire à Barcelone. Deux mois sont le moindre délai pour confectionner une paire de pincettes. Le piano de Chopin est soumis à 700 francs de droits d'entrée, chiffre qui s'abaisse à 400, en faisant sortir l'instrument par une autre porte de la ville. «Enfin, dit George Sand, le naturel du pays est le type de la méfiance, de l'inhospitalité, de la mauvaise grâce et de l'égoïsme. De plus, ils sont menteurs, voleurs, dévots comme au moyen âge. Ils font bénir leurs bêtes, tout comme si c'étaient des chrétiens. Ils ont la fête des mulets, des chevaux, des ânes, des chèvres et des cochons. Ce sont de vrais animaux eux-mêmes, puants, grossiers et poltrons; avec cela, superbes, très bien costumés, jouant de la guitare et dansant le fandango.» D'où proviennent tous ces vices, toute cette misère intellectuelle et morale? Du joug clérical sous lequel Majorque est courbée. Ce ne sont que couvents. L'Inquisition a trouvé là sa terre d'élection. Tous les domestiques, tous les gueux du pays sont fils de moines.

L'alimentation était détestable pour la santé précaire de Chopin. Il y avait cinq sortes de viandes: du cochon, du porc, du lard, du jambon, du salé. Pour dessert, la tourte de cochon à l'ail. Le climat, propice à Maurice et à Solange, avait une humidité tiède, très nuisible à Chopin. Les Majorquains, le croyant phtisique au dernier degré et le voyant cohabiter avec une famille qui n'allait pas à la messe, les mirent tous à l'index. Trois médecins, les meilleurs de l'île, furent appelés en consultation. «L'un, raconte Chopin, prétendait que j'allais finir; le second, que je me mourais; le troisième, que j'étais mort.» Pour George Sand, ce fut une torture. «Le pauvre grand artiste, dit-elle, était un malade détestable. Doux, enjoué, charmant dans le monde, il était désespérant dans l'intimité exclusive... Son esprit était écorché vif; le pli d'une feuille de rose, l'ombre d'une mouche le faisaient saigner.»

Toute la colonie ne demandait qu'à repartir. Petits et grands geignaient, moitié riant, moitié pleurant: «J'veux m'en aller *cheux* nous, dans *noute* pays de La Châtre, l'*ous' qu'y a* pas de tout ça.» Au commencement de mars, Chopin eut un crachement de sang qui épouvanta George Sand. Le lendemain, ils s'embarquèrent, en compagnie de cent pourceaux, sur l'unique vapeur de l'île. Pendant la traversée, le malade vomissait le sang à pleine cuvette. A Barcelone, l'hôtelier voulait faire payer le lit où il avait couché, sous prétexte que la police ordonnait de le brûler.

Le 8 mars, ils étaient à Marseille, puis ils firent une excursion à Gênes. Qu'allait devenir Chopin? Il demanda à George Sand de la suivre à Nohant. Elle acquiesça, mais, dans l'*Histoire de ma Vie*, revenue à d'autres sentiments, elle fournit des explications peu vraisemblables. «La perspective, dit-elle, de cette sorte d'alliance de famille avec un ami nouveau me donna à réfléchir. Je fus effrayée de la tâche que j'allais accepter et que j'avais crue devoir se borner au voyage en Espagne.» A ce prix, elle obéissait, non pas à la passion, mais à une sorte d'adoration maternelle très vive, très vraie, qu'elle déclare d'ailleurs moins profonde en elle que «d'amour des entrailles, le seul sentiment chaste qui puisse être passionné.» Enfin, elle se persuade ou veut nous persuader qu'elle accueillit Chopin, pour se défendre contre l'éventualité d'autres amours qui auraient risqué de la distraire de ses enfants. Elle y vit, citons le mot, un *préservatif* contre des émotions qu'elle ne voulait plus connaître. Et elle s'écrie, longtemps après, en un élan de phraséologie mystique: «Un devoir de plus dans ma vie, déjà si remplie et si accablée de fatigue, me parut une chance de plus pour l'austérité vers laquelle je me sentais attirée avec une sorte d'enthousiasme religieux.» Bref, elle résume ainsi sa vocation sentimentale: «J'avais de la tendresse et le besoin impérieux d'exercer cet instinct-là. Il me fallait chérir ou mourir.» Elle a beaucoup chéri, et elle est morte plus que septuagénaire.

Huit années durant, Chopin fut un compagnon absorbant et tyrannique. Il voulait chaque année retourner à Nohant, et chaque année il y languissait. Mondain, il s'ennuyait à la campagne. Aristocrate et raffiné, il était froissé et choqué dans un milieu sans apprêt, où Hippolyte Chatiron, le bâtard né heureux, frère naturel de George Sand, lui prodiguait ses effusions d'après boire. Catholique exalté, il ne pouvait communier en la religion humanitaire de Lamennais ou de Pierre Leroux. Il demeurait pourtant, attaché par l'admiration, l'adulation, les caresses enveloppantes qui l'ensorcelaient. Ne se donnant qu'à demi, il voulait qu'on lui appartînt tout à fait. L'*Histoire de ma Vie* observe avec une netteté un peu cruelle: «Il n'était pas né exclusif dans ses affections; il ne l'était que par rapport à celles qu'il exigeait. Il aimait passionnément trois femmes dans la même soirée de fête, et s'en allait tout seul, ne songeant à aucune d'elles, les laissant toutes trois convaincues de l'avoir exclusivement charmé.» Sa vanité maladive et son égoïsme allaient à ce point qu'il rompit avec une jeune fille qu'il allait demander en mariage, parce que, recevant sa visite avec celle d'un autre musicien, elle avait offert une chaise à ce dernier avant de faire asseoir Chopin.

A Paris également, d'abord rue Pigalle, puis square d'Orléans, le pianiste poitrinaire vécut auprès de George Sand, qui remplit avec un zèle infatigable l'office de garde-malade. Un refroidissement advint, lorsqu'il crut qu'elle l'avait peint dans *Lucrezia Floriani*, sous les traits du prince Karol, un rêveur déséquilibré. Et Lucrezia n'était-ce pas elle-même, cette étrange femme qui a des passions de huit jours ou d'une heure toujours sincères, mère de quatre enfants issus de trois pères différents? Ainsi se résume son signalement pathologique: «Une pauvre vieille fille de théâtre comme moi, veuve de… plusieurs amants (je n'ai jamais eu la pensée d'en revoir le compte).» Chopin avait lu *Lucrezia Floriani*, jour après jour, sur la table de George Sand. Il ne s'alarma et ne se crut visé que lorsque l'oeuvre parut en feuilleton dans la *Presse*: c'était au commencement de 1847. Le roman se termine par la victoire que l'amour des enfants remporte sur l'amour des amants. Il en fut de même dans la vie réelle. A la suite d'une querelle avec Maurice qui parla de quitter la partie—«cela, dit George Sand, ne pouvait pas et ne devait pas être».—Chopin abandonna, en juillet 1847, la maison du square d'Orléans. Elle murmure avec mélancolie: «Il ne supporta pas mon intervention légitime et nécessaire. Il baissa la tête et prononça que je ne l'aimais plus. Quel blasphème, après ces huit années de dévouement maternel! Mais le pauvre coeur froissé n'avait pas conscience de son délire.» Et elle écrit à Charles Poncy, l'ouvrier-poète: «J'ai été payée d'ingratitude, et le mal l'a emporté dans une âme dont j'aurais voulu faire le sanctuaire et le foyer du beau et du bien… Que Dieu m'assiste! je crois en lui et j'espère.»

Avant la mort de Chopin survenue le 17 octobre 1849, ils se rencontrèrent une seule fois dans un salon ami. George Sand s'approcha avec angoisse; en balbutiant: «Frédéric.» Il rencontra son regard suppliant, pâlit, se leva sans répondre et s'éloigna. Quels étaient ses mystérieux griefs? C'est le mutuel secret que tous deux ont emporté dans la tombe. Au terme de l'*Histoire de ma Vie*, George Sand se contente de quelques éloquentes apostrophes à ceux qu'elle a aimés et qui ont cessé d'être. Chopin, qui avait eu le plus long bail, doit en prendre sa part: «Saintes promesses des cieux, s'écrie-t-elle, où l'on se retrouve et où l'on se reconnaît, vous n'êtes pas un vain rêve!… O heures de suprême joie et d'ineffables émotions, quand la mère retrouvera son enfant, et les amis les dignes objets de leur amour!» Puis, faisant un retour sur soi-même, voici qu'elle prononce cette lugubre parole: «Mon coeur est un cimetière.» Sans doute elle y voit défiler les cortèges et s'accumuler les tombes des affections défuntes. Dès 1833, Jules Sandeau, évincé et jetant la flèche du Parthe, la comparait à une nécropole. Plus habile, il avait évité d'être livré au fossoyeur.

CHAPITRE XXII

CONSUELO ET LES ROMANS SOCIALISTES

A son retour de Majorque, dans une lettre adressée à madame Marliani le 3 juin 1839, George Sand se jugeait elle-même en ces termes: «Je l'avoue à ma honte, je n'ai guère été jusqu'ici qu'un artiste, et je suis encore à bien des égards et malgré moi un grand enfant.» Au cours des années suivantes, sous les influences contraires de Chopin et de Pierre Leroux, la lutte va s'engager entre les préoccupations de l'art et les sollicitations de la politique. De là, dans les romans de George Sand, un double filon qu'il nous faut suivre: d'un côté, *Consuelo* et la *Comtesse de Rudolstadt*, de l'autre, *Horace*, le *Compagnon du Tour de France*, le *Meunier d'Angibault* et le *Péché de Monsieur Antoine*. C'est le parallélisme des conceptions esthétiques et des rêves humanitaires.

Consuelo fut composé sous l'inspiration immédiate et dans le commerce quotidien de Chopin. L'oeuvre vaut, non seulement par l'intérêt de la fable, mais encore et surtout par la délicatesse et l'agrément de l'exécution. Très touchante est l'aventure de cette cantatrice, fille d'une bohémienne. George Sand en a succinctement résumé les péripéties, à la page 176 du troisième et dernier volume. Ce sont: les fiançailles de Consuelo au chevet de sa mère avec Anzoleto, l'infidélité de celui-ci, la haine de la Corilla, les outrageants desseins de Zustiniani, les conseils du Porpora, le départ de Venise, l'attachement qu'Albert avait pris pour elle, les offres de la famille de Rudolstadt, ses propres hésitations et ses scrupules, sa fuite du château des Géants, sa rencontre avec Joseph Haydn, son voyage, son effroi et sa compassion au lit de douleur de la Corilla, sa reconnaissance pour la protection accordée par le chanoine à l'enfant d'Anzoleto, enfin son retour à Vienne et son entrevue avec Marie-Thérèse.

Le début du roman est un pur chef-d'oeuvre, avec de curieux détails sur la vie intime de Venise et cette attachante figure du Porpora, le professeur de chant de Consuelo qui ne tarda pas à être surnommée la Porporina. Puis c'est le début triomphal de la cantatrice au théâtre San Samuel, où elle devient l'objet des poursuites du directeur, le comte Zustiniani. Il y a là sur la vie des coulisses et des planches un brillant développement qui rappelle certaines tirades de *Kean*. Le sujet qu'Alexandre Dumas père avait traité avec éloquence, George Sand s'en empare et le renouvelle ingénieusement. «Un comédien, dit-elle, n'est pas un homme; c'est une femme. Il ne vit que de vanité maladive; il ne songe qu'à satisfaire sa vanité; il ne travaille que pour s'enivrer de vanité. La beauté d'une femme lui fait du tort. Le talent d'une femme efface ou conteste le sien. Une femme est son rival, ou plutôt il est la rivale d'une femme; il a toutes les petitesses, tous les caprices, toutes les exigences, tous les ridicules d'une coquette.» Consuelo en fait l'expérience auprès d'Anzoleto, jusqu'à ce qu'elle s'éloigne, sur les conseils du Porpora, et se réfugie en Bohême, dans la famille de Rudolstadt. L'héritier de cette noble race, le comte Albert, a l'âme d'un vrai Hussite. Il descend du roi George Podiebrad et de Jean Ziska du Calice, chef des Taborites. Les doctrines d'autrefois hantent son imagination extatique: «Il haïssait les papes, ces apôtres de Jésus-Christ qui se liguent avec les rois contre le repos et la dignité des peuples. Il blâmait le luxe des évêques et l'esprit mondain des abbés, et l'ambition de tous les hommes d'église.» Cette question du hussitisme, les débats et les luttes qui se sont engagés autour de «da coupe de bois» par opposition aux vases d'or des Romains, ont intéressé et passionné George Sand. En dehors du roman de *Consuelo*, elle a écrit sur ce sujet deux remarquables études historiques. *Jean Ziska* est un émouvant récit de la guerre des Hussites; on y rencontre l'exacte définition des points de désaccord avec Rome. Dans *Procope le Grand* apparaît la doctrine de ces généreux révoltés, telle que la formule le pape Martin V dans sa lettre au roi de Pologne, Wladislas IV: «Ils disent qu'il ne faut point obéir aux rois, que tous les biens doivent être communs, et que tous les hommes sont égaux.» Bref, à l'estime de George Sand, ce sont les précurseurs de la Révolution française, dont ils réalisent par anticipation la devise. Leur cri: «La coupe au peuple!» a la valeur d'un impérissable symbole. Ils prêchent la communion universelle de l'humanité et protestent contre la corruption et la débauche de l'Eglise ultramontaine. Derrière le dogme utraquiste qui revendique la Cène sous les deux espèces, l'héroïque Bohême réclame la liberté du culte, la liberté de conscience, la liberté politique, la liberté civile. George Sand synthétise en ces termes l'enseignement qui découle du martyre de Jean Huss et de Jérôme de Prague: «L'Eglise est tombée au dernier rang dans l'esprit des peuples, parce qu'elle a versé le sang. L'Eglise n'est plus représentée que par des processions et des cathédrales, comme la royauté n'est plus représentée que par des citadelles et par des soldats. Mais l'Evangile, la doctrine de l'Egalité et de la Fraternité, est toujours et plus que jamais vivant dans l'âme du peuple. Et voyez le crucifié, il est toujours debout au sommet de nos édifices, il est toujours le drapeau de l'Eglise! Il est là sur son gibet, ce Galiléen, cet esclave, ce lépreux, ce paria, cette misère, cette pauvreté, cette faiblesse, cette protestation incarnées!... Sa prophétie s'est accomplie: il est remonté dans le Ciel, parce qu'il est rentré dans l'Idéal. Et de l'Idéal il redescendra pour se manifester sur la terre, pour apparaître dans le réel. Et voilà pourquoi, depuis dix-huit siècles, il plane adoré sur nos têtes.» Puis George Sand, confrontant les bûchers de Constance et de Rouen, aboutit à cette conclusion, toute conforme à sa thèse: «Qui ne sent dans son coeur que si Jeanne d'Arc eût vu le jour en Bohême, elle aurait été une de ces intrépides femmes du Tabor qui mouraient pour leur foi en Dieu et en l'Humanité?»

Dans *Consuelo*, le hussitisme n'est qu'un épisode. La partie vraiment attrayante de l'oeuvre, ce sont les incidents romanesques où le génie de George Sand se donne carrière: le voyage souterrain de la Porporina pour rejoindre Albert de Rudolstadt, l'arrivée d'Anzoleto au château des Géants, l'odyssée d'Haydn, les embûches tendues par le recruteur Mayer. Ce sont aussi telles pages prestigieuses, comme le discours de Satan qui se dit le frère du Christ, et maints paysages qui évoquent devant nos yeux le charme et la diversité de la nature. Quel poète se flatterait d'égaler cette prose harmonieuse et rythmée? Voici, par exemple, un passage qui traduit beaucoup mieux que le *Chemineau*, de M. Jean Richepin, la vision d'une route se déroulant à travers champs, parmi les sapins et les bruyères: «Qu'y-t-il de plus beau qu'un chemin? pensait Consuelo; c'est le symbole et l'image d'une vie active et variée. Que d'idées riantes s'attachent pour moi aux capricieux détours de celui-ci! Je ne me souviens pas des lieux qu'il traverse, et que pourtant j'ai traversés jadis. Mais qu'ils doivent être beaux, au prix de cette noire forteresse qui dort là éternellement sur ses immobiles rochers! Comme ces graviers aux pâles nuances d'or mat qui le rayent mollement, et ces genêts d'or brûlant qui le coupent de leurs ombres, sont plus doux à la vue que les allées droites et les raides charmilles de ce parc orgueilleux et froid! Rien qu'à regarder les grandes lignes sèches d'un jardin, la lassitude me prend: pourquoi mes pieds chercheraient-ils à atteindre ce que mes yeux et ma pensée embrassent tout d'abord? Au lieu que le libre chemin qui s'enfuit et se cache à demi dans les bois m'invite et m'appelle à suivre ses détours et à pénétrer ses mystères. Et puis ce chemin, c'est le passage de l'humanité, c'est la route de l'univers. Il n'appartient pas à un maître qui puisse le fermer et l'ouvrir, à son gré. Ce n'est pas seulement le puissant et le riche qui ont le droit de fouler ses marges fleuries et de respirer ses sauvages parfums. Tout oiseau peut suspendre son nid à ses branches, tout vagabond peut reposer sa tête sur ses pierres. Devant lui, un mur ou une palissade ne ferme point l'horizon. Le ciel ne finit pas devant lui; et, tant que la vue peut s'étendre, le chemin est une terre de liberté. A droite, à gauche, les champs, les bois appartiennent à des maîtres; le chemin appartient à celui qui ne possède pas autre chose; aussi comme il l'aime! Le plus grossier mendiant a pour lui un amour invincible. Qu'on lui bâtisse des hôpitaux aussi riches que des palais, ce seront toujours des prisons; sa poésie, son rêve, sa passion, ce sera toujours le grand chemin.»

Après un séjour à la cour de Marie-Thérèse, où l'élève préférée du Porpora, la compagne d'Haydn, redevient cantatrice, voici le retour au château des Géants. Elle y arrive pour épouser Albert et pour assister à sa mort. Mais cette mort—comme nous le verrons dans les deux volumes suivants de la *Comtesse de Rudolstadt*—n'était qu'une crise de catalepsie. Consuelo, veuve aussitôt que mariée, et dédaigneuse de la richesse, a quitté Vienne pour se réfugier à Berlin. Elle y courra d'autres dangers. Frédéric la poursuivra de ses assiduités, puis de sa rancune. Alors se succèdent la silhouette de Voltaire et celle de la soeur du roi, Amélie, abbesse de Quedlimbourg. Elle a une périlleuse aventure d'amour. Consuelo, qui s'y trouve mêlée par dévouement, est arrêtée, incarcérée à Spandau, sous la surveillance des époux Schwartz. Or c'est à leur fils, le mystique et sentimental Gottlieb, qu'elle devra la liberté. Ça et là, apparaissent de délicieux épisodes, ainsi celui du rouge-gorge et les adieux de Consuelo à sa prison.

Elle est libre, sauvée, entraînée dans une voiture par un individu masqué. Quel est-il? Elle ressent un trouble profond et ne songe pas à se dérober. Tandis que les chevaux galopent, elle s'endort auprès de ce singulier compagnon, qui a serré les deux bras autour de sa taille. Au réveil, elle essaie de se dégager, mais sans trop insister. Un vague attrait la domine. «L'inconnu rapprocha Consuelo de sa poitrine, dont la chaleur embrasa magnétiquement la sienne, et lui ôta la force et le désir de s'éloigner. Cependant il n'y avait rien de violent ni de brutal dans l'étreinte douce et brûlante de cet homme. La chasteté ne se sentait ni effrayée ni souillée par ses caresses; et Consuelo, comme si un charme eût été jeté sur elle, oubliant la retenue, on pourrait même dire la froideur virginale dont elle n'avait jamais été tentée de se départir, même dans les bras du fougueux Anzoleto, rendit à l'inconnu le baiser enthousiaste et pénétrant qu'il cherchait sur ses lèvres. Comme tout était bizarre et insolite chez cet être mystérieux, le transport involontaire de Consuelo ne parut ni le surprendre, ni l'enhardir, ni l'enivrer. Il la pressa encore lentement contre son coeur; et quoique ce fut avec une force extraordinaire, elle ne ressentit pas la douleur qu'une violente pression cause toujours à un être délicat. Elle n'éprouva pas non plus l'effroi et la honte qu'un si notable oubli de sa pudeur accoutumée eût dû lui apporter après un instant de réflexion. Aucune pensée ne vint troubler la sécurité ineffable de cet instant d'amour senti et partagé comme par miracle. C'était le premier de sa vie. Elle en avait l'instinct ou plutôt la révélation; et le charme en était si complet, si profond, si divin, que rien ne semblait pouvoir jamais l'altérer. L'inconnu lui paraissait un être à part, quelque chose d'angélique dont l'amour la sanctifiait. Il passa légèrement le bout de ses doigts, plus doux que le tissu d'une fleur, sur les paupières de Consuelo, et à l'instant elle se rendormit comme par enchantement. Il resta éveillé cette fois, mais calme en apparence, comme s'il eût été invincible, comme si les traits de la tentation n'eussent pu pénétrer son armure. Il veillait en entraînant Consuelo vers des régions inconnues, tel qu'un archange emportant sous son aile un jeune séraphin anéanti et consumé par le rayonnement de la Divinité.»

Le lecteur a deviné, mais Consuelo ignore que l'inconnu c'est Albert de Rudolstadt, sorti de léthargie. Elle est légitimement enlevée par son époux. Avec lui, et sous la sympathique protection de cet homme masqué, elle s'initiera à la doctrine des Invisibles, confrérie franc-maçonnique. Ils lui révéleront la trilogie démocratique: Liberté, Egalité, Fraternité, et ils démontreront qu'elle procède de l'Evangile. Leur foi est le déisme chrétien. Ecoutez les questions et les réponses de cette initiation: «Qu'est-ce que le

Christ?—C'est la pensée divine, révélée à l'humanité.—Cette pensée est-elle tout entière dans la lettre de l'Evangile?—Je ne le crois pas; mais je crois qu'elle est tout entière dans son esprit.» L'interrogatoire de Consuelo satisfait les Invisibles, qui la félicitent de son courage, de ses talents et des vertus. Elle recevra, en dépit de son sexe, les degrés de tous les rites. On le lui déclare solennellement: «L'épouse et l'élève d'Albert de Rudolstadt est notre fille, notre soeur et notre égale. Comme Albert, nous professons le précepte de l'égalité divine de l'homme et de la femme.» Avec Consuelo ils communieront en une sorte de christianisme supérieur et épuré. Aussi bien était-ce alors l'intime religion de George Sand. Elle charge son héroïne d'en esquisser les principaux linéaments: «Le Christ est un homme divin que nous révérons comme le plus grand philosophe et le plus grand saint des temps antiques. Nous l'adorons autant qu'il est permis d'adorer le meilleur et le plus grand des maîtres et des martyrs... Mais nous adorons Dieu en lui, et nous ne commettons pas le crime d'idolâtrie. Nous distinguons la divinité de la révélation de celle du révélateur.»

De même que pour composer *Consuelo*, qui parut en 1843, George Sand avait étudié les annales religieuses de la Bohême, elle consacra plusieurs mois à s'assimiler les doctrines des sociétés secrètes, qui forment la substance de la *Comtesse de Rudolstadt*. Elle écrit, le 6 juin 1843, à son fils: «Je suis dans la franc-maçonnerie jusqu'aux oreilles; je ne sors pas du *Kadosh*, du *Rose-Croix* et du *Sublime Ecossais*. Il va en résulter un roman des plus mystérieux. Je t'attends pour retrouver les origines de tout cela dans l'histoire d'Henri Martin, les templiers, etc.» Et la semaine suivante, à madame Marliani: «Dites à Pierre Leroux qu'il m'a jetée là dans un abîme de folies et d'incertitudes, mais que j'y barbote avec courage, sauf à n'en tirer que des bêtises. Dites-lui, enfin, que je l'aime toujours, comme les dévotes aiment leur *doux Jésus*.» Le 28 novembre 1843, elle avertit Maurice que la *Comtesse de Rudolstadt*, en cours de publication dans la *Revue Indépendante*, risque d'être interrompue. Il lui sera impossible de fournir du manuscrit pour le numéro du 10 décembre, tellement elle est envahie par la politique et préoccupée par la fondation d'un journal, l'*Eclaireur de l'Indre*.

En dépit de parties attachantes, la *Comtesse de Rudolstadt* n'égale pas *Consuelo*. Le dénouement tourne au symbole, alors que l'héroïque élève du Porpora devient réellement l'épouse d'Albert et se voue à rester cantatrice, pour offrir le spectacle de la vertu sur les planches. Ils accomplissent à travers l'Europe un infatigable pèlerinage: elle, s'adonnant à son art, lui, annonçant la république prochaine, plus de maîtres ni d'esclaves, les sacrements à tout le monde, la coupe à tous. Et Consuelo la Zingara, et Albert le mystique, vont de province en province, comme des bohémiens, accompagnés de leurs enfants. Ils prophétisent la renaissance du Beau et l'avènement du Vrai. Ils vont au triomphe ou au martyre, zélateurs de l'Idéal, précurseurs de la Révolution.

La curiosité artistique, qui anime *Consuelo* et la *Comtesse de Rudolstadt*, ne pouvait détacher George Sand des visions de renouveau social dont sa pensée était obsédée. Son rêve d'un monde régénéré et égalitaire s'épanche dans ses oeuvres, dans *Horace* qui, en 1841, la brouilla avec la *Revue des Deux Mondes*, mais surtout dans le *Compagnon du Tour de France*. Ce premier roman vraiment socialiste fut inspiré par la lecture d'un ouvrage qu'avait composé un simple ouvrier, Agricol Perdiguier, menuisier au faubourg Saint-Antoine, et plus tard représentant du peuple. Son *Livre du Compagnonnage*, publié sous le pseudonyme d'*Avignonnais-la-Vertu*, relatait la généalogie et les affiliations de ces associations ouvrières, véritables sociétés secrètes, non avouées par les lois, mais tolérées par la police, qui prirent le titre de *Devoirs*. On trouve là le lien qui rattache les syndicats ouvriers d'à présent aux anciennes corporations. Aussi bien les rites de ces Devoirs remontent-ils, les uns au moyen âge, les autres à la plus lointaine antiquité. Ils sont dominés, de même que l'institution de la franc-maçonnerie, par le symbole du Temple de Salomon.

Entre les différents Devoirs, il s'en fallait de beaucoup que régnât un accord parfait. De rite à rite, le compagnonnage avait ses querelles et ses batailles, qui enfantaient toute une littérature en prose et en vers, sorte de chansons de geste du prolétariat à travers les âges. Ce fut l'honneur d'Agricol Perdiguier de vouloir opérer une réconciliation durable parmi les associations ouvrières profondément divisées. Son petit volume, dont les journaux démocratiques de l'époque, notamment le *National*, reproduisirent de nombreux extraits, prêchait aux travailleurs manuels l'union et la concorde qui devaient améliorer leur condition morale et matérielle. Agricol Perdiguier ne se contenta pas d'enseigner à ses frères, les compagnons du *Tour de France*, la sublimité de l'idéal éclos et épanoui dans son coeur. Il effectua lui-même un voyage social et humanitaire à travers les départements. Tous les Devoirs entendirent cette bonne parole, animée d'un souffle évangélique. Presque tous en profitèrent. La devise d'*Avignonnais-la-Vertu* n'était autre que celle de l'apôtre Jean: «Aimez-vous les uns les autres.» Si la cause était gagnée auprès des compagnons, qui renoncèrent à leurs vieilles haines corporatives et ouvrirent leurs âmes au sentiment de la solidarité, il restait à faire pénétrer les idées nouvelles dans le public bourgeois, fort ignorant des questions ouvrières. La monarchie de Juillet avait institué le *pays légal*, qui affectait de ne point connaître et de dédaigner le pays véritable. Pour cette tâche de vulgarisation et de propagande au delà des frontières professionnelles, Agricol Perdiguier eut la plus retentissante et la plus efficace des collaborations. Il obtint le concours littéraire de George Sand.

L'auteur d'*Indiana*, de *Valentine* et de *Mauprat* ne pouvait demeurer insensible à aucune des manifestations du renouveau qui pénétrait dans les classes intellectuelles. Elle s'indignait de cet égoïsme ploutocratique, personnifié en Louis-Philippe. Elle aspirait à un réveil de l'esprit révolutionnaire qui, un demi-siècle plus tôt, s'était affirmé avec tant d'éclat. Selon l'expression qu'elle emploiera dans le *Péché de Monsieur Antoine*, elle voulait régénérer «d'antique bourgeoisie, cette race intelligente, vindicative et têtue, qui a eu de si grands jours dans l'histoire, et qui serait encore si noble, si elle avait tendu la main au peuple au lieu de le repousser du pied.» Et elle ajoutait, pour calmer les inquiétudes des libéraux et des républicains doctrinaires: «Ceux qui accusent les écrits socialistes d'incendier les esprits devraient se rappeler qu'ils ont oublié d'apprendre à lire aux paysans.»

Entre les diverses écoles réformatrices, George Sand cherchait sa voie. Elle était hantée, comme toutes les âmes fières, par le rêve d'une humanité meilleure, d'une société plus juste, qui aidât à réparer les inégalités de la naissance. Fourier et Victor Considérant proposaient le phalanstère, Pierre Leroux un vague communisme sentimental, Cabet une Icarie qui tenait de la république de Platon et de la cité d'Utopie. Lamennais, au lendemain de son héroïque rupture avec l'Eglise ultramontaine, ouvrait à la démocratie les avenues de l'idéalisme chrétien et de la fraternité évangélique. Il concevait un majestueux édifice, fondé sur les assises du devoir et habité par un peuple de sages.—Toutes ces doctrines, séduisantes à des degrés divers, George Sand les avait pressenties et éprouvées; elle en avait extrait le suc et la substance. Elle haïssait le «gouvernement infâme de Louis-Philippe», elle stigmatisait le «cancan des prostituées et de la bourgeoisie», elle entendait avec joie les craquements de l'édifice. Son coeur et sa raison la conduisaient de Jean-Jacques à Robespierre, et l'incitaient à se pencher avec sollicitude vers le peuple. De là ses sympathies pour Agricol Perdiguier, et l'enthousiasme qu'elle apporta, durant toute l'année 1840, à écrire le *Compagnon du Tour de France*. Cette oeuvre, qui suscita l'admiration parmi le monde de la pensée, répandit la terreur dans la société ignorante et cossue, pour qui toute nouveauté est une perturbation séditieuse. George Sand fut maudite par les gens du bel air, les classes dirigeantes et le clergé. Elle n'eut garde de s'en émouvoir. «Voilà, dit-elle simplement dans la préface du roman, comment un certain monde et une certaine religion accueillent les tentatives de moralisation, et comment un livre dont l'idée évangélique était le but bien déclaré, fut reçu par les conservateurs de la morale et les ministres de l'Evangile.» Le crime, en effet, de George Sand était double: dans la thèse et dans la fable. Pour exposer les doctrines du compagnonnage telles que les formulait Agricol Perdiguier, elle avait eu recours à une intrigue qui place le peuple au-dessus de la noblesse, exalte le travail aux dépens de l'oisiveté et célèbre les vertus plébéiennes. On estima, en haut lieu, que de pareilles maximes étaient subversives et antisociales.

Le héros du *Compagnon du Tour de France*, Pierre Huguenin, surnommé l'*Ami-du-Trait*, simple ouvrier menuisier, ne s'avise-t-il pas de se faire platoniquement aimer de la belle Yseult de Villepreux, et ne s'éloigne-t-il pas avec fierté, plutôt que de lui infliger ce que le monde appelle une mésalliance? Et son camarade Amaury, dit *le Corinthien*, ne pénètre-t-il pas assez intimement dans les bonnes grâces de la marquise Joséphine, pour que certaine calèche, durant la nuit, leur rende le même office hospitalier que le fiacre de *Madame Bovary*? Cela était impardonnable, au gré des lecteurs bien pensants. George Sand avait l'audace de montrer le travailleur qui s'élève, et des filles ou des femmes nobles qui tombent dans des bras plébéiens. Son Pierre Huguenin était bon, loyal et brave; il savait plaire. Et Yseult voulait épouser un homme du peuple, afin de devenir peuple elle-même!

Le type de cet ouvrier pouvait-il paraître embelli, poétisé, aux gens du monde qui n'avaient pas de rapports directs avec l'atelier? George Sand se défend de ce reproche: «Agricol Perdiguier, écrit-elle, était au moins aussi intelligent, aussi instruit que Pierre Huguenin. Un autre ouvrier, le premier venu, pouvait être jeune et beau, personne ne le niera. Une femme *bien née*, comme on dit, peut aimer la beauté dans un homme sans naissance, cela s'est vu!» Le romancier souhaite que l'aventure se généralise, que l'amour ne connaisse d'autres affinités que celles du coeur et de l'esprit. «Un ouvrier, s'écrie-t elle, est un homme tout pareil à un autre homme, un *monsieur* tout pareil à un autre *monsieur*, et je m'étonne beaucoup que cela étonne encore quelqu'un.» On s'étonna, effectivement, et même on se révolta, parmi les censitaires de 1840. George Sand, non contente de heurter les préjugés nobiliaires ou bourgeois, appelait un autre état social, fondé sur cette maxime: «A chacun selon ses besoins!» Elle estimait que le morcellement de la propriété gâte la beauté de la nature. Elle honorait le peuple qui peine avec résignation: «Effacez ses souillures, disait-elle, remédiez à ses maux, et vous verrez bien que ce vil troupeau est sorti des entrailles de Dieu tout aussi bien que vous. C'est en vain que vous voulez faire des distinctions et des catégories; il n'y a pas deux peuples, il n'y en a qu'un.» Et l'âme idéaliste de George Sand se rencontrait avec l'esprit pratique d'Agricol Perdiguier pour enseigner aux humbles l'ascension vers le mieux. Dans le compagnonnage, elle découvrait un germe bienfaisant, la loi mutuelle d'assistance et d'amour.

De la même inspiration procède le *Meunier d'Angibault*, qui parut en 1845. Marcelle, comtesse de Blanchemont, veuve et à demi ruinée, aime l'ouvrier mécanicien Henri Lémor, qui ne voulait pas l'épouser, la croyant riche. Elle se réfugie au fin fond du Berry; il la suit. Là surgit, en parallèle, un autre couple amoureux. Rose, fille de maître Bricolin, l'avide régisseur de Blanchemont, aime le meunier Grand-Louis, qui est sans fortune. Les parents de Rose, surtout sa mère, s'opposent au mariage. Ils ont pourtant une fille aînée qui est devenue folle «d'une amour contrariée» et qui erre à travers la campagne. Cette possédée incendie la ferme de Blanchemont. Alors les théories socialistes resplendissent de leur plus pur éclat. Marcelle, pauvre et radieuse, épouse Henri Lémor. Et Rose se marie avec le Grand-Louis, le farinier d'Angibault.

Plus accentuées encore sont les doctrines du roman qui suivit, le *Péché de Monsieur Antoine*. Composé en 1845 à la campagne, «dans une phase de calme extérieur et intérieur, nous dit George Sand, comme il s'en rencontre peu dans la vie des individus», cet ouvrage hardiment socialiste fut publié en feuilleton par un journal ultra-conservateur, l'*Epoque*, vers le même temps où les romans d'Eugène Sue paraissaient dans les *Débats* et le *Constitutionnel*, feuilles gouvernementales. En effet, les organes républicains, tels que le *National*, se refusaient à accueillir les oeuvres de George Sand qu'ils estimaient subversives et révolutionnaires.

Ce socialisme, purement intellectuel, n'eût pas été désavoué par Fénelon en sa république de Salente. Il n'est aucunement responsable du décevant résultat des ateliers nationaux, non plus que de la sinistre aventure des journées de Juin. A sa base on trouve un communisme virtuel, la communauté par association, embryon de propriété collective. Mais l'idée demeura incomprise et rejetée par les masses. «Elle est, déclare George Sand, antipathique dans la campagne et n'y sera réalisable que par l'initiative d'un gouvernement fort, ou par une rénovation philosophique, religieuse et chrétienne, ouvrage des siècles peut-être».

A sa thèse généreuse l'écrivain avait adapté une intrigue assez invraisemblable, mais attachante. Emile Cardonnet, étudiant enthousiaste, est appelé auprès de son père, industriel positif, esprit sec et précis, superlativement bourgeois. Dans le pays, aux environs de Gargilesse, sur les confins de la Marche, habitent en leurs manoirs respectifs deux anciens amis devenus ennemis mortels, le comte Antoine de Chateaubrun et le marquis de Boisguilbault. A Chateaubrun, tout est dévasté, et le comte ruiné s'est transformé en une manière de paysan qui s'appelle M. Antoine. Il a une fille de dix-huit ans, Gilberte, blanche et blonde, «belle comme la plus belle fleur inculte de ces gracieuses solitudes.» A Boisguilbault, autre original, hanté par l'hypocondrie, un misanthrope de soixante-dix ans. Encore droit, mais très maigre, ses vêtements semblaient couvrir un homme de bois. Et, de fait, il n'avait pas changé la coupe de son costume depuis un demi-siècle: «Un habit vert très court, des pantalons de nankin, un jabot très roide, des bottes à coeur, et, pour rester fidèle à ses habitudes, une petite perruque blonde, de la nuance de ses anciens cheveux et ramassée en touffe sur le milieu du front. Des cols empesés montant très haut, et relevant jusqu'aux yeux ses longs favoris blancs comme la neige, donnaient à sa longue figure la forme d'un triangle.» Habillé en petit maître de l'Empire, M. de Boisguilbault était communiste.

D'où provenait la brouille entre le comte et le marquis? Quel était le péché de M. Antoine? Quel était le grief du septuagénaire? C'est—nous l'apprendrons au dénouement—qu'Antoine de Châteaubrun, en sa fringante jeunesse, avait été l'amant de madame de Boisguilbault. Au demeurant, Emile Cardonnet, qui aime la fille du comte et les théories du marquis, entre en rébellion contre son père, prompt à pourfendre le socialisme. «Voilà, s'écrie l'industriel avec indignation, voilà les utopies du frère Emile, frère morave, quaker, néo-chrétien, néo-platonicien, que sais-je? C'est superbe, mais c'est absurde.» Sans cesse ils sont aux prises, l'un prenant pour formule: «A chacun suivant sa capacité», l'autre ayant pour axiome: «A chacun suivant ses besoins». Emile, rudoyé par l'infaillibilité paternelle, se console auprès du marquis, qui lui enseigne que l'égalité des droits implique l'égalité des jouissances, que la vérité communiste est tout aussi respectable que la vérité évangélique. C'est, en effet, l'Evangile qui, par les voies esséniennes, les conduit à une conclusion d'égalité niveleuse. Le Dieu qu'ils adorent est la justice sans alliage, la miséricorde sans défaillance. «Dieu est dans tout, et la nature est son temple.» Mais la raison pure peut-elle suffire à la vingtième année? Si l'esprit d'Emile est plus souvent à Boisguilbault, son coeur est presque toujours à Chateaubrun. Après des chapitres interminables de dissertations socialistes, la jeunesse et l'amour recouvrent leurs droits. Le fils altruiste de l'égoïste industriel épouse la fille de M. Antoine. On peut espérer que les deux époux n'examineront pas seulement les beautés du communisme. Vainement le marquis, qui se plaignait d'avoir jadis partagé sa femme, professe que tout doit être mis en commun: Emile n'y mettra pas Gilberte. Et les théories de George Sand viennent se briser sur le roc de l'amour, qui est un irréductible individualiste.

CHAPITRE XXIII

EN 1848

Dès 1830, George Sand était républicaine. Durant les dix-huit années du règne de Louis-Philippe, elle ne cessa d'appeler de ses voeux une révolution qui renversât la monarchie et le régime censitaire. Elle avait donné son âme à la démocratie, elle était en communion parfaite avec les accusés d'avril. Les ennemis du gouvernement de Juillet pouvaient compter sur sa coopération intellectuelle: les romans qu'elle publiait sapaient les assises de la royauté bourgeoise. Toutefois, elle refusa d'approuver l'échauffourée du 12 mai 1839, tentée par la *Société des Saisons*, et dont elle apprit à Gênes l'infructueuse issue. Elle se contenta de plaindre et d'admirer les vaincus. «A Dieu ne plaise, écrit-elle dans son autobiographie, que j'accuse Barbès, Martin Bernard et les autres généreux martyrs de cette série, d'avoir aveuglément sacrifié à leur audace naturelle, à leur mépris de la vie, à un égoïste besoin de gloire! Non! c'étaient des esprits réfléchis, studieux, modestes; mais ils étaient jeunes, ils étaient exaltés par la religion du devoir, ils espéraient que leur mort serait féconde. Ils croyaient trop à l'excellence soutenue de la nature humaine; ils la jugeaient d'après eux-mêmes. Ah! mes amis, que votre vie est belle, puisque, pour y trouver une faute, il faut faire, au nom de la froide raison, le procès aux plus nobles sentiments dont l'âme de l'homme soit capable! La véritable grandeur de Barbès se manifesta dans son attitude devant ses juges et se compléta dans le long martyre de la prison. C'est là que son âme s'éleva jusqu'à la sainteté. C'est du silence de cette âme profondément humble et pieusement résignée qu'est sorti le plus éloquent et le plus pur enseignement à la vertu qu'il ait été donné à ce siècle de comprendre. Les lettres de Barbès à ses amis sont dignes des plus beaux temps de la foi.»

A ce chevalier, à ce paladin héroïque de la démocratie, aboutissait le cycle des enthousiasmes de George Sand. Elle avait tour à tour demandé la certitude philosophique et la vérité sociale aux sources les plus diverses; elle avait interrogé le passé et le présent, elle s'était efforcée d'arracher à l'avenir son redoutable secret. Et elle s'écrie, au terme de l'*Histoire de ma Vie*: «*Terre* de Pierre Leroux, *Ciel* de Jean Reynaud, *Univers* de Leibnitz, *Charité* de Lamennais, vous montez ensemble vers le Dieu de Jésus... Quand, avec la jeunesse de mon temps, je secouais la voûte de plomb des mystères, Lamennais vint à propos étayer les parties sacrées du temple. Quand, indignés après les lois de septembre, nous étions prêts encore à renverser le sanctuaire réservé, Leroux vint, éloquent, ingénieux, sublime, nous promettre le règne du ciel sur cette même terre que nous maudissions. Et de nos jours, comme nous désespérions encore, Reynaud, déjà grand, s'est levé plus grand encore pour nous ouvrir, au nom de la science et de la foi, au nom de Leibnitz et de Jésus, l'infini des mondes comme une patrie qui nous réclame.»

La République, en effet, qu'elle attend, qu'elle appelle, c'est l'Evangile en acte, c'est la réalisation de cette doctrine «toute d'idéal et de sentiment sublime» qui fut apportée aux hommes par le Nazaréen. Du haut de ses rêves, elle devait choir dans la réalité. La désillusion sera cruelle.

Douée d'une intelligence religieuse et d'une raison anticléricale, elle était délibérément hostile à la théologie et aux pratiques du catholicisme. L'Eglise romaine lui apparaissait inconciliable avec l'esprit de liberté. Le 13 novembre 1844, elle répondait à un desservant qui, par circulaire, venait la solliciter pour une oeuvre pie: «Depuis qu'il n'y a plus, dans la foi catholique, ni discussions, ni conciles, ni progrès, ni lumières, je la regarde comme une lettre morte, qui s'est placée comme un frein politique au-dessous des trônes et au-dessus des peuples. C'est à mes yeux un voile mensonger sur la parole du Christ, une fausse interprétation des sublimes Evangiles, et un obstacle insurmontable à la sainte égalité que Dieu promet, que Dieu accordera aux hommes sur la terre comme au ciel.» Plus tard, en février 1848, à la veille de la Révolution, George Sand communique au *Constitutionnel* une lettre adressée à Pie IX par Joseph Mazzini, et elle y ajoute un commentaire qui se termine par cette adjuration: «Courage, Saint-Père! Soyez chrétien!»

C'est avec le même instinct de générosité confiante et un peu crédule qu'elle se tourne vers le prince Louis-Napoléon Bonaparte, prisonnier au fort de Ham, pour le féliciter de son «remarquable travail, l'*Extinction du Paupérisme.*» Cette correspondance est du mois de décembre 1844. George Sand était alors vaguement communiste, tout au moins dans le *Compagnon du Tour de France*, le *Meunier d'Angibault* et le *Péché de Monsieur Antoine.* Elle compte, pour assurer le triomphe de la liberté, sur l'impérial rêveur, chez qui se dérobe un sinistre ambitieux. En lui elle ne veut voir qu'un guerrier captif, un héros désarmé, un grand citoyen. Elle demande impatiemment à l'*homme d'élite* de tirer la France des mains d'un *homme vulgaire, pour ne rien dire de pis.* Par là elle a désigné Louis-Philippe. Comme la plupart des contemporains, elle subit la fascination de la légende napoléonienne. «Ce n'est pas, dit-elle, le nom terrible et magnifique que vous portez qui nous eût séduit. Nous avons à la fois diminué et grandi depuis les jours d'ivresse sublime qu'IL nous a donnés: son règne illustre n'est plus de ce monde, et l'héritier de son nom se préoccupe du sort des prolétaires!... Quant à moi personnellement, je ne connais pas le soupçon, et, s'il dépendait de moi, après vous avoir lu, j'aurais foi en vos promesses et j'ouvrirais la prison pour vous faire sortir, la main pour vous recevoir... Parlez-nous donc encore de liberté, noble captif! Le peuple est comme vous dans les fers. Le Napoléon d'aujourd'hui est celui qui personnifie la douleur du peuple comme l'autre personnifiait sa gloire.» A célébrer ainsi le renouveau des souvenirs d'antan, George Sand ne pressent pas qu'elle est sur le chemin de l'élection présidentielle, du coup d'Etat et de l'Empire.

Dès 1844, elle estimait, comme elle le proclamera en 1848 dans sa lettre *Aux Riches*, que «de communisme, c'est le vrai christianisme,» et elle ajoutera: «Hélas! non, le peuple n'est pas communiste, et cependant la France est appelée à l'être avant un siècle.» Sous le ministère Guizot, elle recueille des signatures en faveur de la *Pétition pour l'organisation du travail*, qui contient en germe la doctrine socialiste de Louis Blanc et les ateliers nationaux. Elle va de l'avant, mais sans discerner très nettement ceux qu'elle suit, non plus que ceux qu'elle entraîne. Le 18 février 1848, elle ne croit aucunement à la révolution qui éclatera six jours plus tard. «Je n'y vois pas, écrit-elle à son fils, de prétexte raisonnable dans l'affaire des banquets. C'est une intrigue entre ministres qui tombent et ministres qui veulent monter. Si l'on fait du bruit autour de leur table, il n'en résultera que des horions, des assassinats commis par les mouchards sur des badauds inoffensifs, et je ne crois pas que le peuple prenne parti pour la querelle de M. Thiers contre M. Guizot. Thiers vaut mieux, à coup sûr; mais il ne donnera pas plus de pain aux pauvres que les autres.» Elle déclare que se faire assommer pour Odilon Barrot et compagnie, *ce serait trop bête*, et elle exhorte Maurice à observer les événements de loin, sans se fourrer dans une bagarre que du reste elle ne prévoit pas. Et voici sa conclusion: «Nous sommes gouvernés par de la canaille.»

Le 24 février, le peuple de Paris est debout. George Sand accourt de Nohant, à la première nouvelle de la Révolution. Elle vient mettre sa plume à la disposition du Gouvernement provisoire: on l'utilisera. Le 6 mars, elle écrit à son ami Girerd, commissaire de la République à Nevers: «Tout va bien. Les chagrins personnels disparaissent quand la vie publique nous appelle et nous absorbe. La République est la meilleure des familles, le peuple est le meilleur des amis.» Elle lui envoie—car elle est l'auteur de sa nomination—les instructions suivantes, au nom du citoyen Ledru-Rollin, ministre de l'Intérieur: «Agis avec vigueur, mon cher frère. Dans une situation comme celle où nous sommes, il ne faut pas seulement du dévouement et de la loyauté, il faut du fanatisme au besoin. Il faut s'élever au-dessus de soi-même, abjurer toute faiblesse, briser ses propres affections si elles contrarient la marche d'un pouvoir élu par le peuple et réellement, foncièrement révolutionnaire. «Elle lui en offre une preuve en sacrifiant un ami que, d'ailleurs, elle a cessé d'aimer—ce qui amoindrit son mérite d'héroïne à la Corneille: «Ne t'apitoie pas sur le sort de Michel (de Bourges); Michel est riche, il est ce qu'il a souhaité, ce qu'il a choisi d'être. Il nous a trahis, abandonnés, dans les mauvais jours. A présent, son orgueil, son esprit de domination se réveillent. Il faudra qu'il donne à la République des gages certains de son dévouement s'il veut qu'elle lui donne sa confiance.» Elle n'admet aucune transaction, aucun accommodement; on doit balayer tout ce qui a l'esprit bourgeois. C'est avec encore plus d'allégresse qu'elle mande, le 9 mars, à Charles Poncy, l'ouvrier-poète de Toulon: «Vive la République! Quel rêve, quel enthousiasme, et, en même temps, quelle tenue, quel ordre à Paris! J'ai vu s'ouvrir les dernières barricades sous mes pieds. J'ai vu le peuple grand, sublime, naïf, généreux, le peuple français, réuni au coeur de la France, au coeur du monde; le plus admirable peuple de l'univers! J'ai passé bien des nuits sans dormir, bien des jours sans m'asseoir. On est fou, on est ivre, on est heureux de s'être endormi dans la fange et de se réveiller dans les cieux... J'ai le coeur plein et la tête en feu. Tous mes maux physiques, toutes mes douleurs personnelles sont oubliés. Je vis, je suis forte, je suis active, je n'ai plus que vingt ans.» Cet hosannah, nous le retrouvons dans tous les écrits de George Sand, en ces deux mois de mars et d'avril, notamment dans les *Lettres de Blaise Bonnin*, qui figurent au volume intitulé *Souvenirs de 1848* et qui sont d'excellente propagande démocratique à l'usage des paysans. De même, sous le titre générique: *Questions politiques et sociales*, voici les *Lettres au peuple*, celle par exemple du 7 mars, où George Sand déploie une éloquence qu'elle n'a jamais surpassée: «Venez, tous, morts illustres, maîtres et martyrs vénérés, venez voir ce qui se passe maintenant sur la terre; viens le premier, ô Christ, roi des victimes, et, à ta suite, le long et sanglant cortège de ceux qui ont vécu d'un souffle de ton esprit, et qui ont péri dans les supplices pour avoir aimé ton peuple! Venez, venez en foule, et que votre esprit soit parmi nous!» Puis, le 19 mars, s'adressant encore au peuple dans un élan mystique, elle s'écrie: «La République est un baptême, et, pour le recevoir dignement, il faut être en état de grâce. L'état de grâce, c'est un état de l'âme où, à force de haïr le mal, on n'y croit pas.»

Ces envolées dans l'empyrée ne lui font point négliger les réalités de la politique courante et des intérêts électoraux. Elle recommande à Maurice, qui est maire de Nohant, de travailler à prêcher, à républicaniser les bons paroissiens, et elle n'oublie pas l'irrésistible argument: «Nous ne manquons pas de vin cette année, tu peux faire rafraîchir ta garde nationale armée, modérément, *dans la cuisine*, et, là, pendant une heure, tu peux causer avec eux et les éclairer beaucoup.» Elle lui adresse, pour être lues aux populations, les circulaires officielles qu'elle-même a rédigées comme secrétaire bénévole de Ledru-Rollin, et elle hasarde un calembour—ce qui est assez rare sous sa plume—à propos du *maire* qui recevra les instructions de sa *mère*. De vrai, elle est occupée, absorbée comme un homme d'Etat. Le romancier a cédé la place au publiciste politique, qui alimente de sa prose le *Bulletin de la République*. Elle en est fière, mais cette collaboration «ne doit pas être criée sur les toits.» Elle ne signe pas.

George Sand serait-elle antisémite? En 1861, dans son roman de *Valvèdre*, elle créera l'étrange figure de l'Israélite Moserwald, et l'un des personnages formulera cette déclaration de principes: «Le juif a instinctivement besoin de manger un morceau de notre coeur, lui qui a tant de motifs pour nous haïr, et qui n'a pas acquis avec le baptême la sublime notion du pardon.» Déjà, le 24 mars 1848, elle écrivait à son fils: «Rothschild fait aujourd'hui de beaux sentiments sur la République. Il est gardé à vue par le Gouvernement provisoire, qui ne veut pas qu'il se sauve avec son argent et qui lui mettrait de la mobile à ses trousses. Encore *motus* là-dessus.» Elle professe, en effet, la répugnance des républicains si probes et si désintéressés d'alors, à l'endroit des hommes d'affaires, des spéculateurs et des agioteurs. Dans une admirable lettre à Lamartine, au commencement d'avril, elle le plaint de s'asseoir et de manger à la table des centeniers. Elle en profite pour exposer ce qu'on pourrait appeler la conception idéaliste de la démocratie: «Eh quoi! dit-elle, en peu d'années, vous vous êtes élevé dans les plus hautes régions de la pensée humaine, et, vous faisant jour au sein des ténèbres du catholicisme, vous avez été emporté par l'esprit de Dieu, assez haut pour crier cet oracle que je répète du matin au soir: «Plus il fait clair, mieux on voit Dieu!» Alors elle l'interroge, elle l'adjure, elle le presse: «Pourquoi êtes-vous avec ceux que Dieu ne veut pas éclairer, et non avec ceux qu'il éclaire? pourquoi vous placez-vous entre la bourgeoisie et le prolétariat?... Vous avez de la conscience, vous êtes pur, incorruptible, sincère, honnête dans toute l'acception du mot en politique, je le sais maintenant; mais qu'il vous faudrait de force, d'enthousiasme, d'abnégation et de pieux fanatisme pour être en prose le même homme que vous êtes en vers!... Mais non, vous n'êtes pas fanatique, et cependant vous devriez l'être, vous à qui Dieu parle sur le Sinaï. Vous devez porter les feux dont vous avez été embrasé dans votre rencontre avec le Seigneur, au milieu des glaces où les mauvais coeurs languissent et se paralysent. Vous êtes un homme d'intelligence et un homme de bien. Il vous reste à être un homme vertueux. Faites, ô source de lumière et d'amour, que le zèle de votre maison dévore le coeur de cette créature d'élite!»

Lamartine, sur ses sommets, n'entendit pas l'appel de George Sand, et ce fut pour elle un prémier déboire. Elle en éprouva un second, encore plus amer, en cette journée du 17 avril où deux cent mille bouches proférèrent les cris: «*Mort aux communistes! Mort à Cabet!*» Le soir même, elle écrit à Maurice une lettre désespérée: «J'ai bien dans l'idée que la République a été tuée dans son principe et dans son avenir, du moins dans son prochain avenir.» Elle s'apitoie sur ceux qui seront les vaincus, les victimes, les proscrits, et plus particulièrement sur Barbès, en qui elle voit—étrange rapprochement!—la vertu de Jeanne d'Arc et la pureté de Robespierre l'incorruptible. Il lui semble que son rôle, à elle, son rôle civique est fini, qu'il est temps de regagner Nohant. Elle a rédigé un *Bulletin* qu'elle déclare «un peu raide» et qui a déchaîné toutes les fureurs de la bourgeoisie. Un moment, elle reprend courage, le 20 avril, devant la fête de la Fraternité, «la plus belle journée de l'histoire», où un million d'âmes communient dans la religion d'amour: «Du haut de l'Arc de l'Etoile, le ciel, la ville, les horizons, la campagne verte, les dômes des grands édifices dans la pluie et dans le soleil, quel cadre pour la plus gigantesque scène humaine qui se soit jamais produite! De la Bastille, de l'Observatoire à l'Arc de triomphe, et au delà et en deçà hors de Paris, sur un espace de cinq lieues, quatre cent mille fusils pressés comme un mur qui marche, l'artillerie, toutes les armes de la ligne, de la mobile, de la banlieue, de la garde nationale, tous les costumes, toutes les pompes de l'armée, toutes les guenilles de la *sainte canaille*, et toute la population de tout âge et de tout sexe pour témoin, chantant, criant, applaudissant, se mêlant au cortège. C'était vraiment sublime.» Trois semaines s'écoulent. Le 15 mai, l'Assemblée Constituante, à peine réunie, est envahie sous prétexte d'une manifestation en faveur de la Pologne. George Sand, qui avait l'âme polonaise—en ce temps-là on exécrait la Russie—s'est mêlée à la foule des pétitionnaires, sans peut être conniver à leur dessein de violer la représentation nationale. Elle est dénoncée, compromise, et se retire à Nohant, d'où elle envoie des articles au journal ultra démocratique du citoyen Théophile Thoré, la *Vraie République*. Par ainsi elle se sépare de Ledru-Rollin, qui devient suspect de modérantisme et que, dans certains départements, on appelait *le duc Rollin*. Dans le Berry, une réaction forcenée domine. Les bourgeois racontent, et les paysans croient, que George Sand est l'ardent disciple du *père Communisme*, «un gaillard très méchant qui brouille tout à Paris et qui veut que l'on mette à mort les enfants au-dessous de trois ans et les vieillards au-dessus de soixante.» Comment réfuter de telles inepties, propagées par le fanatisme, accueillies par l'ignorance et la sottise? George Sand épanche sa tristesse dans des lettres indignées, adressées soit à Barbès, détenu au donjon de Vincennes, soit à Joseph Mazzini, qui caressait à Milan son beau rêve de l'unité italienne, avec la glorieuse devise: *Dio e Popolo*. Dieu, où est-il? On croirait qu'il se désintéresse du train des choses humaines. La solitaire de Nohant gémit de ce spectacle. «Si Jésus reparaissait parmi nous, s'écrie-t-elle, il serait empoigné par la garde nationale comme factieux et anarchiste.»

Sa mélancolie va redoubler devant les journées de Juin. Elle est atteinte dans les oeuvres vives de sa foi. Où peut aller, sinon au suicide, une République qui, suivant sa vigoureuse expression, commence par tuer ses prolétaires? De vrai, George Sand, en proie à l'exaltation de généreuses utopies, ne s'aperçoit pas qu'on a épouvanté les classes moyennes en discutant leurs croyances les plus chères, en ébranlant et sapant la propriété individuelle, pour lui substituer on ne sait quelle propriété sociale qui, un demi-siècle plus tard, ne sera pas encore clairement définie. Il va falloir que la docile élève de Pierre Leroux dépouille, une à une, toutes ses illusions. Ce sera une mue lente et douloureuse. Nous retrouvons les angoisses de son coeur et de sa pensée, à travers la *Correspondance*. Le 30 septembre 1848, elle écrit à Joseph Mazzini: «La majorité du peuple français est aveugle, crédule, ignorante, ingrate, méchante et bête; elle est bourgeoise enfin! Il y a une minorité sublime dans les villes industrielles.» Elle dit vrai; c'est cette minorité qui, par la bouche d'un ouvrier parisien, prononçait l'héroïque parole: «*Nous avons encore trois mois de misère au service de la République.*» Mais que peuvent des dévouements épars et indisciplinés, en face de la veulerie générale? George Sand a résumé en une formule synthétique la résistance des uns, l'impuissance des autres: «Les riches ne veulent pas, et les pauvres ne savent pas.»

Durant l'année 1849, le découragement s'accentue. A distance, elle s'évertue à porter sur les événements et sur les hommes un jugement impartial. De Ledru-Rollin elle esquisse un portrait où subsiste à peine quelque vague trace de son engouement d'autrefois: «Je commence par vous dire, mande-t-elle à Mazzini le 5 juillet 1849, que j'ai de la sympathie, de l'amitié même pour cet homme-là. Il est aimable, expansif, confiant, brave de sa personne, sensible, chaleureux, désintéressé en fait d'argent. Mais je crois ne pas me tromper, je crois être bien sûre de mon fait quand je vous déclare, après cela, que ce n'est point un homme d'action; que l'amour-propre politique est excessif en lui; qu'il est vain; qu'il aime le pouvoir et la popularité autant que Lamartine; qu'il est *femme* dans la mauvaise acception du mot, c'est-à-dire plein de personnalité, de dépits amoureux et de coquetteries politiques; qu'il est faible, qu'il n'est pas brave au moral comme au physique; qu'il a un entourage misérable et qu'il subit des influences mauvaises; qu'il aime la flatterie; qu'il est d'une légèreté impardonnable; enfin, qu'en dépit de ses précieuses qualités, cet homme, entraîné par ses incurables défauts, trahira la véritable cause populaire.» Et l'appréciation se résume ainsi: «C'est l'homme capable de tout, et pourtant c'est un très honnête homme, mais c'est un pauvre caractère.

Les préférences de George Sand vont à Louis Blanc, dont le socialisme érudit lui paraît plus substantiel que le jacobinisme à la fois déclamatoire et bourgeois de Ledru-Rollin. Dès 1845, elle avait consacré à l'*Histoire de Dix ans* un article enthousiaste, qui figure dans le volume *Questions politiques et sociales*. Pareil éloge, en novembre 1847, pour les deux premiers tomes de l'*Histoire de la Révolution française*. Ils avaient, elle et lui, le même culte de Robespierre, le même respect de la Montagne, le même amour religieux de cette Convention nationale qui a fondé la République une et indivisible. Et les vers, prosaïques mais excellemment intentionnés de Ponsard, dans le *Lion amoureux*, remontent à la mémoire:

La Convention peut, comme l'ancien Romain,
Sur l'autel attesté posant sa forte main,
Répondre fièrement, alors qu'on l'injurie:
«Je jure que tel jour j'ai sauvé la patrie!»

George Sand n'était pas Girondine. A telles enseignes qu'elle se déroba à l'universelle admiration soulevée par l'*Histoire des Girondins*. Elle ne goûtait ni la prose poétique ni la forme oratoire, élégamment verbeuse, de Lamartine.

Même elle le juge avec quelque cruauté dans une lettre du 4 août 1850, adressée à Mazzini: «Croyez-moi, ceux qui sont toujours en *voix* et qui chantent d'eux-mêmes, sont des égoïstes qui ne vivent que de leur propre vie. Triste vie que celle qui n'est pas une émanation de la vie collective. C'est ainsi que bavarde, radote et divague ce pauvre Lamartine, toujours abondant en phrases, toujours ingénieux en appréciations contradictoires, toujours riche en paroles et pauvre d'idées et de principes; il s'enterre sous ses phrases et ensevelit sa gloire, son honneur peut-être, sous la facilité prostituée de son éloquence.» Est-elle plus favorable à Victor Hugo? Il s'échauffait pour la République à l'époque même où, tout au contraire, elle commençait à se refroidir. On ne trouve dans la *Correspondance* aucune appréciation sur les discours, gonflés d'emphase et d'antithèses, qu'il prononçait à la Législative, mais bien ce passage un peu rude qui vise les *Contemplations*: «Je n'ai jamais compris les poètes faisant des vers sur la tombe de leur mère et de leurs enfants. Je ne saurais faire de l'éloquence sur la tombe de la patrie!» Elle n'en fera même pas sur les ruines de la liberté. Au fond de l'âme, elle était, sinon impérialiste et napoléonienne, du moins teintée de bonapartisme. Un régime consulaire devait lui agréer. De là ses sympathies, avant et pendant l'Empire, pour Jérôme Napoléon, le prince qui se disait républicain. Au 10 décembre 1848, quand le suffrage universel alla jusqu'à préférer le neveu de l'Empereur au général Cavaignac, George Sand voulut voir dans ce résultat un triomphe, non pas de l'esprit rétrograde, mais du socialisme et même du communisme dont alors elle était férue. Cette opinion paradoxale inspire l'article intitulé: *A propos de l'élection de Louis Bonaparte à la présidence de la République*. Trois ans plus tard, on souhaiterait que la démocrate exaltée de 1848 s'indignât devant le 2 Décembre, devant la victoire de la force brutale, le triomphe du parjure et la violation du droit. Or, elle écrit simplement de Nohant, le 6 décembre 1851, à son amie madame Augustine de Bertholdi: «Chère enfant, rassure-toi. Je suis partie de Paris, le 4 au soir, à travers la fusillade, et je suis ici avec Solange, sa fille, Maurice, Lambert et Manceau.»—Lambert était un peintre, ami de Maurice; Manceau, un graveur, mi-artisan, mi-artiste, qu'elle avait attaché à sa personne et qui demeura quinze ans en fonctions, lentement phtisique. Il eut le chant du cygne.—Elle poursuit: «Le pays est aussi tranquille qu'il peut l'être, au milieu d'événements si imprévus. Cela tue mes affaires qui étaient en bon train.» Voilà le cri de l'égoïsme ou de la lassitude! Puis elle reprend: «N'importe! tant d'autres souffrent en ce monde, qu'on n'a pas le droit de s'occuper de soi-même.» Et ce vague correctif est la seule protestation que lui arrache le coup d'Etat, l'assassinat de cette République qu'elle a tant aimée. Elle garde le silence, alors que partent en exil Victor Hugo, Charras, Edgar Quinet, Barni, Emile Deschanel, et tant d'autres, les meilleurs citoyens, demeurés les serviteurs de la liberté. Elle désarme et capitule.

Sans doute elle profite de ses relations amicales avec le prince Jérôme pour le prier d'intercéder auprès de son cousin et solliciter quelques grâces en faveur de républicains livrés aux commissions mixtes, et condamnés à la prison, à la déportation ou au bannissement. Elle demande qu'on relaxe Fleury, Périgois, Aucante. Mais, s'il faut reconnaître la générosité de l'intention, le ton des lettres est parfois déconcertant. Dès le 3 janvier 1852, elle s'adresse à Son Altesse le Prince Jérôme Napoléon, et les réponses inédites de son impérial correspondant mériteraient d'être publiées. Il écrit le 14 janvier: «On m'a *promis*, mais toujours avec des restrictions, on n'obtient pas, on arrache!» Le 18 février, il la félicite de dérober le plus de victimes possible à la réaction. Et le 27 mai: «Voici, dit-il, une occasion pour moi d'être utile à de malheureux républicains dont je partage les opinions.» Langage de prince, qui se déclare démocrate, mais qui a accepté une grosse dotation et, l'Empire rétabli, habitera au Palais-Royal!

C'est au Président lui même que George Sand demande une audience, le 26 janvier 1852, en une longue lettre dont il faut retenir les passages essentiels: «Je ne suis pas madame de Staël. Je n'ai ni son génie ni l'orgueil qu'elle mit à lutter contre la double force du génie et de la puissance... Prince, je vous ai toujours regardé comme un génie socialiste, et, le 2 Décembre, après la stupeur d'un instant, en présence de ce dernier lambeau de société républicaine foulé aux pieds de la conquête, mon premier cri a été: «O Barbès, voilà la souveraineté du but! Je ne l'acceptais pas même dans ta bouche austère: mais voilà que Dieu te donne raison et qu'il l'impose à la France, comme sa dernière chance de salut, au milieu de la corruption des esprits et de la confusion des idées... Vous qui, pour accomplir de tels événements, avez eu devant les yeux une apparition idéale de justice et de vérité, il importe bien que vous sachiez ceci: c'est que je n'ai pas été seule dans ma religion à accepter votre avènement avec la soumission qu'on doit à la logique de la Providence.» Enfin, la lettre se termine par ces mots: «Amnistie, amnistie bientôt, mon Prince!» A travers l'appel à la pitié, c'est l'acquiescement au régime issu du coup d'Etat. Tandis qu'elle adresse encore à Jules Hetzel, le 20 février 1832, une profession de foi républicaine où elle atteste que «toute la sève était dans quelques hommes aujourd'hui prisonniers, morts ou bannis,» George Sand écrit, le 1er du même mois, au chef de cabinet du ministre de l'Intérieur: «Le peuple accepte, nous devons accepter.» Et le même jour, hélas! qu'elle renouvelait à Hetzel l'assurance de son républicanisme, elle disait humblement au Prince-Président: «Prenez la couronne de la clémence; celle-là, on ne la perd jamais.» Puis le mois suivant: «Prince, prince, écoutez la femme qui a des cheveux blancs et qui vous prie à genoux; la femme cent fois calomniée, qui est toujours sortie pure, devant Dieu et devant les témoins de sa conduite, de toutes les épreuves de la vie, la femme qui n'abjure aucune de ses croyances et qui ne croit pas se parjurer en croyant en vous. Son opinion laissera peut-être une trace dans l'avenir.»

Dans le camp républicain, parmi les proscrits et les vaincus, on la désavoue, on lui crie: «Vous vous compromettez, vous vous perdez, vous vous déshonorez, vous êtes bonapartiste.» Elle s'en défend, mais elle déclare au Prince qu'elle est le seul esprit socialiste qui lui soit resté personnellement attaché, malgré tous les coups frappés sur son Eglise. Elle confesse à son brave ami Fleury que s'il fallait tomber dans un pouvoir oligarchique et militaire, *elle aime autant celui-ci.* Lorsque l'Empire est proclamé, elle s'incline devant le fait accompli. Que dis-je? elle a déjà répudié ses anciens compagnons d'armes, dans une ample lettre à Mazzini, du 23 mai 1852, qui contient ce triste passage: «La grande vérité, c'est que le parti républicain, en France, composé de tous les éléments possibles, est un parti indigne de son principe et incapable, pour toute une génération, de le faire triompher.» Est-ce bien là ce qu'elle pense du parti qui comptait dans ses rangs Lamartine, Louis Blanc, Ledru-Rollin, Michelet, Edgar Quinet, Barbès, Victor Hugo? Ceux-là n'ont pas chanté la palinodie. Et Mazzini, que de tels aveux devaient navrer, mais qui restait courtois devant la faiblesse d'une femme, prononce le mot de *résignation.* Elle est plus que résignée à l'Empire, elle est ralliée, ou peu s'en faut. Qu'elle retourne à la littérature! De nouveaux chefs-d'oeuvre vont pallier les défaillances et les virevoltes de sa politique.

CHAPITRE XXIV

LES ROMANS CHAMPÊTRES

La rude commotion de 1848 eut l'effet inattendu de renouveler le talent de George Sand, en la soustrayant aux préoccupations politiques et sociales qui risquaient d'accaparer sa pensée et de restreindre son horizon littéraire. Issue de la lignée intellectuelle de Jean-Jacques, elle était, comme son glorieux ancêtre, tour à tour sollicitée par les problèmes du *Contrat social* et par la contemplation de la nature. C'est celle-ci qui va définitivement triompher. La sociologie—pour user du néologisme créé par Auguste Comte—devra s'avouer vaincue, après avoir ajouté au bagage de George Sand le *Compagnon du Tour de France*, le *Meunier d'Angibault* et le *Péché de Monsieur Antoine*. Jamais, à dire vrai, l'auteur de *Mauprat* et de *Consuelo* n'avait déserté ce filon purement romanesque qui était la vraie richesse de son domaine et sera la meilleure part de son héritage. En 1840, elle retraçait dans *Pauline* les aventures d'une fille de province, devenue actrice, qui rentre dans sa ville natale, revoit une amie, l'emmène à Paris, et ne réussit qu'à troubler une placide existence. Le manuscrit, commencé en 1832, au temps de *Valentine*, fut égaré, puis retrouvé huit ans après, et terminé; on sent que cette nouvelle n'est pas d'une seule venue et que deux procédés différents s'y rencontrent, sans se fondre et s'amalgamer.—Il y a lieu pareillement de faire des réserves sur *Isidora*, médiocre roman en trois parties, publié en 1845. Le jeune Jacques Laurent a le coeur partagé entre la courtisane Isidora, mariée *in extremis* au comte Félix, et sa belle-soeur la chaste Alice. C'est une série de dissertations où se rencontre cette définition alambiquée: «L'amour est un échange d'abandon et de délices; c'est quelque chose de si surnaturel et de si divin, qu'il faut une réciprocité complète, une fusion intime des deux âmes; c'est une trinité entre Dieu, l'homme et la femme. Que Dieu en soit absent, il ne reste plus que deux mortels aveugles et misérables qui luttent en vain pour entretenir le feu sacré, et qui l'éteignent en se le disputant.» Plus loin, un parallèle entre la jeunesse, comparée à un admirable paysage des Alpes, et la vieillesse, qui ressemble à un vaste et beau jardin, bien planté, bien uni, bien noble, à l'ancienne mode.

Teverino est de la même année 1845. Il n'y faut voir qu'une fantaisie sans plan, sans but, à la suite d'un jeune aventurier déguisé en homme du monde. Emule de Figaro, tour à tour modèle, batelier, jockey, enfant de choeur, figurant de théâtre, chanteur des rues, marchand de coquillages, garçon de café, cicérone, Teverino est un de ces enfants de l'Italie qui ont le sens de la beauté, le goût de la paresse et l'immoralité native.—De provenance analogue le roman de *Lucrezia Floriani*, paru en 1847. Fille du pêcheur Menapace, la Floriani est enlevée par le jeune Memmo Ranieri, remporte de grands succès au théâtre, et se retire au bord du lac d'Iseo, où elle conquiert le coeur du prince Karol de Roswald. Et l'on prétendit que leur étrange et vraisemblable liaison était précisément celle de George Sand et de Chopin.—A la même époque et à la même inspiration se rattache une petite nouvelle, *Lavinia*, qui met en scène une héroïne coupant ses cheveux pour en faire un sacrifice à l'amour. A cela près, cette restitution de lettres, après dix ans de rupture, n'offre, en dépit du cadre pyrénéen de Saint-Sauveur, qu'un médiocre agrément.

Entre toutes les oeuvres contemporaines des romans socialistes, il en est une qui mérite d'être retenue et attentivement examinée. C'est *Jeanne*, publiée en 1844 par le *Constitutionnel*, alors que George Sand avait rompu avec la *Revue des Deux Mondes*. Pour la première fois elle se hasardait dans le feuilleton d'un journal quotidien. «Ce mode, dit-elle, exige un art particulier que je n'ai pas essayé d'acquérir, ne m'y sentant pas propre. Alexandre Dumas et Eugène Sue possédaient dès lors, au plus haut point, l'art de finir un chapitre sur une péripétie intéressante, qui devait tenir sans cesse le lecteur en haleine, dans l'attente de la curiosité ou de l'inquiétude. Tel n'était pas le talent de Balzac, tel est encore moins le mien.» Mais surtout George Sand abordait un genre nouveau, celui où elle obtiendra ses plus éclatants et plus durables succès. Elle le déclare dans la notice de 1852: «*Jeanne* est une première tentative qui m'a conduit à faire plus tard la *Mare au Diable*, le *Champi* et la *Petite Fadette*. La vierge d'Holbein m'avait toujours frappé comme un type mystérieux où je ne pouvais voir qu'une fille des champs rêveuse, sévère et simple: la candeur infinie de l'âme, par conséquent un sentiment profond dans une mélancolie vague, où les idées ne se formulent point. Cette femme primitive, cette vierge de l'âge d'or, où la trouver dans la société moderne?» George Sand a voulu que son héroïne fût une paysanne gauloise, sorte de Jeanne d'Arc ignorée, qui ne sût ni lire ni écrire, et vécût, non pas même aux champs, mais au désert, «sur une lande inculte, sur une terre primitive qui porte les stigmates mystérieux de notre plus antique civilisation.» Malheureusement, le romancier fut entravé ou par la hâte de son travail, ou par la nouveauté de son dessein, ou par l'idiome semi-campagnard prêté aux personnages. La notice plaide, à ce sujet, les circonstances atténuantes: «Je n'osai point alors faire ce que j'ai osé plus tard, peindre mon type dans son vrai milieu, et l'encadrer exclusivement de figures rustiques en harmonie avec la mesure, assez limitée en litterature, de ses idées et de ses sentiments.» *Jeanne* est un ouvrage composite, où des sensations et des pensées contradictoires ne procurent pas cette impression d'unité qui est la règle supérieure de l'art. Ici, les contrastes du fond se retrouvent dans la forme, et l'auteur en a très nettement conscience: «Je me sentis dérangé de l'oasis austère où j'aurais voulu oublier et faire oublier à mon lecteur le monde moderne et la vie présente. Mon propre style, ma phrase me gênait. Cette langue nouvelle ne peignait ni les lieux, ni les figures que j'avais vues avec mes yeux et comprises avec ma rêverie. Il me semblait que je barbouillais d'huile et de bitume les peintures sèches, brillantes, naïves et plates des maîtres primitifs, que je cherchais à faire du relief sur une figure étrusque, que je traduisais Homère en rébus, enfin que je profanais le nu antique avec des draperies modernes.» Or, ce sont précisément ces imperfections qu'il est précieux de saisir et d'analyser. On y discerne les tâtonnements de George Sand, avant que son génie pût découvrir et suivre la large voie du roman champêtre.

La dédicace de *Jeanne* est adressée à une humble paysanne, Françoise Maillant, en des termes d'une touchante délicatesse: «Tu ne sais pas lire, ma paisible amie, mais ta fille et la mienne ont été à l'école. Quelque jour, à la veillée d'hiver, pendant que tu fileras ta quenouille, elles te raconteront cette histoire qui deviendra beaucoup plus jolie en passant par leurs bouches.» Les principales scènes du récit se déroulent à Toull-Sainte-Croix, sur la frontière de la Marche. Nous assistons à l'agonie de Tula, mère de Jeanne, et c'est un émouvant spectacle que la veillée funèbre, sur la pierre d'Ep-Nell. La silhouette de la jeune fille se détache, immobile et tragique, au-dessus du cadavre: «Peut-être s'était-elle endormie dans l'attitude de la prière. Sa mante grise, dont le capuchon était rabattu sur son visage en signe de deuil, lui donnait, au clair de la lune, l'aspect d'une ombre. Le curé, tout vêtu de noir, et la morte roulée dans son linceul blanc, formaient avec elle un tableau lugubre. De temps en temps, le feu, contenu sous les amas de débris, faisait, en petit, l'effet d'une éruption volcanique. Il s'échappait avec une légère détonation, lançait au loin la paille noircie qui l'avait couvé, et montait en jets de flamme pour s'éteindre au bout de peu d'instants. Ces lueurs fugitives faisaient alors vaciller tous les objets. La morte semblait s'agiter sur sa pierre, et Jeanne avait l'air de suivre ses mouvements, comme pour la bercer dans son dernier sommeil. On entendait au loin le hennissement de quelques cavales au pâturage et les aboiements des chiens dans les métairies. La reine verte des marécages coassait d'une façon monotone, et ce qu'il y avait de plus étrange dans ces voix, insouciantes des douleurs et des agitations humaines, c'était le chant des grillons de cheminée, ces hôtes incombustibles du foyer domestique, qui, réjouis par la chaleur des pierres, couraient sur les ruines de leur asile en s'appelant et en se répondant avec force dans la nuit silencieuse et sonore.»

Voilà les prémices du genre littéraire où George Sand excellera, et voilà aussi l'apothéose de la beauté en son épanouissement juvénile. Jeanne la paysanne—c'est encore la thèse égalitaire—a un charme et une grâce qui ne redoutent aucune comparaison avec les femmes les plus élégantes de la bourgeoisie ou de la noblesse. Le curé lui-même la regarde avec une discrète complaisance. La remarque en est faite, sans irrévérence ni malice: «Comme il n'avait pas plus de trente ans, qu'il avait des yeux, du goût et de la sensibilité, il était bien un peu agité auprès d'elle». Non moins ému, et plus libre en ses desseins, sera l'Anglais millionnaire, Arthur Harley, qui veut épouser Jeanne, domestique chez madame de Boussac. Et ce roman, qui débute par une mort, se termine par une agonie mystique. La pastoure expire, ayant à son chevet sir Arthur, et les dernières paroles qui viennent à ses lèvres sont les vers d'une chanson de terroir:

En traversant les nuages,
J'entends chanter ma mort.
Sur le bord du rivage
On me regrette encore.

Dans l'avant-propos de *François le Champi*, George Sand imagine un dialogue, à nuit close, avec un ami qui censure la forme mixte dont elle s'est servie pour instituer un genre où la littérature se mêle à la paysannerie. L'homme des champs, à ce prix, ne parle ni son véritable langage—il serait besoin d'une traduction pour l'entendre—ni la langue de la société polie—ce serait aussi invraisemblable que l'*Astrée*. George Sand s'est arrêtée à un procédé intermédiaire, conventionnel et aimable, qui est une manière de transposition ou d'adaptation artistique. Et l'ami anonyme répond: «Tu peins une fille des champs, tu l'appelles *Jeanne*, et tu mets dans sa bouche des paroles qu'à la rigueur elle peut dire. Mais toi, romancier, qui veux faire partager à tes lecteurs l'attrait que tu éprouves à peindre ce type, tu la compares à une druidesse, à Jeanne d'Arc, que sais-je? Ton sentiment et ton langage font avec les siens un effet disparate comme la rencontre de tons criards dans un tableau; et ce n'est pas ainsi que je peux entrer tout à fait dans la nature, même en l'idéalisant.» Il veut qu'elle raconte une de ces histoires qu'on a entendues à la veillée, comme si elle avait un Parisien à sa droite, un paysan à sa gauche, et qu'il fallût parler clairement pour le premier, naïvement pour le second. C'est sur ce patron qu'elle a excellemment tracé l'aventure de *François le Champi*, l'enfant trouvé, le bâtard, abandonné dans les champs, qui, recueilli par Madeleine Blanchet, s'éprend pour sa mère adoptive d'une mystérieuse et grandissante tendresse.

Ce sentiment équivoque, où l'affection filiale se mue en inclination amoureuse, était délicat à analyser. George Sand s'y complaît et devait y réussir. Elle connaissait les déviations troublantes des sollicitudes et des caresses qui se croient ou se disent maternelles. Dans Madeleine, veuve de Cadet Blanchet, elle a mis quelque chose d'elle-même, un peu de cette passion ambiguë qu'elle éprouva pour Alfred de Musset et Chopin. Avec le prestige d'un cadre de nature, l'élément de vague inceste se dissipe, et s'évanouit. Nous connivons au secret désir de deux êtres, trop inégaux d'âge, mais appariés par le coeur, qui se recherchent et s'adorent sans oser murmurer l'aveu.

En regard, le roman comporte le personnage inhérent et indispensable à tout bon mélodrame, celui du traître. Ici, c'est une traîtresse, la Sévère, faraude commère, qui a déjà dominé, ruiné fou Blanchet, et qui maintenant porte sa convoitise sur les dix-sept ans du Champi. C'est la sirène, la Circé de village, dont le chanvreur à la verve conteuse esquisse ainsi le portrait: «Cette femme-là s'appelait Sévère, et son nom n'était pas bien ajusté sur elle, car elle n'avait rien de pareil dans son idée. Elle en savait long pour endormir les gens dont elle voulait voir reluire les écus au soleil. On ne peut pas dire qu'elle fût méchante, car elle était d'humeur réjouissante et sans souci, mais elle rapportait tout à elle, et ne se mettait guère en peine du dommage des autres, pourvu qu'elle fût brave et fêtée. Elle avait été à la mode dans le pays, et, disait-on, elle avait trouvé trop de gens à son goût. Elle était encore très belle femme et très avenante, vive quoique corpulente, et fraîche comme une guigne.» Comment en vint-elle à s'amouracher du Champi? D'abord, ce fut un jeu, un badinage: «Si elle le rencontrait dans son grenier ou dans sa cour, elle lui disait quelque fadaise pour se moquer de lui, mais sans mauvais vouloir, et pour l'amusement de le voir rougir; car il rougissait comme une fille quand cette femme lui parlait, et il se sentait mal à son aise.» Puis elle le considéra avec plus d'attention et de contentement; elle le trouva *diablement beau garçon*. Or il l'était. «Il ne ressemblait pas aux autres enfants de campagne, qui sont trapus et comme tassés à cet âge-là, et qui ne font mine de se dénouer et de devenir quelque chose que deux ou trois ans plus tard. Lui, il était déjà grand, bien bâti; il avait la peau blanche, même en temps de moisson, et des cheveux tout frisés qui étaient comme brunets à la racine et finissaient en couleur d'or.»

François le Champi paraissait en feuilleton dans le *Journal des Débats*, lorsque éclata la révolution de février 1848. Il fallut interrompre la publication: la politique reléguait à l'arrière-plan la littérature romanesque. Quatre mois révolus, George Sand, désabusée, reprenait sa plume rustique et composait la *Petite Fadette*. Elle explique, dans la notice de l'ouvrage, que «d'horreur profonde du sang versé de part et d'autre et une sorte de désespoir à la vue de cette haine, de ces injures, de ces menaces, de ces calomnies qui montent vers le ciel comme un impur holocauste, à la suite des convulsions sociales», s'emparèrent de son esprit, au lendemain des journées de Juin. Elle alla demander au contact de la nature et à la contemplation de la vie rurale, sinon le bonheur, du moins la foi. Tout comme un politique évincé, elle retournait à ses chères études. Les lettres ont une vertu mystérieusement apaisante, que George Sand préconise. «L'artiste, dit-elle, qui n'est que le reflet et l'écho d'une génération assez semblable à lui, éprouve le besoin impérieux de détourner la vue et de distraire l'imagination, en se reportant vers un idéal de calme, d'innocence et de rêverie. Sa mission est de célébrer la douceur, la confiance, l'amitié, et de rappeler ainsi aux hommes endurcis ou découragés, que les moeurs pures, les sentiments tendres et l'équité primitive sont ou peuvent être encore de ce monde. Les allusions directes aux malheurs présents, l'appel aux passions qui fermentent, ce n'est point là le chemin du salut; mieux vaut une douce chanson, un son de pipeau rustique, un conte pour endormir les petits enfants sans frayeur et sans souffrance, que le spectacle des maux réels renforcés et rembrunis encore par les couleurs de la fiction.»

Dans la *Petite Fadette*, George Sand remplit son dessein. C'est une naïve et touchante histoire que celle des deux bessons, Landry et Sylvinet. Et Fadette, «le pauvre grelet,» est une étrange créature, qui se rend à la danse, plaisamment habillée: «Elle avait une coiffe toute jaunie par le renfermé, qui, au lieu d'être petite et bien retroussée par le derrière, selon la nouvelle mode du pays, montrait de chaque côté de sa tête deux grands oreillons bien larges et bien plats; et, sur le derrière de sa tête, la cayenne retombait jusque sur son cou, ce qui lui donnait l'air de sa grand'mère et lui faisait une tête large comme un boisseau sur un petit cou mince comme un bâton. Son cotillon de droguet était trop court de deux mains; et, comme elle avait grandi beaucoup dans l'année, ses bras maigres, tout mordus par le soleil, sortaient de ses manches comme deux pattes d'aranelle. Elle avait cependant un tablier d'incarnat dont elle était bien fière, mais qui lui venait de sa mère, et dont elle n'avait point songé à retirer la bavousette, que, depuis plus de dix ans, les jeunesses ne portent plus.»

Landry précisément, le bel adolescent, fait grief à Fanchon Fadet de ne point être coquette comme le sont les autres danseuses. «C'est, dit-il, que tu n'as rien d'une fille et tout d'un garçon, dans ton air et dans tes manières; c'est que tu ne prends pas soin de ta personne. Pour commencer, tu n'as point l'air propre et soigneux, et tu te fais paraître laide par ton habillement et ton langage.» En effet, elle galope sur une jument sans bride ni selle, elle grimpe aux arbres comme un *chat-écurieux*, et les enfants du pays l'appellent le *grelet* ou même le *mâlot*.

De tous ces reproches Fadette est fort marrie, car elle a du penchant pour Landry, le joli gars. Mais à quoi bon y songer et se troubler la cervelle? «Je sais, dit-elle, ce qu'il est, et je sais ce que je suis. Il est beau, riche et considéré; je suis laide, pauvre et méprisée.» N'importe, elle est touchée, et l'amour exerce sur elle son influence coutumière. Elle en sera embellie, métamorphosée. Et voyez comme elle apparaît un dimanche à la messe: «C'était bien toujours son pauvre dressage, son jupon de droguet, son devanteau rouge et sa coiffe de linge sans dentelle; mais elle avait reblanchi, recoupé et recousu tout cela dans le courant de la semaine. Sa robe était plus longue et tombait plus convenablement sur ses bas, qui étaient bien blancs, ainsi que sa coiffe, laquelle avait pris la forme nouvelle et s'attachait gentillement sur ses cheveux noirs bien lissés; son fichu était neuf et d'une jolie couleur jaune doux qui faisait valoir sa peau brune. Elle avait aussi rallongé son corsage, et, au lieu d'avoir l'air d'une pièce de bois habillée, elle avait la taille fine et ployante comme le corps d'une belle mouche à miel. De plus, je ne sais pas avec quelle mixture de fleurs ou d'herbes elle avait lavé pendant huit jours son visage et ses mains, mais sa figure pâle et ses mains mignonnes avaient l'air aussi net et aussi doux que la blanche épine du printemps. Landry, la voyant si changée, laissa tomber son livre d'heures, et, au bruit qu'il fit, la petite Fadette se retourna tout à fait et le regarda, tout en même temps qu'il la regardait. Et elle devint un peu rouge, pas plus que la petite rose des buissons; mais cela fa fit paraître quasi belle, d'autant plus que ses yeux noirs, auxquels jamais personne n'avait pu trouver à redire, laissèrent échapper un feu si clair qu'elle en parut transfigurée. Et Landry pensa encore: Elle est sorcière; elle a voulu devenir belle de laide qu'elle était, et la voilà belle par miracle. Il en fut comme transi de peur, et sa peur ne l'empêchait pourtant point d'avoir une telle envie de s'approcher d'elle et de lui parler, que, jusqu'à la fin de la messe, le coeur lui en sauta d'impatience.»

Enfin les aveux s'échangent, le jour où Fadette doit s'éloigner, et les paroles qu'elle prononce sont d'une chasteté parfaite et d'une suavité pénétrante, Landry en est tout troublé. Il rit, il pleure, comme un fou. «Et il embrassait Fanchon sur ses mains, sur sa robe; et il l'eût embrassée sur ses pieds, si elle avait voulu le souffrir; mais elle le releva et lui donna un vrai baiser d'amour dont il faillit mourir; car c'était le premier qu'il eût jamais reçu d'elle, ni d'aucune autre, et, du temps qu'il en tombait comme pâmé sur le bord du chemin, elle ramassa son paquet, toute rouge et confuse qu'elle était, et se sauva en lui défendant de la suivre et en lui jurant qu'elle reviendrait.» Elle revient en effet, et ils s'épousent. Heureuse et riche, elle se comporte en bonne villageoise à l'âme socialiste, tout comme la châtelaine de Nohant. Dans sa demeure elle recueille, quatre heures chaque jour, les enfants nécessiteux de la commune, les instruit, les assiste, leur enseigne la vraie religion, sans doute le christianisme intégral. Mais il y a une ombre à ce patriarcal tableau. Landry, hélas! n'était pas seul à aimer Fanchon Fadette. Le besson Sylvinet nourrissait les mêmes sentiments. Il lui serait trop cruel d'être le témoin d'un bonheur dont il se trouve frustré. Alors il s'engage dans la Grande Armée, devient capitaine, obtient la croix, et peut-être ira-t-il finir ses jours au village, quand la blessure de son coeur sera définitivement cicatrisée.

Pour compléter la trilogie des romans champêtres, voici le plus court, mais le plus exquis, la *Mare au Diable*, qui fut composé avant *François le Champi* et la *Petite Fadette*. Ce triptyque, dans la pensée de l'auteur, ne correspondait à aucun système, à aucune prétention révolutionnaire en littérature. George Sand se bornait à traduire d'instinct les douces émotions rurales qui lui étaient familières. «Si l'on me demande, écrit-elle dans la «notice» de la *Mare au Diable*, ce que j'ai voulu faire, je répondrai que j'ai voulu faire une chose très touchante et très simple, et que je n'ai pas réussi à mon gré. J'ai bien vu, j'ai bien senti le beau dans le simple, mais voir et peindre sont deux! Tout ce que l'artiste peut espérer de mieux, c'est d'engager ceux qui ont des yeux à regarder aussi. Voyez donc la simplicité, vous autres, voyez le ciel et les champs, et les arbres, et les paysans surtout dans ce qu'ils ont de bon et de vrai: vous les verrez un peu dans mon livre, vous les verrez beaucoup dans la nature.»

Par quel étrange caprice du romancier cette oeuvre, essentiellement descriptive et reposante, met-elle à son frontispice le mélancolique spectacle d'une composition d'Holbein, presque macabre? Un laboureur, qui pousse son maigre attelage, est talonné par un personnage fantastique, squelette armé d'un fouet. Ce valet de charrue, c'est la Mort. Et George Sand, dans le chapitre préliminaire intitulé: «L'auteur au lecteur», proteste contre cette philosophie du désespoir, résumée dans le vieux quatrain:

A la sueur de ton visaige
Tu gagnerois ta pauvre vie.
Après long travail et usaige,
Voicy la *mort* qui te convie.

L'optimisme, non pas inné, mais acquis et voulu, qui inspire les «romans champêtres,» ne saurait souscrire à une conception aussi désenchantée. Une voix s'élève, la voix bienfaisante de l'idéalisme: «Non, nous n'avons plus affaire à la mort, mais à la vie. Nous ne croyons plus ni au néant de la tombe, ni au salut acheté par un renoncement forcé; nous voulons que la vie soit bonne, parce que nous voulons qu'elle soit féconde. Il faut que Lazare quitte son fumier, afin que le pauvre ne se réjouisse plus de la mort du riche. Il faut que tous soient heureux, afin que le bonheur de quelques-uns ne soit pas criminel et maudit de Dieu. Il faut que le laboureur, en semant son blé, sache qu'il travaille à l'oeuvre de vie, et non qu'il se réjouisse de ce que la mort marche à ses côtés. Il faut enfin que la mort ne soit plus ni le châtiment de la prospérité, ni la consolation de la détresse. Dieu ne l'a destinée ni à punir, ni à dédommager de la vie: car il a béni la vie, et la tombe ne doit pas être un refuge où il soit permis d'envoyer ceux qu'on ne veut pas rendre heureux.»

Telle est, chez George Sand, la transition du roman socialiste au roman champêtre. Elle formule d'abord la théorie idéaliste, qui se flatte d'*embellir un peu* le domaine de l'imagination: «L'art, dit-elle, n'est pas une étude de la réalité positive; c'est une recherche de la vérité idéale»; puis elle se retourne, comme dans un adieu, vers la théorie socialiste qui lui fut si chère: «Ces richesses qui couvrent le sol, ces moissons, ces fruits, ces bestiaux orgueilleux qui s'engraissent dans les longues herbes, sont la propriété de quelques-uns et les instruments de la fatigue et de l'esclavage du plus grand nombre.» Elle ne se résigne pas, mais elle cesse de s'indigner, et demeure triste et perplexe devant les déplorables inégalités.

La *Mare au Diable* n'est guère qu'une promenade nocturne, mais pénétrée d'une harmonie suave et d'une sensibilité toute virgilienne. Germain, le fin laboureur, est veuf et doit se décider à reprendre femme, afin d'élever ses trois enfants. Son beau-père lui parle de la Léonard, veuve d'un Guérin. Il ira docilement la voir au domaine de la Fourche, et, comme il est homme d'honnêteté, on le charge de conduire Marie, fille de la Guillette, qui se rend en condition, tout auprès, pour faire l'office de bergère. Germain n'a que vingt-huit ans, et «quoique, selon les idées de son pays, il passât pour vieux au point de vue du mariage, il était encore le plus bel homme de l'endroit.» Le teint frais, l'oeil vif et bleu comme le ciel de mai, la bouche rose, des dents superbes, le corps élégant et souple comme celui d'un jeune cheval qui n'a pas encore quitté le pré, —voilà prestement dessiné le «veuf» auquel est confiée la mission de mener aux Ormeaux la petite pastoure de seize ans. Marie monte en croupe sur la Grise, et Petit-Pierre, l'enfant de Germain, les rejoint à un détour du sentier. Ce sera comme leur ange gardien. Ils s'égarent à travers bois. La nuit est glacée. Il faut allumer un feu de brindilles et de feuilles à demi-sèches. Petit-Pierre murmure sa prière et s'endort sur les genoux de la jeune fille, après avoir balbutié ces touchantes et simples paroles: «Mon petit père, si tu veux me donner une autre mère, je veux que ce soit la petite Marie.» L'appel candide de l'enfant sera exaucé, et sur la naïveté charmante du récit s'épand une atmosphère de sérénité. Le génie de George Sand s'est épuré, rajeuni, apaisé, au sein de la nature, radieuse et consolatrice.

CHAPITRE XXV

SOUS LE SECOND EMPIRE

La politique n'est qu'une aventure, les romans champêtres ne sont qu'une étape, peut-être une oasis, dans la destinée laborieuse et féconde de George Sand. Dès le lendemain des journées de Juin, elle avait repris sa plume, et, lorsque le coup d'Etat du 2 Décembre étrangle la République et envoie les meilleurs citoyens en exil ou à Lambessa, elle continue paisiblement à produire, vaille que vaille, ses deux volumes par année. Elle appartient à son métier et accomplit ainsi une fonction naturelle. C'est la poule, exacte et diligente, qui pond son oeuf au fond de la basse-cour, sans s'inquiéter si l'on se querelle à la maison. Certains amis de George Sand s'émeuvent de cette quiétude, devant la détresse du parti et des hommes qui lui étaient chers. Elle veut s'expliquer et se disculper dans une lettre du 15 décembre 1853, à Joseph Mazzini: «Vous vous étonnez que je puisse faire de la littérature; moi, je remercie Dieu de m'en conserver la faculté, parce qu'une conscience honnête, et pure comme la mienne, trouve encore, en dehors de toute discussion, une oeuvre de moralisation à poursuivre. Que ferais-je donc si j'abandonnais mon humble tâche? Des conspirations? Ce n'est pas ma vocation, je n'y entendrais rien. Des pamphlets? Je n'ai ni fiel ni esprit pour cela. Des théories? Nous en avons trop fait et nous sommes tombés dans la dispute, qui est le tombeau de toute vérité, de toute puissance. Je suis, j'ai toujours été artiste avant tout; je sais que les hommes purement politiques, ont un grand mépris pour l'artiste, parce qu'ils le jugent sur quelques types de saltimbanques qui déshonorent l'art. Mais vous, mon ami, vous savez bien qu'un véritable artiste est aussi utile que le *prêtre* et le *guerrier*, et que, quand il respecte le vrai et le bon, il est dans une voie où Dieu le bénit toujours. L'art est de tous les temps et de tous les pays; son bienfait particulier est précisément de vivre encore quand tout semble mourir.»

George Sand va-t-elle traduire en actes cette fière profession de foi? Trouvera-t-elle les mêmes inspirations éloquentes et pathétiques, alors que l'exaltation enthousiaste de ses premières oeuvres fera place à des sentiments plus pondérés et plus bourgeois? Il semble qu'elle ait voulu dresser son bilan en composant l'*Histoire de ma Vie*, qu'elle termine ou plutôt qu'elle arrête à la veille des événements de 1848. Son oeuvre, à partir de cette époque, cesse d'être orientée, soit vers la thèse conjugale, soit vers la formule socialiste, soit vers les horizons rustiques, et tente un peu au hasard des sentiers nouveaux.

Le *Château des Désertes* est la suite de *Lucrezia Floriani*: dans cette demeure des Boccaferri on joue la comédie de salon sur une petite estrade, comme à Nohant.—Les *Mississipiens* sont une pièce écrite à la hâte sur l'affaire de Law, et qui met aux prises la noblesse et la roture.—Dans les *Maîtres Sonneurs*, publiés en 1853, résonne un écho, mélancoliquement affaibli, des romans champêtres. La dédicace est adressée à cet Eugène Lambert, l'hôte familier de Nohant, sorte d'enfant adoptif, qui disait un jour à George Sand: «A propos, je suis venu ici, il y a bientôt dix ans, pour y passer un mois. Il faut pourtant que je songe à m'en aller.» Dans la préface des *Maîtres Sonneurs*, elle lui répond: «Je t'ai laissé partir, mais à la condition que tu reviendrais passer ici tous les étés. Je t'envoie ce roman comme un son lointain de nos cornemuses, pour te rappeler que les feuilles poussent, que les rossignols sont arrivés, et que la grande fête printanière de la nature va commencer aux champs.» Sur les faits et gestes des muletiers maîtres sonneurs du Bourbonnais, et notamment du Grand Bûcheur dont le fils Huriel aime la gracieuse Brulette, se détachent quelques jolis dessins de la vie campagnarde, un brin poétisée. Voici des propos tenus entre deux danses, à une assemblée villageoise: «Je suis sotte et rêvasseuse, dit la fille, enfin je m'imagine d'être aussi mal placée en une compagnie que le serait un loup ou un renard que l'on inviterait à danser.» Et le gars réplique: «Vous n'avez pourtant mine de loup ni d'aucune bête chafouine, et vous dansez d'une aussi belle grâce que les branches des saules quand un air doux les caresse.» Très séduisante aussi cette antithèse, qui évoque le souvenir de Cendrillon et de telle de ses soeurs: «Je venais de voir Brulette, aussi brillante qu'un soleil d'été, dans la joie de son amour et le vol de sa danse; Thérence était là, seule et contente, aussi blanche que la lune dans la nuit claire du printemps. On entendait au loin la musique des noceux; mais cela ne disait rien à l'oreille de la fille des bois, et je pense qu'elle écoutait le rossignol qui lui chantait un plus beau cantique dans le buisson voisin.»—Des champs nous passons sur les planches, avec *Adriani*. C'est, en quelque château du Vivarais, l'histoire d'un chanteur, d'abord amateur, qui s'éprend de Laure de Larnac, veuve d'Octave de Monteluz. Elle n'a guère plus de vingt ans et passe pour folle. Il la console. Ils s'aiment, et elle l'épouse, malgré les anathèmes de son entourage aristocratique. L'idée maîtresse du roman est l'apologie des musiciens, des acteurs, de tous les gens de théâtre. Et Laure déclare, au dénouement: «Je haïssais l'état de comédien. Tu t'es fait comédien. J'ai reconnu que c'était le plus bel état du monde.»—Même thèse, ou peu s'en faut, dans *Narcisse*: la vertueuse mademoiselle d'Estorade aime le chanteur Albany. Elle résiste à sa passion et se retire au couvent. Plus tard, quand elle épouse le brave, mais vulgaire Narcisse Pardoux, elle succombe à un mal de langueur. Elle a silencieusement adoré Albany.

Le *Piccinino*, qui sort de la manière habituelle de l'auteur, est un roman d'aventures ayant pour cadre la Sicile et se déroulant dans une atmosphère de conspirations. George Sand décrivait là une contrée qu'elle n'avait pas visitée: c'est le procédé dont usa Méry, puis Victor Hugo lui-même, dans les *Orientales* et *Han d'Islande*. Or, le *Piccinino* contient des paysages, par exemple ceux de Catane, qu'un voyageur bien informé peut attester scrupuleusement exacts.—

C'est, au contraire, après un séjour à Rome que George Sand écrivit la *Daniella* (1857), où s'amalgament une intrigue romanesque et le guide du touriste dans «da ville éternelle de Satan.» De Guernesey Victor Hugo lui envoya de chaleureuses félicitations, en cette forme hyperbolique qui caractérise ses jugements littéraires: «La *Daniella* est un grand et beau livre. Je ne vous parle pas du côté politique de l'ouvrage, car les seules choses que je pourrais écrire à propos de l'Italie seraient impossibles à lire en France et empêcheraient ma lettre de vous parvenir. Quant aux grandes aspirations de liberté et de progrès, elles font invinciblement partie de votre nature, et une poésie comme la vôtre souffle toujours du côté de l'avenir. La Révolution, c'est de la lumière, et qu'êtes-vous, sinon un flambeau?» La Rome, célébrée par tant d'écrivains et classiques et romantiques et modernes, voire même par les frères de Goncourt dans *Madame Gervaisais*, avait causé à George Sand une déception profonde, qui se traduit dans une lettre du 20 janvier 1861 à Ernest Périgois: «Vous avez envie de voir les splendeurs de la papauté? Vous verrez trois comparses mal costumés et une bande d'affreux Allemands prétendus Suisses, dont le déguisement tombe en loques et dont les pieds infectent Saint-Pierre de Rome. Pouah! Je ne donnerais pas deux sous pour revoir la pauvre mascarade.» Dans la *Daniella*, George Sand nous montre un étrange artiste qui, ayant à choisir entre deux amours, préfère à l'élégante miss Médora sa cameriste, bientôt devenue *stiratrice*, c'est-à-dire blanchisseuse. Deux fois par jour, il échange quelques regards avec cette Daniella qui, dans une salle basse des communs, travaille à une formidable lessive. Mais cet homme, suprêmement délicat avec les lavandières, a grand soin d'ajouter: «J'ai tant de respect pour elle qu'afin de ne pas l'exposer aux plaisanteries des gens de la maison, je fais semblant de ne pas la connaître.» O pudeur des tendresses subalternes, ô poésie des amours ancillaires, sous le ciel où Lamartine a rencontré Graziella!

Vers la même époque (1855), George Sand, sollicitée par les rêveries palingénésiques de Ballanche et par l'idéalisme cosmique de Jean Reynaud, imaginait de reconstituer, hors des frontières du christianisme, un mythe analogue à celui d'Adam et d'Eve. L'aventure sentimentale d'Évenor et de Leucippe s'intitula définitivement les *Amours de l'âge d'or*. La théorie darwinienne y est réfutée, plutôt par des impressions morales que par des arguments scientifiques. «Écoutez, dit George Sand, les grands esprits; ils vous diront que l'homme est vraiment le fils de Dieu, tandis que toutes les créatures inférieures ne sont que son ouvrage.» Et elle cite, à l'appui de sa foi spiritualiste, ces vers d'un poète alors très jeune, Henri Brissac, dans le *Banquet*:

Je cherche vainement le sein
D'où découle notre origine.

Je vois l'arbre;—mais la racine?
Mais la souche du genre humain?

Le singe fut-il notre ancêtre?
Rude coup frappé sur l'orgueil!
Soit! mais je trouve cet écueil:
Homme ou singe, qui le fit naître?

Cette doctrine, généreuse et réconfortante, d'un au delà où régnera l'absolue justice avec ses réparations providentielles, George Sand l'a synthétisée dans une lettre du 25 mai 1866 à M. Desplanches: «Croyons quand même et disons: *Je crois!* ce n'est pas dire: «J'affirme;» disons: *J'espère!* ce n'est pas dire: «Je sais.» Unissons-nous dans cette notion, dans ce voeu, dans ce rêve, qui est celui des bonnes âmes. Nous sentons qu'il est nécessaire; que, pour avoir la charité, il faut avoir l'espérance et la foi; de même que, pour avoir la liberté et l'égalité, il faut avoir la fraternité.»

En l'année 1855, une grande douleur frappa George Sand. Elle perdit sa petite-fille Jeanne, issue du mariage, hélas! si orageux, de Solange et du sculpteur Clésinger. Ce deuil, cruel à la grand'mère, ne fit qu'aviver et renforcer l'idéalisme de l'écrivain. «Je vois, mande-t-elle le 14 février 1855 à Edouard Charton, disciple de Jean Reynaud, je vois la vie future et éternelle devant moi comme une certitude, comme une lumière dans l'éclat de laquelle les objets sont insaisissables; mais la lumière y est, c'est tout ce qu'il me faut. Je sais bien que ma Jeanne n'est pas morte, je sais bien que je la retrouverai et qu'elle me reconnaîtra, quand même elle ne se souviendrait pas, ni moi non plus. Elle était une partie de moi-même, et cela ne peut être changé.» Quinze mois révolus, le 1er mai 1856, elle écrit encore à madame Arnould-Plessy, la délicieuse artiste: «Ce que j'ai retrouvé à Nohant, c'est la présence de cette enfant qui, ici, ne me semble jamais possible à oublier. Dans cette maison, dans ce jardin, je ne peux pas me persuader qu'elle ne va pas revenir un de ces jours. Je la vois partout, et cette illusion-là ramène des déchirements continuels. Dieu est bon quand même: il l'a reprise pour son bonheur, à elle, et nous nous reverrons tous, un peu plus tôt, un peu plus tard.» Elle a mis de côté les poupées de l'enfant, ses joujoux, ses livres, sa brouette, son arrosoir, son bonnet, ses petits ouvrages, et elle contemple, aïeule mélancolique, tous ces objets qui attendent vainement le retour de l'absente.

Il faut pourtant que la vie de labeur suive son cours, il faut travailler, peiner, produire; car le budget de Nohant est lourd. Pour que la maison maintienne sa large hospitalité et que les siens aient le superflu, George Sand se prive souvent du nécessaire. Le 8 janvier 1858, elle avoue à Charles Edmond qu'elle n'a pas pu s'acheter un manteau et une robe d'hiver. Depuis vingt-cinq ans, elle gagne au jour le jour l'argent vite dépensé. Les circonstances ou sa nature lui ont interdit l'épargne. Et elle entasse les volumes, sacrifiant peut-être la qualité à la quantité.—En 1855, c'est *Mont-Revêche* où se manifeste la thèse proclamée dans la préface: «Le roman n'a rien à prouver.» Il ne s'agit que d'intéresser. Ici, Duterte, grand propriétaire et député, marié en secondes noces à une jeune et jolie femme, Olympe, fait la cruelle expérience des misères qu'entraîne la disproportion d'âge. Olympe succombe à une maladie de langueur. Les caractères dissemblables des trois filles de Dutertre, Nathalie, Eveline et Caroline, sont agréablement dessinés. *Mont-Revêche* est d'une littérature fluide et facile.—La même année, George Sand termine le *Diable aux Champs*, commencé avant le Deux Décembre et dédié à son intime commensal, le graveur Manceau. Le livre parut, expurgé de toutes les théories politiques et sociales que l'Empire eût pu trouver subversives, et ce sont, sous forme de dialogue, des dissertations longuettes sur la nature du diable, sur les châtiments après la mort, étranges propos tenus par des personnages au nombre desquels figurent des héros de George Sand, tels que Jacques, le mari qui se suicide pour libérer sa femme, et Ralph, d'*Indiana*.

La mort d'Alfred de Musset, ravivant des souvenirs vieux d'un quart de siècle, provoquait en 1858 la déplorable polémique, réciproquement diffamatoire, où George Sand publiait *Elle et Lui*, et Paul de Musset *Lui et Elle*. Si ce fut une faute grave, une manière de sacrilège sentimental sous forme posthume, George Sand en a été trop rudement châtiée. Elle avait expliqué une crise, commenté une rupture. Paul de Musset lança contre une femme des imputations ignominieuses. Elle produisit, peu après, une justification émue et éloquente, dans la préface de *Jean de la Roche*, où, à propos de *Narcisse*, elle affirme le droit pour l'artiste de puiser dans sa vie et d'analyser les sentiments de son coeur. Venant alors au cas de Paul de Musset, elle le résout par prétérition: «Sans nous occuper, dit-elle, d'une tentative déshonorante pour ceux qui l'ont faite, pour ceux qui l'ont conseillée en secret et pour ceux qui l'ont approuvée publiquement, sans vouloir en appeler à la justice des hommes pour réprimer un délit bien conditionné d'outrage et de calomnie, répression qui nous serait trop facile, et qui aurait l'inconvénient d'atteindre, dans la personne des vivants, le nom porté par un mort illustre… On peut, ajoute-t-elle, être *femme* et ne pas se sentir atteint par les divagations de l'ivresse ou les hallucinations de la fièvre, encore moins par les accusations de perversité qui viennent à l'esprit de certaines gens habitués à trop vivre avec eux-mêmes.» Elle atteste qu'*Elle et Lui* est un livre sincère—mais était-ce un livre utile?—elle le déclare «vrai sans amertume et sans vengeance»; enfin, elle lance cette apostrophe où l'indignation imprime au style un incomparable éclat: «Quant aux malheureux esprits qui viennent d'essayer un genre nouveau dans la littérature et dans la critique en publiant un triste pamphlet, en annonçant à grand renfort de réclames et de déclamations imprimées que l'horrible héroïne de leur élucubration était une personne vivante dont il leur était permis d'écrire le nom en toutes lettres, et qui lui ont prêté leur style en affirmant qu'ils tenaient leurs preuves et leurs détails de la main d'un mourant, le public a déjà prononcé que c'était là une tentative monstrueuse dont l'art rougit et que la vraie critique renie, en même temps que c'était une souillure jetée sur une tombe. Et nous disons, nous, que le mort illustre renfermé dans cette tombe se relèvera indigné quand le moment sera venu. Il revendiquera sa véritable pensée, ses propres sentiments, le droit de faire lui-même la fière confession de ses souffrances et de jeter encore une fois vers le ciel les grands cris de justice et de vérité qui résument la meilleure partie de son âme et la plus vivante phase de sa vie. Ceci ne sera ni un roman, ni un pamphlet, ni une délation. Ce sera un monument écrit de ses propres mains et consacré à sa mémoire par des mains toujours amies. Ce monument sera élevé quand les insulteurs se seront assez compromis. Les laisser dans leur voie est la seule punition qu'on veuille leur infliger. Laissons-les donc blasphémer, divaguer et passer.» D'un dernier trait dédaigneux, l'auteur de la préface signale qu'occupé en Auvergne à suivre les traces d'un roman nouveau à travers les sentiers embaumés, au milieu des plus belles scènes du printemps, «il avait bien emporté le pamphlet pour le lire, mais il ne le lut pas. Il avait oublié son herbier, et les pages du livre infâme furent purifiées par le contact des fleurs du Puy-de-Dôme et du Sancy.»

Il y a, dans *Jean de la Roche*, mieux qu'une préface vibrante, le récit délicat d'un amour contrarié, avec la perspective des paysages d'Auvergne où se dresse la pittoresque silhouette du château de Murols. Jean, élevé par une mère pieuse dans un petit manoir du Velay, aime Love, la fille un peu capricieuse de M. Butler. «En elle la grâce et les parfums couvraient un coeur de pierre inaccessible.» Ecarté d'abord par la maladive jalousie du jeune Hope, frère de Love, il part pour un voyage de cinq ans autour du monde. Quand il revient, il trouve Hope apaisé, et les accordailles se concluent sur les pentes du Sancy, alors que Jean de la Roche, déguisé en guide, aide à porter la chaise de Love qui s'est foulé le pied à la Roche-Vendeix.

Un peu auparavant, George Sand avait publié, en 1859, les *Dames Vertes*, bizarre aventure du jeune avocat Nivières, qui, chargé de plaider en 1788 pour la famille d'Ionis contre la famille d'Aillane, couche au château d'Ionis dans la chambre où apparaissent les dames vertes: l'apparition, c'est mademoiselle d'Aillane qu'il épousera;—la *Filleule*, non moins baroque odyssée de la gitanilla Morenita, recueillie à Fontainebleau par le romanesque Stephen, et qui s'éprend de son protecteur:—*Laura*, avec le sous-titre: *Voyage dans le cristal*, rêverie fantasmagorique de pérégrination au pôle arctique;—*Flavie*, analyse d'une jeune fille à l'âme de papillon, qui hésite entre deux prétendants Malcolm et Emile de Voreppe, honnête récit où il n'y a lieu de retenir que cet aphorisme où se reflète George Sand: «Je n'aime pas l'argent, mais j'adore la dépense»; —*Constance Verrier*, dont la préface est consacrée à réfuter la théorie de Jean-Jacques contre la pernicieuse influence des romans, et dont la fable est un peu bien singulière. Trois femmes sont intimement liées et dissertent sur l'amour: la duchesse Sibylle d'Evereux, veuve galante qui sauve les apparences, la cantatrice Solia Mozzelli, et Constance Verrier, jeune fille bourgeoise de vingt-cinq ans, qui attend son fiancé, absent depuis quatre longues années. Or, ce Raoul Mahoult a été, en voyage, l'amant de la duchesse d'Evereux et de la Mozzelli. Etrange coïncidence! Quand Constance l'apprend, elle tombe évanouie; on la soigne, on la sauve. Elle pardonne ou plutôt efface, et finit par épouser Raoul: ils seront peut-être heureux. *Constance Verrier* aurait dû s'intituler «Trois femmes pour un mari». Il s'y trouve quelques jolis développements sur l'amour et aussi ce portrait, qui semble celui de George Sand dessiné par elle-même: «Elle ne se piquait, comme feu Ninon, que d'unir le plaisir à l'amitié; elle bannissait les grands mots de son vocabulaire; mais elle était bonne, serviable, dévouée, indulgente, courageuse dans ses opinions, généreuse dans ses triomphes... Tout ce qu'elle déployait de finesse, de persévérance, d'habileté, d'empire sur elle-même pour se satisfaire sans blesser personne et sans porter atteinte à la dignité de sa position, est inimaginable.» De vrai, pour George Sand, nombre d'hommes, en un long cortège depuis Jules Sandeau jusqu'à Manceau, pourraient en témoigner.

En 1859, parut un véritable chef-d'oeuvre en trois volumes, l'*Homme de neige*. C'est, dans un paysage de Dalécarlie, au manoir gothique de Stollborg, la série des épreuves traversées par Christiano, montreur de marionnettes, qui recouvre son noble nom de Waldemora et épouse la gracieuse comtesse Marguerite Elveda, après avoir été ouvrier mineur. Voici la double morale, sociale et métaphysique, de l'ouvrage: «Dans toute misère (ce doit être George Sand qui parle), il y a moitié de la faute des gouvernants et moitié de celle des gouvernés.» C'est encore elle qui formule, par la bouche de Christiano, sa profession de foi déiste: «Nous vivons dans un temps où personne ne croit à grand'chose, si ce n'est à la nécessité et au devoir de la tolérance; mais, moi, je crois vaguement à l'âme du monde, qu'on l'appelle comme on voudra, à une grande âme, toute d'amour et de bonté, qui reçoit nos pleurs et nos aspirations. Les philosophes d'aujourd'hui disent que c'est une platitude de s'imaginer que l'Etre des êtres daignera s'occuper de vermisseaux de notre espèce. Moi, je dis qu'il n'y a rien de petit et rien de grand devant celui qui est tout, et que, dans un océan d'amour, il y aura toujours de la place pour recueillir avec bonté une pauvre petite larme humaine.»

De même aloi et de non moindre mérite est le *Marquis de Villemer*, qui a conquis au théâtre une éclatante notoriété, grâce à la précieuse collaboration d'Alexandre Dumas fils. Le roman, moins alerte, mais plus délicat, met agréablement en lumière le caractère hautain de la marquise et la rivalité de ses deux fils, le duc Gaëtan d'Aléria et le marquis Urbain de Villemer, qui ont distingué, celui-là pour le mauvais, celui-ci pour le bon motif, la trop attrayante lectrice Caroline de Saint-Geneix. Toute la partie descriptive qui disparaît à la scène, les paysages du Velay, la poursuite d'Urbain enseveli sous la neige au pied du Mezenc et sauvé par Caroline, tous ces détails purement romanesques ont un charme pénétrant; puis le dénouement est de nature à satisfaire les âmes sensibles. Comme il convient, Urbain épouse Caroline au gré de son coeur, et Gaëtan la jeune Diane de Xaintrailles, plusieurs fois millionnaire. Eternelle antithèse de l'honneur et de l'argent.

Voici des oeuvres de second plan:—*Valvèdre*, où le très entreprenant Francis Valigny séduit et enlève madame Alida de Valvèdre, épouse d'un savant adonné à la botanique et à la météorologie; mais la science reprend ses droits, alors que l'expiation arrive et qu'Alida, minée par le chagrin, rapprochant à son lit de mort mari et amant, leur tient ce mirifique discours: «Je voudrais mourir entre vous deux, lui qui a tout fait pour sauver ma vie, vous qui êtes venu sauver mon âme.» Et la réconciliation finale a lieu, au bord de l'alcôve, dans cette molle atmosphère de Palerme embaumée par les orangers.—C'est *Tamaris*, où la peinture d'une plage méditerranéenne qu'habita George Sand encadre les amours du lieutenant de vaisseau la Florade, lequel courtise à la fois mademoiselle Roque, une demi-mahométane, la Zinovèse, femme d'un brigadier, et la marquise d'Elmeval. Or, la Zinovèse s'empoisonne, la marquise épouse un médecin, et la Florade mademoiselle Roque.—*Antonia* est le nom d'un lis merveilleux, créé par les soins d'un septuagénaire aussi riche qu'égoïste, Antoine Thierry, dont le neveu Julien, peintre très pauvre et très sentimental, aime la comtesse Julie d'Estrelle. Et leur amour finit par attendrir le vieillard.—La *Famille de Germandre*, c'est le *Testament de César Girodot* transporté dans un milieu de noblesse, vers 1808. L'héritage du marquis de Germandre appartient à celui de ses collatéraux qui découvre le secret pour ouvrir une boîte qu'il a minutieusement fabriquée.—La *Ville-Noire*, retour indirect vers les préoccupations sociales, atteste la supériorité de l'ouvrier sur le patronat.

Une incursion dans le roman d'aventures produit cette oeuvre charmante, les *Beaux Messieurs de Bois-Doré* (1862). Céladon de Bois-Doré, aimable paladin attardé, demande, en sa soixante-dixième année, la main de Lauriane de Beuvre, petite veuve de dix-huit ans. Très spirituelle, elle feint d'être émue et l'ajourne à sept années d'intervalle. On réfléchira, au préalable. Après des faits et gestes divers, batailles, sièges, assassinats, le marquis Céladon retrouve, pour sa plus grande joie, et adopte son neveu Mario, qui épousera Lauriane. L'oncle galant renonce au bénéfice de l'échéance promise.

Très long, très lent est le roman intitulé la *Confession d'une jeune fille*, odyssée d'une enfant volée à sa nourrice.—Dans *Monsieur Sylvestre* et dans le volume qui lui fait suite, le *Dernier Amour*, il y a des parties descriptives qui ne sont point sans agrément. C'est le récit des recherches et des déboires d'un isolé, Monsieur Sylvestre, qui aspire à la vérité, en poursuivant la définition du bonheur. Voici celle qu'il propose: «Le bonheur n'est pas un mot, mais c'est une île lointaine. La mer est immense, et les navires manquent.» A soixante ans—c'est un peu tard—Monsieur Sylvestre est aimé par la mystérieuse Félicie, qui atteint la trentaine et qui cache une faute de la seizième année. Elle a une rechute et s'empoisonne. «Ne jouez pas avec l'amour!» murmure le sexagénaire, à qui le dernier amour n'a pas plus réussi que le premier.

Pierre qui roule et le *Beau Laurence* sont l'histoire, en deux tomes, d'un comédien qui voit apparaître une inconnue exquisement belle dans une maison de Blois. Il mène la vie errante de sa profession, va au Monténégro, revient, fait un héritage, retrouve en madame de Valdère sa délicieuse apparition et l'épouse.—Dans *Mademoiselle Merquem* (1868), George Sand, reprenant un sentier parallèle à Balzac, dépeint, non pas la femme, mais la fille de trente ans, élève d'un Bellac qui n'était pas professeur pour dames, mais pour simples ruraux. Célie Merquem servira de modèle et de consolation aux célibataires attardées du sexe féminin: «Peut-être, observe l'auteur, ne sait-on pas à quel degré de charme et de mérite pourrait s'élever la femme bien douée, si on la laissait mûrir, et si elle-même avait la patience d'attendre son développement complet pour entrer dans la vie complète. On les marie trop jeunes, elles sont mères avant d'avoir cessé d'être des enfants.»

Entre tous les romans écrits par George Sand sous le Second Empire, celui où elle a mis assurément le plus d'elle-même, l'ardeur intense de sa foi, c'est *Mademoiselle La Quintinie*, consacrée à réfuter *Sibylle*, d'Octave Feuillet. A l'apologie de l'éducation catholique et de la direction cléricale elle oppose la libre-pensée spiritualiste. C'est le contraste du fanatisme et de la philosophie. Emile Lemontier aime Lucie, fille du général La Quintinie, mais elle lui est disputée et manque de lui être ravie par le confesseur Moreali, qui jadis a dominé la femme du général. La fille après la mère! Contre les directeurs de conscience, contre la confession, il y a des pages enflammées. George Sand évoque le fameux passage de Paul-Louis Courier qui commence ainsi: «On leur défend l'amour, et le mariage surtout; on leur livre les femmes. Ils n'en peuvent avoir une, mais ils vivent avec toutes familièrement,» et qui se termine en ces termes: «Seuls et n'ayant pour témoins que ces voûtes, que ces murs, ils causent! De quoi? Hélas! de tout ce qui n'est pas innocent. Ils parlent, ou plutôt ils murmurent à voix basse, et leurs bouches s'approchent, et leur souffle se confond. Cela dure une heure, et se renouvelle souvent.» *Mademoiselle La Quintinie* est l'éloquente et émouvante paraphrase de cette profession de foi anticléricale. George Sand montre la religion qui se matérialise, en même temps que se spiritualise la philosophie. Elle répudie les illusions ou les espérances catholiques de certains républicains de 1848, et elle prête à Moreali lui-même cet aveu: «J'ai vu Rome, et j'ai failli perdre la foi.» Le grand-père voltairien de Lucie, M. de Turdy, lance l'anathème traditionnel à l'infâme: «Maudite et trois fois maudite soit l'intervention du prêtre dans les familles!» En la place de cette devise de l'Eglise: «que tout chemin mène à Rome», George Sand demande «que tout chemin mène Rome à Dieu.» Et, à côté de Moreali, jésuite mondain de robe courte, elle place le moine grossier Onorio, vêtu de bure et souillé de poussière, exhalant une odeur de terre et d'humidité. Contre l'intrusion de l'un et de l'autre elle érige la maxime vraiment évangélique: «La parole de Jésus est l'héritage de tous.» En doctrine et en discipline, elle conclut au mariage des prêtres ou à l'abolition de la confession, dans quelques pages d'une révolte sublime: «Ah! vous vous y entendez, s'écrie-t elle, apôtres persistants du quiétisme. Vous prélevez la fleur des âmes, vous respirez le parfum du matin, et vous nous laissez l'enveloppe épuisée de ses purs aromes. Vous appelez cela le divin amour pour vous autres!» Au dénouement, comme il sied, Emile épouse Lucie. Il a vaincu Moreali. L'amour a triomphé du fanatisme.

Dans la *Correspondance* de George Sand, mais surtout de 1860 à 1870, nous retrouvons les mêmes croyances qui s'épanouissent en *Mademoiselle La Quintinie*. Ce sont de fougueuses déclarations contre le cléricalisme, contre «des parfums de la sacristie,» particulièrement dans ses lettres au prince Jérôme. «Monseigneur, lui écrit-elle, ne laissez pas élever votre fils par les prêtres.» Elle prêche d'exemple dans sa famille. Maurice a épousé civilement mademoiselle Lina Calamatta, et plus tard c'est à un pasteur protestant qu'ils s'adressent pour bénir leur mariage et baptiser leurs enfants. «Pas de prêtres, s'écrie George Sand le 11 mai 1862, nous ne croyons pas, nous autres, à l'Eglise catholique, nous serions hypocrites d'y aller.» Dans sa pensée, le protestantisme est une affirmation pure et simple de déisme chrétien. De là ce qu'elle appelle «des baptêmes spiritualistes» de ses petites-filles. Elle voit, avec une sorte de prescience, l'expansion menaçante des Jésuites, le réveil du parti prêtre, comme on disait sous la Restauration. Elle montre la France envahie par les couvents et «des sales ignorantins s'emparant de l'éducation, abrutissant les enfants.» Dans le naufrage de sa foi politique, il n'a surnagé que l'horreur de l'intolérance et de la superstition.

CHAPITRE XXVI

LE THEATRE

George Sand avait-elle le tempérament dramatique? On en peut douter, encore qu'elle ait remporté au théâtre quelques succès authentiques et durables. Ses comédies étaient moins favorablement accueillies par les directeurs que ses romans par les revues et les journaux. Elle se plaignait qu'on voulût en général, et Montigny en particulier, l'obliger à remanier ses pièces. «Il y a pourtant, écrivait-elle à Maurice le 24 février 1855, une observation à faire, c'est que toutes les pièces qu'on ne m'a pas fait changer: le *Champi, Claudie, Victorine*, le *Démon du Foyer*, le *Pressoir*, ont eu un vrai succès, tandis que les autres sont tombées ou ont eu un court succès. Je n'ai jamais vu que les idées des autres m'aient amené le public, tandis que mes hardiesses ont passé malgré tout. Et quelles hardiesses! Trop d'idéal, voilà mon grand vice devant les directeurs de théâtre.» Elle regimbe contre les projets d'*amélioration* qu'on lui suggère ou qu'on lui impose. Les exigences de la forme scénique l'impatientent, et elle s'écrie: «Je suis ce que je suis. Ma manière et mon sentiment sont à moi. Si le public des théâtres n'en veut pas, soit, il est le maître; mais je suis le maître aussi de mes propres tendances, et de les publier sous la forme qu'il sera forcé d'avaler au coin de son feu.» Dans une lettre à Jules Janin, du 1er octobre 1855, elle épanche sa colère, en lui reprochant de trouver mauvaises toutes ses productions dramatiques, et elle plaide avec quelque amertume pour chacune des pièces qu'elle a fait représenter. Plus sagace et plus concluante est la préface qui se trouve en tête des quatre volumes du *Théâtre complet*. George Sand y développe la thèse idéaliste. Elle se flatte d'avoir contribué à délivrer les planches du matérialisme qui les envahissait. De même dans la dédicace de *Maître Favilla*, adressée à M. Rouvière: «Une seule critique, dit-elle, m'a affligée dans ma vie d'artiste: c'est celle qui me reprochait de rêver des personnages trop aimants, trop dévoués, *trop vertueux*, c'était le mot qui frappait mes oreilles consternées. Et, quand je l'avais entendu, je revenais, me demandant si j'étais le bon et l'absurde don Quichotte, incapable de voir la vie réelle, et condamné à caresser tout seul des illusions trop douces pour être vraies.» C'est encore la doctrine qu'elle expose, dans la profession de foi qu'elle a mise en préambule de sa traduction d'une comédie de Shakespeare, *Comme il vous plaira*, sous la forme d'une lettre à M. Régnier. «Le temps, dit-elle, n'est guère à la poésie, et le lyrisme ne nous transporte plus par lui-même au-dessus de ces régions de la réalité dont nous voulons que les arts soient désormais la peinture. Si, à cette heure (1856), la Ristori réveille notre enthousiasme, c'est qu'elle est miraculeusement belle, puissante et inspirée. Il ne fallait pas moins que l'apparition d'une muse descendue de l'Hymette pour nous arracher à nos goûts matérialistes. Elle nous fascine et nous emporte avec elle dans son rêve sacré; mais, quant à l'hymne qu'elle nous chante, nous l'écoutons fort mal, et nous nous soucions aussi peu d'Alfieri que de Corneille; c'est-à-dire que nous ne nous en soucions pas du tout, puisque, notre muse Rachel absente, la tragédie française est morte jusqu'à nouvel ordre.»

Le programme de George Sand était noble et vaste; mais elle n'a pu en réaliser toute l'ampleur. De là une nuance de mélancolie, quand elle parle de ceux qui cherchent et découvrent la *fibre du succès d'argent*. Elle n'est pas envieuse—un tel sentiment lui fut toujours étranger—mais elle estime que le public manque de justice distributive. «L'auteur, dit-elle, qui n'obtient pas le *succès d'argent*, ne trouve plus que des portes fermées dans les directions de théâtre.» A elle, on lui fait grief de présenter de trop grands caractères, des personnages trop honnêtes, partant invraisemblables, de ne pas chercher les effets. En dépit des aristarques, elle persiste à affirmer, sinon à atteindre, la supériorité d'une forme dramatique, uniquement soucieuse de «flatter le beau côté de la nature humaine, les instincts élevés qui, tôt ou tard, reprennent le dessus.» Si la critique lui a été parfois sévère, amère et même *irréfléchie*, elle garde l'espoir d'un retour favorable. «Nous l'attendons, écrit-elle, à des jours plus rassis et à des jugements moins précipités. Ce qu'elle nous accordera un jour, ce sera de n'avoir pas manqué de conscience et de dignité dans nos études de la vie humaine; ce sera d'avoir fait de patients efforts pour introduire la pensée du spectateur dans un monde plus pur et mieux inspiré que le triste et dur courant de la vie terre à terre. Nous avons cru que c'était là le but du théâtre, et que ce délassement, qui tient tant de place dans la vie civilisée, devait être une aspiration aux choses élevées, un mirage poétique dans le désert de la réalité.» En effet, l'oeuvre dramatique de George Sand est aux antipodes du réalisme. Elle n'offre pas, comme on disait alors, un daguerréotype des misères et des plaies humaines, mais un tableau riant, embelli, un peu idyllique. Son souci était de réagir contre le laid, le bas et le faux, et de poétiser la vie. Il en est parfois besoin. Et faut-il nous étonner si un romancier produisit un théâtre romanesque?

La première pièce de George Sand fut *Cosima ou la Haine dans l'amour*, drame en cinq actes et un prologue, représenté à la Comédie-Française le 29 avril 1840. La préface constate que *Cosima* fut fort mal accueillie, et elle ajoute: «L'auteur ne s'est fait illusion ni la veille ni le lendemain sur l'issue de cette première soirée. Il attend fort paisiblement un auditoire plus calme et plus indulgent. Il a droit à cette indulgence, il y compte.» Moins solennelle et encore plus sincère est l'impression formulée dans une lettre du 1er mai au graveur Calamatta: «J'ai été huée et sifflée comme je m'y attendais. Chaque mot approuvé et aimé de toi et de mes amis a soulevé des éclats de rire et des tempêtes d'indignation. On criait sur tous les bancs que la pièce était immorale, et il n'est pas sûr que le gouvernement ne la défende pas. Les acteurs, déconcertés par ce mauvais accueil, avaient perdu la boule et jouaient tout de travers. Enfin, la pièce a été jusqu'au bout, très attaquée et très défendue, très applaudie et très sifflée. Je suis contente du résultat et je ne changerai pas un mot aux représentations suivantes. J'étais là, fort tranquille et même fort gaie; car on a beau dire et beau croire que l'*auteur* doit être accablé, tremblant et agité; je n'ai rien éprouvé de tout cela, et l'incident me paraît burlesque.»

Cosima avait pour interprètes les meilleurs artistes de la Comédie-Française: Menjaud, Geffroy, Maillard, Beauvallet, madame Dorval, alors dans toute la splendeur de son talent, et intimement liée avec George Sand. Mais le sujet était invraisemblable et maladroitement exposé. Cosima, épouse d'Alvice Petruccio, bourgeois et négociant de Florence, se trouve en butte aux assiduités d'un riche Vénitien, Ordonio Elisei. Il la poursuit à l'église—où se passe le premier acte—puis à la promenade; il monte la garde sous ses fenêtres. Une telle obsession d'amour voudrait le déploiement des grandes tirades romantiques d'*Antony*, d'*Henri III et sa Cour*, ou de *Chatterton*. Il paraît que l'auteur de *Jacques* et d'*Indiana* se piquait de mettre en scène l'intérieur d'un ménage. Son dessein a été médiocrement rempli; car il n'avait à sa disposition ni les ressources d'une psychologie délicate ni l'éblouissement du dialogue. Au dénouement, Cosima s'empoisonne. Pourquoi? Ce n'est cependant pas une Lucrèce. George Sand allègue des raisons qui sont insuffisantes et mal adaptées: «Non, dit-elle, tous les hommes d'aujourd'hui ne sont pas livrés à des pensées de despotisme et de cruauté. Non, la vengeance n'est pas le seul sentiment, le seul devoir de l'homme froissé dans son bonheur domestique et brisé dans les affections de son coeur. Non, la patience, le pardon et la bonté ne sont pas ridicules aux yeux de tous; et, si la femme est encore faible, impressionnable et sujette à faiblir, dans le temps où nous vivons, l'homme qui se pose auprès d'elle en protecteur, en ami et en médecin de l'âme, n'est ni lâche ni coupable: c'est là l'immoralité que j'ai voulu proclamer.» Il se peut que l'auteur ait pensé mettre tout cela dans *Cosima* et l'y ait mis en effet; mais nous avons peine à l'y découvrir.

En 1848, pour le Théâtre de la République, c'est-à-dire pour la Comédie-Française, George Sand composa un prologue intitulé le *Roi attend*. On y voyait Molière et les acteurs et actrices de sa troupe, ainsi que les ombres de Sophocle, Eschyle, Euripide, Shakespeare, Voltaire et Beaumarchais. La représentation eut lieu le 9 avril. Les rôles étaient tenus par Samson, Ligier, Maubant, Maillard, Geffroy, Provost, Régnier, Delaunay, Mirecour, Leroux, mesdames Rachel et Augustine Brohan. Dans cette pièce de circonstance, destinée à glorifier la Révolution récente, il n'y a lieu de retenir qu'une tirade où Molière, déchirant les voiles de l'avenir, pressent et annonce l'avènement de la démocratie. Et voici son dithyrambe: «Je vois bien un roi, mais il ne s'appelle plus Louis XIV; il s'appelle le peuple! le peuple souverain! C'est un mot que je ne connaissais point, un mot grand comme l'éternité! Ce souverain-là est grand aussi, plus grand que tous les rois, parce qu'il est bon, parce qu'il n'a pas d'intérêt à tromper, parce qu'au lieu de courtisans il a des frères... Ah! oui, je le reconnais maintenant, car j'en suis aussi, moi, de cette forte race, où le génie et le coeur vont de compagnie. Quoi! pas un seul marquis, point de précieuse ridicule, point de gras financier, point de Tartufe, point de fâcheux, point de Pourceaugnac?» George Sand, on le sent de reste, ne recule pas devant l'anachronisme, et cette apologie de la République, dans la bouche de Molière, a la valeur d'un feu d'artifice pour fête officielle.

Molière, tel est le titre d'un drame en cinq actes que madame Sand fit représenter, le 10 mai 1851, à la Gaîté. Le sujet, c'est la mort du grand et mélancolique écrivain, qui tant aura fait rire les contemporains et la postérité, et qui fut un mari malheureux, jaloux de son élève Baron. De ci, de là, quelques sentences égalitaires, celle-ci par exemple: «Les grands ne sont grands que parce que nous les portons sur nos épaules; nous n'avons qu'à les secouer pour en joncher la terre.» Si l'oeuvre est médiocre, la préface, dédiée à Alexandre Dumas, ne manque pas d'intérêt. George Sand y relate que l'absence d'incidents et d'action est un peu volontaire. Elle oppose le théâtre psychologique au théâtre dramatique, et préconise une forme nouvelle, destinée tout ensemble à distraire, à éduquer et à moraliser le peuple. Un de ses personnages, reprenant un thème développé dans *Kean* et qu'elle-même a utilisé dans plusieurs de ses romans, analyse ainsi le caractère de Molière: «Qui croirait que ce misanthrope est, sur les planches, le plus beau rieur de la troupe? Le public ne se doute guère de l'humeur véritable du joyeux Gros-René! le public ne sait point que le masque qui rit et grimace est souvent collé au visage du comédien par ses pleurs!»

Il y a, dans le bagage théâtral de George Sand, trois pièces champêtres, de valeur inégale: *François le Champi, Claudie* et le *Pressoir. François le Champi* est la plus réputée. Non qu'elle vaille le roman d'où elle a été extraite, et l'on peut à ce propos se demander, selon la formule employée dans la préface de *Mauprat*, «s'il est favorable au développement de l'art littéraire de faire deux coupes de la même idée.» Le cadre romanesque ne suffisait plus aux curiosités rurales de George Sand. Elle voulait porter à la scène les moeurs campagnardes avec la bonne odeur des guérets et le parfum des traînes berrichonnes. Elle y fut vivement incitée par son ami, l'acteur républicain Bocage, devenu directeur de l'Odéon. C'est à lui que sont dédiées les deux préfaces de *François le Champi* et de *Claudie*. La première de ces oeuvres fut représentée le 25 novembre 1849 à l'Odéon, la seconde le 11 janvier 1851 à la Porte-Saint-Martin. Elles ont d'étroites affinités.

Si la préface de *Claudie*, est un simple remerciement à Bocage qui avait créé le rôle du père Rémy, celle de *François le Champi* a l'allure d'un manifeste dramatique. Sans affecter la solennité de Victor Hugo dans la profession de foi qui accompagna *Cromwell,* George Sand apporte une conception renouvelée du théâtre. Elle introduit le paysan sur les planches, en la place du berger et de la pastorale. Son paysan ne ressemble en aucune manière à celui que M. Emile Zola devait présenter quarante ans plus tard dans le milieu naturaliste de la _Terre. Il a ses origines chez Jean Jacques, il procède des *Confessions*, des *Rêveries d'un promeneur solitaire* et des *Lettres de la Montagne*. On lui trouve un air de parenté avec Saint-Preux et Julie; il est d'une branche rustique de la même lignée. Aussi bien George Sand, alors que ses personnages revêtent des costumes et tiennent des propos champêtres, demeure telle délibérément attachée à l'école idéaliste. Elle s'en explique sous une forme un peu sinueuse: «L'art cherchait la réalité, et ce n'est pas un mal, il l'avait trop longtemps évitée ou sacrifiée. Il a peut-être été un peu trop loin. L'art doit vouloir une vérité relative plutôt qu'une réalité absolue. En fait de bergerie, Sedaine, dans quelques scènes adorables, avait peut-être touché juste et marqué la limite. Je n'ai pas prétendu faire une tentative nouvelle; j'ai subi comme nos bons aïeux, et pour parler comme eux, la douce *ivresse* de la vie rustique.» Se rattachant au *Comme il vous plaira* de Shakespeare et à la *Symphonie pastorale* de Beethoven, George Sand déclare avec sa modestie coutumière: «J'ai cherché à jouer de ce vieux luth et de ces vieux pipeaux, chauds encore des mains de tant de grands maîtres, et je n'y ai touché qu'en tremblant, car je savais bien qu'il y avait là des notes sublimes que je ne trouverais pas.» Elle aspire à nous montrer, sous des vêtements et avec des sentiments modernes, Nausicaa tordant le linge à la fontaine et Calypso trayant les vaches. Toutefois elle se défend de faire acte de réaction littéraire et de s'associer au mouvement néo-classique de l'école du bon sens, qui se manifestait avec *Lucrèce* et *Agnès de Méranie*, de Ponsard, avec la *Ciguë* et *Gabrielle*, d'Emile Augier. Elle définit *François le Champi* une pastorale romantique.

Par la doctrine non moins que par le style, le théâtre champêtre de George Sand rappelle l'enseignement moral et social de Jean-Jacques, le grand ancêtre. Elle invoque et même elle «prend à deux mains ce pauvre coeur que Dieu a fait tendre et faible, que les discordes civiles rendent amer et défiant.» N'entendez-vous pas l'écho de l'*Emile*, quand un de ces paysans s'écrie avec la naïveté berrichonne: «Mon Dieu, je suis pourtant bon; d'où vient donc que je suis méchant?»

Le socialisme humanitaire de 1840 a touché l'auteur et ses personnages. Il est question des vertus du peuple, de l'éducation du coeur, du bon grain qui germe dans la bonne terre. George Sand ajoute avec attendrissement: «Il n'y a pas de mauvaise terre, les agriculteurs vous le disent; il y a des ronces et des pierres: ôtez-les; il y a des oiseaux qui dévorent la semence, préservez la semence. Veillez à l'éclosion du germe, et croyez bien que Dieu n'a rien fait qui soit condamné à nuire et à périr.» Telle est la poétique qui inspire les deux pièces champêtres de George Sand. Il s'y rencontre des maximes sociales, celle-ci notamment: «Vous m'avez fait apprendre à lire, ce qui est la clef de tout pour un paysan.» Et c'est aussi la réhabilitation des naissances illégitimes, thèse qu'Alexandre Dumas fils reprendra dans le *Fils naturel*. François le Champi, l'enfant de l'hospice, trouvé dans les champs, abandonné de père et de mère, sera le parfait exemplaire du dévouement et du sacrifice, encore que bien étranges nous apparaissent, à la scène et surtout dans le roman, ses sentiments pour Madeleine Blanchet qui l'a recueilli et élevé. Mais il est issu de l'imagination, semi-maternelle, semi-passionnée, de George Sand. C'est un petit cousin rural de l'Alfred de Musset que nous avons entrevu à Venise dans une atmosphère de sollicitude et de duperie, à travers les dissertations pathétiques et les paysages chaudement colorés des *Lettres d'un Voyageur*.

Plus dramatique et moins exceptionnelle que *François le Champi* est l'intrigue de *Claudie*. Cette jeune fille de vingt et un ans, qui travaille comme un moissonneur de profession, aux côtés de son grand-père octogénaire, a une noblesse et une vérité que Léopold Robert ne sut pas imprimer aux personnages de son tableau fameux, solennellement romantique. Et la physionomie de l'aïeul revêt un caractère de majesté qui domine la pièce et émeut le spectateur. Nos sympathies conspirent avec celles de George Sand, pour que Claudie n'expie pas trop sévèrement l'erreur de ses quinze ans abusés et pour qu'après la tromperie de Denis Ronciat elle trouve chez Sylvain Fauveau les joies du foyer domestique. C'est, dans un milieu paysan, un sujet analogue à celui qu'Alexandre Dumas fils, avec les *Idées de Madame Aubray*, placera en bonne bourgeoisie. L'infortune de Claudie sera celle de *Denise*.

Pour fêter la gerbaude, George Sand a mis dans la bouche du père Rémy un couplet de superbe prose, élégante et rythmée: «Gerbe! gerbe de blé, si tu pouvais parler! si tu pouvais dire combien il t'a fallu de gouttes de notre sueur pour t'arroser, pour te lier l'an passé, pour séparer ton grain de ta paille avec le fléau, pour te préserver tout l'hiver, pour te remettre en terre au printemps, pour te faire un lit au tranchant de l'arrau, pour te recouvrir, te fumer, te herser, t'héserber, et enfin pour te moissonner et te lier encore, et pour te rapporter ici, où de nouvelles peines vont recommencer pour ceux qui travaillent... Gerbe de blé! tu fais blanchir et tomber les cheveux, tu courbes les reins, tu uses les genoux. Le pauvre monde travaille quatre-vingts ans pour obtenir à titre de récompense une gerbe qui lui servira peut-être d'oreiller pour mourir et rendre à Dieu sa pauvre âme fatiguée.»

Tout ce morceau, où s'épanouit la gloire de la terre restituant au laboureur le fruit de ses peines opiniâtres, évoque le souvenir de l'antique Cybèle, l'oeuvre mystérieuse de Cérés. On dirait d'un épisode des *Géorgiques*, illustré par le romantisme et transformé en symbole.

C'est un sujet analogue que George Sand traite dans le *Pressoir* (1853), où elle met en scène, non plus des paysans, mais des villageois. «Les villageois, dit-elle, sont plus instruits. Ils ont des écoles, des industries qui étendent leurs relations. Ils ont des rapports et des causeries journalières avec le curé, le magistrat local, le médecin, le marchand, le militaire en retraite, que sais-je? tout un petit monde qui a vu un peu plus loin que l'horizon natal.» L'intrigue du *Pressoir* est des plus simples, mais non sans agrément. La petite Reine, filleule de Maître Bienvenu, menuisier, aime le gars Valentin, fils de Maître Valentin, charpentier, et ne veut pas l'avouer; car elle est sans dot. D'autre part, le fils Valentin a de l'amitié pour Pierre Bienvenu et craint de le supplanter. On surmonte les obstacles, et Valentin épouse Reine. Pour donner un spécimen du parler villageois, il suffit de citer cette déclaration d'un coureur de cotillons: «Savez-vous, Reine, que vous êtes tous les matins plus jolie que la veille, et que ça crève un peu le coeur à un jeune homme sur le point de se marier, de voir que tant de belles roses fleurissent quand même dans le jardin des amours?»

A propos de *Claudie*, Gustave Planche avait surnommé George Sand le *disciple de Sedaine*. Elle voulut mériter cette flatteuse dénomination et composa le *Mariage de Victorine*, qui fut représenté le 26 novembre 1851 au Gymnase-Dramatique. C'était, en trois actes, la suite attrayante du *Philosophe sans le savoir*. Victorine, fille du brave caissier Antoine, aime le fils Vanderke, et là, comme dans le *Pressoir*, l'amour triomphe des difficultés. Le théâtre de George Sand se complaît aux dénouements optimistes.

Que dire des Vacances de *Pandolphe* (1852), sinon que c'est une très médiocre restitution de la comédie italienne?—Dans le *Démon du Foyer*, il y a trois soeurs qui avec des mérites inégaux sont cantatrices. Camille Corsari a le talent, Flora la beauté—c'est le «démon du foyer»—et Nina tient l'emploi de Cendrillon. Le prince qui enlève Flora n'est pas sans ressemblance avec Carnioli de *Dalila*, mais le mélomane d'Octave Feuillet prodigue une verve et un brio qui manquent à son émule.—*Flaminio* (1854) est un proche parent de *Teverino*, le type de l'aventurier effronté et pourtant sympathique. Champi italien, il a été trouvé sous un berceau de pampres, au bord de l'Adriatique, au pied d'une belle et souriante madone. De pauvres pêcheurs l'ont recueilli, nourri, battu, puis délaissé, le jour où il fut assez fort pour devenir contrebandier. Voici son portrait peint par lui-même: «Je suis artiste, monsieur; je chante, j'ai une voix magnifique. Je ne suis pas musicien précisément, mais je joue de tous les instruments, depuis l'orgue d'église jusqu'au triangle. Je suis né sculpteur et je dessine… mieux que vous, sans vous offenser. J'improvise en vers dans plusieurs langues. Je suis bon comédien dans tous les emplois. Je suis adroit de mes mains, j'ai une superbe écriture, je sais un peu de mécanique, un peu de latin et le français comme vous voyez. Je ne monte pas mal les bijoux; je suis savant en céramique et en numismatique. Je danse la tarentelle, je tire les cartes, je magnétise. Attendez! j'oublie quelque chose. Je suis bon nageur, bon rameur, homme de belles manières, hardi conteur, orateur entraînant!... enfin j'imite dans la perfection le cri des divers animaux.» Tel est l'homme qui, sous son déguisement mondain, a touché la trop sensible Sarah Melvil et réussit à l'épouser.—*Maître Favilla* (1855) est un musicien halluciné qui croit avoir hérité du château de Muhldorf; on flatte sa manie.—Dans *Lucie*, André revient au gîte et s'éprend de celle qu'il croit être sa soeur naturelle. Il n'en est rien. Ils peuvent se marier.—*Françoise*, représentée au Gymnase en 1856 avec le concours précieux de Rose-Chéri, retrace l'aventure sentimentale de la fille du docteur Laurent. George Sand y réfute l'égoïsme d'une bourgeoise qui formule ainsi sa conception de la vie: «L'amour, ça passe; le rang, ça reste.»— *Marguerite de Sainte-Gemme*, à ce même théâtre du Gymnase, et en dépit de la même interprète, n'eut qu'une médiocre fortune en 1859.—George Sand devait être plus heureuse avec deux pièces tirées de ses romans: d'abord avec *Mauprat*, quoique la distribution des actes et des tableaux soit imparfaitement agencée, mais surtout avec le *Marquis de Villemer*, où elle eut la prestigieuse collaboration d'Alexandre Dumas fils saupoudrant d'esprit le dialogue et donnant à l'oeuvre une allure entraînante. Le succès fut éclatant à l'Odéon, le 29 février 1864, et se prolongea durant plusieurs mois. Aussi bien George Sand rendait-elle justice à son précieux auxiliaire. Elle savait qu'il avait imprimé à l'ouvrage le tour vraiment dramatique. La veille de la première représentation, elle écrit à Maurice: «Le théâtre, depuis le directeur jusqu'aux ouvreuses, dont l'une m'appelle *notre trésor*, les musiciens, les machinistes, la troupe, les allumeurs de quinquets, les pompiers, pleurent à la répétition comme un tas de veaux et dans l'ivresse d'un succès qui va dépasser celui du *Champi*.» Le lendemain, elle raconte à son fils les ovations frénétiques, et que les étudiants l'ont escortée aux cris de «Vive George Sand! Vive *Mademoiselle La Quintinie!* A bas les cléricaux!» Puis cinq ou six mille personnes sont allées manifester devant le club catholique et la maison des Jésuites, en chantant: *Esprit saint, descendez en nous!* La police les a dispersées avec quelque rudesse, peut-être parce qu'on saluait l'impératrice par les couplets du *Sire de Framboisy*. Dans la salle, c'était un enthousiasme confinant au délire. L'empereur applaudissait et pleurait. De même Gustave Flaubert. Le prince Jérôme faisait l'office de chef de claque, en criant à tue-tête. George Sand était radieuse.

Elle retrouvera un succès presque égal avec une pièce à thèse, l'*Autre*, représentée à l'Odéon, le 25 février 1870. Il s'y pose un assez curieux cas de conscience: Une jeune fille doit-elle pardonner à celui qui est son véritable père, hors du mariage, et absoudre ainsi la faute de sa mère? Les divers personnages épiloguent. La morale du pardon est indiquée par la vieille grand'mère, et l'*autre*, qui s'appelle Maxwell, érige ainsi sa protestation, pareille à celle du marquis de Neste, dans l'*Enigme* de M. Paul Hervieu: «J'en appelle à la justice de l'avenir. Il faudra bien que la pitié entre dans les jugements humains et qu'on choisisse entre protéger ou pardonner! Mais le monde ne comprend pas encore.»

De moindre valeur, *Cadio*, qui fut primitivement un roman dialogué en onze parties, puis un drame sur la guerre de Vendée, où l'on voit l'ascension du peuple, et le paysan Cadio, devenu capitaine républicain, réhabiliter la fille au sang bleu, déshonorée par le vil patricien Saint-Gueltas;—ensuite, les *Beaux Messieurs de Bois-Doré*, extraits du roman par M. Paul Meurice, et où Bocage trouva le dernier rôle, les suprêmes applaudissements d'une glorieuse carrière, assombrie vers le déclin par la double éclipse de la République et du romantisme.

Faut-il ranger dans le bagage dramatique de George Sand les essais et les fantaisies qu'elle rassembla sous le titre de *Théâtre de Nohant*? La moins négligeable de ces petites oeuvres est le *Drac*, rêverie en trois actes, dédiée à Alexandre Dumas fils, et dont le titre évoque un lutin des bords de la Méditerranée. Ces dialogues, improvisés pour la scène familiale de Nohant, pouvaient être la distraction de quelques soirées consacrées à répéter et à jouer la pièce. Les réunir en volume ne devait rien ajouter au renom de George Sand. Les lire est un peu fastidieux. Ce sont les amusettes enfantines d'un talent qui vieillit.

La grand'mère, en effet, apparaît chez George Sand, au lendemain du deuil qui frappe son coeur encore sensible de sexagénaire. En septembre 1865, à Palaiseau, elle perd Alexandre Manceau, le graveur, qui fut moins un compagnon qu'un factotum. «Me voilà, écrit-elle à Gustave Flaubert, toute seule dans ma maisonnette... Cette solitude absolue, qui a toujours été pour moi vacance et récréation, est partagée maintenant par un mort qui a fini là, comme une lampe qui s'éteint, et qui est toujours là. Je ne le tiens pas pour malheureux, dans la région qu'il habite; mais cette image qu'il a laissée autour de moi, qui n'est plus qu'un reflet, semble se plaindre de ne pouvoir plus me parler.» Nous tenons ainsi le dernier chaînon, nous avons égrené tout le chapelet d'amour qui d'Aurélien de Sèze, l'aristocrate raffiné, à Manceau, l'artisan dégrossi, occupa quarante années d'une existence partagée entre le travail régulier et la curiosité vagabonde.

CHAPITRE XXVII

LES DERNIÈRES ANNÉES.

Attelée à sa besogne quotidienne, George Sand, pour qui le théâtre avait été un délassement, composait le roman périodique, à peu près bi-annuel, qu'elle s'était engagée à fournir à Buloz pour la *Revue des Deux Mondes*. Alors même que le mérite littéraire fléchissait, elle avait conservé une clientèle indéfectible, et, parmi l'abondance de sa production automnale, de temps à autre apparaissait encore une oeuvre où l'on retrouvait le charme de ses débuts et l'éclat de sa maturité. Ce fut le cas de *Malgrétout*, paru en mars 1870, et qui obtint un gros succès d'allusion malicieuse. Le récit des amours de Miss Sarah Owen pour le violoniste Abel, virtuose de l'archet, reprenait un thème maintes fois traité par George Sand; mais la rivale de la jeune fille était une certaine Carmen d'Ortosa, en qui l'on voulut voir le portrait de l'impératrice Eugénie, au temps où avec sa mère, madame de Montijo, elle fréquentait les villes d'eaux et les plages à la mode, en quête de quelque épouseur. L'auteur de *Malgrétout* se défendit énergiquement d'avoir eu une telle pensée et de spéculer sur le scandale. Le 19 mars 1870, elle écrivit à Gustave Flaubert: «Je sais, mon ami, que tu lui es très dévoué. Je sais qu'*Elle* est très bonne pour les malheureux qu'on lui recommande; voilà tout ce que je sais de sa vie privée. Je n'ai jamais eu ni révélation ni document sur son compte, *pas un mot, pas un fait*, qui m'eût autorisée à la peindre. Je n'ai donc tracé qu'une figure de fantaisie, je le jure, et ceux qui prétendraient la reconnaître dans une satire quelconque seraient, en tous cas, de mauvais serviteurs et de mauvais amis. Moi, je ne fais pas de satires; j'ignore même ce que c'est. Je ne fais pas non plus de *portraits*: ce n'est pas mon état. J'invente. Le public, qui ne sait pas en quoi consiste l'invention, veut voir partout des modèles. Il se trompe et rabaisse l'art. Voilà ma réponse sincère!» Cette lettre fut communiquée par les soins de Flaubert à madame Cornu, filleule de la reine Hortense et soeur de lait de Napoléon III. George Sand revient sur ce sujet, eu s'adressant, le 3 juillet, d'abord à Emile de Girardin, puis au docteur Henri Favre. Elle atteste qu'on lui fait injure, dans certaine presse, en assimilant la tâche de l'artiste à celle du pamphlétaire honteux. «Si j'avais voulu, dit-elle, peindre une figure historique, je l'aurais nommée. Ne la nommant pas, je n'ai pas voulu la désiger; ne la connaissant pas, je n'aurais pu la peindre. S'il y a ressemblance fortuite, je l'ignore, mais je ne le crois pas.» Quelle était donc cette Carmen d'Ortosa, personnage épisodique de *Malgrétout*, qui soulevait une ardente controverse? Voici le portrait de l'aventurière, tracé par elle-même: «Je suis la fille d'une très grande dame. Le comte d'Ortosa, époux de ma mère, était vieux et délabré; il lui avait procuré des fils rachitiques qui n'ont pas vécu. Ma mère, en traversant certaines montagnes, fut enlevée par un chef de brigands fort célèbre chez nous. Il était jeune, beau, bien né et plein de courtoisie. Il lui rendit sa liberté sans conditions, en lui donnant un sauf-conduit pour qu'elle pût circuler à l'avenir dans toutes les provinces où il avait des partisans, car c'était une manière d'homme politique à la façon de chez nous. Voilà ce que racontait ma mère. Je vins au monde à une date qui correspond à cette aventure. Ma ressemblance avec le brigand est une autre circonstance bizarre que personne n'a prétendu expliquer. Le comte d'Ortosa prétendit bien que je ne pouvais pas appartenir à sa famille; mais il mourut subitement, et je vécus riche d'un beau sang dont je remercie celui qui me l'a donné. Je fus élevée à Madrid, à Paris, à Londres, à Naples, à Vienne, c'est-à-dire pas élevée du tout. Ma mère, belle et charmante, ne m'a jamais appris que l'art de bien porter la mantille et le jeu non moins important de l'éventail. Mes filles de chambre m'ont enseigné la *jota aragonese* et nos autres danses nationales, qui ont été pour moi de grands éléments de santé à domicile et de précoces succès dans le monde... Je vis les amours de ma mère; elle ne s'en cachait pas beaucoup, et j'étais curieuse. J'en parle parce qu'ils sont à sa louange, comme vous devez l'entendre. Elle était plus tendre qu'ambitieuse, plus spontanée que prévoyante. Sa jeunesse se passa dans des ivresses toujours suivies de larmes. Elle était bonne et pleurait devant moi en me disant: «Embrasse-moi, console ta pauvre mère, qui a du chagrin!» Pouvait-elle s'imaginer que j'en ignorais la cause?»

Cependant, il est un passage où les analogies se précisent et semblent devenir de formelles allusions. Carmen d'Ortosa indique ce qu'elle rêve, ce qu'elle veut être, ce qu'elle sera. «Ce but normal et logique pour moi, ce n'est pas l'argent, ce n'est pas l'amour, ce n'est pas le plaisir; c'est le temple où ces biens sont des accessoires nécessaires, mais secondaires: c'est un état libre, brillant, splendide, suprême. Cela se résume pour moi dans un mot qui me plaît: *l'éclat!* Je veux épouser un homme riche, beau, jeune, éperdument épris de moi, à jamais soumis à moi, et portant avec éclat dans le monde un nom très illustre. Je veux aussi qu'il ait la puissance, je veux qu'il soit roi, empereur, tout au moins héritier présomptif ou prince régnant. Tous mes soins s'appliqueront désormais à le rechercher, et, quand je l'aurai trouvé, je suis sûre de m'emparer de lui, mon éducation est faite.»

Malgrétout était publié quelques mois ou plutôt quelques semaines avant la guerre de 1870, et certes, si George Sand avait eu d'aventure la pensée de prendre la souveraine pour modèle, elle eût été vite désolée d'avoir atteint celle qui devait tomber du trône, parmi la plus lamentable des catastrophes nationales. La dynastie allait sombrer, en manquant d'entraîner la patrie dans sa ruine. Ici, la *Correspondance* de George Sand nous sert de fil conducteur, pour suivre les sinuosités de sa pensée. Le 14 juillet, elle est opposée à la guerre, où elle ne voit «qu'une question d'amour-propre, à savoir qui aura le meilleur fusil.» C'est un jeu de princes. Elle proteste contre «cette *Marseillaise* autorisée» que l'on chante sur les boulevards et qui lui paraît sacrilège. Le 18 août, elle écrit à Jérôme Napoléon, au camp de Châlons: «Quel que soit le sort de nos armes, et j'espère qu'elles triompheront, l'Empire est fini, à moins de se maintenir par la violence, s'il le peut... Sachez bien que la République va renaître et que rien ne pourra l'empêcher. Viable ou non, elle est dans tous les esprits, même quand elle devrait s'appeler d'un nom nouveau, j'ignore lequel. Moi, je voudrais qu'une fois vos devoirs de famille remplis, vous puissiez vous réserver, je ne dis pas *comme prétendant,*—vous ne le voulez pas plus que moi, vous avez la fibre républicaine,—mais comme citoyen véritable d'un état social qui aura besoin de lumière, d'éloquence, de probité.» En même temps, et par une étonnante contradiction—est-ce un regain de ses opinions de 1848?—elle déclare à son ami Boutet: «Je suis, moi, de la sociale la plus rouge, aujourd'hui comme jadis.» A l'en croire, elle avait toujours prévu un dénouement sinistre à l'ivresse aveugle de l'Empire; mais le 31 août, dans une lettre à Edmond Plauchut, elle se prononce pour les moyens de légalité constitutionnelle: «Faire une révolution maintenant serait coupable; elle était possible à la nouvelle de nos premiers revers, quand les fautes du pouvoir étaient flagrantes; à présent, il cherche à les réparer. Il faut l'aider. La France comptera avec lui après.» Elle proclame que désorganiser et réorganiser le gouvernement en face de l'ennemi, ce serait le comble de la démence. Cinq jours plus tard, avec une mobilité bien féminine, elle salue de ses voeux enthousiastes la République nouvelle. «Quelle grande chose, écrit-elle à Plauchut le 5 septembre, quelle belle journée au milieu de tant de désastres! Je n'espérais pas cette victoire de la liberté sans résistance. Voilà pourquoi je disais: «N'ensanglantons pas le sol que nous voulons défendre.» Mais, devant les grandes et vraies manifestations, tout s'efface. Paris s'est enfin levé comme un seul homme! Voilà ce qu'il eût dû faire, il y a quinze jours. Nous n'eussions pas perdu tant de braves. Mais c'est fait: vive Paris! Je t'embrasse de toute mon âme. Nous sommes un peu ivres.» Cette ivresse sera de courte durée. Sans doute elle charge André Boutet, le 15 septembre, de porter mille francs, de son mois prochain, au gouvernement pour les blessés ou pour la défense; mais les préoccupations de famille l'assiègent et dominent le zèle républicain. Une épidémie de petite vérole charbonneuse sévit à Nohant et la détermine à se retirer, avec tous les siens, dans la direction de Boussac; puis elle se rend à La Châtre et ne regagne son logis que vers la mi-novembre. Sur les hommes et les choses de la Défense nationale ses premières impressions sont flottantes et confuses. Elle s'évertue à justifier la sincérité des contradictions où elle se débat.» Ne suis-je pas, écrit-elle au prince Jérôme, républicaine en principe depuis que j'existe? La république n'est-elle pas un idéal qu'il faut réaliser un jour ou l'autre dans le monde entier?» Mais, si l'on analyse sa *Correspondance* et surtout le *Journal d'un Voyageur pendant la guerre*, on voit croître l'aigreur des récriminations. Le 11 octobre, quand elle apprend que deux ballons, nommés *Armand Barbès* et *George Sand*, sont sortis de Paris, emportant entre autres personnes M. Gambetta, elle le définit «un remarquable orateur, homme d'action, de volonté, de persévérance.» Trois semaines après, il a «une manière vague et violente de dire les choses qui ne porte pas la persuasion dans les esprits équitables. Il est verbeux et obscur, son enthousiasme a l'expression vulgaire, c'est la rengaine emphatique dans toute sa platitude.» Cette opinion s'accentue ultérieurement et atteint une extrême virulence de vocabulaire. «Arrière la politique! écrit-elle le 29 janvier 1871 à M. Henry Harrisse, arrière cet héroïsme féroce du parti de Bordeaux qui veut nous réduire au désespoir et qui cache son incapacité sous un lyrisme fanatique et creux, vide d'entrailles!» Elle aspire impatiemment à la paix et maudit «une dictature d'écolier». Sa colère l'entraîne jusqu'à mander au prince Jérôme: «Vous avez raison, cet homme est fou.» Elle ne retrouve le calme de sa pensée et l'impartialité de son jugement que lorsque la guerre étrangère et la guerre civile ont fait place à un gouvernement régulier. Non qu'elle eût beaucoup de goût pour Thiers et qu'elle appréciât judicieusement ses mérites. Elle avait contre lui des préventions, ainsi qu'il résulte de sa *Correspondance* et de conversations que relate M. Henri Amic: «La carrière politique de cet homme, disait-elle, finit mieux qu'elle n'a commencé. Il a toujours eu plus d'habileté que d'honnêteté.» De vrai, ils étaient en froid, depuis certaine scène d'antichambre qui montre Thiers sous un jour plus léger et George Sand sous un aspect plus farouche qu'on ne serait induit à l'imaginer. C'était à un dîner de cérémonie, avant la révolution de 1848. George Sand s'apprêtait à se retirer et avait envoyé Emmanuel Arago chercher son manteau. «J'étais, raconte-t-elle, tranquillement dans le vestibule, lorsque survint le petit Thiers. Il se mit aussitôt à me parler avec quelque empressement, je lui répondis de mon mieux; mais tout d'un coup, je n'ai jamais su pourquoi, voici qu'assez brusquement la fantaisie lui vint de m'embrasser. Je refusai, bien entendu; il en fut très profondément étonné, il me regardait tout ébahi, avec des yeux bien drôles. Lorsque Emmanuel Arago revint, je me mis à rire de bon coeur. Le petit bonhomme Thiers ne riait pas, par exemple, il semblait très furieux et tout déconcerté. Monsieur Thiers Don Juan, voilà comme le temps change les hommes.» Peu à peu cependant, devant l'oeuvre accompli par celui qui devait être le libérateur du territoire, George Sand atténue sa sévérité.«M. Thiers n'est pas l'idéal, écrit-elle à Edmond Plauchut le 26 mars 1871, il ne fallait pas lui demander de l'être. Il fallait l'accepter comme un pont jeté entre Paris et la France, entre la République et la réaction.» Et, le 6 juillet de la même année, dans une lettre à M. Henry Harrisse: «Je crois à la sincérité, à l'honneur, à la grande intelligence de M. Thiers et du *noyau modéré* qui joint ses efforts aux siens.»

La politique, au demeurant, la laisse assez indifférente. Elle vit de plus en plus retirée à Nohant, en famille, avec d'intimes amis, recevant les visites espacées de quelques grands hommes de lettres. Voici comment Théophile Gautier racontait la sienne, si nous en croyons le *Journal des Goncourt*: «A propos, lui demandait-on au dîner Magny, vous revenez de Nohant, est-ce amusant?—

Comme un Couvent des frères moraves... Il y avait Marchal le peintre, Alexandre Dumas fils... On déjeune à dix heures... Madame Sand arrive avec un air de somnambule et reste endormie tout le déjeuner... Après le déjeuner, on va dans le jardin. On joue au cochonnet; ça la ranime... A trois heures, madame Sand remonte faire de la copie jusqu'à six heures... Après dîner, elle fait des patiences sans dire un mot, jusqu'à minuit... Par exemple, le second jour, j'ai commencé à dire que si on ne parlait pas littérature je m'en allais... Ah! littérature, ils semblaient revenir tous de l'autre monde... Il faut vous dire que pour le moment il n'y a qu'une chose dont on s'occupe là-bas: la minéralogie. Chacun a son marteau, on ne sort pas sans... Tout de même Manceau lui avait joliment machiné ce Nohant pour la copie. Elle ne peut s'asseoir dans une pièce sans qu'il surgisse des plumes, de l'encre bleue, du papier à cigarettes, du tabac turc et du papier à lettre rayé. Et elle en use... La copie est une fonction chez madame Sand. Au reste, on est très bien chez elle. Par exemple, c'est un service silencieux. Il y a dans le corridor une boîte qui a deux compartiments: l'un est destiné aux lettres pour la poste, l'autre aux lettres pour la maison. J'ai eu besoin d'un peigne, j'ai écrit: «M. Gautier telle chambre,» et ma demande. Le lendemain, à six heures, j'avais trente peignes à choisir.» Si l'abondante chevelure de Théophile Gautier réclamait un démêloir, Charles Edmond avait d'autres exigences. George Sand l'avertit, le 20 décembre 1873, qu'à son prochain voyage il recevra satisfaction: «On a acheté pour vous une énorme cuvette, Solange nous ayant dit que vous trouviez la vôtre trop petite. Alors, Lina s'est *émue*, et elle a fait venir de tous les environs une quantité de cuvettes. Les Berrichons, qui s'en servent fort peu, ouvraient la bouche de surprise, et demandaient si c'était pour *couler la lessive*.» George Sand relate tous ces menus détails avec sa placidité coutumière, et, quand Théophile Gautier toujours effervescent s'étonne et s'impatiente d'un mutisme opiniâtre, elle répond à Alexandre Dumas fils qui s'était fait l'écho des doléances du poète: «Vous ne lui avez donc pas dit que j'étais bête?»

Nohant est une usine ou plutôt un comptoir, où l'on débite de la copie. Il faut suivre cette production ininterrompue.—En 1870, c'est *Césarine Dietrich*, analyse d'un caractère de jeune fille très riche, très belle et très fantasque, qui ne réussit pas à se faire aimer du seul homme qui lui plaise, Paul Gilbert. Il préfère épouser sa maîtresse, une fille du peuple qu'il relève et qu'il instruit. Césarine, par dépit de s'être offerte et d'avoir été repoussée, devient marquise de Rivonnière et courra les aventures.—*Francia*, qui date de 1871, est un épisode de l'entrée des Cosaques à Paris. Le prince Mourzakine retrouve cette petite Francia qu'il a sauvée durant la retraite de Russie. Grisette sensible, elle l'aime. Française, elle en rougit et le tue, dans un accès d'exaltation chauvine.—*Nanon* (1871) nous reporte aux événements de la Révolution que George Sand envisage, non plus avec l'ardeur de 1848, mais avec une modération sénile. La jacobine est passée au parti de la Gironde. «Couthon et Saint-Just, écrit-elle, rêvent-ils encore la paix fraternelle après ces sacrifices humains? En cela, ils se trompent; on ne purifie pas l'autel avec des mains souillées, et leur école sera maudite, car ceux qui les auront admirés sans réserve garderont leur férocité sans comprendre leur patriotisme.»—Dans *Ma soeur Jeanne*, Laurent Bielsa, fils d'un contrebandier, a terminé ses études de médecine et sent grandir en lui une tendresse inquiétante pour Jeanne. Par bonheur Jeanne n'est pas sa soeur. Il pourra la chérir sans trouble et l'épouser.—*Flamarande* et les *Deux Frères*, qui lui font suite, sont les mémoires d'un valet de chambre qui retrace les infortunes de la famille de Flamarande. Il y a là une étude assez tenace de la jalousie et des persécutions dirigées par un mari contre sa femme qu'il croit adultère. Elle passe vingt ans à gémir et à réclamer l'enfant qui lui a été ravi.—*Marianne* est un retour vers les moeurs simples de la campagne, avec une nuance d'idylle, et la *Tour de Percemont* met en scène une belle-mère qui tyrannise une jeune fille pour lui extorquer son héritage.—Reste un roman, *Albine*, qui demeura interrompu, et dont les premiers chapitres furent publiés par la *Nouvelle Revue*.

Les autres volumes de George Sand sont ou des contes pour les enfants, comme le *Chêne parlant*, le *Château de Pictordu*, la *Coupe*, les *Légendes rustiques*, recueils de glanures, ou des ouvrages de critique généralement indulgente et consacrée à louanger des amis, sous les rubriques diverses de *Questions d'art et de littérature, Autour de la Table, Impressions et Souvenirs, Dernières Pages*. Il y a plus d'agrément dans les *Promenades autour d'un village*, où elle a rassemblé des paysages du bas Berry, d'aimables descriptions des rives de la Creuse et des sous-bois de la Vallée Noire, ou dans les *Nouvelles Lettres d'un Voyageur*, qui nous conduisent à Marseille, en Italie, et sur les vagues confins d'une botanique imprégnée de mysticisme, «au pays des anémones.» La visite des Catacombes romaines a suggéré à George Sand d'admirables pages, d'une éloquence pathétique, sur la mort: «Homme d'un jour, s'écrie-t-elle, pourquoi tant d'effroi à l'approche du soir? Si tu n'es que poussière, vois comme la poussière est paisible, vois comme la cendre humaine aspire à se mêler à la cendre régénératrice du monde! Pleures-tu sur le vieux chêne abattu dans l'orage, sur le feuillage desséché du jeune palmier que le vent embrasé du sud a touché de son aile? Non, car tu vois la souche antique reverdir au premier souffle du printemps et le pollen du jeune palmier, porté par le même vent de mort qui frappa la tige, donner la semence de vie au calice de l'arbre voisin!»

Voici l'oeuvre de George Sand qui touche à son terme, toujours avec la même ferveur de spiritualisme, la même continuité de labeur, la même amplitude d'horizons! A soixante-sept ans, en juillet 1871, au cours d'une brouille provoquée par le refus de Buloz d'insérer la très belle *Lettre de Junius* d'Alexandre Dumas fils, elle projette de créer une concurrence à la *Revue des Deux Mondes*. «Dites-moi donc, écrit-elle à l'auteur de la *Dame aux Camélias*, pourquoi nous ne ferions pas une *Revue*, vous, moi, About, Cherbuliez et nombre d'autres également mécontents du droit que s'arroge la *Revue*, de refuser, de changer, de couper ceci et cela, de faire passer tous les esprits sous le même gaufrier?» Ce vague dessein n'eut pas de suite. La curiosité de George Sand était surtout portée vers le théâtre. Elle ne venait guère à Paris que pour s'aboucher avec les directeurs, négocier la reprise de ses pièces, apporter quelque manuscrit. A la fin de 1872, elle voulut faire jouer un drame tiré de *Mademoiselle La Quintinie*. L'ouvrage fut même mis en répétition à l'Odéon; mais l'état de siège opposa son veto. Le 29 novembre 1872, George Sand écrit à Gustave Flaubert: «Les censeurs ont déclaré que c'était un chef-d'oeuvre de la plus haute et de la plus saine moralité, mais qu'ils ne pouvaient pas prendre sur eux d'en autoriser la représentation. Il faut que cela aille plus haut, c'est-à-dire au ministre qui renverra au général Ladmirault; c'est à mourir de rire.» Et à Charles Edmond elle ajoute: «Ne laissez pas *La Quintinie* tomber dans la main des généraux!» Parmi les théâtres, l'Odéon est sa maison de prédilection. Elle y est adorée des artistes, des ouvreuses. Pour tous et toutes elle a un mot gracieux et familier. Une restriction vient cependant sous sa plume. «Sarah, dit-elle, n'est guère consolante, à moins qu'elle n'ait beaucoup changé. C'est une excellente fille, mais qui ne travaille pas et ne songe qu'à s'amuser; quand elle joue son rôle, elle l'improvise; ça fait son effet, mais ce n'est pas toujours juste.» En revanche, George Sand éprouve une tendresse et une estime profondes pour mademoiselle Baretta, qui allait émigrer de l'Odéon à la Comédie-Française et jouer avec un tact si exquis le *Mariage de Victorine*. Cette reprise eut lieu la première semaine de mars 1876, sans que l'auteur pût y assister. Elle était retenue à Nohant par le médiocre état de sa santé, mais elle gardait cette humeur sereine qui s'épanouit surtout dans les lettres à Flaubert.» Faut pas être malade, lui écrivait-elle, faut pas être grognon, mon vieux troubadour. Il faut tousser, moucher, guérir, dire que la France est folle, l'humanité bête, et que nous sommes des animaux mal finis; il faut s'aimer quand même, soi, son espèce, ses amis surtout. J'ai des heures bien tristes. Je regarde *mes fleurs*, ces deux petites qui sourient toujours, leur mère charmante et mon sage piocheur de fils que la fin du monde trouverait chassant, cataloguant, faisant chaque jour sa tâche, et gai quand même comme *Polichinelle* aux heures rares où il se repose. Il me disait ce matin: «Dis à Flaubert de venir, je me mettrai en récréation tout de suite, je lui jouerai les marionnettes, je le forcerai à rire.» Et, dans une autre lettre au même Flaubert, George Sand finit par cette formule de salutation: «J'embrasse les deux gros diamants qui t'ornent la trompette.» Elle le blâmait un peu d'être inapaisé et inquiet, impatient de perfection et d'immortalité. «Je n'ai pas monté aussi haut que toi, dit-elle, dans mon ambition. Tu veux écrire pour les temps. Moi, je crois que dans cinquante ans je serai parfaitement oubliée et peut-être méconnue. C'est la loi des choses qui ne sont pas de premier ordre, et je ne me suis jamais crue de premier ordre. Mon idée a été plutôt d'agir sur mes contemporains, ne fût-ce que sur quelques-uns, et de leur faire partager mon idéal de douceur et de poésie.» Elle se tient très consciencieusement au courant du mouvement littéraire. Le mois qui précède sa mort, elle lit des volumes de Renan, d'Alphonse Daudet; elle projette d'écrire un feuilleton sur les romans de M. Emile Zola, et il eût été fort digne d'intérêt d'avoir le jugement de cette idéaliste impénitente sur le propagateur du naturalisme. En voici l'esquisse dans une lettre à Flaubert, du 25 mars 1876: «La chose dont je ne me dédirai pas, tout en faisant la critique *philosophique* du procédé, c'est que *Rougon* est un livre de grande valeur, un livre *fort*, comme tu dis, et digne d'être placé au premier rang.»

Le 28 mai 1876, George Sand adressa au docteur Henri Favre, à Paris, la dernière lettre qu'on ait recueillie. Elle lui promettait de suivre toutes ses prescriptions, et ajoutait: «L'état général n'est pas détérioré, et, malgré l'âge (soixante et douze ans bientôt), je ne sens pas les atteintes de la sénilité. Les jambes sont bonnes, la vue est meilleure qu'elle n'a été depuis vingt ans, le sommeil est calme, les mains sont aussi sûres et aussi adroites que dans la jeunesse... Mais, une partie des fonctions de la vie étant presque absolument supprimées, je me demande où je vais, et s'il ne faut pas m'attendre à un départ subit, un de ces matins.» Deux jours plus tard, George Sand s'alitait pour ne plus se relever. Elle souffrait, depuis plusieurs années, d'une maladie chronique de l'intestin, dont l'évolution avait été lente. Son tempérament robuste lui permit de résister longtemps. A soixante-huit ans, elle se plongeait tous les jours dans l'Indre, sous sa cascade glacée. Elle avait d'ailleurs des moments de cruelle douleur, des crampes d'estomac «à en devenir bleue» qui l'obligeaient à s'étendre sur son lit, à interrompre tout travail, toute lecture. Mais, écrivait-elle à Flaubert au sortir d'une de ces crises, le 25 mars 1876, je pense toujours à ce que me disait mon vieux curé quand il avait la goutte: *Ça passera ou je passerai*. Et là-dessus il riait, content de son mot.» En huit jours, du 30 mai au 8 juin, la paralysie de l'intestin accomplit son oeuvre, en dépit ou à la suite d'une opération faite par le docteur Péan. George Sand mourut, entourée de tous les siens. Elle eut les funérailles qui convenaient à sa gloire et à sa simplicité, le concours de l'élite intellectuelle, Alexandre Dumas fils, Ernest Renan, Gustave Flaubert, Paul Meurice, le prince Napoléon, et l'affluence de tous les villages environnants. Victor Hugo envoya par le télégraphe un suprême adieu qui débutait ainsi: «Je pleure une morte et je salue une immortelle», et qui se terminait par cette affirmation spiritualiste: «Est-ce que nous l'avons perdue? Non. Ces hautes figures disparaissent, mais ne s'évanouissent pas. Loin de là, on pourrait presque dire qu'elles se réalisent. En devenant invisibles sous une forme, elles deviennent visibles sous l'autre, transfiguration sublime!» Alexandre Dumas fils, tout en larmes, n'eut pas la force de prononcer le discours qu'il avait composé durant la nuit. Devant cette tombe, les lettres françaises étaient en deuil: un génie lumineux venait de nous être ravi. Mais surtout les paysans sanglotaient: ils avaient perdu leur bienfaitrice, leur amie, la bonne dame de Nohant. Cet hommage des humbles, plus encore que les louanges officielles, honorait la mémoire et pouvait toucher l'âme tendre, sentimentale et fraternelle de George Sand.

FIN

Milton Keynes UK
Ingram Content Group UK Ltd.
UKHW020758200524
442968UK00018B/777